国家社科基金
后期资助项目

韓非子文獻考述

Textual Research on Literatures of *Han Feizi*

龔敏 等 著

上海古籍出版社

2018年國家社科基金後期資助項目（18FTQ008）

國家社科基金後期資助項目
出版說明

　　後期資助項目是國家社科基金設立的一類重要項目,旨在鼓勵廣大社科研究者潛心治學,支持基礎研究多出優秀成果。它是經過嚴格評審,從接近完成的科研成果中遴選立項的。爲擴大後期資助項目的影響,更好地推動學術發展,促進成果轉化,全國哲學社會科學工作辦公室按照"統一設計、統一標識、統一版式、形成系列"的總體要求,組織出版國家社科基金後期資助項目成果。

全國哲學社會科學工作辦公室

前　　言

　　清代學者王鳴盛《十七史商榷》卷一首條云："目録之學,學中第一緊要事,必從此問塗,方能得其門而入。然此事非苦學精究,質之良師,未易明也。"的確,學術研究具有連續性和繼承性,研究者在開始自己的研究之前必須先瞭解這一課題的研究歷史以及可資參考的圖書資料,並明瞭這些參考資料的價值和得失。因此,自西漢劉向校書作敘録以來,目録學便因其辨章學術、考鏡源流的功用而爲學術界所重,撮其指意、辨其訛謬也已成爲文獻研究的優秀傳統。我們認爲,爲了弘揚優秀傳統文化,實現傳統文化的創造性轉化、創新性發展,有必要先對我國具有重大歷史影響的要籍作系統而深入的研究,而要達到這一目的,就必須借鑒前人的學術成果,這樣,系統梳理和總結每一種要籍的研究資料,就成了當務之急。當然,1949 年以後的研究資料,由於一般讀者容易見到,故尚可留待以後去總結,但 1949 年以前的研究資料,如今一般讀者已難見到,特別是明清以往反映早期文本和研究成果的圖書,更因其珍稀價值而應該進行搶救性的總結和利用。爲此,我們擇取了先秦法家之代表作《韓非子》的相關文獻作爲我們的研究對象,利用《子藏·韓非子卷》和相關資料撰寫了本書,以揭示 1949 年以前《韓非子》的主要版本、校釋著作、研究論著的內容主旨、價值得失、流傳情況等,也涉及作者的生平事迹,而尤其注意對其中的學術問題進行深入的考證和研討,以便讀者能正確有效地利用這些學術資料。

　　2014 年 4 月,國家圖書館出版社出版了《子藏·韓非子卷》,是書收録 1949 年以前的《韓非子》校刊本、注釋本、節選本、批校本以及相關研究著作一百零五部。雖然從其"求全且精"的編纂原則來看,該卷收書尚有差距。例如,較能反映宋刻本面貌的張敦仁影宋抄本和較能反映元代何犿校本面貌的《韓子迃評》初刻本(今皆藏上海圖書館)都是校勘《韓非子》時必須使用的重要善本,還有嚴時泰正德刻本也因刊刻較早而值得參考,但《子藏》均失收;李寶洤所纂《諸子文粹》中的《韓非子》四卷,《子藏》只影印了其中兩卷;凡此之類,便使這《韓非子卷》顯得不很"全";張榜的《韓非子纂》未採用朱士泰校訂的初刻本而採用了吳貰、金堡等翻刻的本子,陶鴻慶《讀韓非子札記》未採用中華書局 1959 年出版的三卷點校本而採用了有殘缺的民國十九年(1930)文字同盟社排印的兩卷本,又使這《韓非子卷》顯得不很"精"。如果作進一步的要求,則 1949 年以前的日本漢文著作對《韓非子》的研究也很精深,一向爲學界所重,現限於體例而未能收入(物茂卿的《讀韓非》一書是因爲編纂者受國家圖書館所著錄"佚名撰,民國間抄本"之誤導而收入的),也難免遺珠之憾。不過,瑕不掩瑜,《子藏·韓非子卷》還是迄今爲止最豐富的《韓非子》研究資料寶庫。一卷在手,不必東奔西走,諸多難得一見的善本便可盡心研究。如果與以往奔波南北查閱資料的研究相比,如今借助此卷進行研究便可有事半功倍之效。也正是因爲這一點,此卷吸引了我們的注意。同時,我們又考慮到,一般讀者限於時間和精力,不可能對此卷所收文獻一一細究,如果我們對其所收著作進行深入的研究而將其底細及價值得失揭示出來,無疑可使廣大讀者對這些珍貴的資料有更深入的瞭解而在研究中更好地利用它們。於是,我們便於 2015 年開始撰寫本書。

當然,本書考述範圍並不囿於《子藏·韓非子卷》。誠如上述,該卷失收了不少重要的《韓非子》版本。爲了給讀者提供更爲實用的信息,本書增加了對張敦仁影宋抄本、吳鼒本、《韓子迂評》初刻本、嚴時泰正德刻本、張榜《韓非子纂》初刻本、浙江書局本六種版本的考述。同時,爲了保持體例的一致性,刪去了對物茂卿《讀韓非》一書的考述。這樣,本書之考述涵蓋了《子藏·韓非子卷》收錄的各種版本和相關研究著作一百零四部以及《子藏》未收錄的版本六部,合計考述一百一十部。

其次,《子藏·韓非子卷》對所收之版本和著作的著錄也往往依據一般的古籍目錄或圖書館書目,尚有值得進一步完善的地方。爲了給讀者提供更爲準確的信息,我們通過考證對其著錄作了補正。例如,對於"明萬曆十年(1582)趙用賢刊《管韓合刻》本",我們通過詳細考校而分別改題爲"明萬曆十年(1582)趙用賢刊《管韓合刻》本""明萬曆間(1582—1596)趙用賢剜改重修本""明萬曆間(1582—1596)趙用賢剜改重修重刊本"。又如,對於籠統題"明刊本"者,我們也一一加以考證而分別改題爲"明嘉靖刻修補本""明嘉靖刻遞修本""明隆慶初(約 1567)校刊本""明萬曆末(約 1612—1620)刊本"。再如,我們將"述古堂影宋抄本"條之"孫毓修校"改爲"孫毓修補錄黃校",將"揚州汪氏依清嘉慶二十三年(1818)吳鼒影宋本刊《宋本校刊韓晏合編》本"改爲"揚州汪氏重印吳鼒刊本",將上海圖書館所藏趙本之"黃丕烈校並跋"改爲"黃丕烈校　莫棠題識",將"明·吳勉學校　清·王友光批校　明萬曆間吳勉學刊《二十子全書》本"改爲"明萬曆間吳勉學刊《二十子全書》重印本　王友光評點",將"明·黃之寀校""明萬曆間黃之寀刊《二十子》本"改爲"明萬曆間黃之寀輯《二十子》本",將"趙世楷刊本"之"〔宋·謝希深注"改爲"〔明〕趙如源、王道焜同校集注輯評",將《韓非子解老喻老》之"佚名輯"改爲"馮秀瑩輯",將陶鴻濬《韓非子釋義》條之"奉天專科學校排印本"改爲"奉天文學專門學校排印本",將復旦大學圖書館所藏日本刊本之"吳廣霈校並跋　日本明刊本"改爲"吳廣霈題識批校　日本延享丙寅(1746)京都平安書肆玉樹堂仿刻趙用賢重修本",如此等等。

　　再次,爲了便於讀者查檢原書,明瞭《韓非子》之流變及接受發展史,本書不採用《子藏》改易書名的辦法,如不像《子藏》那樣將《群書治要》中的《韓子》改題爲《韓子治要》,而按照原書題爲《群書治要·韓子》;也不採用其編排次序,而在考定各本産生年代的基礎上按反映版本或研究成果之先後爲序,如影宋抄本或仿宋刻本雖然産生於清代,但由於它們反映了宋刻本面貌,故全部列於明刻本之前;趙用賢刻本收錄了六部,則將其初印本列於前,次以重修本、重刊本,版本同者再按批校者的年代先後排序。

　　本書之所以命名爲"文獻考述",是因爲它有異於一般的圖書提要。所謂"文獻考述",是指對這些文獻進行深入的考證或研究後對其內容主旨和價值得失進行論述,針對文獻之不同性質,或羅列考校所得之證據以揭其底細,或概括介紹其內容脈絡以明其梗概,或評論其是非得失以便於借鑒,旨在爲讀者研究《韓非子》及其相關資料提供有益的參考。因此,本書行文不拘一格,完全以撰寫學術論文的思路來撰寫各書考述,大凡學術價值較高或尚存誤解、懸解之書則深考詳論之,價值較低或無誤解之書則略述之;而撰寫時尤其注重資料性和學術性,除了介紹各書館藏和概況以便讀者查檢和閱讀外,更致力於揭示通過一般性閱讀難以發現的價值或問題,不厭其煩地詳列相關資料以爲佐證,以使本書具有較高的學術參考價值。例如,對於最能反映《韓非子》早期文本情況的黃丕烈所校錢曾述古堂影宋抄本,本書以上萬字的篇幅,將國家圖書館所藏抄本之珍貴、《子藏》影印本與《四部叢刊》影印本之優劣詳盡地揭示出來,讀者不但能由此完整地瞭解《韓非子》宋刻本的流傳情況,而且可詳盡地瞭解黃丕烈所校宋刻本與此影抄本的異同而將它作爲校本來使用。又如,對於明抄本《説郛》所輯錄的《韓非子》之文,我們通過深入考校,從其脱文與行款中發現了陶宗儀所用的《韓非子》是一種不同於乾道本而資料價值不亞於乾道本的宋刻本,其中不少文字優於乾道本而可用來校正如今的《韓非子》通行本,但《説郛》尚未爲以往的《韓非子》校釋者所利用,本書的研究披沙揀金,無疑爲《韓非子》的校正提供了珍貴的資料。再如,對於周孔教本,康熙時王允升認爲出於乾道本,《四庫提要》則推測周孔教本出於"宋槧本"。爲此,我們以大量實例證明周孔教本爲趙用賢剡改重修本之翻刻本,從而澄清了這一影響甚大的誤說。還有,陳啓天《韓非子參考書輯要》認爲張古餘家藏有乾道本原書,說商務印書館影印之《道藏》爲萬曆刻本,說《韓子迂評》初刻於萬曆六年而未完工,將周孔教本與黃策本視爲兩種版本,說張鼎文本篇章完備,說凌瀛初本"不過就趙本、陳本二者間以意定之,實不得謂之校注",說趙如源、王道焜合校之《韓子》"版既不佳,校亦不精",說尹桐陽《韓子新釋》"於文義之校釋則甚疏",我們通過相關論述,乃至一一列舉實例來說明其誤判。

以上說明了本書的寫作緣起及其旨趣,爲了使廣大讀者在研究《韓非子》相關文獻時具備背景知識,現再略述韓非、《韓非子》的流傳概況如下。至於韓非以外的《韓非子》校注者、選輯者、題跋者、評論者、刊印者等內容,則於篇中首出時予以介紹,其間隔較近者不作重複介紹,其間隔較遠者以參見法提示之以節約篇幅。

一、韓非生平事迹

古代關於韓非生平事迹的記載很少,最爲詳盡的記載是《史記·老子韓非列傳》,但記述他生平行事的篇幅還不到五百字。可資參考的資料有《戰國策·秦策五》,《史記》中的《秦始皇本紀》《韓世家》《六國年表》,以及《韓非子》中的《存韓》《難言》《問田》等。

根據這些材料,可知韓非是戰國後期韓國的宗族公子,他以國爲氏,因稱韓非。

據《史記·韓世家》記載,韓國的祖先,本來和周同姓姬,後來他們的後代因爲事奉晉國,被晉國封於韓原,於是以封地爲氏。韓景侯六年(公元前403年),與趙、魏同時列爲諸侯。韓哀侯元年(公元前376年),與趙、魏瓜分晉國,纔成爲一個較爲強大的國家。第二年(公元前375年),韓哀侯滅掉鄭國,將國都從陽翟(在今河南省禹州市)遷往鄭(今河南省新鄭市)。據此,韓非當出生於新鄭。

至於韓非的生年,是研究者首先碰到的難題,因爲這在史籍上沒有明確的記載。現代的學者根據各種資料加以推測,說法並不一致。

現在最流行的說法,是認爲韓非約生於公元前280年。這一說法本於錢穆的《先秦諸子繫年》。錢穆先生認爲:李斯初爲小吏,後來跟從荀卿學習,入秦時大概在三十多歲。韓非與李斯曾同時就學於荀卿,而韓非入秦被殺時(公元前233年),李斯在秦國已經十五年。如果韓非與李斯年齡相當,那麼韓非死的時候應在四十歲到五十歲之間。從韓非的卒年(公元前233

年)向前推算,那麼韓非便生於韓釐王十五年(公元前281年)前後。這種說法現在已經被很多詞典、辭書及著作所採用,但實際上並不見得正確。因爲古人同學,不一定就同年。舉例來說,仲由(字子路)比孔子小九歲,冉求(字子有)比孔子小二十九歲,公西赤(字子華)比孔子小四十二歲(見《史記·仲尼弟子列傳》),其間相差二十歲乃至三十三歲,卻同時就學於孔子(見《論語·先進》"子路、曾皙、冉有、公西華侍坐"章)。因此,關於韓非與李斯年齡相當的假定並不可靠。而且,李斯入秦時究竟多大年齡,也没有確實的證據。從這種不可靠、不確實的假定中得出的結論當然值得重加探討。還有,《定法》篇應該作於公元前266年(見《韓非子校疏析論·定法》),而該篇文字老練,根本不像一個十四歲的少年所撰。所以,我們認爲錢穆先生的假定不可取。

陳千鈞在《韓非新傳》中對韓非的生年提出了異說,認爲韓非約生於韓釐王元年(公元前295年)。這主要是根據《韓非子·問田》關於堂谿公與韓非談論的記載以及《韓非子·外儲說右上》關於堂谿公與韓昭侯(公元前358年至公元前333年在位)對答的記載推測出來的。堂谿公與韓昭侯同時,但那時他可能只有二三十歲,等他與韓非談論時已九十多歲,那時韓非可能已二十多歲。這樣算下來,韓非的年齡就可能比李斯大,他被殺時(公元前233年)可能已六十多歲,所以推定他生於韓釐王初年。這種說法我們認爲比較合理。

韓非的一生(約公元前295年至公元前233年),正處於韓國橫遭強鄰侵凌、國土日削、瀕於危亡之際。韓國一直臣服於強秦,纔得以苟延殘喘。正如李斯所說:"韓居中國,地不能滿千里,而所以得與諸侯班位於天下、君臣相保者,以世世相教事秦之力也。"(《韓非子·存韓》)這一點,韓非在晚年也講得很明白,他說:"韓事秦三十餘年,出則爲扞蔽,入則爲席薦。秦特出銳師取韓地而隨之……韓入貢職,與郡縣無異也……夫韓,小國也,而以應天下四擊,主辱臣苦,上下相與同憂久矣。"(《韓非子·存韓》)至於韓國的内政,也混亂不堪。"以其有功也爵之,而卑其士官也;以其耕作也賞之,而少其家業也;以其不收也外之,而高其輕世也;以其犯禁也罪之,而多其有勇也。毁譽、賞罰之所加者相與悖繆也,故法禁壞而民愈亂。……夫離法者罪,而諸先生以文學取;犯禁者誅,而群俠以私劍養。故法之所非,君之所取;吏之所誅,上之所養也。法、趣、上、下,四相反也,而無所定,雖有十黄帝不能治也。"(《韓非子·五蠹》)韓王極其暗弱昏亂,"臣有大罪而主弗禁",因此"當塗之人擅事要",結果"主上愈卑,私門益尊",而明法術者,"不僇於吏誅,必死於私劍"(《韓非子·孤憤》)。韓王任人"不課賢不肖、論有功勞",而"用諸侯之重,聽左右之謁",以致"父兄大臣上請爵祿於上,而下賣之以收財利及以樹私黨。故財利多者賣官以爲貴,有左右之交者請謁以成重。功勞之臣不論,官職之遷失謬。是以吏偷官而外交,棄事而財親。是以賢者懈怠而不勸,有功者墮而簡其業",完全是一派"亡國之風"(《韓非子·八姦》)。

韓非身爲韓國宗族,雖天生口吃,卻善於寫作。他目睹韓國的衰弱,曾多次向韓王上書勸諫,希望韓王能勵精圖治,但都没有被接受。於是他又寫了《難言》《和氏》等進奏韓王(約在韓釐王二十三年,即公元前273年),以和氏獻璞自比,再次勸諫韓釐王納諫聽言,運用法術來治國圖强。上了年紀、見多識廣且在宫廷任事的堂谿公(約生於公元前360年)見韓非的上書後,受釐王之命,召見了血氣方剛的韓非,勸他説:"臣聞服禮辭讓,全之術也;修行退智,遂之道也。今先生立法術,設度數,臣竊以爲危於身而殆於軀。何以效之? 所聞先生術曰:'楚不用吳起而削亂,秦行商君而富彊。二子之言已當矣,然而吳起支解而商君車裂者,不逢世遇主之患也。'逢遇不可必也,患禍不可斥也。夫捨乎全遂之道而肆乎危殆之行,竊爲先生無取焉。"韓非回答説:"臣明先生之言矣。夫治天下之柄,齊民萌之度,甚未易處也。然所以廢先王之教而行賤臣之所取者,竊以爲立法術,設度數,所以利民萌、便衆庶之道也。故不憚亂主闇上之患禍,而必思以齊民萌之資利者,仁智之行也;憚亂主闇上之患禍,而避乎死亡之害,知明而不見民萌之資利者,貪鄙之爲也。臣不忍向貪鄙之爲,不敢傷仁智之行。"(《韓非子·問田》)一顆報國愛民、置自身安危於度外的赤誠之心於此歷歷可見。但是,生不逢時,在暗亂的韓國,有誰能理解他呢? 然而,韓非並未因爲種種挫折就放棄了自己對政治理想的追求。

對於韓王不務修明法制,不求人任賢、獎勵耕戰、走富國强兵的道路,反而聽信虛言浮説,尊重儒俠,放任工商牟利買官,以致法度混亂,禁令不行,廉直忠正的法術之士受制於枉法邪惡的姦臣,韓非十分憤慨。於是,他針對現實中的種種弊端,總結了歷史上成功和失敗的經驗教訓,寫成了《孤憤》《五蠹》《内儲説》《外儲説》《説林》《説難》等十多萬字的華翰(《史記·老子韓非列傳》),將自己的滿腔熱血和憤懣化成了經久千古的光輝篇章。

在此期間,他爲了謀求拯救祖國的方略,曾在荀況於公元前255年到楚國任蘭陵令後,就學於荀況。這時,他已有四十多歲了,政治上也已相當成熟,《孤憤》《五蠹》這兩篇著名的文章,可能即成稿於他求學之時,所以他的同學李斯對《孤憤》《五蠹》非常熟悉,讀後自愧不如。當時,各國紛争,有才能的人來去本來是很自由的,遊士們爲了自己的前途,可以到處奔走去遊説各國諸侯以建立自己的功名。但是,韓非抱着一顆赤誠報國之心,學成後仍回國報效朝廷。不過,他還是一直不被桓惠王任用。直到韓王安即位後,韓非纔得到重視。

公元前237年(韓王安二年、秦始皇十年),秦王(始皇)派李斯攻取韓國,韓王曾與韓非研究削弱秦國的策略。

公元前234年(韓王安五年、秦始皇十三年),秦王政(始皇)見到《孤憤》《五蠹》等文章後,深有感慨地説:"嗟乎! 寡人得見此人與之游,死不恨矣。"李斯説:"此韓非之所著書也。"(《史記·老子韓非列傳》)於是秦國猛攻韓國,韓王只得派韓非出使秦國。韓非到秦國後,上書秦王,主張保存韓國,當即遭到李斯的反對,並在秦王面前詆毀韓非説:"非之來也,未必不以其能存韓也爲重於韓也。辯説屬辭,飾非詐謀,以釣利於秦,而以韓利闚陛下。"(《韓非子·存韓》)因此,秦王没有信任使用他。

公元前233年(秦始皇十四年),韓非更是以言招禍而死於無名。事情是這樣的:前三年,燕、趙、吴、楚四國聯合攻秦,秦王召集群臣賓客商量對策,大臣們不吭一聲,只有姚賈願意出使四國。姚賈出使後,和四國締結了和約。秦王很滿意,封姚賈千户,提拔他爲上卿。韓非對此很不以爲然,在秦王面前詆毀姚賈説:"賈以珍珠重寶,南使荆、吴,北使燕、代之間,三年,四國之交未必合也,而珍珠重寶盡於内,是賈以王之權、國之寶外自交於諸侯。願王察之! 且梁監門子,嘗盜於梁,臣於趙而逐。取世監門子、梁之大盜、趙之逐臣,與同知社稷之計,非所以厲群臣也。"(《戰國策·秦策五》)秦王因此責問姚賈,姚賈施展辯才巧舌而使秦王聽信了他。於是,李斯與姚賈合謀陷害韓非,對秦王説:"韓非,韓之諸公子也。今王欲并諸侯,非終爲韓不爲秦,此人之情也。今王不用,久留而歸之,此自遺患也,不如以過法誅之。"(《史記·老子韓非列傳》)秦王聽信了他們,就把韓非交給獄吏去懲治。於是李斯派人送去毒藥,讓韓非自殺。韓非想向秦王申訴,但終未能如願。等到後來秦王反悔,派人去赦免韓非,韓非早已死在雲陽(位於今陝西省淳化縣西北)獄中了。

二、《韓非子》的編集和流傳

《史記·老子韓非列傳》云:"人或傳其書至秦,秦王見《孤憤》《五蠹》之書。"這説明韓非之書在他公元前234年出使秦國前就已經在流傳了。但是,秦王所看到的"書",不過是單篇的文章而已,並不是我們現在所看到的《韓非子》。

從現存的《韓非子》來看,其中的《存韓》應該是韓非在公元前234年出使秦國後向秦王的上書,因此,《韓非子》不可能在韓非出使秦國前就編定了。而且,韓非到秦國後,一年不到就被李斯、姚賈謀殺了,所以韓非在生前也不可能將自己的書編定成集。那麼,《韓非子》一書是誰編定的呢?這在史籍上沒有明確的記載,因此人們就作了種種推測。有人認爲《韓非子》是韓非的弟子編成的,有人認爲是劉向編定的。我們認爲這些推測並不妥當。

《存韓》保存着李斯的駁議、李斯向韓王的上書,以及記載此事前後的說明性文字。這種批駁韓非以及類似歷史檔案性質的文字表明:該書不可能爲韓非弟子所編。

再看《史記》,司馬遷不但在《范睢蔡澤列傳》末引用了《韓子》的"長袖善舞,多錢善賈",在《游俠列傳》開頭引用了《韓子》的"儒以文亂法而俠以武犯禁",還在《老子韓非列傳》中明確說韓非"作《孤憤》《五蠹》《內外儲》《說林》《說難》十餘萬言",其所載字數正與現在流傳的《韓非子》五十五篇大致相合。由此可見,至少在司馬遷寫《史記》的時候(約在公元前 104 年至公元前 91 年),《韓非子》一書已經編成,只是當時稱爲"韓子"而已。總之,《韓非子》的編定不可能在劉向校書之時(漢成帝河平三年,公元前 26 年)。

我們認爲,《韓非子》應該是秦滅韓後至李斯被殺前(即公元前 230 年至公元前 208 年)秦朝主管圖書檔案的御史編定的(詳見《韓非子考論》第二章第一節)。因此,它到漢武帝之時已廣爲流傳而"學者多有"了(《史記·老子韓非列傳》)。

據《史記》,可知《韓非子》在西漢時稱爲《韓子》,有十萬餘字。據《漢書·藝文志》,可知它在漢代有五十五篇。據《隋書·經籍志》,可知後來《韓子》又分爲二十卷。流傳至今的二十卷五十五篇的《韓非子》,應該就是古代的傳本。只是由於宋代開始人們尊稱韓愈爲"韓子",爲了避免混淆,就有人將它改稱爲《韓非子》,但仍有稱《韓子》的。

據清代人的序跋,可知嘉慶時尚有南宋乾道改元中元日(即公元 1165 年農曆七月十五)黃三八郎所刻的《韓非子》印本流傳,但如今該本已經亡佚。現在我們所能見到的,不過是這個宋刻本的影抄本及仿刻本而已。這種能反映宋本面貌的《韓非子》影抄本及仿刻本現傳有三種。

一是清初錢曾(字遵王)述古堂影抄本。該抄本今藏國家圖書館。上海商務印書館輯印《四部叢刊》初編時曾於 1922 年影印過此本,今《子藏》又影印了此本,但這兩種影印本有所不同(參見第 1 條"述古堂影宋抄本"考述)。

二是張敦仁(字古餘)在乙丑年(1805)借到了李奕疇(字書年)所藏的宋刻本後請人影抄的本子(參見第 2 條"張敦仁影宋抄本"考述)。該抄本今藏上海圖書館。

三是吳鼐(字山尊)的仿刻本。他在丙子年(1816)借到李書年所藏的宋刻本後命人影抄,並於次年付梓,於戊寅年(1818)刻成,題爲《乾道本韓非子廿卷》,所以後人習稱"乾道本",其實它只是宋代乾道本的仿刻本。至於該本的翻刻本,如浙江書局光緒初年所刻《二十二子》本,與宋刻本的差別就很大了(參見第 30 條"浙江書局本"考述)。

元代也有《韓非子》流傳,但元刊本卻不易見到,我們只能在明代刊刻的《韓子迂評》中看到元代何犿於至元三年(1337)寫的序。何犿的原校本早已失傳,幸虧該校本在萬曆六年(1578)被門無子(吳郡人,姓俞)所得,他對該本作了些訂正、評注,定名爲《韓子迂評》,讓陳深(字子淵)負責刊刻,次年刻成。這種本子脫文較多,甚至連《姦劫弒臣》《說林下》的篇目都脫去了,所以又稱"五十三篇本"。由於這種本子與上述的乾道本有很多不同,很可能源自另一種宋本,所以爲校勘學者所重。萬曆十一年(1583),門無子看到了趙用賢刻的足本後,又讓陳深重加校補,所以,重校本雖然篇目仍爲五十三篇,但已是足本,而且有些文字也被改動,與初刻本不盡相同了。

明代除《韓子迂評》外,還有一些版本也爲校勘學家所重視。

一是正統十年(1445)刻的《道藏》,其中《韓非子》編於"匪""虧"兩函。1923 年至 1926 年,上海涵芬樓影印了這部《道藏》,文物出版社等又於 1988 年改版影印了涵芬樓本,所以現甚易見到。該書脫文與《迂評》初刻本基本相同。由於它成書較早,較能反映早期刻本的面貌,所以同樣爲校勘家所重。陳國符《道藏源流考》說:"正統《道藏》所收書籍,多避宋諱。蓋雖係明刻,而淵源固自政和《道藏》也。"據此,則今傳《道藏》中的《韓非子》及《韓子迂評》這種五十三篇本,可能都源自宋代政和年間(1111—1117)所刻的《道藏》。正統《道藏》本《韓非子》在明代又有翻刻本,盧文弨、顧廣圻都用《道藏》本校過而校出的文字不盡一致,除了誤校之外,可能是因爲他們所用的不是同一個版本。

二是正德丁丑(1517)嚴時泰所刻的《韓非子》,這是據"五十三篇本"的殘卷刊刻的(僅有前十二卷),其文字與正統《道藏》本大體相同。人們因其刊刻較早而將此本當作善本,其實該本的校勘價值並不高。

三是嘉靖戊午(1558)張鼎文校刻的《韓非子》,其脫文雖與正統《道藏》本、《韓子迂評》初刻本等"五十三篇本"基本相同,但《說林下第二十三》的篇目未脫去,所以它應該稱爲"五十四篇本"。盧文弨《抱經堂文集·書韓非子後》云:"張刻本固不佳,然其晦滯驟難曉處,轉恐似本文。"此言良是(參見第 6 條"張鼎文本"考述),所以該本具有較高的校勘價值。

由上述可知,萬曆十年(1582)以前流行的本子,都是一種缺刻本。萬曆十年,趙用賢購得五十五篇的宋本《韓非子》,便據近時流行的各種本子校勘改定後與《管子》一起刊出,後人因稱"趙用賢本"或"管韓合刻本"。由於它是足本,所以一問世即享有盛譽,翻刻趙本者很多,連《韓子迂評》也根據它作了補充。

萬曆以後,也有一些人兼採趙用賢本與《迂評》本來校刻《韓非子》,像凌瀛初本、趙如源和王道焜同校本都是這樣。這種翻刻本其實無多大校勘價值。但自從盧文弨用凌本校勘後,凌本也頗爲後人所重。至於趙王同校本,則對日本學者影響頗大,物茂卿讀、蒲阪圓增的《增讀韓非子》與津田鳳卿所撰的《韓非子解詁》,都是用它作底本的。

明代還有很多選本、評本流行,像孫鑛的節選本(見《韓非子節抄》),托名歸有光的輯評本(見《諸子彙函》),焦竑注釋、翁正春評林的釋評本(見《注釋九子全書評林》),陳深的品節本(見《諸子品節》),陳仁錫的奇賞本(見《諸子奇賞》前集),等等。這些選本或評本只是一般的文學讀本,無甚校勘價值。只有萬曆辛亥(1611)張榜芟削節錄趙用賢本而成的《韓非子纂》二卷,雖被刪改了不少,卻常爲後人校勘時取資。

清代除吳鼒所刻仿宋本值得稱道外,王先慎於光緒丙申(1896)撰成並刊行的《韓非子集解》也值得重視。此書校釋雖然較爲粗疏,但還是有所發明的。更由於它彙集了多家校釋,便於閱讀,所以成了二十世紀最通行的本子,不斷被後人翻印。

二十世紀以來,《韓非子》的流傳更爲廣泛,參考價值較高或影響較大的《韓非子》校釋之作有:尹桐陽的《韓子新釋》(武昌曇華林工業傳習所1919年刊行),陳啓天的《韓非子校釋》(中華書局1940年版,臺灣商務印書館1969年版增訂本),陳奇猷的《韓非子集釋》(中華書局1958年版)、《韓非子新校注》(上海古籍出版社2000年版),梁啓雄的《韓子淺解》(中華書局1960年版),周勳初等《韓非子校注》(江蘇人民出版社1982年版),邵增樺的《韓非子今注今譯》(臺灣商務印書館1982年版),朱守亮的《韓非子釋評》(五南圖書出版有限公司1992年版),張覺的《韓非子全譯》(貴州人民出版社1992年版)、《韓非子校疏》(上海古籍出版社2010年版)、《韓非子校疏析論》(知識產權出版社2011年第1版,2018年第3版)。至於其他的普及讀本或選注選譯本,就更多得不便一一詳述了。凡此種種,足見當今《韓非子》流傳之盛。

以上略述了本書的寫作緣起和旨趣,以及韓非生平、《韓非子》的流傳概況,以下則以書目爲題,逐一考述各書,力求使本書成爲一部研究《韓非子》者必須參閱的學術著作。然限於學識,不當之處恐在所難免,敬祈讀者不吝賜教。

目　録

前　言 ··· 1

第一章　《韓非子》全本考述 ····································· 1
第一節　反映宋刻本面貌之抄本和校刊本 ······················· 1
第二節　明刻本 ··· 20
第三節　清代刊本 ··· 92
第四節　現代注釋本 ······································ 103

第二章　《韓非子》選本及殘本考述 ······························ 114
第一節　唐代選本 ·· 114
第二節　元代選本 ·· 116
第三節　明代選本和殘本 ·································· 120
第四節　清代選本 ·· 169
第五節　現代選本 ·· 176

第三章　《韓非子》札記考述 ···································· 201
第一節　清代學術札記 ···································· 201
第二節　現代學術札記 ···································· 225

第四章　《韓非子》研究著作考述 ································ 242
第一節　清代雜著 ·· 242
第二節　現代論著 ·· 251

參考文獻 ·· 285

後　記 ·· 289

第一章 《韓非子》全本考述

第一節 反映宋刻本面貌之抄本和校刊本

1. 韓非子二十卷 〔戰國〕韓非撰 〔宋〕謝希深注 清初錢曾述古堂影宋抄本 黃丕烈校並跋 顧廣圻跋 孫毓修補録黃校（國家圖書館藏）

錢曾（1629—1701），字遵王，虞山（今江蘇常熟）人，清代著名藏書家，其藏書處名述古堂，故該本又習稱"述古堂影宋抄本"。錢氏抄書以其紙墨精良、校勘仔細而著稱，世稱"錢抄"，只是該本抄於何時已不可知。此抄本是最能反映宋刻本面貌的珍本，由於《韓非子》之宋刻本今已不存，所以該本具有極其珍貴的資料價值，一向爲《韓非子》研究者所重。

該本前有《韓非子序》，末題"乾道改元中元日黃三八郎印"。這南宋乾道改元中元日（公元 1165 年農曆七月十五）黃三八郎刊印的《韓非子》，學界習稱"乾道本"，是現在尚可從其影抄本中窺見其貌的最早的《韓非子》刻本。黃三八郎書鋪是南宋建寧府（治所建安縣，即今福建省建甌市）之書坊。該書坊之刻本並不精善，但由於後來所能見到的《韓非子》刻本以此本爲最早，它較能體現古本的面貌，所以受到校讎學者的重視。清代李奕疇（字書年，河南夏邑人，曾爲江蘇糧儲道道員）曾藏有該印本，但他並未認識到此書的珍貴，所以後來就失傳了。幸虧當時有些學者非常珍視這一宋刻本，從李奕疇處借到後進行影抄、仿刻、校勘，纔使這乾道本的面貌得以保存下來。

這種能反映《韓非子》乾道本面貌的傳本今存三種：其中兩種分別是李奕疇所藏之原印本的影抄本（張敦仁影抄本，今藏上海圖書館）和仿刻本（吳鼒嘉慶二十三年重刊的《乾道本韓非子廿卷》，今存尚多），所以它們的版式除界行外完全相同，只是後者在刊刻時有所校改，因而兩者文字不全相同；李奕疇藏本原缺第十四卷第二葉，而其影抄本、仿刻本已由顧廣圻據述古堂影抄本補足。還有一種就是這清初錢曾述古堂影宋抄本，其版式除少數幾葉外，與上述兩種本子也相同；該本原缺第十卷第七葉，黃丕烈購得此本後據李奕疇藏本將它補足,同時又據李奕疇藏本作了認真仔細的校勘,所以也能反映乾道本的面貌。上述三種本子都源自宋乾道本,它們都刊有《韓非子序》及《韓非子目錄》,都是五十五篇本,卷前都有子目,其注釋文字也基本相同,而且都脱掉了《顯學》篇"士者爲民"至末的文字。三者不同的是:(一)張敦仁本無界行,另兩本有界行。(二)卷三第四葉、第六葉,述古堂影抄本之葉碼與裝訂均誤,張敦仁本葉碼誤而裝訂則移正(即裝訂葉次爲六、五、四),吴鼒本則葉碼與裝訂均已改正。

乾道本《韓非子》正文中有雙行小字夾注,其注者不題姓名,故前人都稱"舊注"。上海古籍出版社1986年出版的上海圖書館所編《中國叢書綜録》(一)第805頁所載《道藏·太清部》之書目題"韓非子二十卷 (周)韓非撰(宋)謝希深注",第809頁所載《道藏舉要·第五類 諸子》之書目題"韓非子二十卷 (周)韓非撰(宋)謝希深注"。今考乾道本《韓非子》之注文與《道藏》中的《韓非子》注基本一致,故今不題"舊注"或"佚名注",而一律改題"謝希深注"。

謝希深,即謝絳(995—1039),字希深,富陽(今浙江富陽)人,以父謝濤蔭,試秘書省校書郎,復登大中祥符八年(1015)進士,知汝陰縣(今安徽阜陽),善議論,喜談時事,以文學知名一時。楊億薦其文章,召試,擢秘閣校理,歷官至太常博士、兵部員外郎、知制誥。他所注的《公孫龍子》一直流傳至今。從其經歷與注書業績來看,作《韓非子》注是完全可能的。今存《韓非子》影宋抄本與《道藏》本中的注文,雖不無粗疏謬誤之處,卻也多精當不刊之論而常爲學者所引用,可見謝希深的注具有十分深遠的學術影響。當然,在謝希深之前,唐代尹知章所注的《韓非子》"頗行於時"(《舊唐書·尹知章傳》),因此,謝希深在注釋時也有可能借鑒過尹知章的注,而並非都自出機杼。

黄丕烈(1763—1825),字紹武,號蕘圃,又號復翁,長洲(今江蘇蘇州)人,乾隆五十三年(1788)舉人,嘉慶六年(1801)發往直隸(京師直轄地區)知縣,不就,專事藏書和治學,爲清代著名的藏書家、目録學家、校勘家。其室名"士礼居",藏書處名"讀未見書齋"等,所藏善本極多。他嗜好宋本,故又自號"佞宋主人",所藏宋本達百餘種,特地專闢一室名"百宋一廛"藏之。其宋本多出於錢曾述古堂、毛晉汲古閣等所藏,後來散出,多半歸汪士鍾藝芸書舍,繼而又先後歸藏楊氏海源閣、瞿氏鐵琴銅劍樓、陸氏皕宋樓等。他精於校勘,所校之書具有很高的學術價值。

顧廣圻(1766—1835),元和(今江蘇蘇州)人,字千里,號澗薲(也作澗蘋、澗苹),別號思適居士,室名"思適齋",爲清代著名校勘家、目録學家。

他博學多聞,通經學、小學,尤精校讎之學,孫星衍、張敦仁、黃丕烈、胡克家、吴騫等先後請他主持刻書,他往往爲作札記,考定文字。

黃丕烈、顧廣圻見到善本,往往寫有題跋,記述該書授受源流、得書經過及其品評、考訂。這些題跋,極有利於我們對善本流轉過程的瞭解以及對善本的校訂。此書也是如此。從他們留在述古堂影宋抄本的跋以及藏書者鈐印中可知,述古堂影宋抄本從錢曾家散出後,先藏於泰興季振宜,後又藏於新安(今安徽歙縣)人汪啟淑開萬樓(樓在汪啟淑僑居之杭州),嘉慶壬戌(1802)秋從開萬樓賣出,顧廣圻在杭州獲此書,視爲"絶品",只因財力有限,故轉由黃丕烈出卅金購入。之後,黃丕烈通過夏方米的關係,從張敦仁(字古餘,時任蘇州知府)處借到了李奕疇所藏的宋刻本。他對兩書進行了精心的比勘,將其不同之處(包括文字乃至筆畫之差異)用朱筆寫在述古堂影抄本上。此外,對於版式不同的幾葉,他還"以別紙影鈔宋刻之真者附於末"。所以,黃丕烈校過的這個本子很能反映宋代乾道刻本的面貌。

此本首葉爲《韓非子序》,半葉十行,每行十八字,除了"季振宜藏書""廣圻寀定"等鈐印,還有"汪士鍾印""海鹽張元濟庚申歲經收""涵芬樓"等鈐印,由此可知黃丕烈此書後爲汪士鍾所藏,其後又爲上海涵芬樓所藏,上海商務印書館輯印《四部叢刊》初編時於庚申年(1920)將它收入。由於《四部叢刊》影印時不套色,所以述古堂影抄之黑字(以下簡稱"錢抄")和黃丕烈校改之朱筆(以下簡稱"黃校")在影印本中將難以分辨。爲了彌補這一缺憾而使讀者開卷了然,當時從事《四部叢刊》編印工作的商務印書館編輯孫毓修便對該本作了一些加工。

孫毓修(1871—1923),字星如,一字恂如,號留庵,自署小淥天主人,無錫(今江蘇無錫)人,清末秀才,曾師從繆荃孫,精於版本目錄之學。光緒三十三年(1907)入上海商務印書館編譯所任高級編輯,得到張元濟賞識,負責籌建圖書室"涵芬樓",隨後任涵芬樓負責人,從事古籍善本的搜集和鑒定。民國八年(1919)開始主持影印《四部叢刊》。壬戌十二月(1923年1月)逝世。他影印述古堂影宋抄本《韓非子》時所作的加工,在他壬戌(1922)十月所寫的紙條(粘於卷二十之後顧廣圻跋文的書頁上)中講得很清楚,其文云:"影寫本與宋刻違異者,黃先生既於本文以朱筆正之,復標於上方,使人開卷了然。間有僅改本文,上方未標者如干處,今悉爲補錄,於字傍加圈作識,以別於黃先生手筆云。壬戌十月,留庵。"

按理說,如果真正能做到將黃校"悉爲補錄"於書眉,那麽《四部叢刊》本即使不套色,也能把黃校與錢抄之差異完全呈現在讀者眼前。但事實並非如此,只要以國家圖書館所藏述古堂影宋抄本比勘《四部叢刊》本就能發現：黃丕烈所標，是直接寫在書眉上的，其中述古堂影宋鈔本的文字用黃筆，其校改的文字用朱筆；至於孫毓修所標，則多用墨筆寫在小紙上，再粘於書眉，故如今脱落而夾在書中者有之，脱落而復粘錯位者有之，增補者有之（看字迹，當爲他人所增補，最明顯的例子是卷十九第四葉《五蠹》"拔城者受爵禄而信廉愛之説"之"廉"字，《四部叢刊》影印的孫毓修字迹和如今國家圖書館藏本上的字迹差異極大）。總之，《四部叢刊》本與國家圖書館藏本不盡相同，它並不能全面地顯示黃校與錢抄之間的不同，因而也就不能準確地反映乾道本的面貌。更必須指出的是，孫毓修補録的錢抄、黃校還有寫錯的。因此，如果我們只根據《四部叢刊》本上黃丕烈和孫毓修在書眉上所標的文字來判斷述古堂影抄本和黃丕烈出校的乾道本之間的文字差異，那就會導致片面或錯誤的看法。

如今，《子藏·韓非子卷》據國家圖書館藏本影印，雖然因未套色而仍然難以非常清晰地顯示黃校與錢抄之間的不同，但顯然優於1922年影印的《四部叢刊》本。這種優點體現在五個方面：一、這次影印將後來增補的字條也囊括了進去，這就使《四部叢刊》本未能充分顯示的這部分黃校能清晰地呈現給讀者。二、由於這次影印前採取了彩色掃描的方法，所以影印後朱筆校改之處顏色較淡，這樣，即使有些黃校未被補録於書眉，但只要我們仔細審視，也能發現黃校與錢抄之間的差異，這也是《四部叢刊》本無法企及的。如卷二十第四葉第十三行《人主》"此世之所以亂也"之"世"，錢抄作"士"，《四部叢刊》本也作"士"，黃校改爲"世"，但此校未標於書眉，今仔細審察《子藏》本之"世"，即可見黃校與錢抄之間的差異。三、正因爲這次影印之朱筆顏色較淡，所以即使黃丕烈、孫毓修（或他人）在書眉上所標的文字有誤，我們也能通過仔細審視葉中文字來確定黃校與錢抄之間的差異。如卷八第五葉第二十三行《説林下》"鄭人有一子將宦謂其家曰"，孫毓修在書眉標"冢○家"，如果我們只看《四部叢刊》本，就會認爲此處錢抄作"冢"而黃校作"家"，但只要仔細看一下《子藏·韓非子卷》，就會發現此係孫毓修誤録，其實際情況是錢抄作"家"而黃校作"冢"。四、《四部叢刊》本在影印時似乎有所處理，所以不能完全反映述古堂影宋抄本的真實情況，《子藏·韓非子卷》則能如實反映影宋抄本之原樣。如卷十一第三葉第三行《外儲説左上》"墨子爲木鳶"之"墨"，錢抄作"墨"，黃丕烈未校改，但《四部叢刊》本作"墨"，顯然不如《子藏·韓非子卷》作"墨"更能存其真。五、雖然黃丕烈或孫毓修已將校改之處標於書眉，但由於《四部叢刊》本印製技術未善，所以有時在葉中只顯示錢抄或黃校之文字，而未能準確地顯示黃校和錢抄的區别，《子藏》則不然。如卷一第一葉末行，孫毓修雖然在書眉補録了"齊○

濟",但《四部叢刊》本此行有三個"齊"字,所以究竟哪個"齊"被校改就不得而知,而一看《子藏·韓非子卷》就可明白,是注文中的"齊西"改爲"濟西";又如卷二第三葉第十七行《有度》注文"如地形之見耕",黃丕烈雖在書眉標了"地 也 誤字",但《四部叢刊》本葉中作"也",而看不出錢抄原作"地",較看《子藏·韓非子卷》就可知道錢抄作"地"而黃校作"也"(即乾道本作"也",爲誤字);再如卷二第七葉第八行《揚權》之"通一同情",黃丕烈雖然在書眉標了"一 誤脱",究竟是錢抄誤脱還是乾道本誤脱卻讓人犯難,而翻看《子藏·韓非子卷》就可明白是錢抄誤脱而乾道本有"一"字,因爲此"一"字顏色較淡,是黃校之朱筆所加。

爲了使讀者更清楚全面地瞭解黃丕烈朱筆校改的情況以及《子藏·韓非子卷》之可貴,今據國家圖書館所藏原本之黃校將《四部叢刊》本書眉未標明的黃校文字以及上述種種《四部叢刊》本未能如《子藏·韓非子卷》那樣準確地顯示錢抄、黃校的文字(如上述之"丗""家""墨""齊""地""一"等,至於黃丕烈、孫毓修已在書眉標明而《四部叢刊》本與《子藏·韓非子卷》顯示效果差不多的文字則從略)分類羅列於下,其中被校改的述古堂影抄本文字仿照孫毓修的方法在右上角標以°,其後用圓括號標出黃丕烈校改的文字。爲了便於讀者查檢,每個例句後標以《子藏·韓非子卷》第一册之頁碼。要説明的是,黃丕烈的校勘極其仔細,凡筆畫稍有差異他都儘量描出,對這種只有筆畫差異而無實質區别的俗字、異體字,除非必要,一般不再標出以免造字過多,有需要的讀者可到國家圖書館查閱原本。此外,缺文用"□"表示,某些俗字、異體字也改用正體字,以便印刷。顯然,與上述五個優點相應的前五類例子足可顯示《子藏·韓非子卷》之資料價值高於《四部叢刊》本。至於第六類例子,《子藏·韓非子卷》顯示黃校的程度差於《四部叢刊》本。列出第七、第八類例子,一方面是爲了使讀者全面瞭解黃校的情況,另一方面也可表明《子藏·韓非子卷》因未套色而導致的不足之處——它還不能全面地顯示黃校與錢抄之間的不同。

一、《四部叢刊》本書眉無標示,《子藏·韓非子卷》書眉增補的文字。

《難言》"西門豹不鬭°(鬥)而死人手"(21)。《愛臣》注文"謂薄其賞賜°也"(23)。《主道》"臣自將雕琢°(琢)"(24)。《揚權》注文"上不與之爲構°(搆)也構°(搆)結也"(40),注文"適足以增其倩°(猜)競"(41),"毋使木枝°(枝,下同)扶疎"(44)。《八姦》"邑鬭°(鬥)之勇無赦罪"(48)。《十過》"爲師曠壽°"(55),"充之以餐°"(65)。《孤憤》注文"鄰國諸侯或來°(來)求事"(68),注文"乃慣習故舊°也"(68),"以歲°(歲)數而又不得見"(69)。《説難》"語以泄°(洩)敗"(74),"論其所愛°(爱)"(75)。《和氏》注文"於公有勞者不帶○(滯)其功賞"(80),"細民安亂○(乱)"(80)。《姦劫弒臣》"一匡○(匡)天下"(89)。《解老》"維斗○得以成其威"(125),"凡○(几)道之情"(126),"聖人之遊○(遊)世也"(128)。《說林上》"因圍○晉陽"(143)。《說林下》"慈母入室閉○(閇)戶"(155),"是其貫將滿○也"(157),"荅○(苔)曰吾恐其以我滿○貫也"(157),"従○(從)者曰"(157),"虜自賣裝○(裘)而不售"(159)。《守道》"故民勸○極力而樂盡情"(167),"姦人不絕世○(丗)"(168)。《功名》"錙銖失船則沉○(況)"(173)。《大體》"屬○(屬)輕重於權衡"(174),"不引繩○(繩)之外不推繩○(繩)之內"(174),"榮辱之貴○(責)"(174)。《內儲說上》注文"知治國○(国)常"(178)。《內儲說下》"令尹甚傲○而好兵"(207)。《外儲說左上》"譽其行而不入関○(關)"(223),"與桼筴○(莢,下同)者同狀"(224),"今轂有樹瓠○之道"(224),"夫瓠○所貴者"(224),"吾無以瓠○爲也"(224),"亦堅瓠○之類也"(225),"中牟之人弃○其田耘"(231)。《外儲說右上》"要作溝○(清)者於五父之衢而飡之"(259),"則必無劫弒○之患矣"(260),"壺○(壺)酒不清"(272),"一歲○之功"(272),"南圍○鄭"(273)。《難一》"齊衛○(衛)之間不容數日行"(295),"是將以管仲之不能死公子糾○(糾)"(295)。《難二》注文"亂○(乱)國重典"(303),"必度量準○(準)之"(307),"喜利畏罪人莫下○(不)然"(311)。《難四》"非正○士也"(328)。《問辯》"故言行而不軌○(軌)於法令者必禁"(336)。《問田》:"臣竊以爲危於身而殆於軀○"(337)。《說疑》"國○(国)分爲三"(344)。《詭使》:"難予謂之○廉(廉)"(350),"播○骨乎平原野者"(352)。《八說》"甲兵折挫○"(365),"托食於國○(国)者也"(368)。《八經》"似類○(類)則合其參"(373)【此條爲後人增補,原粘於卷十八第十葉第六行上方,今國家圖書館藏本因脫落而錯粘於第九葉第二十二行上方】。《五蠹》"皆守株之類○(類)也"(378),"故偃○王仁義而徐亡"(380),"去偃○王之仁"(380),"其言談者必軌○(軌)於法"(386),"半歲○而亡"(388)【《子藏·韓非子卷》此"歲"字隱約其中而顯示出清晰的反字"戰",是因爲其下葉之"戰"字孫毓修所寫有誤,後人改正重新粘貼後恰巧與此紙條在同一部位而反粘於此】。《顯學》"行曲則違○於臧獲"(391),"寒暑不兼○(無)時而至""今兼○(蒹)聽雜學"(391)。《忠孝》"而莫知察○孝悌忠順之道而審行之"(397)。《心度》"夫民之性惡勞○而樂佚"(406)。

二、黃丕烈、孫毓修均未在書眉標示,《四部叢刊》本因而難以反映黃校與錢抄之差異,《子藏·韓非子卷》因掃描後影印的朱筆顏色較淡而能顯示黃校的文字。

《存韓》"則諸侯可蠶食而盡○"(17),"則反掖之冦○(寇)"(19)。《愛臣》"故諸侯之博○(博)大"(22),"將相之管○主而隆國家"(22)。《主道》"是以明君守○始"(23),注文"爲○臣之正"(24)。《有度》"非朝廷之衰○也"(29)。《二柄》"使虎釋其爪○(瓜)牙"(34)。《揚權》"上不與構○(構)"(40)。《八姦》"縱禁財○(財)"(48)。《十過》:"聞鼓○(鼓,下同)新聲者而説之"(53),"親之奈○(奈)何"(59),"秦韓爲一以南郷○楚"(64)。《説難》"米監○(監)博辯"(75),注文"則多與辛○(辛)彼同類之異事以寬所取之地"(76),注文"富○(富)人所以疑其薄者"(77),"及弥子色衰○愛弛"(78)。《和氏》注文"帝王之璞即法術之○(也)"(79),"損不急之枝○(枝)官"(79),"悼○(悼)王行之期年而薨矣"(80),"禁游宦○(宦)之民"(80),"而人主無悼○(悼)王孝公之聽"(80)。《姦劫弑臣》"故左右知貞○(貞)信之不可以得安利也"(82),"孝公不聽○"(85),"此亦使天下必爲己視聽○之道也"(85),"吳起之所以枝○(枝)解於楚者也"(87),"則民不外務當敵○(敵)斬首"(88),"故聖人陳其所畏以禁其衰"(88),"雖○王爾不能以成方圓"(88),"外無敵○(敵)國之患"(89)。《亡徵》"好以智矯泭○(法)"(95),"而聽○主母之令"(96)。《三守》"則劫殺之徵○(徵)也"(98)。《備内》"縛○(縛)於勢而不得不事也"(99),"以衰○美之婦人事好色之丈夫"(99)。《南面》"是以遇欒窳墮○(惰)之民"(104)。《飾邪》:"然而恃○之"(105),"恃○諸侯者危其國曹恃○齊而不聽宋"(106)。《解老》"上德無爲而無不爲○也"(113),"中心懷○(懷)而不諭"(114),"故時勸時衰○"(114),"上禮爲○之而莫之應衆人雖○(雖)貳聖人之復恭敬盡手足之禮也不衰○"(114),"其質衰○也"(115),"不飾以五采○"(115),"實厚者貌薄○"(115),"盡○天年則全其壽"(116),"使失路者而肯聽○習問知"(118),"不肯問知而聽○能衆人不肯問知聽○能"(118),"寄於天聰以聽○"(118),"鬼祟○也疾人"(122),"凡所謂祟○者"(122),"鬼不祟○人"(122),"初盛而後衰○者"(126),"不死不衰○者謂常者"(126),"四肢○九竅其大具也四肢○與九竅"(127),"故萬物必有盛衰○"(129),"民俗○淫侈則衣食之業絶"(130),"則俗○之民唱"(131),"至聖人不然○"(131)。《説林上》"以相親之兵待輕敵○(敵)之國"(143),"莫非王土○(土)率土○(土)之濱"(145)。《説林下》"公孫弘斷○(斷)髮"(157),"吳使沮衛蹶○(蹷)融犒於荆師"(159),"女来○(來)卜乎答(荅)曰"(159),"答(荅)曰是故其所以吉也"(159)。《守道》"其備足以必完○(完)法"(167),"故能使用力者自極於權衡○(衡)"(167),"盜跖與曾史俱廉○(廉)"(167),"則伯夷○(夷,下同)不失是"(168),"服虎而不以押○(柙)"(168)。《用人》"使士不兼官故枝○（枝）長"（169），"不謹蕭○（蕭）牆之患"（172）。《功名》："舜之所以北面○（面）而效功也"（174）。《大體》"四○（四）時所行"（174），"而不出乎愛○（愛）惡"（174）。《內儲說上》"今群臣無不一辭同軌○（軌）乎季孫者"（182），"燔臺而鼓○（鼓）之"（193），"臨江而鼓○（鼓）之"（193）。《內儲說下》"令公子裸○（裸）而解髮"（203），"以劫○其君"（204），"炙熟○又重睫而視之"（210）。《外儲說左上》"故墨子爲木鳶"（217），"故務卞鮑介墨翟皆堅瓠也"（217），"則繩○（繩）外民也"（219），"是以吳○（吳）起須故人而食"（219），"墨○子者"（220），"墨○子之說"（220），"非羿逢○（逢）蒙不能必全者"（223），"則羿蒙○（蒙）以五寸爲巧"（223），"客有爲齊王畫○（畫）者齊王問曰畫○（畫）"（224），"宋人屈穀見之曰穀○聞先生之義"（224），"今穀有樹○（樹）瓠之道"（224），"皆不達乎工匠之搆○屋張弓也"（226），"其供養薄○"（227），"以松柏之心爲博○（博）"（228），"昭王嘗與天神博○（博）於此矣"（228），"而不與我祀之焉○（焉）可"（229），"非斟酒飲也而欲盡○之"（230），"擊○（擊）金而退"（236）。《外儲說左下》"夫輕忍飢餒之患而必全壺餐"（244），"不恃○其不我叛也"（244）。《外儲說右上》"孔子駕而去魯○"（260），"蚤○禁於未刑"（260），"諸臣百吏以爲富○（富）"（267），"廷理舉殳而擊○（擊）其馬"（270），"舉殳擊○（擊）臣馬"（270），"吳○（吳，下同）子爲法者也"（271）。《外儲說右下》"明主者鑒○（鑒）於外也"（275），"夫唯嗜○魚"（282），"造父過而爲○之泣涕"（289）。《難一》"是將以管○仲之不能死公子糾"（295），注文"無所弊○（獘）塞也"（296）。《難二》"夫惜草茅者耗○禾穗"（303），"且不以堅刁○爲亂"（306），"管○仲之取舍非周公旦"（308），"然爲湯○武與田常未可知也爲湯○武"（308），"非山林澤谷○之利也夫無山林澤谷○之利入多"（310），"鼓○（鼓）之而士乘之"（311）。《問田》"秦行商君而富疆○（彊）"（337）。《定法》"申不害不擅○其法"（339）。《說疑》"身死七日不妝○（收）"（344），"以譽盈○於國"（345），"謀詐之人不敢北面○談立"（348）。《詭使》"用事○（事）者過矣"（352）。《八說》"博習辯智如孔墨○孔墨○不耕耨"（364）。《八經》"陰使時循以省衰○漸○更以離通比"（373）。《五蠹》"論薄○後爲之政"（379），注文"世謂之有廉○（廉）隅之人"（382），"舉則圖○而委"（387）。《人主》"以其爪○（爪）牙也"（402），"此士○（世）之所以亂也"。《心度》"故明君操○（操）權而上重"（406）。

三、黃丕烈、孫毓修（或他人）在書眉所標文字有誤，根據《四部叢刊》本將難以判定其誤乃至會以訛傳訛，《子藏·韓非子卷》則由於能準確顯示黃校與錢抄之差異因而可判斷其書眉所標有誤的文字。

《姦劫弒臣》"可以冰○（水）絕江河之難"（89）【黃丕烈誤標爲"外 水"】，"管○（筦）仲得之齊以霸"（89）【孫毓修誤標爲"筦○管"】。《解老》 "是以行埶○（軌）節而舉之也"（118）【孫毓修誤標爲"軌○軌"】。《説林下》 "謂其家○（冢）曰"（162）【孫毓修誤標爲"冢○家"】。《守道》"羿巧於不失 發○（廢）"（168）【孫毓修誤標爲"發○廢"】。《外儲説左上》"請使楚人半涉 未成列而擊○（擊）之""今楚未濟而擊○（擊）之"（234）【孫毓修誤標爲"擊○ 擊"】。《外儲説左下》"魏襄主○（王）養之以五乘將軍"（243）【黃丕烈誤標 爲"王 主"】。《外儲説右上》"吾聞季之不爲文○（文）也"（262）【黃丕烈誤 標爲"文 文"】。《難二》"固其所以桎梏囚於羑○（羑）里也"（305）【後人所補 紙條誤標爲"羑○羑"】。《難三》"三世劫○（刦）於季氏"（313）【孫毓修誤標 爲"劫○刦"】。《五蠹》"聚斂倍農而致尊過耕戰○（戰）之士"（389）【孫毓修 誤標爲"戰○戰"，後人已改正爲"戰○戰"，但國家圖書館藏本，《子藏·韓非 子卷》此紙條被粘於上葉而呈現其反面】。

四、《四部叢刊》本在影印時有所走樣而《子藏·韓非子卷》能如實反映 影宋抄本或黃校原樣的文字。

《外儲説左上》"墨○子爲木鳶"（221）【錢抄作"墨"，黃丕烈未校改，《四 部叢刊》本作"墨"】，"以塗爲羹○（羹）"（226）【黃丕烈在書眉標"羹 羹"， 《四部叢刊》本作"羹 羹"】。《外儲説左下》"故客以爲厭易○（易）己"（246) 【孫毓修在書眉標"易○易"，《四部叢刊》本作"易 易"】。《外儲説右上》"以 瓦○（瓦）卮"（266）【黃丕烈在書眉標"瓦 瓦"，《四部叢刊》本作"瓦 瓦"】。 《説疑》"故人主左右不可不慎○也"（342）【錢抄作"慎"，黃丕烈未校改，《四 部叢刊》本作"愼"】。《人主》"當使虎豹失其爪○牙""君人而失其爪○牙" （402）【錢抄作"爪"，黃丕烈未校改，《四部叢刊》本作"爪"】。《制分》"則刑 賞安得不○容其二"（409）【錢抄作"不"，黃丕烈未校改而在書眉標"不 不， 《四部叢刊》本書眉作"不 不"】。此外，顧廣圻、黃丕烈在跋文與"影鈔宋刻 之真者"之間各有關於卷十第七葉的校記一條，《四部叢刊》本將該葉移置 於卷十末，也不如《子藏·韓非子卷》留於原處爲好。

五、黃丕烈、孫毓修雖在書眉標示，但《四部叢刊》本葉中只顯示錢抄或 黃校而未能如《子藏·韓非子卷》那樣準確顯示黃校與錢抄之差異的文字。

《初見秦》注文"爲樂毅破齊於齊○（濟）西"（10），"一舉而懷○（壞）韓" （12）。《存韓》"願陛下有意焉○（爲）"（19）。《難言》"連類○（類）比物" （20）。《主道》"則功臣墮○（憧）其業"（26）。《有度》"則其下所以爲上首○ （者）薄矣"（29），注文"必令百代當○（常）行（31）"，注文"如地○（也）形之 見耕"（32）。《二柄》"于○（子）罕謂宋君曰"（34）。《揚權》注文"四海則曰°（四）方也"（37），"通□°（一）同情"（39），注文"二者以其°（具）"（41），注文"喻臣本寶°（實）矣"（44）。《八姦》"使朝廷市井皆勸°譽己"（46），注文"令°（今）君既不聽"（48）。《十過》"此有°（存）亡之機也昔者桀爲有我°（戎）之會"（53），"韓氏怠°（急）"（64）。《孤憤》"非有所言°（信）愛之親"（68）。《説難》注文"謂爲籍°（藉）君之所愛以爲己資"（75），注文"未°（木）監°（臨）之爲物"（75）。《亡徵》"前°（煎）靡貨財者"（93），"蚤見而心柔懦°（懧）"（94）。《説林下》"踵°（跬）□°（肩）而腫膝"（153），"不可不索其□□°（羽也）"（154）。《内儲説上》注文"有胥靡°（輂）逃之"（178）。《内儲説下》"魏王□°（以）爲犀首也"（208）。《外儲説左上》"君不如舉兵爲天子代°（伐）楚"（228）。《外儲説左下》"主之所以使臣騎乘考°（者）"（243）。《外儲説右上》"爲酒°甚美"（267）。《外儲説右下》"桓°（桓）公微服而行於民間"（288）。《説疑》"若夫關°（聞）龍逢王子比干"（343）。《八説》"人主大亡°"（368）。《顯學》"聽吾言則可以霸王°"（396）。

　　六、《四部叢刊》本書眉有孫毓修補録的文字且能清晰地顯示黄校，今國家圖書館藏本因原來所粘的紙條已脱落，或其紙條脱落後復粘錯位，《子藏·韓非子卷》顯示黄校效果差於《四部叢刊》本的文字。

　　《飾邪》"汙°（汗）行從欲"（110）。《解老》"智識亂°則不能審得失之地"（119），"疾生而智慧衰°智慧衰°"（125）。《喻老》"文°（丈）人之恒火也"（135）。《説林下》"果收文子後車二乘而獻□°（之）其君矣"（158）。《外儲説左上》"蟗°一日而敗"（221），"以棘刺之端爲母°（母，下同）猴者"（221），"周君大°（上）怒"（224），"而以曰°（日）始出時"（224），"然其用與素鬠茭風°（凨）"（224），"俄又復°得一"（229），"則可不試°習讀法"（235）。《外儲説右上》"田子方°（方）知欲爲廩"（263）【孫毓修所寫之紙條"方°方"（《四部叢刊》本作"方°方"）原粘於卷十三第五葉第十二行上方而與原文相對，今脱落後被錯粘於無"方"字的第九行上方，令人不可思議】。《外儲説右下》："令發五苑之蔬蔬棗°栗足以活民"（281），"吏盡揄刀削其押券升°（升）石之計"（287）【孫毓修所寫之紙條"升°升"原粘於卷十四第七葉第十行上方而與原文相對，今脱落後被錯粘於第七行上方而與"田嬰令官具押券斗石參升之計"相對，令人誤以爲是孫毓修誤録】。《難二》"公子斜°（糾）之臣也"（308），"寒温之災°（災）"（310）【孫毓修所寫之紙條"災°災"原粘於卷十五第十葉第二行上方而與原文相對，今脱落後被錯粘於卷十七第一行上方，令人不可思議】。《難三》"安取懷°（懷）惠之民"（317），"左右對曰甚然°"（320）。《難四》"故楮°（褚）師怍難"（326）。《顯學》"是奪力儉而侈惰°（墮）也"（392）。

七、黃丕烈、孫毓修均未在書眉標示，但黃丕烈有所校改而《四部叢刊》本、《子藏·韓非子卷》未能清晰地顯示黃校與錢抄之間差異的文字。

《難言》"未必聽○也"（20），"非賢聖莫能聽○"（22）。《主道》"此人主之所以○獨擅也"（26）。《有度》注文"故提衡○（衡）而立"（30）。《揚權》：注文"居上者矜○（矜）好其能"（38），注文"形名既已參○同"（38），注文"如輻之湊皆發○自下情"（40），注文"則臣匿威藏○（藏）用"（42）。《八姦》"收大臣廷吏以辭○言"（45），注文"辭○言爲作聲譽"（46），注文"臣行其惠○"（46）。《十過》"因復留○宿"（54），"晉平公觴○之於施夷之臺"（54），"奈○（奈）臣有圖國者何"（58），"君其試○以心決之"（58），注文"疇○等也"（66）。《說難》"故彌子之行未變於初○（初）也"（78）。《和氏》"武王使玉○（玉）人相之"（78）。《亡徵》"事車服器○（器）玩"（93），"喜滛○（淫）而不周於法"（93），"懷○（懷）怒思恥而專習"（95），"章服○侵等"（96），"有能服○術行法"（97）。《喻老》"文○（丈）人無火患"（135）。《說林上》"任章○（章）曰"（143），"亂○召兵"（143），"負傅○而從"（144）。《外儲說左上》"而中牟○（牟）之民棄田圃"（218），"摘○其堅"（221），"今知王不能久齋以觀無用之器○（器）也"（222）。《外儲說左下》注文"嬴○利也謂賈者嬴○利倍勝今以薄賞報大功猶嬴○勝之人履草屬也"（243），"中牟○（牟）三國之股肱"（252）。《外儲說右上》"吾無從知之惟○無爲可以規之"（263），"子母○（毋）幾索入矣"（271），"東其畝○（畝）"（273）。《外儲說右下》"乃令男子年○二十而室"（289）。《難一》"雖有鋒刃○"（295），"斬涉者之脛○也"（300）。《難二》"虞曹俱○亡者"（306），"聽○之說"（309），"君子不聽○窕言"（309），"說在聽○者"（309），"非謂聽○者必謂所聽○也聽○者"（309）。《難三》"寵○（寵）無藉"（315）。《說疑》"臣有擬主○之寵"（349）。《詭使》"循繩○墨誅姦人"（351）。《六反》"語曲牟○（牟）知"（355），"則曾史可疑於幽○隱"（357），"君人者雖○足民"（361）。《五蠹》："古者蒼○頡之作書也"（383）。《顯學》"索民之疾戰距敵而無私鬥○"（392）。

八、黃丕烈無校改，而《四部叢刊》本、《子藏·韓非子卷》因紙上有斑點而顯示有誤的文字。

《姦劫弒臣》："擢潛王之筋懸之廟梁"（91）【錢抄"王"字上無朱筆黃校，但因紙上有一斑點，所以《四部叢刊》本、《子藏·韓非子卷》顯示成"主"】。《飾邪》："雖危不亡"（108）【錢抄"危"字作"危"，上無朱筆黃校，但因紙上有一斑點，所以《四部叢刊》本、《子藏·韓非子卷》顯示成"危"】。

從上述種種可以看出，《子藏·韓非子卷》雖然未能盡顯述古堂影宋抄本的面貌，但相對於《四部叢刊》本來說，顯然具有更高的資料價值。當然，

《四部叢刊》本由於印數多、流傳廣、易見到,一般讀者都能方便地一睹《韓非子》影宋抄本的大致面貌,其擴大善本影響的乍用還是應該肯定的。也正是基於這一點,本文便略去了對述古堂影宋抄本一般內容的介紹(如半葉十三行、每行二十四字左右的版式介紹,以及其中題跋狀況的介紹)。

2. 韓非子二十卷 〔戰國〕韓非撰 〔宋〕謝希深注 清嘉慶十年(1805)張敦仁影宋抄本 顧廣圻校並跋(上海圖書館藏)

張敦仁(1754—1834),字古餘,號古愚,澤州府陽城(今山西陽城)人,乾隆四十三年(1778)進士,授江西高安知縣。嘉慶初,歷松江、蘇州、江寧知府,後調江西吉安知府。道光二年(1822),官雲南鹽驛道,尋以病乞致仕。他在數學、考據經史方面頗有造詣,家富藏書,書樓名"六一堂",後僑居江寧(今南京),又建省訓堂、與古樓、藝學軒以藏書,顧廣圻作有《與古樓記》。張著有《輯古算經細草》《求一算術》《開方補記》《鹽鐵論考證》《資治通鑑補正略》《禮記鄭注考異》等。

該本共四册,無界行。首爲《韓非子序》(半葉十行,每行十八字),次爲《韓非子目錄》,再次爲《韓非子》正文及舊注(半葉十三行,每行二十四字左右)。它是張敦仁任蘇州知府時借得李奕疇所藏的南宋乾道改元中元日黄三八郎印本後於乙丑年(1805)叫人影抄的,抄完後他先請顧廣圻覆核了一遍。其首葉第一行"韓非子序"四字下端自下而上鈐有四印:"廣圻寀定"(正方形,陽文,"寀"即"審"字)、"葆采"(正方形,陰文)、"古餘珍藏子孫永寶"(長方形,陽文)、"徐乃昌讀"(正方形,陽文)。由此可見,該本先由顧廣圻審定,再歸於張敦仁,然後又爲徐乃昌所得,最後入藏上海圖書館。

該本影抄十分謹慎,甚至其筆畫也惟妙惟肖,其不少文字勝於錢曾述古堂影宋抄本(錢抄)而更能反映宋刻本之面貌,可與錢抄本上的黄丕烈之校相印證,所以具有很高的校勘價值。例如:①《初見秦》"立社稷主(王)","則是一舉而壞(懷)韓"。《有度》"則其下所以爲上者(首)薄矣","詰(誥)下之邪"。《揚權》"信而勿(刎)同","通一(錢抄脱"一")同情","上固閉(閑)内扃","欲治其内(四)"。《八姦》"發墳(員)倉"。《十過》"此存(有)亡之機也","昔者桀爲有戎(我)之會"。《孤憤》"非有所信(言)愛之親","以公法(注)而誅之"。《説難》"則毋(每)以其難概之也"。《姦劫弒臣》"而無死亡(立)係虜之患","被(彼)棐口之譖","皆欲行貨(皆)財事富貴"。《亡徵》"煎(前)靡貨財者","蚤見而心柔懦(儒)","心惛(惲)

---

① 下列例子中括號前爲張抄本和黄校相同之文字,括號中爲錢抄之誤字。

忿"。《備內》"然而釜鬵(鬻)間之"。《飾邪》"則臣偷(愉)幸","美(羹)惡從而比焉","汙(汗)行從欲"。《解老》"所以貴無爲無思(恩)爲虚者","亦知其黑牛而以布裹其角(用)也","取緣理好情(清)實也"。《喻老》"虞虢(號)是也","丈(文)人之慎火也","桓侯(疾)不應"。《說林上》"將(荆)欲敗之","文侯(俟)謂堵師贊曰"。《說林下》"踒(腫)肩(錢抄脱"肩")而腫膝","故勢不便(使)","不可不索其羽也"(錢抄誤脱"羽也"),"公子糾(紂)將爲亂","子斷頸(頭)而爲人用兵","宫他曰(日)","白圭謂(爲)宋(容)令尹曰","不能自被(振)也","虞自賣裘(裝)而不售","今荆將欲與女纍鼓","除道將内之(赤)赤(之)章曼枝曰"。《觀行》"故明主(王)不窮烏獲以其不能自舉"。《守道》"中(守)爲金石","而不免於田成盜跖(妬)之耳可也","寄千金於羿之矢(失)","人主甘服於玉(王)堂之中","而無扼捥聚脣嗟唶(嗜)之禍","不獨恃(待)比干之死節","恃(持)怯之所能服","而忠臣(錢抄脱"臣")無失身之畫"。《功名》"因技(枝)能","故立尺(錢抄此下衍"以"字)材於高山之上","名實相持(待)而成","則名不稱實者(錢抄脱"者")也"。《大體》"榮辱之責(貴)在乎(錢抄脱"乎")己","萬(方)民不失命於寇戎"。《内儲說上》"主(王)之所用也七術","深百(伯)刃","田(曰)嚴對曰"。《内儲說下》"昔天(夫)以越與吴","狡兔盡則良犬(大)烹","刖跪因捐水郎(即)門霤下","宛(死)因爲之","魏王以(錢抄脱"以")爲犀首也","遺哀公女樂以驕榮(策)其意","握玉(五)環"。《外儲說左上》"故墨子爲木(才)鳶","不(木)能謾於一人","夫新砥礪殺矢(夫)","無常儀(羿)的","故無度(錢抄脱"度")而應之","則辯(辨)士繁說","雖知者猶畏失(矢)也","此人主(臣)所以長欺","客有爲周君畫筴(筞)者","客(客)有爲齊王畫者","君不如舉兵爲天子伐(代)楚"。《外儲說左下》"魏襄王(主)養之以五乘","主之所以使臣騎乘者(考)","清(請)尅潔愨","中府之令(今)"。《外儲說右上》"景公問政(玫)於師曠","以景公之勢而禁田(由)常之侵也","譬猶玉(五)卮之無當"。《難一》"管仲非明此言於桓(相)公也"。《難二》"人莫不(下)然"。《難三》"寵(竉)無藉","此中期所以事昭王(主)者也"。《難勢》"王(玉)良御之","夫弃隱栝(括)之法"。《説疑》"外舉不(衣)避讎"。《八説》"是以拔千丈(文)之都"。《八經》"而以類飾(節)其私"。《五蠹》"故糟糠不飽者不務粱(梁)肉"。《忠孝》"臣不敢侵(慢)也"。《人主》"主不察(祭)賢智之言","此世(士)之所以亂也"。

　　該本有些文字雖然不如述古堂影宋抄本之善,如《説林上》"兩目眹"之"眹",錢抄作"眹";《説林下》"已及知文侯以搆於己"之"及",錢抄作"乃";

但這些文字與錢抄本上之黃校相同,這也說明其影抄之謹慎而更能反映宋刻本之面貌。

特別值得注意的是,有些此本正確而錢抄有誤的文字,黃丕烈並未在錢抄本上加以校改,這很可能是黃丕烈漏校所致,這就更顯出此本之可貴。例如:①《難言》"范雎(睢)折脅於魏"(21);《十過》"加璧(壁)其上"(65);《姦劫弒臣》"實無益於智伯若秋毫(豪)之末"(90);《備内》末"此言人臣之不可借權勢也("也"字爲小字注,錢抄誤作大字正文而黃丕烈無校)"(101);《南面》"功小而害(善)大矣"(103);《飾邪》"又非秦龜神而趙龜欺(敗)也"(105);《喻老》"用萬物之能而獲利其上(士)"(139);《功名》"三曰技(枝)能"(172);《内儲說上》"人莫之徙(徒)也"(192);《外儲說左上》"說在文公之攻原與箕(其)鄭救餓也"(219),"則顧白馬(錢抄脱"馬")之賦"(223),"至幾奪其軍(車)"(237);《定法》"課(諫)群臣之能者也"(339);《說疑》"衛(衡)子南勁"(343)。

當然,此本之影抄者只顧嚴謹地依宋刻本摹寫而缺乏審辨,有時也不免將別人在宋刻本上的修改抄入該本。對此,顧廣圻於乙丑(1805)十一月在第一册末(即卷五末)寫有如下之校記:"第四卷末葉六行'卓齒之用齊也',宋刻本如此。有以墨筆於'卓'旁加'氵'成'淖'字,此不知'卓''淖'同字,但知有'淖齒'者所爲也。今影鈔及前所見述古堂影鈔皆不辨旁'氵'之非刻,然偏左之迹乃宛然可驗耳。"爲了證明自己的判斷無誤,顧廣圻又在十二月十七日在此葉補充寫道:"或曰:後文《七術》《外儲說右》《難一》皆作'淖齒',何也? 答曰:此《韓子》有其例也。《有度》上文曰'開地',下文曰'啓地','開''啓'互見;《姦劫弒臣》上文云'以視君',下文云'以示君','視''示'互見;《說疑》上文云'疑物',下文云'四擬','疑''擬'互見;皆同字也。至於人名,如《外儲說左》上言'翟璜',下言'翟黃';《六微》上言'黃',下言'璜';《外儲說右》上言'田成恒',下言'田成常';《難一》上言'咎犯',下言'舅犯';皆同字也。而《十過》及《七術》之'董閼于'與《觀行》之'董安于',《說林上》之'韓傀'與《六微》之'韓庞',《難三》之'芒卯'與《顯學》之'孟卯',并此'卓齒'之與'淖齒',亦同字也。故曰:宋槧必是,改者必非。凡是非,當明乎其全書之例而後決之,則鮮誤矣。《古今人表》'淖齒',師古曰:'字或作"卓",《吕氏春秋·正名》云"任卓齒".'此又作'卓'之證也。"

相對於述古堂影宋抄本,顧廣圻此校記無疑大大增加了該本的資料價

---

① 下列例子中括號前爲張抄本之文字,括號中爲錢抄之誤字而黃丕烈未校改者,爲了便於讀者查檢,每個例句後標以《子藏·韓非子卷》第一册之頁碼。

值和學術價值,因爲述古堂影宋抄本雖然在此葉上有黃丕烈的校改,但黃丕烈只是將錢抄之"卓"的左邊加上了"氵",並在書眉標上"卓 淖",説明錢抄作"卓"而宋刻本作"淖",殊不審此"氵"乃校讀宋刻本者所加而非宋刻本所原有。由此可見,顧廣圻之校勘實高人一籌。至於其考證,更可供研究《韓非子》用字者參考。

該本在第四册末(即卷二十末)有顧廣圻乙丑(1805)十二月之跋,其文云:"此《韓子》,從乾道改元中元日黃三八郎印本影鈔者,乃今日之最古者也。《道藏》'匪'字、'虧'字號所有,即出於此,而脱落不完,又間有竄易處。世所行趙文毅合《管子》刻本亦出於此,雖補全,然字句大非其舊矣。核而論之,此本不無誤者,但就其所誤,頗可思得致誤之由,而改之者固未爲當也,況往往并所不誤者而改之乎!今年承古餘先生命覆勘印本一過,遂記其大較如此。仍合《藏》、趙三本,撰《識誤》上、中、下卷,附寫於後,庶將來讀者有以考其得失焉。"

顧廣圻强調了張敦仁影抄本之價值是值得肯定的,但説《道藏》本出於乾道本則非,因爲《道藏》本與乾道本在很多方面都存在着差異。《道藏》本如果真是以此爲底本,則《和氏》《姦劫弑臣》《説林下》《内儲説下六微》就不會有大段脱文,以"脱落不完"一語説明其脱文現象並無説服力。特別是卷十九《顯學》篇之末,乾道本有大段脱文,而《道藏》本則不脱,此更可證明《道藏》本不出於乾道本。應該説,《道藏》本與乾道本雖然歸根結底可能都源自某一種北宋刊本,但它們之間應該是流與流的關係,而不是流與源的關係。

總之,張敦仁影宋抄本具有很高的資料價值,由於顧廣圻的考訂又增色不少,是《韓非子》研究者必須參考的善本之一。《子藏》未收入此本,乃一大缺憾。

3. 乾道本韓非子廿卷附韓非子識誤三卷 〔戰國〕韓非撰 〔宋〕謝希深注 〔清〕顧廣圻識誤 清嘉慶二十三年(1818)吴鼒刊本(復旦大學圖書館藏)

吴鼒(1755—1821),字及之,又字山尊,號抑庵,全椒(今安徽全椒)人,嘉慶四年(1799)進士,曾官侍讀學士,休官後寓居揚州。善書能畫,工駢體文,著有《夕葵書屋集》《清畫家詩史》《墨林今話》等。

吴鼒在嘉慶丙子年(1816)借到李奕疇(字書年)所藏之南宋乾道改元中元日黃三八郎印本,即命人影抄一部,丁丑年(1817)五月由於孫星衍的慫恿而在江寧(今江蘇南京)付梓,由江寧鐫刻名手劉文奎之子劉觀宸鐫刻,顧廣圻負責校刊,於嘉慶二十三年(1818)五月刻成。該書封面題"乾道本韓非子廿卷"(小篆)、"嘉慶二十三年重刊"(行書),背面題"全椒吳氏四世學士祠堂藏板"(行書)。書首載吳鼒所作的序及札記(無標題,行書),次爲《韓非子序》(十行十八字)、《韓非子目錄》,然後是《韓非子》正文及舊注(半葉十三行,每行二十四字左右)。最後附顧廣圻《韓非子識誤》,包括顧廣圻嘉慶二十一年(1816)寫的《韓非子識誤序》,《韓非子識誤》卷上、卷中、卷下,以及己卯(1819)正月所寫的《韓非子識誤跋》。

顧廣圻嘉慶乙丑年(1805)客於揚州時,從張敦仁處見到了南宋乾道刻本(參見上一篇考述),於是讎勘數過,推求彌年,將書中之誤條列而識之。庚午(1810)在蘇州,其友王渭爲他寫錄時也有所論。其後他隨身攜帶,又有增訂,最後成《韓非子識誤》三卷。吳鼒刊刻仿宋本時他負責校刊,於是就將《韓非子識誤》附刊於仿宋本後,與乾道本《韓非子》同時問世。

如果我們將吳鼒本與上海圖書館所藏張敦仁影宋抄本(與吳鼒本源自同一部宋乾道本)、錢曾述古堂影宋抄本對勘,就會發現吳鼒本經顧廣圻校改後已與宋乾道刻本有所不同,例如:①《難言》"公叔痤(座)言國器反爲悖",《飾邪》"身臣入宦(官)於吳",《解老》"前識者無緣而妄(忘)意度也",《喻老》"勾踐入宦(官)於吳",《說林上》"及(反)其土也,無可爲者矣",又"狂(往)者東走",《内儲說上》"寧亡三城而悔(無)無(悔)危乃悔",《外儲說左上》"某(其)時有客過而予(子)汝金",《外儲說右上》"論其親則子母之閒(聞)也",《外儲說右下》"令(今)王良造父共車",又"俌未反(俌朱及)",《難一》"一人之力能隔君臣之閒(聞)",《難二》"桓公奚遽(處)易哉",《難三》"失(夫)在不自恃",《說疑》"虛相與爵祿以相勸也曰(日)",《六反》"則喑盲(肓)者窮矣",《八經》"故明主(王)之言隔塞而不通"。此類之校改皆可取,足見顧廣圻校勘之精審。

由於該本保留了宋本的基本面貌,且經享有盛譽的校讎大家顧廣圻之校勘,故一問世即成爲學術界公認之善本,後來翻刻翻印者不少,如光緒元年(1875)浙江書局刻《二十二子全書》本、光緒十九年(1893)鴻文書局石印本、1936年中華書局編《四部備要》本等,均爲其翻刻翻印本,但這些本子之文字與吳鼒本不盡相同,故不足用。值得利用的除此原刻本外,只有古書流通處壬戌年(1922)之影印本(見《古書叢刊》第一輯甲集)和四川人民出版社1998年影印的《古書叢刊》本(見其出版的《諸子集成新編》第八册)。

顧廣圻除在吳鼒本中勘正乾道本之誤字外,所作《韓非子識誤》也具有很高的學術價值,其中可取之說甚多。如《存韓》"則秦必爲天下兵質矣"按

---

① 下列例句中括號前爲吳鼒本文字,括號内爲張抄本和錢抄本之異文。

語曰:"質,如字,射的也。"《主道》"漻乎"按語曰:"漻,讀爲'寥',正字作'廫',《説文》云:'空虛也。'"又"同合刑名"按語曰:"刑,讀爲'形'。《揚搉》同。"《有度》"魏安釐王攻趙救燕"按語曰:"當云'攻燕救趙'。《年表》:'五年擊燕,二十年救邯鄲,二十一年救趙。'"又"攻盡陶魏之地"按語曰:"魏,當作'衞',見本書《飾邪》。"這種例子不勝枚舉,在此不再贅述。可貴的是,顧廣圻對《韓非子》的研究並未因其《韓非子識誤》付梓而停止,他後來又考證出《外儲説左下》"孟獻伯"之"孟"當作"盂",《説疑》"楚申胥"之"申胥"當作"葆申",由於其時《韓非子識誤》已刊成,故特地將其考證寫成《韓非子識誤跋》而補刊於後。當然,其誤説也在所難免,如《存韓》"非所以亡趙之心也"之按語曰:"趙,當作'韓'。亡韓,貴人之計也。"陳奇猷《韓非子新校注》等都從其説,其實不當。因爲此文説趙國"聚士卒,養從徒","欲西面行其意",故秦若不滅趙,則"兼天下之日未也",此若作"亡韓之心",便與上下文不相連貫,且作"亡韓之心",也與本篇主張"存韓"之宗旨不合,下文李斯説秦王"意專在圖趙",可證此"亡趙之心"乃指秦王之心而言,顧廣圻誤以爲指"貴人"而言,故有此誤解。因此,顧廣圻雖爲校釋《韓非子》之大家,但對其説也不可盲從。即使其校勘,也有粗疏之處而不可一味信從,如其《外儲説右》"其始發也伏溝中"條曰:"藏本、今本'也'下有'彘'字。"其實,藏本"也"下無"彘"字。

總之,吳鼒本是《韓非子》刻本中最重要的善本之一,其版本價值不亞於述古堂影宋抄本、張敦仁影宋抄本、《道藏》本等,是研究《韓非子》必須參考的版本。顧廣圻的《韓非子識誤》也是研究《韓非子》時必須參考的經典文獻。因此,此本雖因爲是清代刻本而被一般圖書館視爲普通版本,但其資料價值和學術價值實不可小覷。

4. 乾道本韓非子廿卷附韓非子識誤三卷 〔戰國〕韓非撰 〔宋〕謝希深注 〔清〕顧廣圻識誤 清道光二十五年(1845)揚州汪氏重印吳鼒刊本李慈銘題識並校(國家圖書館藏)

該本封面題"宋本校刊韓晏合編 道光乙巳重鎸",其背面題"揚州汪氏藏板",故《子藏》題"清道光二十五年(1845)揚州汪氏依清嘉慶二十三年(1818)吳鼒影宋本刊《宋本校刊韓晏合編》本"。其實,除了這一葉封面,該書其餘部分都與吳鼒本相同,汪氏不過是得到吳鼒之刻板後進行重印而已,他根本沒有"重鎸"宋本,至多是將"宋本校刊韓晏合編"一葉作了剜改,故今改題如上。

此本既然是吳鼒本之重印本,所以具有與吳鼒本同樣高的資料價值和學術價值(參見上一篇考述)。與一般吴鼒本不同的是,此本上有李慈銘的題識和校,這也爲該本增色不少,從而使此本得以躋身於善本之列(吴鼒本爲清代刻本,一般圖書館都列爲普本)。

李慈銘(1830—1894),初名模,字式侯,後改名慈銘,字㤅(愛)伯,號蒪客,又號孟學齋、花隱生、霞川花隱等,晚年自署"越縵老人",會稽(今浙江紹興)人,考運不佳,光緒六年(1880)始成進士,官至山西道監察御史。好博覽,喜藏書,藏書室名越縵堂、白樺絳柎閣等,著有《越縵堂日記》《越縵堂讀書記》《十三經古今文義匯正》《後漢書集解》《越縵堂詞錄》《白樺絳柎閣詩集》《湖塘林館駢體文抄》等。

該本目錄葉末有李慈銘同治丙寅(1866)四月寫的題識(一般圖書著錄稱"跋",今改正),其言云:

> 韓子尋失,前人論之已詳,然在周末諸子中已不能自成一家言,與申、商異矣。其意主於尊上用威,而設術太多,往往自窮其説。至引證古事,每有複出,亦多相抵午,則後人傳寫之訛。其所稱"一曰"云云者,皆出校讀者坿記之語,顧氏《識誤》謂出於劉向,殆或然也。世之重宋刻者,曰其尟誤字。今此本奪謬不一,顧氏《識誤》雖亦見乾道本,而此本之誤多有爲顧氏所未及者,蓋影刻時文不無亥豕之異。書中間有注語,向不詳爲何人,淺陋簡略,蓋無可取。而宋刻誤文,注中尤多,吴氏一皆仍之,惟求不爽原契豪髮,此則得於臨模古帖矣。

此題識對該本作了全面否定,雖多獨到之見,卻多不當之論,不可不辨。

首先是對韓非學説之否定,所謂"自窮其説"之類雖與以前非韓之論別無二致,但謂韓非"不能自成一家言"則發前人之所未發。其實,申、商之成一家言,不過是偏於一隅之説,這一點韓非在《定法》中也批判過。韓非不囿於一家之説而集先秦諸子特別是法家之大成,如此之不成"一家言",則絶非其短處,而是其長處。

其次是對《韓非子》傳本之否定。其實,子書引證古事乃爲其論點服務而不同於史籍之實錄,即使是史籍如《史記》之類,亦多有複出抵牾之處,於子書更不可求之過苛。至於《内儲説》《外儲説》中"一曰"後的文字,雖有與經文不協者,但大部分相合。更值得注意的是,有些經文與"一曰"後的文字密合,而與"一曰"前的説明反不盡合拍。如《内儲説上》説三"一曰"中之"勾踐",《内儲説下》説三"一曰"中之"新人",《外儲説右上》説二"一曰"中之"慎",《外儲説右下》説三"一曰"中之"見無益子之,則必不得事而還",

都比前一節的"説"更與經文密合;《外儲説左上》説五"一曰"中之"傅説王"、《外儲説右上》説三"一曰"中之"教歌者先揆以法"、《外儲説右下》説三"一曰"中之"古者禹死"和"禹名傳天下於益"云云,更與其對應的經文完全相配,而上一節的"説"反與經文不合拍。因此,"一曰"之後的異聞應該是與經文同時完成的韓非原作,並非後人所附。古人著書,往往博採異文,對此實不應妄加懷疑。顧廣圻以爲是"劉向敘録時所下校語",實不可從,因爲至今也無證據來證明劉向曾校過《韓子》。

再次是對此仿宋刻本之否定。其實,該本之校刊由顧廣圻負責,基本上按照宋刻本仿刻,其中雖有誤字,①如《解老》"凡(几)兵革者",《外儲説左上》"然而士窮乎范且(旦)虞慶者",又"面(回)目黧者後之",《外儲説右上》"發虞粟(栗)以賦衆貧",《説疑》"持戟數千(十)萬"。但是,這樣的亥豕之誤很少,其中不少誤字其實只是儘量保持宋刻原貌而已,只要將此本與張敦仁影宋抄本、述古堂影宋抄本對勘一過即可明白這一點。此本之所以有不少奪謬,乃黄三八郎書鋪刻書時校勘不善所致。其誤字雖多,但還是較好地保存了古本面貌,誠如顧廣圻《韓非子識誤序》所云:"前人多稱《道藏》本,其實差有長於趙用賢刻本者耳,固遠不如宋槧也。宋槧首題'乾道改元中元日黄三八郎印',亦頗有誤。通而論之,宋槧之誤由乎未嘗校改,故誤之迹往往可尋也;而趙刻之誤,則由乎凡遇其不解者必校改之,於是而并宋槧之所不誤者方且因此以致於誤,其宋槧之所誤,又僅苟且遷就,仍歸於誤,而徒使可尋之迹泯焉。"李慈銘既知吴氏"惟求不爽原契豪髮",又將其中誤字全部歸爲吴鼒刊刻時的"亥豕之異",實爲未彙校其他影宋抄本而導致的誤測。

最後是對舊注的否定。其實,舊注當爲謝希深所作(參見本章本節第1條"述古堂影宋抄本"考述),雖多粗疏謬誤之處,卻也多精當不刊之論而常爲學者所引用,故不宜全盤否定之。

除了題識,李慈銘對此本也有所校勘。據其校記,可知他於光緒壬午(1882)三月見顧廣圻嘉慶丁巳(1797)校臨本(即"顧廣圻校跋並録馮舒校注及惠棟批校題識"本,參見本章第二節第10條考述),其中有馮己蒼校注語,"因略取前三卷校注此本上以見其凡"。他所選取的前三卷校注語共三十三條,分別冠以"馮云""馮己蒼曰""馮校""馮改"等,一一過録於正文及《韓非子識誤》相應文字之上,其中有三條前後重複,故實際只過録了三十條。如今顧廣圻嘉慶丁巳(1797)校臨本尚存,且已收入《子藏》影印出版,

---

① 下列例句中括號前爲張抄本和錢抄本之文字,括號內爲吴鼒本之誤字。

故其所錄校注已無甚價值,但由於其所用底本不同(顧廣圻校臨本用趙用賢本,此用吳鼐本),且有改寫,故對照閱讀,也別有其趣。此外,他也有按語兩則,其一謂《愛臣》"身之至貴也"下當依趙本補"位之至尊也主威之重主勢之隆也"十四字,可從;其二謂《十過》"其心不懼"上當補"上則"二字,則非也。

總之,吳鼐本是研究《韓非子》時必須參考的經典(參見上一篇考述)。至於李慈銘之校勘,略可一觀,但他對此本之評價有失公允,萬不可觀其說而忽視此本。此本之不足,不過是卷四第六葉、卷七第十葉、卷十八第一葉有壞缺處,宜據他本補足而已。

第二節　明　刻　本

1. 韓非子二十卷　〔戰國〕韓非撰　〔宋〕謝希深注　明正統十年(1445)刻《道藏》本(國家圖書館藏)

明代正統十年(1445)朝廷曾刻印過梵夾裝《道藏》,它以《千字文》爲函次,其中的《韓非子》編號爲"匪""虧"二字,屬"太清部"。匪一包括《韓子序》和卷一之《初見秦第一》《存韓第二》《難言第三》《愛臣第四》《主道第五》,匪二包括卷二之《有度第六》《二柄第七》《揚權第八》《八姦第九》,匪三包括卷三之《十過第十》,匪四包括卷四之《孤憤第十一》《說難第十二》《和氏第十三》,匪五包括卷五之《亡徵第十五》《三守第十六》《備内第十七》《南面第十八》《飾邪第十九》,匪六包括卷六之《解老第二十》《喻老第二十一》,匪七包括卷七之《說林上第二十二》和卷八之《觀行第二十四》《安危第二十五》《守道第二十六》《用人第二十七》《功名第二十八》《大體第二十九》,匪八包括卷九之《内儲說上七術第三十》,匪九包括卷十之《内儲說下六微第三十一》和卷十一之《外儲說左上第三十二》,匪十包括卷十二之《外儲說左下第三十三》;虧一包括卷十三之《外儲說右上第三十四》,虧二包括卷十四之《外儲說右下第三十五》,虧三包括卷十五之《難一第三十六》《難二第三十七》,虧四包括卷十六之《難三第三十八》《難四第三十九》,虧五包括卷十七之《難勢第四十》《問辯第四十一》《問田第四十二》《定法第四十三》《說疑第四十四》《詭使第四十五》,虧六包括卷十八之《六反第四十六》《八說第四十七》《八經第四十八》,虧七包括卷十九之《五蠹第四十九》《顯學第五十》和卷二十之《忠孝第五十一》《人主第五十二》《飾令第五十三》《心度第五十四》《制分第五十五》。

從上面的目錄中可以看到,《道藏》本《韓非子》脫去了《姦劫弒臣第十四》和《說林下第二十三》,但其篇內之文實際上並未全部脫去。與乾道本之影抄本相校,《道藏》本不同之處主要有:(一)首載序文題"韓子序"而不題"韓非子序",序末無"乾道改元中元日黃三八郎印"一行。(二)沒有目錄。(三)每卷前後稱"韓非子卷之×"而不稱"韓非子卷第×",卷前也無子目。(四)脫文較多。《和氏》篇從"未爲王之害也"的"害"字起一直脫至《姦劫弑臣》篇的"亦知方正之不"爲止(即乾道本卷四之第七、第八兩葉,乾道本這兩葉的字又稀又大,與前後之版式不同,可能也是取他本補入的),連《姦劫弑臣》的篇目也脫去了,因此兩篇連成了一篇。《說林下》從篇首起脫去了"伯樂教二人相踶馬"到"三虱相與訟……乃弗殺"共十六條。《內儲說下六微》篇脫去了"荊王所愛妾有鄭袖者"(從該條第四句"王甚喜人之掩口也"之"甚"字開始脫去)到"叔向之讒萇弘也……乃誅萇弘而殺之"共二十八條(當爲宋刻本卷十之第六至第十共五葉)。(五)分卷有異。《喻老》篇在卷六而不在卷七,《說林下》的文字在卷七而不在卷八。(六)《顯學》篇末無大段脫文,即卷十九末不脫。

除上述六個方面的差別較大之外,《道藏》本的其他文字及注釋與乾道本大體相同。上海圖書館所編《中國叢書綜錄》所載《道藏·太清部》之書目題"韓非子二十卷 (周)韓非撰(宋)謝希深注"(參見本章第一節第1條"述古堂影宋抄本"考述)。據此,則《道藏》本與乾道本歸根結底應該都源自北宋謝希深注本。只是《道藏》本的底本應該是一種宋代缺刻本,所以纔有那麼多脫文;乾道本的底本較爲完整,所以脫文較少。它們之間不是流與源的關係,而是流與流的關係,由於古本失傳,所以《道藏》本和乾道本成了後代兩種版本系統的源頭和代表。

今傳述古堂影宋抄本、張敦仁影宋抄本雖能反映南宋乾道刻本的面貌,但畢竟只是清代的抄校本而不能等同於宋刻本。正統所刻《道藏》中的《韓非子》是現在所能見到的最早的《韓非子》刻本,所以它雖有缺失,也一向爲校讎學家所重。更由於乾道本校刊粗疏,所以《道藏》本中的不少文字優於乾道本,應該是保存和體現了古本的面貌,如:《韓子序》"韓非欲自陳,不得見"(《史記·老子韓非列傳》也作"韓非欲自陳,不得見"),乾道本作"韓非欲自陳,不見";《存韓》"夫趙氏聚士卒,養從徒",乾道本作"夫趙氏聚士卒,養從";《主道》"故君不窮於名"(與上文"故君不窮於智""故君不窮於能"相對),乾道本作"故君子不窮於名";《有度》"則良臣伏矣"(與注文"臣傷其類,故良臣伏也"相應),乾道本作"則良伏矣";《揚權》"上操度量以割其下"(與注文"故上必當操度量以割斷其下也"相應),乾道本作"下操度量以割其下";《飾邪》"趙代先得意於燕,後得意於齊",乾道本作"趙代先得意於燕,後意於齊";《外儲說左下》"故仲尼論管仲與孫叔敖"(與下文"孫叔敖相楚"相應),乾道本作"故仲尼論管仲與叔孫敖";《外儲說右上》"而師曠、晏子,不知除患之臣也"(與上文"而師曠、晏子不知除患"相應),乾道本作"而師曠不知景子,不知除患之臣也";"其妻請其兄而索入"(與下文"子毋幾索入矣"相應),乾道本作"其妻請其兄而索";《外儲說右下》"然而田連鼓上、成竅撫下而不能成曲,亦共故也"(與上文"共故也"相應),乾道本作"然而田連鼓上、成竅撫下而不能成曲,亦故也";《難一》"所以去豎刁、易牙者"(與上文"願君去豎刁,除易牙"相應),乾道本作"所以豎刁、易牙者"。至於《顯學》末之"士者,爲民知之不足師用。昔禹決江濬河,而民聚瓦石;子產開畝樹桑,鄭人謗訾。禹利天下,子產存鄭人,皆以受謗,夫民智之不足用亦明矣。故舉士而求賢智,爲政而期適民,皆亂之端,未可與爲治也",更可補乾道本之缺失。限於篇幅,今不再煩舉,也已足見《道藏》本之珍貴。

1923年至1926年,上海涵芬樓曾借北京白雲觀所藏正統《道藏》進行影印,文物出版社、上海書店、天津古籍出版社又在1988年縮印了涵芬樓所影印的《道藏》,所以《道藏》本《韓非子》現在很容易見到。但是,涵芬樓影印本刪去了每函(匡函、虧函)前的扉畫和每卷(指"匡一"至"匡十"和"虧一"至"虧七"共十七卷,非指《韓非子》之二十卷)後的鈐印("白雲觀印"陽文印)。《子藏》則直接用國家圖書館所藏(原藏白雲觀)的正統《道藏》本作底本進行影印,保留了涵芬樓影印本所刪去的扉畫和鈐印,讀者能更爲真切地看到其原貌。

2. 韓非子二十卷 〔戰國〕韓非撰 〔宋〕謝希深注 明嘉靖四十年(1561)張鼎文刊本 丁丙題識(南京圖書館藏)

張鼎文,字徵伯,室名"順齋",浙西(今浙江杭州)人,曾主講潁東書院。他於嘉靖戊午(1558)校刻的《韓非子》,是我們必須珍視的善本。

從宏觀上看,張鼎文本和《道藏》本大體相同,即:(一)沒有目錄。(二)每卷前後稱"韓非子卷之×",卷前沒有子目。(三)脫文相似。《和氏》篇從"未爲王之害也"的"害"字起一直脫至《姦劫弒臣》篇的"亦知方正之不"爲止,連《姦劫弒臣》的篇目也脫去了。《說林下》從篇首起脫去了"伯樂教二人相踶馬"到"三虱相與訟……乃弗殺"共十六條。《內儲說下六微》篇脫去了"荊王所愛妾有鄭袖者"(從該條第四句"王甚喜人之掩口也"之"甚"字開始脫去)到"叔向之讒萇弘也……乃詠萇弘而殺之"共二十八條。(四)《喻老》篇在卷六而不在卷七,《說林下》在卷七而不在卷八。(五)《顯學》篇末無大段脫文。由此可以推斷,它與《道藏》本應該源自同一種宋代缺刻本。

張鼎文本與《道藏》本的不同之處主要有：（一）首有張鼎文《校刻〈韓非子〉序》。（二）次載序文題"韓非子序"而不題"韓子序"。（三）有篇目"說林下第二十三"，所以《道藏》本爲五十三篇本，而張鼎文本爲五十四篇本。（四）《內儲說下六微》篇脫文處，於空行上標"闕"字，《道藏》本僅空一行而無"闕"字。（五）卷十二之篇目作"外儲說左下第三十三"，卷十四之篇目作"外儲說右下第三十五"，而《道藏》本無"下"字。（六）除卷五、卷八外，每卷末有"順齋張鼎文徵伯甫校刊"牌記，無《道藏》"匪""虜"字樣。（七）版心有刻工之名"祥""信""良""申""登""皮""綱""倫"等。（八）字體帶魏體古風，《道藏》本則爲楷體。

從微觀上看，則張鼎文本自有其獨到之處而具有較高的校勘價值。例如：①《十過》"吾先（芫）君之寶也"，"而後爲由余請期（其）"；《亡徵》"好惡無決（訣）"；《解老》"曠野閒（間）靜"；《喻老》"未知勝負故朧（曚）"；《內儲說下》"司馬喜殺爰騫而季辛誅（錢抄、藏本脫"誅"）"，"家室皆曰（錢抄、藏本脫"曰"）無有"；《外儲說左上》"中牟之人弃其田耘、賣宅圃而隨文學者邑（錢抄、藏本脫"邑"）之半"，"李悝警其兩和（日）曰（和）"；《外儲說左下》"丘之聞（門）也"；《外儲說右下》"如造父之遇驚（篤）馬"，"於是（錢抄、藏本脫"是"）燕王因舉國而屬之"，"奪祑（錢抄作"號"，藏本作"跪"）之資在子之也"；《難一》"後必（後不必）無獸"，"易牙（非）爲君主味"，"是隱也宜刑（錢抄、藏本脫"宜刑"）"；《難二》"公胡（故）其不雪之以政"，"胡（故）其善"，"處（錢抄、藏本脫"處"）秦而秦霸""文公以（錢抄、藏本脫"以"）舅犯霸"，"且桓公得（錢抄、藏本脫"得"）管仲又不難""湯武（錢抄、藏本脫"湯武"）桀紂之臣也"，"蟲流出尸而不（作）葬"，"婦人力於織紝則入（人）多"，"皆若（善）孝子之愛親也"，"行（錢抄、藏本脫"行"）人未知用菓之道也"；《難三》"故季氏之亂成而不上（止）聞"，"而後（復）爲貞"，"不敢偶（隅）君"，"葉（錢抄作"恐"，藏本作"築"）民有倍心"；《難勢》"而曰（日）必待賢"；《問辯》"以功用爲之的彀（殼）者也"；《說疑》"不敢（誣）誣（敢）情以談說"；《詭使》"無二心私學（無二心私學吏）"，"今死士（錢抄、藏本脫"士"）之孤飢餓乞於道"，"士卒之逃事伏（狀）匿"；《六反》"故天下（子）大亂"；《八經》"庶適（過）不争"，"故（其）其（故）國治而敵亂"；《五蠹》"子未（錢抄、藏本脫"未"）必不亂也"，"故仲尼反爲臣而哀公顧（頑）爲君"，"盜（溢）跖不掇"，"知友被（錢抄、藏本脫"被"）辱隨仇者"，"而忘兵弱地荒

---

① 例句中括號前爲張本之文字，括號中爲錢抄和藏本之誤字。

(弱)之禍","而諸先生以文學取(錢抄、藏本脱"取")","難至用介士(土)","言(民)耕者衆","賞其功,必(伐)禁無用";《顯學》"孔墨(錢抄、藏本脱"孔墨")不可復生","雜反之(錢抄、藏本脱"之")行","是故力多則人朝(或)";《忠孝》"是天下徧死而願夭(天)也","罰(錢抄、藏本脱"罰")不足以禁","天下太上(平)之士","天下太下(平)之士";《人主》"而人(以)主之明塞矣";《制分》"人(錢抄、藏本脱"人")情莫不出其死力以致其所欲"。

由此可見,張鼎文應該是根據一種較好的宋本校刊的。誠如盧文弨所説:"張刻本固不佳,然其晦滯驟難曉處,轉恐似本文。"(《抱經堂文集》卷十《書〈韓非子〉後》)如果認真地彙校一下各種刻本就會發現,趙用賢對《韓非子》原文的不少校改其實都源自張鼎文本。

當然,張鼎文本也有不少誤字,但應該說,其校勘還是很認真的。如《功名》的"技有餘巧便於事",錢抄、藏本均作"技有餘巧於事",張本則作"技有餘巧　於事",在"於"前空一字以明此處有脱文;《韓子迂評》作"技有餘巧易於事",趙用賢本作"技有餘巧便於事",很可能是根據己意來補足其文,故實不及張鼎文之謹嚴。又如《難一》的"設民所欲以求其功",藏本作"設民所欲以求其乃","乃"字顯然是"功"之壞字,張本作"設民所欲以求其　",於"功"字處留一空白,顯然嚴謹得多;該節的"臣盡死力以與君市,君垂爵禄以與臣市",錢抄、藏本均作"臣盡死力以與君垂爵禄以與臣市",張本則作"臣盡死力以與君　。君垂爵禄以與臣市",在"君"與句讀之間空一字以明其脱文,這顯然也是一種十分嚴謹的做法。

應該說明的是,張鼎文的《校刻〈韓非子〉序》也值得關注。其言云:"太史公曰:'法家嚴而少恩,然其正君臣上下之分,不可改也。'夫治,太上以道,其次以法。"於此可見他對法家學說十分重視,但他對韓非"無仁義忠厚之言,無欽恤明慎之意"持批判態度,甚至有譏諷之言:"當時不知李斯之害己,是不智也;卒墮於斯之術中而不能出,是無術也。爲法之弊,反中其身,非、斯則同,特後先耳!非之書未行,止於獄死;斯之術已用,遂至車裂。天道之報昭昭哉!"如此評述韓非之法術學說未免貶之過甚。他之所以重刊《韓非子》,完全是因爲其文學成就,其言云:"其書出自先秦,載古人事多奇倔,後世儒者賴以爲據。古今學官列於諸子,與經、史並行。其文則三代以下一家之言,絶有氣力光焰。秦王讀之,已有'寡人得見斯人,死不恨矣'之歎,况千載之下,畢業害文,大傷氣格。學士選其近正者讀之,未必不如更幟易令,登陴一鼓,以助三軍之氣也。"他對韓文的評價顯然是正確的,爲了提升時文之氣格而翻刻此書也爲高明之見,但褒其文而貶其義,無疑偏離了研讀《韓非子》之正軌。此外,對於一些誤説,我們也應該加以警惕。如其序中明言"五十五篇",於是現代就有學者説它是"五十五篇本",此實爲其誤導所致,因爲其序中並未道及《姦劫弑臣》而僅説"《和氏》,以管仲之治齊、商君之强秦,爲使天下必爲己視聽之道",所以它應該是一種五十四篇本而非五十五篇本。至於張鼎文與司馬遷大唱反調,認爲韓非是"喜黄老而歸其本於刑名",也是混淆視聽之論。張鼎文還認爲《八説》《八經》"頗不類非作",其根據是:"《八説》曰:'法以制事,事以名功。法立而有難,權其難而事成,則立之;事成而有害,權其害而功多,則爲之。'權術也。商、管異世,而非並稱,可疑也。《八經》曰:'明主之行制也天,其用人也鬼。'夫以智力窮人,鬼道也。"這實是一種誤解。"權"在這裏爲"衡量"之意,根本不是指管子之術;至於"其用人也鬼",是指君主治臣應該做到神秘莫測,與《韓非子·主道》之"寂乎其無位而處,漻乎莫得其所。明君無爲於上,群臣竦懼乎下"相似。因此,這種懷疑無甚價值。

張鼎文本之正文部分爲十行二十字,而其序文部分則爲七行十七字,且除了"校刻韓非子序"一行頂格外,其序文每行皆縮一字而爲十六字。從張鼎文的《校刻〈韓非子〉序》可知,張本有嘉靖戊午(1558)初印本與嘉靖辛酉(1561)重印本之别。初印本在序末題"嘉靖戊午歲五月端陽日,寓鈞臺浙西張鼎文書於潁東書院",其後還有"順齋"陽文印、"徵伯"陰文印。嘉靖辛酉以後之重印本此兩句作"嘉靖辛酉歲五月端陽日浙西張鼎文書"十六字,恰爲序文第八葉之末行;如此删改,可以省去一葉。故其删改之原因可能只是爲了節約紙張而别無他意。

印刷質量較好者爲初印本。重印本印刷質量較差,壞字、斷版處較多。盧文弨説"張刻本固不佳",蓋指重印本而言。中國臺灣"中央圖書館"藏有初印本,嚴靈峰編輯《無求備齋韓非子集成》時曾據以影印,故今流傳稍廣。初印本印刷質量雖好,但也有壞板處,如《外儲説左下》"桓公問置吏於管仲"一節之"寧武"二字,嘉靖辛酉以後的重印本不脱,該本則脱。因此,用張本校勘,需多本並校。

此本爲重印本,書前有丁丙題識。

丁丙(1832—1899),字嘉魚,號松生,晚年號松存,錢塘(今浙江杭州)人,清末著名藏書家。其藏書樓沿用祖父"八千卷樓",又將其新的藏書室名爲"後八千卷樓""小八千卷樓""善本書室"等,總名"嘉惠堂",藏書近二十萬卷,其中善本珍藏二千餘種,被列爲晚清四大藏書樓之一。他撰有《善本書室藏書志》,對藏弄源流和藏家生平屢有述略,具有較高的藏書史料價值。其藏書於光緒三十三年(1907)售於江南圖書館,現藏於南京圖書館,此書即其中之一種。

丁丙之題識只是根據此本藏印"曠翁手識""山陰祁氏藏書之章"說明此爲"祁曠翁藏書",又抄撮張鼎文序末幾句,並引盧文弨之語"此刻脱文固多,佳處頗有"以爲此本"定評",無多大學術價值。

3. 韓非子二十卷 〔戰國〕韓非撰 〔宋〕謝希深注 明嘉靖刻修補本（上海圖書館藏）

此本十行二十一字,白口,左右雙邊,其楷體頗具嘉靖風貌,其卷十五、卷十七、卷十八、卷二十版心下端有劉俊、劉天富、周智英、陳八郎等刻工姓名。瞿冕良《中國古籍版刻辭典》(增訂本)以劉俊爲嘉靖間閩中地區刻工,又確認劉添富(劉天富)、周智英、陳八郎爲嘉靖間刻此十行二十一字本《韓非子》的閩中地區刻工,則此本當爲嘉靖年間刻本。今細察該本版式和文字,有些葉面顯然是補刻之版,如卷五第二葉、卷八第九葉和第十葉皆爲四周單邊,卷五第五葉、卷十三第八葉雖然是左右雙邊,也與初版之左右雙邊不同,而這些版面的字迹也與初版不一致。因此,該本已非初印本,而是一種修補本。有鑒於此,故今將一般書目所著録的"明刻本"改題爲"明嘉靖刻修補本"。過去由於該本刊刻時間不詳,所以不爲現代研究者所重,其實它也是一種重要的明刻善本。

該本首載《韓非子小傳》,其文與《道藏》本之《韓子序》相同。次載《評〈韓非子〉語》,其文與嚴時泰刻本所載之《評〈韓非子〉語》相同(參見第二章第三節第2條"嚴時泰刻本"考述),當取自嚴時泰本。再次即爲《韓非子》二十卷之正文及舊注。

該本當爲《道藏》本之翻刻本。從宏觀上看,它與藏本大體相同,即:(一)正文前無目録。(二)每卷前後稱"韓非子卷之×",卷前無子目。(三)脱文相同。《和氏》篇從"未爲王之害也"的"害"字起一直脱至《姦劫弑臣》篇的"亦知方正之不"爲止,連篇目"姦劫弑臣第十四"也脱去了,因此兩篇連成了一篇。《説林下》從篇首起脱去了"伯樂教二人相踶馬"到"三虱相與訟……乃弗殺",共十六條,連篇目"説林下第二十三"也脱去了。《内儲説下六微》篇脱去了"荆王所愛妾有鄭袖者"(從該條第四句"王甚喜人之掩口也"之"甚"字開始脱去)到"叔向之讒萇弘也……乃誅萇弘而殺之",共二十八條。(四)《喻老》篇在卷六,《説林下》的文字在卷七。(五)《顯學》篇末無大段脱文,即卷十九末不脱。從微觀上看,有些《道藏》本不同於影宋抄本、張鼎文本、《韓子迂評》、趙用賢本的文字,該本均與藏本相同,如《存韓》"臣聞竊願陛下之幸熟圖之"之"聞",《八姦》"則不人之臣誣其君矣"之

"人",《和氏》"玉乃使玉人理其璞而得寶焉"之前一個"玉"字,《南面》"不得皆法而專制"之"皆",《大體》"不録功於磐盂"之"磐",《詭使》"身死田敏"之"敏",《六反》"此辭亡之術也"之"辭"。特別值得注意的是,該本"韓非子卷之十六"下端有"虧四"兩字,"韓非子卷之十九"下緊接"二十同卷"四字,這些都是藏本特有的文字。凡此之類,皆可證該本出自藏本。

但是,該本又與藏本有所不同,除了書首"韓非子小傳"之標題與藏本題"韓子序"不同外,其後之《評〈韓非子〉語》、卷十三末之音釋"韜迢珥耳鷖肓贏裸泫炫裔聿驪鄒厎白頷汗枵樞售受齔黑鰶衰霤媪襫詘屈組阻隕殞痤剄髀陛"、卷十五末之音釋"畔半卼盺寙禹侮武笄雞郊隙樛鳩鄢焉图鈴圊語菱陵隰習佚帙紙任邠乎櫓魯"也爲藏本所無,而其正文文字也有與藏本不同者,其間異文大致可歸爲如下幾類。①

一、與嚴時泰本相同,如:《愛臣》"其府庫不得私貨(貸)於家",《有度》"誥(詰)下之邪",《揚權》"上不與搆(構)""三偶(隅)乃列",《八姦》"憂(優)笑侏儒""施屬虛辭以懷(壞)其主",《十過》"智過恠(怪)其色",《姦劫弑臣》(該本誤連於《和氏》中)"盡力竭智以事主面(而)乃以相與比周""何恠(怪)夫賢聖之戮死哉",《亡徵》"地無固(無地固)",《説林上》"盡一盃(杯)""則必犀玉之盃(杯)",《説林下》(該本誤連於《説林上》之中)"可以城壺(壷)丘矣"。

二、與張鼎文本相同,如:《初見秦》"韓不亡(忘)",《十過》"吾先(芄)君之寶也""乃使荀(皆)息以垂棘之璧""師曠不得已(曰)援琴而鼓""今旦(且)暮將拔之""而後爲由余請期(其)""曹君祖(袒)裼而觀之",《孤憤》"人主(王)有大失",《姦劫弑臣》(該本誤連於《和氏》中)"困末(未)作而利本事",《備内》"夫人適子爲太(大)子者",《飾邪》"故佚而有(則)功""賞刑明(名)則民(即)盡死",《用人》"以(而)隙穴之臣而事獨立之主",《内儲説上》"周主下令索曲(田)杖",《内儲説下》"其説在衛人之夫妻(妻夫)禱祝也""昔天以越予吴吴不(下)受",《外儲説左上》"過潁(穎)水",《外儲説右上》"一曰(日)不以其所疑敗其所察",《外儲説右下》"於是(藏本無"是")燕王因舉國而屬之""傭未(朱)及反",《難一》"且臣盡死力以與君■(藏本無此缺文符號)垂爵禄以與臣市",《難二》"處(藏本無"處")秦而秦霸""文公以(藏本無"以")舅犯霸""管仲公子斜(糾)之臣也""蟲流出尸而不(作)葬""婦人力於織紝則入(人)多",《難勢》"而曰(日)必待賢",《詭使》"所以擅生殺(殷)之柄也",《顯學》"區冶(治)不能以必劍",《飾

---

① 例句爲嘉靖本之文字,括號内爲藏本之異文。

令》"飾(飭)令則法不遷""此(北)謂以治去治"。

三、與《韓子迂評》相同，如：《存韓》"有蓄(畜)積"，《揚權》"説情而損(捐)精"，《説難》"論其所憎(增)"，《飾邪》"設規(藏本"設規"作"諸況")而知圓""亂主使民飾於(將)智"，《解老》"魂魄不去則(而)精神不亂""維斗得之(藏本無"之")以成其威"，《喻老》"取八城(成)焉""不隨道理之數而學一人之(藏本無"之")智""俄而與子(於)期逐"，《説林上》"且君何惜(釋)以天下圖智氏""陳軫貴於魏王(正)"，《功名》"則不(藏本無"不")務而自生"，《大體》"以道爲合(舍)"，《内儲説上》"聽有門户則臣擁(壅)塞""乃爲壇塲(場)大水之上""處士迯(逃)""無以召(詔)之""市吏甚恠(怪)太宰知之疾也"，《内儲説下》"因爲設壇塲(場)郭門之外"，《外儲説左上》"故明主(王)論李疵視中山也""三日(旬)而犯機""令籩豆(笠)捐之""意不欲寡人反國邪(耶)""勞有功者(藏本"者"下有"也")而君後之""則(藏本無"則")見長者飲無餘"，《外儲説左下》"固我(吾)罪當之""昭戼(卯)西説而秦韓罷""箕鄭挈壺(壼)餐而從""堯曰夔而一(一而)足矣""夔有一足(之)""宮(居)處衣服常如朝廷""所朝服與丝者(藏本"者"下有"以")十數""非可必(不)誅也""臣不(藏本"不"下有"能")治矣"，《外儲説右上》"患在國羊(年)之請變""公怫(拂)然怒""故可以爲天下王(主)""今人君左右出則爲勢重而(以)收利於民""而今(藏本"今"下有"也")異善"，《外儲説右下》"成竅機(撒)下而不能成曲""馬(爲)驚駕敗""眄(盼)然環其眼""若(不)一一攝萬目而後得""令吏挈壺(壼)甕而走火""武靈王不以(藏本"以"下有"身")躬親殺生之柄"，《難一》"百官脩(修)通""曰鼃生黽(黿)"，《難一》"以爲貧(貧爲)不可以治富"，《難二》"而以太(大)多爲説""三事舉(舉事)而紂惡之""天下皆悦(説)""入多之謂(爲)宼貨也""是遂禍(過)也""鼓之而乘士(士乘)之""簡子未可以速去盾(瞂)櫓也"，《難三》"明能昭(照)遠姦而見隱微""其畏有水人之患也(乎)""編著之圖籍(藉)"，《難勢》"今曰(日)堯舜得勢而治""以不可禁之勢與無不禁之道(藏本無"與無不禁之道")""亦猶越人救溺之説也(藏本作"亦猶越人救溺者不濟矣夫待古之王良以馭今之馬亦猶越人救溺之説也")"，《問辯》"人主顧漸其法令而遵(尊)學者之智行"，《問田》"不聞(關)乎州部""豈明主上(藏本無"上")之脩哉""臣明先生之言也(矣)"，《定法》"罰加乎姧(邪)令者也""欲爲官者(藏本"者"下有"爲")百石之官""官爵之遷欲(藏本無"欲")與斬首之功相稱也"，《説疑》"竦心(藏本"心"下有"曰")意""則(藏本"則"上有"然")難之從内起與從外作者相半也""有務奉下直曲恠(怪)言偉服"，《詭使》"恭儉也(藏本無"也")聽上""而巖(嚴)居非世者顯""今士大夫不羞汙(汙)泥醜辱而宦""奸(姦)人賴賞而富",《六反》"猶用計算(筭)之心以相待也",《六反》"此則可爲(謂)傷民矣""今學者皆道書笈之訟(頌)語""上治(藏本無"治")憪則肆於爲非",《八説》"揚(楊)朱墨翟""貨賂不行者(是)""則(於)外無死虜之禍",《八經》"盡下(下盡)則臣上不因君""此(藏本"此"下有"之")謂無常之國",《五蠹》"故糟糠不飽者不務粱(梁)肉""披(被)甲者少也""則不主(至)於治強矣""而二(貳)人主之心",《顯學》"且夫人主之聽於(於聽)學也",《忠孝》"夫(藏本無"夫")三者逆則天下亂""爲太(大)下士不設刑",《人主》"大臣太(大)貴"。

四、臆改或訛誤之字,如:《内儲説上》"西門豹懼(《迂評》作"俱")遺轄",《内儲説下》"太宰嚭遺夫(大)夫種書",《外儲説左上》"民無饑(飢)也""有客過而汝予(藏本作"予汝")金",《外儲説左下》"不能親照鏡(境)内",《難一》"今師曠非公平(平公)之過",《難四》"鄭去疾子(予)弟",《定法》"徒術曰(藏本無"曰")而無法""主用甲(申)子之術",《六反》"原(厚)其爵禄以盡賢能",《八説》"故智之(藏本無"之")慮力勞不用而國治也""明主之以(藏本無"以")國有貴臣",《五蠹》"秉(乘)勢則哀公臣仲尼""致遵(尊)過耕戰之士",《顯學》"失(夫)爵禄大而官職治""今商官使(藏本無"使")技藝之士亦不肯(墾)而食",《忠孝》"是以有殺(弑)君""能畜其臣也者(者也)""不可以爲刑禁大(藏本無"大")也",《人主》"今勢重者,人主之牙爪(爪牙)也"。

以上例子表明,該本並非簡單地翻刻藏本,而是進行了一番校改。校勘者可能用嚴時泰本(刻於正德十二年,即1517年)和張鼎文本(刻於嘉靖三十七年,即1558年)校過,當然也可能是據嚴時泰本、張鼎文本之底本來校改的。至於與《韓子迂評》(刻成於萬曆七年,即1579年)相同者,當是根據《韓子迂評》之底本(元代何犿校本)或祖本(元代何犿校本之底本)來校改的。

4. 韓非子二十卷 〔戰國〕韓非撰 〔宋〕謝希深注 明嘉靖刻遞修本方功惠題識批注(國家圖書館藏)

方功惠(1829—1897),字慶齡,號柳橋,巴陵(今湖南岳陽)人,經鄉試入仕,咸豐、光緒年間任廣東鹽道知事、潮州知府等。他家道殷富,好書成癖,於廣州建"碧琳琅館"書屋,收藏宋、元、明刻本數百種,所購之書遠及日本,爲同治、光緒年間全國私家藏書之冠,同時還長期雇人校書、刻書,爲清末著名刻書家,刻有《岳陽紀勝彙編》《岳陽風土記》《古小學匯涵》《全唐文紀事》《三朝北盟會編》《碧琳琅館叢書》等。

該本十行二十一字,白口,左右雙邊,楷體,有"碧琳琅館珍藏善本""方功惠藏書印""巴陵方氏碧琳琅館藏書"等鈐印。書首載光緒十八年(1892)六月朔日方功惠的題識(一般書目著録稱"跋",不當)。其文先抄録《士禮居藏書題跋記》四則,即黃丕烈寫於隆慶本卷首的"書必眞本爲上""韓非子別有顧千里爲余手臨諸家校本在趙本上"兩則以及壬戌(1802)、丙子(1816)寫於卷末的兩篇跋(參見下一篇"隆慶校刊本"考述)。然後是其按語,謂"閩中書賈林姓攜舊書至粵,因飭大兒大森往閲",購得此"明刻《韓非子》四册,雖有缺頁鈔補,究係明刻善本","無刻書年月、序跋","及閲《士禮居藏書題跋記》,謂所藏明刻卷中有'同卷'字,又有'虧四'記號,乃知自《道藏》本出,故大段尚好云云。此書第四册首行下有'虧四'二字記號,與蕘圃所藏同,始知爲明重刻《道藏》本,毫無疑異。爰付裝池,急録黃跋於卷端,俾後之閲者知是書之原委,與宋本同可寶貴,不得以明刻而輕之也"。

今《子藏》將此本與黃丕烈所校隆慶刊本同時影印而編排在一起,一對照便知其所謂此書"與蕘圃所藏同"完全是未見黃丕烈藏本而導致的誤斷,但謂此本"爲明重刻《道藏》本"倒是根據黃丕烈的錯誤結論而得出的正確推斷,因爲黃丕烈所藏乃隆慶本,並非直接出自《道藏》本(參見下一篇"隆慶校刊本"考述),而此本倒的確是"明重刻《道藏》本",即嘉靖本,只是經過遞修而已。

只要比勘一下《子藏》所影印的另一種明刻本——嘉靖本(參見上一篇"嘉靖刻修補本"考述)即可明瞭,此本即嘉靖本之遞修本,因爲其大部分葉面(包括卷首的《韓非子小傳》《評〈韓非子〉語》)與嘉靖本之初版相同,有些葉面還與嘉靖刻修補本之補刻版相同(如卷五第二葉和第五葉、卷十三第八葉),而又有五十多葉與嘉靖刻初版或修補版不同。這些不同的葉面,基本上是四周單邊而不同於初版的左右雙邊,其字迹也與初版不同,有些地方還有誤字或缺文,如卷八第十葉《大體》之"不吹毛而求小疵"之"吹"誤爲"次"(嘉靖刻修補本不誤),卷十一第九葉和第十三葉、卷十三第十三葉的補刻之版皆有缺文作墨丁(嘉靖本初版或修補本無缺文),卷十五第十五葉的補刻之版不但有缺文墨丁,而且有誤字,即把初版之《難二》"土地不加大而有豐年之功"誤爲"土地不加大而■■外之功",同時又無版心下端的刻工姓名"劉天富"(凡原有的刻工姓名,在其補刻之版中均無,可見此補刻之版出於後人之手)。以上情況足證此本爲嘉靖刻遞修本,加之其印刷粗劣,模糊不清處甚多,還有缺頁抄補,故就版本而言,遠不如上海圖書館所藏的嘉靖刻修補本。當然,此本也不乏可稱道處,如其卷十七第十三葉《説疑》"又親操耒耨以脩畎畝"之"耒",上海圖書館所藏的嘉靖刻修補本作"未",

即其例。

方功惠除了寫有題識，還在書眉留有二十八條批注，其內容可歸爲以下五類：（一）注音釋義，如《難言》"則見以爲劌而不辯"眉批："劌，音貴，傷也，割也。"《外儲說左下》"刖人足，所刖者守門"眉批："刖，音月，足斷爲刖。刑名則'刖'也。"（二）指明異文，如《十過》"趙葭諫曰"眉批："又一節作任章諫。"（指《說林上》載此事記爲任章之諫）（三）史評，如《說林上》"箕子爲其徒曰：爲天下主而一國皆失日，天下其危矣；一國皆不知而我獨知之，吾其危矣"眉批："惟能辭醉，此所以佯狂之舉，比干必不爲而箕子獨爲之。"（四）評論韓非之學說，如《亡徵》"亡王之機，必其治亂、其強弱相踦者也。木之折也必通蠹，牆之壞也必通隙。然木雖蠹，無疾風不折；牆雖隙，無大雨不壞"眉批："此爲得之。"（五）抒寫讀書時之感歎，如《和氏》"厲王使玉人相之，玉人曰石也"眉批："此等玉人可方今之爲文宗閱卷者。"又於"武王使玉人相之，又曰石也"上批曰："即前之玉人乎？今又易一玉人乎？曰：'滔滔者天下皆是也。'"從這後三類批注中可以看出，他對此本的欣賞，並非只是出於對善本的喜愛，還出於對《韓非子》內容的看重，正因爲如此，他在該本上加了不少圈點。其圈有兩類，一類是標明句讀的符號，另一類是在文句旁連續加圈以標明其重要性的著重號。可以說，他對韓非學說的肯定，除了批注，還隱含在這些加了着重號的不言之中。

綜而觀之，該本印刷粗劣，又有缺頁，方功惠視同宋本，實爲過譽；方氏題識，不乏誤斷；其批注不多，可取者甚少，除上文所引錄者，置而不論亦可矣。但是，這種版本現傳不多，故此本尚足珍貴，不宜完全棄之不顧也。

5. 韓非子二十卷 〔戰國〕韓非撰 〔宋〕謝希深注 明隆慶初（約1567）校刊本 黃丕烈校並跋（國家圖書館藏）

《子藏》之著錄，除"黃丕烈校並跋"之外尚有"丁丙跋"，今檢其書，無丁丙跋，故刪之。

此本十行二十字，白口，左右雙邊，校刊者及刊刻時間不詳，故一般書目著錄均泛稱"明刻本"。今觀其大段之脫文與《道藏》本、嘉靖本相同（本考述涉及嘉靖本處，可參見本章本節第3條"嘉靖刻修補本"考述），其字體與隆慶元年（1567）所刻之《百家類纂》相似，其中有些文字與他本不同而與隆慶三年（1569）校刊的《韓非子節抄》相同（參見第二章第三節第4條《韓非子節抄》考述），由此推測，該本當刻於隆慶元年（1567）前後，故今改題"隆慶初校刊本"。

該本首載《韓非子目錄》。該目錄顯然爲校刊者自創，其特點有二：

(一) 列出了《内儲説上》《内儲説下》《八經》的子目，其文分別爲"參觀一　必罰二　賞譽三　一聽四　詭使五　挾智六　倒言七右經""權借一　利異二　似類三　有反四　參疑五　廢置六　廟攻右經""因情　主道　起亂　立道　參言　聽法　類柄"，這些子目也用大字刊出，顯然不合適，但這種做法也頗有影響，吴勉學所刻《二十子全書》本之目録也列出這三篇子目，可能即仿效此本，只是吴勉學以雙行小字刊之而顯得更爲恰當。(二) 其分卷雖然按照正文編爲"卷之一"至"卷之二十"，但其篇第未按照正文而順着該書的五十三篇重新編碼，因此"和氏第十三"之後便是"卷之五"之"亡徵第十四"（正文中爲"亡徵第十五"），最後爲"制分第五十三"（正文中爲"制分第五十五"），其"第十四"以後之篇第均與正文不符。藏本、嘉靖本無目録，難以使讀者一覽全書概貌，此固然不足稱善，但此本如此補其目録，實爲畫蛇添足之舉而不足取。讀者開卷見此目録，必以爲該書校勘甚疏，而黄丕烈又在跋中謂其出自《道藏》本，如今《道藏》本尚存，則翻刻本固不足用，因而該本一直未爲現代研究者所重。其實，該本之校勘價值不亞於趙用賢本，值得我們珍視與利用。

　　首先值得重視的是黄丕烈之校勘。黄丕烈的生平事迹見本章第一節第1條"述古堂影宋抄本"考述。

　　黄丕烈校過此書兩次而留有兩篇跋。其第一篇寫於壬戌（1802）正月九日，其言云："向從郡城周香嚴家借得張鼎文本《韓非子》，雖明刻，然頗近古，已屬余友顧澗薲臨校於趙本矣。去年在坊間購得此刻，取與所校張本核之，多合，固知其爲善本也，然究未知其本之何自出。爰假貞節堂袁氏所藏《道藏》本手校一過，見卷中有'同卷'字，又有'虧四'記號，乃知亦自《道藏》本出，故大段尚好，惟字句間有不同，想是校改重梓所致，與《道藏》猶不盡合。新歲杜門謝客，竭三四日力而校讎至再，今而後《道藏》本之面目織悉無遺。"第二篇寫於丙子（1816）六月下弦，其言云："以朱筆校《道藏》本，此壬戌春間事也。既於是年秋獲影宋本，復手校首幾卷，旋即中止。蓋影宋雖出自述古，而此外又有宋刻本，適借諸他所，手校於影宋本上，其異同尚多，不暇悉臨校於兹也。今長夏無事，取所有子書次第校勘，《淮南》《列子》二家，已從宋刻精校。此猶少副本，因復續取校宋刻影宋本傳録於此。"

　　再結合黄丕烈之卷中校記，可知他於1801年購得此本後，先用所校張鼎文本核之，已知此爲善本。壬戌（1802）春他用《道藏》本（共十七册）對校了兩遍，據藏本補録了《韓子序》和卷七所缺的第九葉。是年秋他獲述古堂影宋抄本後，又於中元日（農曆七月十五）用影宋本（共四册）對校至第二卷末。之後，他從張敦仁處借到宋刻本，於是將其不同之處用朱筆寫在影宋本上(參見本章第一節第1條"述古堂影宋抄本"考述)。癸亥(1803)閏二月,他又用"宋刻覆校影宋本"校至此書第五卷。丙子(1816)六月,他又將所校宋刻於影宋本上的後十五卷異文過錄於此書,同時,又將《說林下》之脱文補錄於卷七末,將《內儲說下》之脱文依次補錄於卷十末、書首封裡、目錄末、卷八末。爲了引起後人重視,他還特地在該書封面上題曰:"校宋刻影宋本校,共四册。書必真本爲上,其次從真本手校乃可信。蓋手校真本止隔一層,即如此本,余於宋刻、藏本,兩皆親見真本,似爲可信矣。《韓非子》別有顧千里爲余手臨諸家校本在趙本上,然諸家所校宋刻及藏本,今取以勘余親見之宋刻與藏本,皆不同,余故云手校趙本乃可信也。"

黄丕烈以親見之宋刻、藏本校此本,使藏本、宋本和此本之異文一目了然,顯然有助於我們瞭解古本之異同,所以具有不可忽視的珍貴價值。如《難四》"故楮師作難",他在述古堂影宋抄本上只是將"楮"的"木"旁描了一下,很難看出該"楮"字宋本爲"衤"字旁,而他在此書之"楮"旁則出校"褚"字,使我們明瞭宋刻本作"褚",影宋本、藏本等作"楮"均誤。不過,校勘繁雜,難免疏漏,黄丕烈也是如此。如《十過》"師曠不得已,援琴而鼓",藏本"已"作"曰";《難勢》"今曰堯舜得勢而治",藏本"曰"作"日";《顯學》"今商官使技藝之士亦不肯而食",藏本無"使"字;《解老》"兩不相傷則得交歸焉",影宋本"得"作"德";《外儲說左下》"以管仲之能",影宋本無"之"字;《外儲說右下》"自三百石以上皆效之子之子之遂重",影宋本不重"子之";又"一曰入齊",影宋本"曰"作"日";《八説》"則臣下輕君而重寵人矣",影宋本"重"下有"於";《八經》"外不藉內不固",影宋本"藉"作"籍";《顯學》"無豐年旁人之利",影宋本"人"作"入";《忠孝》"進不得爲臣主",影宋本無"得"字;凡此之類,黄丕烈均無校記,可謂是漏校。至如《外儲說左下》"能之使",其校記云宋本"有之字",而他所謂的宋刻校影宋本並無"之"字;《難一》"開方事君十五年"之校記在"開方"上加"開",而影宋本其實多"聞"字,並非多"開"字;凡此之類,可謂誤校。因此,利用該本之黄校,應該再校核真本乃可信。

對於此本之底本,黄丕烈認爲出自《道藏》本,也宜補正。只要校一下嘉靖本即可明瞭,此本乃出自嘉靖本。黄丕烈推測其出自藏本之根據是該本卷十九下有"二十同卷"字樣、卷十六下有"虧四"記號,但這兩處藏本所特有的記號均見於嘉靖本,而藏本他處之"同卷""虧×"字樣未見於嘉靖本的,該本也無,所以這兩處記號只能說明嘉靖本出於藏本而不足以說明該本直接出於藏本。更爲有力的證據是,該本《外儲說左上》"○二人主之聽言也""○夫良藥苦於口""○客有爲周君畫莢者""○吳起爲魏將而攻中山""○鄒君好服長纓"、《外儲說左》"○田子方從齊之魏""○陽虎議曰""○齊有狗盜之子""○管仲相齊"、《外儲說右上》"○如耳說衛嗣公"中的分節號"○",以及卷十三末之音釋,均爲嘉靖本所特有而爲他本(包括藏本)所無;特别是其《外儲說左上》"趙○主父李疵視中山可攻不也"於"趙"下誤加分節號"○",於"主父"下誤脱"使"字,也均與嘉靖本相同而與影宋本、藏本、張鼎文本、《迂評》本等不同。還有,我們在"嘉靖刻本"考述中所列舉的四類與藏本不同的文字,該本也均與嘉靖本相同而與藏本等其他版本不同。由此可見,其源自嘉靖本當無疑義。

當然,該本並非簡單地翻刻嘉靖本,其中與藏本不同的文字,雖然大都源自嘉靖本,但也有出於校刊者校改而不同於嘉靖本的。其中值得稱道的校改,如《解老》"下懷上宜",他本皆無"宜"字,此本據上下文之句法補"宜"字,顯然可取。又如《難一》"設民所欲以求其功,故乃爲爵禄以勸之",藏本作"設民所欲以求其乃,故爲爵禄以勸之",其"乃"字顯然有誤(其所據底本應爲"功"字而壞去了左下部分,校刊者便誤爲"乃"字)。張鼎文校勘較謹慎(參見本章本節第2條"張鼎文本"考述),他不能判定"乃"字爲何字之誤,故其文作"設民所欲以求其　。故爲爵禄以勸之",於"功"字處留一空白以存疑。嘉靖本翻刻藏本時見"乃"字不可通,便將該處剜改爲"設民所欲以求其故,乃爲爵禄以勸之"(其"乃"字旁的界行也因剜改而壞缺),其實有失嚴謹而仍然不通。《迂評》本則完全依從嘉靖本,顯然是以訛傳訛。此書之校刊者雖然未見宋乾道本(如果見過宋乾道本,該書之脱文就不會和藏本相同,而且也不會再保留此文之"乃"字),所以仍然因循嘉靖本之"故乃",但推斷藏本之"乃"爲"功"之壞字而改正之,其校正與影宋乾道本合,顯然是一種高明的理校。又如該節的"且臣盡死力以與君市,君垂爵禄以與臣市";影宋本、藏本均作"且臣盡死力以與君垂爵禄以與臣市";張鼎文本作"且臣盡死力以與君　。君垂爵禄以與臣市",在"君"與句讀之間空一字以明其脱文,顯然是一種十分嚴謹的做法;嘉靖本作"且臣盡死力以與君■垂爵禄以與臣市",雖然有缺文符號,卻脱去一"君"字,可能是兼取藏本和張鼎文本的結果;《迂評》本作"且臣盡死力以與君。君垂爵禄以與臣市",雖留有"君"字卻未能顯示其缺文,可能是兼取張鼎文本和嘉靖本的結果。此書之校刊者據"君垂爵禄以與臣市"之句式,將張鼎文本之空白處補一"市"字,顯然是一種高明的本校,所以該"市"字爲趙用賢本所吸取。再如《難三》"是舍吾勢之所能禁而使與下行惠以争民"之"下"字,影宋本、藏本、張鼎文本、嘉靖本皆作"不",《迂評》本作"天下",顧廣圻云"'不'字當作'下'",而此本早就校改爲"下",可謂有先見之明矣。還有如《六反》"學者之言皆曰輕刑",影宋本、藏本、張鼎文本、嘉靖本皆無"刑"字,《迂評》本臆補"法"字,此本則據下文之"輕刑""重刑"而補"刑"字,顯然正確,故爲趙用賢本所吸取。《八經》"故明主之言隔塞而不通"之"主",影宋本、藏本、張鼎文本、嘉靖本、《迂評》本皆作"王",該本據上下文之"明主"改爲"主",與顧廣圻校改之吳鼒本相合,可謂"英雄所見略同"矣。

如果我們彙校多種版本,可以發現該本與藏本、嘉靖本不同的文字大多與某些版本相同,這種異文大致可以歸爲如下四類(例句爲此本文字,括號内爲藏本、嘉靖本之異文)。

一、與嚴時泰正德丁丑(1517)所刻《韓非子》相同,如:《有度》"形(刑)過不避大臣",《十過》"因静坐撫琹(琴)而寫之""援琹(琴)而鼓",《亡徵》"大(太)子已置",《備内》"故李兑傅趙王而餓王(主)父"。

二、與張鼎文本相同,如:《八姦》"内事之(比)以金玉玩好",《孤憤》"故學士爲之(之爲)談也""以歲數而久(又)不得見",《解老》"君子之(以)爲禮",《説林下》(該本誤連於《説林上》之中)"陳未成也而吴(夫)人至",《用人》"雖中而(小)不巧",《内儲説上》"禁牛馬入人田中國(同)有令",《内儲説下》"懷左右尉(刷)",《外儲説左上》"綏子産(藏本、嘉靖本無"子産")之以鄭簡""而以躬親苙(位)下""然其用與素絻莢同(夙)""李悝警其兩和曰(藏本、嘉靖本"和曰"作"日和")""倒(到)其言以告而知也",《外儲説左下》"丘之聞(門)也""及武子之亡(主)也",《外儲説右上》"於是樗里疾已(也)道穴聽之矣",《難一》"後必(藏本、嘉靖本"必"作"不必")無獸""以舅犯之謀與楚人戰(成)以敗之""詐敵萬世之利也(已)""天下過無有(以)已",《難二》"公曰胡(故)其善""背(倍)死君而事其讎者""且爲湯武湯武(藏本、嘉靖本"且爲湯武湯武"作"且爲湯武")桀紂之臣也""而道乎百無一人之行(藏本無"行",嘉靖本"行"作"尚")",《難三》"故季氏之亂成而不上(止)聞""葉(築)民有倍心""今哭夫(夫哭)已死",《難四》"必(心)非以其君也",《六反》"雖有棄髮必爲之愛(藏本、嘉靖本無"愛")",《八經》"見罪而罰而詭乃止(上)",《五蠹》"股無脂(胈)""故仲尼反爲臣而哀公顧(顉)爲君""則不掇百鎰(溢)""而諸先王以文學取(藏本、嘉靖本無"取")""故法之所罪(非)""難至用介士(土)""美其聲而不責其功焉(藏本、嘉靖本無"焉")""則舉圖而委地(藏本、嘉靖本無"地")",《顯學》"虞夏二千餘歲(藏本、嘉靖本無"歲")""是故力多則人朝(或)"。

三、與《韓子迂評》相同,如:《孤憤》"知(智)不類越而不知(智)不類其國""且人臣有大(藏本、嘉靖本無"大")罪",《説難》"自勇其(之)斷",《亡徵》"而娶(聚)於强敵以爲后妻",《喻老》"立有間(聞)",《大體》"江海不澤(擇)小助",《內儲說下》"文公髮燒(繞)炙",《外儲說左下》"能之(藏本、嘉靖本無"之")使",《外儲說右上》"遂斬顛頡之脊以狗(徇)百姓",《外儲說右下》"秦大飢(饑)""奪號(跣)之資在子之也",《難一》"而賞無功(臣)之赫",《難二》"人(藏本、嘉靖本"人"上有"失")不比矣""數百不一人(失)",《難三》"而以己之智(胥)察爲之弓矢""其未(畏)有水人之患也",《難勢》"相(楊)去亦遠矣",《詭使》"上宜禁其欲滅其迹(近)",《六反》"令之行於民也萬父母父母(藏本、嘉靖本不重"父母")積愛而令窮",《八說》"雖賢(藏本、嘉靖本無"賢")不可以爲耕戰之士",《五蠹》"故飢(饑)歲之春""今儒墨皆稱(藏本、嘉靖本無"稱")先王兼愛天下""貴(藏本、嘉靖本無"貴")不欺之士者",《顯學》"無飢(饑)饉疾疢禍罪之殃""且以救飢(饑)饉備軍旅也"。

四、臆改或訛誤之字,如《愛臣》"非傳匪(非)遽",《主道》"㱃(函)掩其迹",《姦劫弑臣》(該本誤連於《和氏》中)"而不恃人之以爲愛(藏本、嘉靖本"爲愛"作"愛爲")我也",《備內》"舍(含)人之血""故人王(主)不可以不加心於利己死者",《飾邪》"而地廣王(主)尊者""其(禁)主之道必明於公私之分""人王(主)之公義也",《解老》"戎馬之(乏)則將馬出",《觀行》"三曰疆(彊)有所不能勝",《安危》"而貴(責)人臣以子胥",《用人》"則疆(彊)弱不觳力",《內儲說上》"王(主)欲治而不聽之""故收藏之未有子(予)也""乃爲(僞)謗樛竪以知之",《內儲說下》"故明王(主)慎之""黎具(且)去仲尼",《外儲說左上》"盡巧而正畦陌畦疇(畤)者""居數月有驚(警)""敵人且(旦)暮且至擊汝",《外儲說左下》"又將危父矣(藏本、嘉靖本無"矣")",《難一》"是奚(子)言分謗也"(此蓋據下文"奚分於紂之謗"而改),卷十七之篇題"難四(勢)第四十",《難勢》"而桀爲天下(子)能亂天下",《問田》"秦行商君而富疆(彊)",《說疑》"或饑(飢)餓於山谷""隨李(季)梁陳泄冶""又親操耒耜(耨)以脩畎畝",《六反》"夫富(當)家之愛子",《八經》"內不固(因)則姦充塞矣",《五蠹》"行人(仁)義割地而朝者三十有六國""其帶劍者衆(聚)徒屬",《顯學》"孔子墨子懼(俱)道堯、舜",《忠孝》"舜見鼓(瞽)瞍"。

以上四類例子表明,校勘者可能用嚴時泰本和張鼎文本校過。至於與《韓子迂評》相同者,校勘者可能據《韓子迂評》之底本(何犿本)或祖本(何犿本之底本)校過。

綜上所述,該刊本雖有誤文,但校勘者功力深厚,其理校不乏高明之見,其對校用功良多,其校改之可從者不少,黃丕烈以爲是善本,並非虛言,故宜珍視而利用之。

此本今藏國家圖書館,被長期束之高閣而未爲現代校勘者所利用,甚爲可惜。今《子藏》加以影印而使之流布稍廣,其發揮作用當可期待。

6. 韓子迂評二十卷附録一卷　〔戰國〕韓非撰　〔明〕門無子評注　明萬曆七年(1579)陳深刊本(上海圖書館藏)

門無子,姓俞,吳郡人,爲好古之隱士,生平事迹不詳,撰有《韓子迂評》。

陳深,字子淵,號潛齋,長興(今浙江長興)人,生卒年不詳。嘉靖二十八年(1549)舉人,官至雷州府推官,嗜古好學,著有《周禮訓雋》《春秋然疑》《十三經解詁》《諸史品節》《諸子品節》等。

關於該本版本之著録,有如下兩點需要説明:首先,由於陳深、門無子之序作於萬曆六年,故一般圖書目録均著録爲"明萬曆六年(1578)刊本",但門無子之牌記署"萬曆己卯三月",可見該本雖於萬曆六年(1578)開始刊刻,但刻成印行已在萬曆己卯(1579)三月以後,故今改題"萬曆七年(1579)刊本"。其次,據陳深、門無子之序可知,門無子得到元代何犿所校之《韓子》後,恐其無副本而易失傳,於是"訂其訛謬","句爲之讀,字爲之品,間取何氏注而折衷之",最後定名爲《韓子迂評》(門無子自題其著曰"迂評",當爲謙辭,猶言迂拙之評),由陳深刊出,故該書每塊刻板右上角都有"子淵"版記,後人因而稱此本爲"《迂評》本"或"陳本"。翁連溪編校的《中國古籍善本總目》著録《韓子迂評》時題"門無子撰"固然無可非議,題"明萬曆六年自刻本"則不當,因爲此言可使人誤以爲該書乃門無子所刊,故今題"陳深刊本",以正視聽。

萬曆七年刻成的《韓子迂評》習稱《迂評》初刻本。其版式爲八行十八字(陳深序除外),白口,四周雙邊,分上下欄。其首載陳深萬曆六年(1578)十二月寫的《〈韓子迂評〉序》(八行十五字)、門無子萬曆六年(1578)正月寫的《刻〈韓子迂評〉序》、何犿至元三年(1337)序、門無子萬曆己卯(1579)寫的牌記、《韓子迂評目録》(包括《韓子》二十卷五十三篇篇目及附録篇目)。其次爲《韓子迂評》正文及其評注,其篇題均無"第×"字樣,第四卷無《姦劫弑臣》,《喻老》在第六卷,《説林》不分上、下而都在第七卷。除了卷十六,每卷均題"何犿校",其實此只能理解爲出於何犿校本而已。其《和氏》《姦劫弑臣》《説林下》《内儲説下六微》之脱文與《道藏》本基本相同(參見本章本節第1條"《道藏》本"考述),只是兩個交接處有所不同。該本《和氏》與《姦劫弑臣》脱文交接處作"和雖獻璞而未爲王之所美,未可以得安也"(藏本作"和雖獻璞而未美,未爲王之可以得安也"),《内儲説下》脱文處作"鄭袖教之曰王闕""傳四闕""傳五闕""傳六闕"(《道藏》本作"鄭袖因教之曰王",然後空一行)。正文後有附録六篇:《史記·韓非傳》、《戰國策·姚賈譖殺韓非》、《史記·李斯督責之術》、蘇軾《韓非論》、蘇轍《韓非論》、楊慎《孔明寫申韓書》。最後是茅坤的《〈韓子迃評〉後語》。

　　元代何犿校本已經失傳,所以現在只能通過這萬曆七年刻成的《韓子迃評》初刻本來瞭解何犿校本的情況,故《韓子迃評》初刻本具有很高的校勘價值而爲學者所重。

　　應該説,《迃評》初刻本絶非盡善盡美之本,而有許多不足之處。如脱文不少,而其脱文處還有臆改處,如《和氏》與《姦劫弑臣》脱文交接處作"和雖獻璞而未爲王之所美,未可以得安也",看似通順,實不如藏本作"和雖獻璞而未美,未爲王之可以得安也"更忠實於原文。如果仿照顧廣圻《韓非子識誤序》所言,此可謂藏本之誤由乎未嘗校改,故誤之迹往往可尋也;而《迃評》之誤,則由乎其不解者而校改之,而徒使可尋之迹泯焉。當然,這是明人妄改古籍之通病,不能只用來指責門無子。更何況門無子還在該書牌記中説:"世本訛謬,每至脱字漏句,斷文錯簡,魯魚亥豕,輒爲廢卷。迨得何氏本讀之,暢然無碍,神骨俱輕。"因此,該處究竟是何犿所改還是門無子所改,由於何犿本已佚,只能存疑。此外,該本還有很多誤字,例如:①《初見秦》"并於孚(季)下""而破紂(桀)之國",《十過》"受其餐而辭其璧(壁)",《解老》"而惡人之有禍(福)也",《喻老》"甲胄(胃)生蟣虱",《説疑》"數日不廢御觴(觸)",《六反》"活賊匿姦,當(嘗)死之民也"。

　　《迃評》初刻本雖然有所不足,但也有不少與吴鼐本、張敦仁影宋抄本、錢曾述古堂影宋抄本、《道藏》本、張鼎文本、趙用賢本(下簡稱"六本")等善本不同的文字值得採摭,例如:②《初見秦》"以逆攻順者亡",六本均脱此六字;"且臣(六本脱"臣")聞之曰";"踰羊腸降代上黨",吴本、藏本、張本、趙本作"踰華絳上黨",張抄、錢抄作"喻華絳上黨";"弱齊燕",六本作"弱齊强燕";"軍(運)罷而去";"幾不難(能)矣";"以(六本脱"以")此與天下"。《存韓》"夫攻伐而使從者閒(聞)焉","臣斯(六本脱"臣斯")甚以爲不然","皷鐸之聲聞(六本脱"聞")於耳"。《愛臣》"將相之後主而隆家",六本"隆家"作"隆國家"。《主道》"臣不得(六本脱"得")陳言而不當"。《揚權》"説情而損(捐)精";"咫尺已具",六本作"參咫尺已具"。《十過》"昔者楚靈王爲申之會(命)"。《説難》"周澤既(未)渥"。《姦劫弑臣》(該本誤入《和氏》)"恃人之以愛爲我者危矣"之"以愛爲我",吴本、張抄、錢抄、趙本作

----

① 例句中括號前爲乾道本、藏本文字,括號中爲《迃評》之誤字。

② 例句爲《迃評》文字,括號中爲六本異文。

"以愛我",藏本、張本作"以爲愛我";"世學者説人主",六本"學者"作"學術者";"夫施與(六本脱"與")貧困者";"故有忠臣(六本脱"臣")者";"人主(六本脱"主")無法術以御其臣"。《飾邪》"地(利)削兵辱","明(禁)主之道"。《説林》"君已見孔子,亦將視子猶蚤虱也",六本重"孔子";"子姑待之",吳本、張抄、錢抄、藏本、張本作"遂去之故曰勿之矣子姑待之",趙本作"遂去之或曰勿之矣子姑待之"。《觀行》"故勢(世)有不可得","賢聖之測(撲)淺深矣"。《安危》"失之近而(正)不亡於遠者"。《功名》"故得天時則不(六本脱"不")務而自生"。《内儲説上》"臣之夢踐(賤)矣"(《説郛》引《韓非子》之文作"驗")。《外儲説左上》"夫賈(賣)庸而播耕者";"法度甚不(六本脱"不")易行也"。《外儲説右上》"左右引王之説之以(曰)先告客以爲德","故可以爲天下王(主)"。《外儲説右下》"盼(盻)然環其眼";"則民必匱乏於下",六本"民"作"民臣"。《難一》"是欲(六本脱"欲")君去忠臣也";"兩用則争事而外市",六本重"争"。《難二》"而道乎百無一(失)人之行"。《難三》"民知誅賞(罰)之皆起於身也";"則不肖如如耳",六本脱一"如"字。《難四》"臣之夢踐(淺)矣";"故楚莊舉孫叔而霸",六本"孫叔"作"叔孫";"則侏儒之未見也",六本"未"作"未可"。《難勢》"兩末(未)之議也"。《問田》"今(令)陽成義渠","先生(王)有幸臣之意"。《説疑》"舅犯趙衰(襄)"。《詭使》"有二心務(無)私學反逆世者也"。《六反》"罰重則所惡(惠)之禁也急"。《五蠹》"股無胈",吳本、張抄、藏本、趙本"胈"作"肢",錢抄作"股",張本作"脂";"從者合衆弱以攻一強也",六本作"從者合衆強以攻一弱也"。

該本除了正文具有較大的校勘價值,門無子之評注也值得參考。其評注既有類似讀後感的感慨或文評,如《初見秦》題注:"秦王見非書,慨然企慕,恨不同時。既同時矣,卒於因死。所謂日進前而不御,遙聞聲而相思也。知音其難哉!此篇爲初見秦,獻取天下之計。文尤矜重,宜爲嗟賞也。此文跌宕類蘇秦,然章法句法,起結照應,獨邁紀律。"也有提要式之文字,如《有度》題注:"奉法則國强,廢法則國弱。群臣百官,一於法而無私,則國治。"還有説明文章主旨者,如於《和氏》題下注"御臣",這就更好地揭示了脱去篇題的《姦劫弑臣》一文之内容。又如《南面》題注:"前篇患在信人,此篇患在不信人。"《難勢》上欄批注:"諺曰:有治人,無治法。今欲恃法而不任人,此申韓之家法也。"《四庫全書總目・子部・法家類存目・韓子迂評》謂門無子"所綴評語大抵皆學究八比之門徑,又出狌注之下",實貶之過甚。平心而論,門無子之評注雖有不足參考者,但可觀者也不少。特别是其注解,有不少值得參考。如《存韓》"非所以亡趙之心也"旁注:"非秦滅趙之初心。"

又"反掖之寇"旁注:"謂肘腋之欲叛者。"《有度》"又皆釋國法而私其外"旁注:"營私於國法之外。"又"準夷而高科削"之"夷"旁注:"平也。"《姦劫弑臣》(此本誤入《和氏》)"讇諛多誦先古之書"旁注:"讇,多言兒。諛,妄語也。"《飾邪》"雖飢不餓"之"飢"旁注:"歲饑。"《説林》"是振我過者也"旁注:"振,動也,作也。"又"公無事矣"之"無事"旁注:"失權也。"《外儲説左上》"則周主上之法"上欄批注:"《韻會》:'周,曲也。'"又"行者不止"旁注:"勸力之歌,過者不顧。"又"築者知倦"旁注:"用力深也。"又"望見其狀盡成龍蛇禽獸車馬萬物之狀備具"上欄批注:"蓋可照視而不可陳觀,如今皮燈。"又"然其用與素髹筴同"旁注:"言終歸無用。"《外儲説右上》"是猶以解左髀説右髀者,是身必死而説不行者也"篇末注:"人主之於重人,猶左右髀也。今説右髀曰:'必解左髀去患。'右髀必不聽。"正是由於其評注具有較大的參考價值,所以後來影響不小,明代《兩翰林纂解諸子折衷彙錦》卷九、《新鎸諸子玄言評苑》卷十一等《韓子》評注均取資於此。明代評點《韓子》之風十分興盛,其重要原因固然是因爲明人嗜好《韓子》文辭,然始作俑者,當爲門無子之評注。

對於該本之評注,尚需説明兩點。

一是後人輯録此本評語時往往有張冠李戴之誤,即冠之以"陳深曰"(參見本章本節第23條"趙世楷刊本"考述)。其實,該本之句讀、評注皆出自門無子而非出於陳深。

二是此本之注尚有難解之謎。《四庫全書總目·子部·法家類存目·韓子迂評》曰:"犿序稱'李瓚注,鄙陋無取,盡爲削去',而此本仍間存瓚注,已非何本之舊。且門無子序又稱'取何注折衷之',則併犿所加旁注亦有增損,非盡其原文。"此言似過於相信了何犿之言。何犿序雖云"舊有李瓚注,鄙陋無取,臣犿盡爲削去。謹與臣謙考讎,略加傍注",但其"李瓚注"的説法並無根據,不過給後人留下一段懸案而已;而所謂將舊注"盡爲削去"的話其實也靠不住。今考《韓子迂評》之注,其中有不少與乾道本、《道藏》本相同。如《初見秦》"天下陰燕陽魏"之注"燕北,故曰陰;魏南,故曰陽","而天下得之"之注"知三亡者得天下","五戰之國也"之注"謂五破國也","一戰不剋而無齊"之注"爲樂毅破齊於濟西","趙氏,中央之國也,雜民所居也"之注"趙居邯鄲,燕之南,齊之西,魏之北,韓之東,故曰中央。兼四國人,故曰雜","臣以爲天下之從,幾不難矣"之注"言諸侯知秦兵頓民疲,則從益堅固,故曰不難矣"。如果一一校核,此類舊注尚不少見。門無子在《刻〈韓子迂評〉序》中並未説自己將他本之注補入此書,而只是説自己"間取何氏注而折衷之",那麼如果何犿真是將舊注"盡爲削去"而自己"略加傍注"的話,就不會有那麼多注與乾道本、藏本相同,而從這些未刪盡的舊注來看,其所謂的"李瓚注",實即《道藏》本之注,它應該出於謝希深,而並非出於李瓚。其實,何犿所謂將舊注"盡爲削去"而"略加傍注",當指《八姦》《十過》《孤憤》《説難》等篇而言,而其中有些旁注,也不過是修改舊注而成,如《十過》"疇騎二千"旁注:"等也。言馬皆一體精練。"(謝希深舊注爲:"疇,等也。言馬齊等,皆精妙也。")至如《二柄》《揚權》《内儲説上》《外儲説左下》《外儲説右下》之類,雖對舊注有所刪削,但也未"盡爲削去"。如《外儲説右下》"盻然環其眼"之注"環轉其眼以作怒也","延陵卓子乘蒼龍挑文之乘"一節之注"言雕飾之""約鉤使奮也""錣,鍬也,以金飾之""言賞則有毀,罰即有譽,故不知其所由",均與乾道本、藏本之注相同而當爲謝希深之舊注。總之,何犿所謂"李瓚注",恐爲無稽之談,不可信從;而所謂"盡爲削去",也爲以偏概全之語,不可盡信。

除了正文及其評注,該本序跋也值得注意。自弘治以來,黎堯卿、嚴時泰、張鼎文、沈津等均否定韓非之學説,直至孫鑛《韓非子節抄序》,始爲韓子張目,而此本之序跋,更以肯定韓非學説的姿態爲之鼓吹。

首先是這些序跋異口同聲地高度評價韓非學説,竭力讚賞韓非的洞察力,強調韓非學説所具有的政治功能。如陳深之序曰:"今讀其書,上下數千年,古今事變,姦臣世主,隱微伏匿,下至委巷窮閭,婦女嬰兒,人情曲折,不啻隔垣而洞五臟。"門無子之序曰:"衆人皆不以爲然,而吾獨然者,韓子之書也。韓子之書,言術而不止於術也,言法而不止於法也。纖珠碎錦,百物具在。誠汰其砂礫,而獨存其精英,則其於治道,豈淺鮮哉?"何犿之序曰:"其書言法術之事,賤虛名,貴實用,破浮淫,督耕戰,明賞罰,營富強。臣犿竊謂人主智略不足,而徒以仁厚自守,終歸於削弱耳。故孔明手寫申、韓書以進後主,孟孝裕亦往往以爲言,蓋欲其以權略濟仁恕耳。今天下所急者法度之廢,所少者韓子之臣。伏惟萬幾之暇,取其書少留意焉,則聰明益而治功起,天下幸甚。"茅坤之跋曰:"一開帙,而爽然、春然、爀然、渤然,英精晃盪,聲中黃宫,耳有聞,目有見。學者誠以嚴威度數爲表,慈悲不忍傷人爲實,而以觀其權略之言,則可藉以整世而齊民,如執左契而無難矣。"陳深即使看到了韓非學説之弊端,但其批評仍有護短之口氣,先説"其用意固亦無惡於世",再説"其憤激之甚,至於刑棄灰,廢《詩》《書》,以吏爲師,則秦禍之必至耳"。

其次是批判了當代學者嗜好韓非之文而不得其用的現象。如門無子之序一針見血地指出:"今世之學者,皆知嗜韓子之文,而不得其用。"這對於弘治以來那些偏離正軌而僅僅讚賞《韓非子》之文辭的學者來説,無疑是一當頭棒喝。當然,門無子也不是不欣賞韓非之文,他在牌記中云:"余晚年最愛

《韓子》，論事入髓，爲文刺心，求之戰國之後，楚、漢之先，體裁特異。"但他首先注重的還是其思想內容。爲此，陳深之序也曰："近世之學者，迺始豔其文詞，家習而户尊之，以爲希世之珍。"此言不直接高度評價《韓非子》的文學成就，也頗具深意，他既借他人看法道出了《韓非子》文辭之妙，又表示自己對世人偏離正軌之嗜好不以爲然，從而與門無子之序相合拍而不迕。

再次，陳深在序中還駁斥了劉向、班固"皆以爲法家者流本出於理官之明罰敕法"的説法，認爲"上古之治天下，忠與質焉耳矣。忠之極也，質勝之；質之極也，文勝之。文不與浮餙期而浮餙自至，浮餙不與詐欺期而詐欺自至。非關世也，所漸者然也。戰國之時，詐欺極矣"，"於是申、韓之徒出，而以名實之説勝之矣。名實者，按名求實，嚴刑必誅，詳於法律，而篤於耕戰，凡以破浮淫之説而振其怠慢紓緩之情也"。劉向、班固把韓非等人的法治思想歸源於理官，顯然抹殺了法治思想産生的現實根源，而陳深的説法雖不盡妥帖，但認爲韓非之學説是適應時勢需要而産生的，這一觀點無疑糾正了傳統的偏見而值得重視。

總之，《迂評》初刻本具有很高的參考價值，值得珍視，可惜如今已難得一見。

7. 韓子迂評二十卷附録一卷 〔戰國〕韓非撰 〔明〕門無子評注 明萬曆間(約1579—1582)覆刻萬曆七年(1579)陳深刊本 吴廣霈校注並跋（國家圖書館藏）

翁連溪編校的《中國古籍善本總目》著録此本時題"門無子撰"固然無可非議，但題"明萬曆六年自刻本"恐不當（參見上一篇考述）。特别應該指出的是，此本非萬曆七年(1579)初刻本，而是《韓子迂評》初刻本之覆刻本。將兩者比勘，可見覆刻本與初刻本之版面雖有不同處，如卷七第十八葉初刻本葉中有裂痕，覆刻本則無，但大體相同；其文字雖稍有不同處，如初刻本《和氏》（實爲《姦劫弑臣》之文）"商君得之"，覆刻本作"商君得之"，初刻本《初見秦》題注之"囚死"，覆刻本誤爲"因死"，但其脱文相同，所以肯定刻於萬曆十一年(1583)重校補足本《韓子迂評》問世之前。覆刻本與初刻本除了上述之細微差别外，更大的區别在版心。初刻本在版心下端刻有寫工與刻工姓名，如"吴興康臯寫""吴興周玲刻""周邦明""宋美""王雲""王云""俞京""余京""余唐""張彩""王堂""升""山""丘""共""喬""忠""胡""錢"等；覆刻本之版心下端大部分爲空白，偶見刻工姓名，如"吴興周玲刻""邦""吉""張"等，還常常出現字數，如"三百十六""二百八一"等。據此，則覆刻本可能是原刻本的刻工所爲，但其印數也不少，此本即爲覆刻本，故今題"萬曆間(約1579—1582)覆刻萬曆七年(1579)陳深刊本"。

《迂評》初刻本具有很高的參考價值,覆刻本雖稍有遜色,但仍不失爲可資利用的善本。由於上一篇考述對初刻本已有詳論,故對此類似之本不再贅述。在此只評述吳廣霈之校注題跋。

吳廣霈(1854—1918),字瀚濤,初號杏時,又號劍華道人,晚年號梅陽山人,涇縣(今安徽涇縣)人,清末舉人,家富藏書,精金石鑒賞,擅長山水畫,光緒時曾爲隨員出使日本、秘魯、美國,入民國後任清史館纂修,協修《清史稿》,負責邦交志,另著有《石鼓文考證》《續罪言》等。

據吳廣霈的校記、題跋,可知他校注此本於丙午(1906)十月,其時曾借繆荃孫所藏朱錫庚校正的抄本《韓非子校正》(參見第三章第二節第2條朱筠《韓非子校正》考述)對勘過。

吳廣霈在此年七八月間剛以日本重刻本爲底本校過前四卷(參見此條末所附"吳廣霈批校日本仿刻趙用賢重修本"考述,下簡稱"彼本"),故此本也涉及吳鼒本、藏本、趙用賢本、王先慎《韓非子集解》,乃至日本津田鳳卿之說。其前四卷很多批語都轉錄自彼本,如《初見秦》"上不能故也"眉批:"'故'由'使'訛,一本遂訛作'殺'字。"彼本眉批曰:"'故'必'使'之訛,此宜去'故'留'使'。一本'上不能'下有'殺'字。"只是和彼本相比,此本之校語要少得多,同時也有不同之處。如《初見秦》"將西面以與強秦爲難"眉批:"強秦,各本多作'秦強',然'強秦'似義長,且元本如此,故不改。"而彼本眉批曰:"秦強,他本或作'強秦',然非是。吳山尊本亦作'秦強'。"其說法完全相反,可見其批校乃即興而作,未可作爲定論。

當然,其校也有可取處,如於《初見秦》"天下固量秦之謀臣一矣"之"固"下補"已"字,將《二柄》"則大君不蔽矣"之"大"改爲"人",於《解老》"下懷上"之下補一"宜"字,均可從。

不過,與彼本一樣,其校注之粗疏謬誤處不少。如《初見秦》"一戰不剋而無齊"眉批:"無齊,宋本作'不齊'。"此所謂"宋本",是指他所用的朱錫庚校正之抄本《韓非子校正》中所說的宋本。該抄本之校記,是以"宋本""何本"來校趙用賢之初刻本,所以該抄本之校記"一戰不剋而不齊 宋本作無齊(二頁弟十三行)"的意思是:趙用賢本卷一第二頁第十三行之"不"字,宋本作"無"。吳廣霈顯然誤將趙用賢本之文字當作了宋本文字。又如《內儲說下》"足下無意賜之餘瀝乎"眉批:"何本原作'餘瀝',此《迂評》從宋本改'隸',非也。应仍正作'瀝'。"其實,抄本《韓非子校正》之校記作:"餘瀝何本、宋本作'餘隸'(七頁弟一行),非。"這是說趙用賢本卷十第七頁第一行之"餘瀝",何本、宋本作"餘隸",可見吳廣霈誤將趙用賢本之文字當作了何本文字。再如《顯學》"將誰使定世之學乎"眉批："重印何本'世'上有'後'字。"其實，抄本《韓非子校正》之校記作："將誰使定世之學乎　重印本'世'上增'後'字(十三頁弟九行)。"這是說趙用賢重印本在初刻本第十三頁第九行之"世"上增補了"後"字，吳廣霈卻將趙本之重修本誤解爲何本之重印本，其實何本根本沒有重印本。如此看來，他雖然用比抄本校過，但因未能讀懂該書校記，故其校多誤而不足爲憑。至於其誤說，如《解老》"鬼祟也疾人之謂鬼傷人"之"也"乃語助詞，他卻判爲衍文。又如將《解老》"五常得之以常其位"臆改爲"五行得之以建其常"後加眉批曰："劍按：此一段皆用韵之文，不應中夾'五常'一句獨否。再三思之而得其錯誤之故，乃逕正之，通人或不吾嗤也。"其實，此文"天得之以高，地得之以藏，維斗得之以成其威，日月得之以恒其光，五常得之以常其位，列星得之以端其行，四時得之以御其變氣，軒轅得之以擅四方，赤松得之與天地統，聖人得之以成文章"乃隔句用韻，本無誤，其改顯然不當。

還有，與彼本一樣，其批語也有掠美之嫌。如《存韓》"秦特出銳師取韓地而隨之"眉批："此處应乙正作'秦特出銳師取地而韓隨之'乃合。"此乃王先慎之說。《備內》"桃左春秋"眉批："桃左，疑即檮杌。"此乃俞樾之說。《南面》末段眉批："劍按：以文法句法求之，此段全與本書《內儲說》七術、六微等篇相仿，必下文尚有缺挩，今錯迻在此，故歷來校家莫得其解耳。《外儲說左下》鄭縣人賣豚一節，本不見於其目，疑即此'鄭人不能歸'之傳文。"此乃顧廣圻、王先慎之說(以上皆見於《韓非子集解》)。又如《解老》"夫無術者，故以無爲無思爲虛也"眉批："劍按：一'故'字宜著眼，言其出於有意，故爲之也。"此爲津田鳳卿之說。以上諸說當則當矣，但吳廣霈將其所見他人之說略加改動後以爲己說，實不當。

除了校注，吳廣霈之題識、抄補等也得少而失多。如其題識謂"此編乃明季門無子仿元何犿本校刊初次印行者也"，此實爲未見初印本而只見此覆刻本所導致的誤說。該題識又曰："余並獲其先後印本，因爲照補《內儲說》挩文。至《和璧》《劫殺》篇，上下佚文各半，削牘而增修之，殊失原書之式，故一仍其舊云。"未按陳深萬曆十一年重修本補《和氏》《姦劫弒臣》之脫文固可稱道，但他補入《說林》《內儲說下》之文，也殊失原書之式。特別是後者，《迂評》初刻本或覆刻本卷十第八葉最後兩行原作"之曰王 闕" "傳四 闕"，其第九葉前兩行原作 "傳五 闕" "傳六 闕"，現經他塗改一補，則舊貌全失，使人誤以爲第八葉之"之曰王"也爲何犿本或《迂評》本之脫文而與藏本之脫文不同，故甚不當。此外，有些文字經他一改，也使該本之校勘價值頓失，如將《存韓》"夫攻伐而使從者間焉"之"間"描成"聞"，在《和氏》"和雖獻璞而未爲王之所美"之"王"上加一點,校勘者如果只粗看《子藏》之影印本而不加細察,便會誤以爲《迂評》作"聞""主"而爲其所誤。

吳廣霈於該書末跋云:"此編妙在削盡繆妄舊注,廓清疵瑕,快讀可喜。又經劍道人苦心校正,一字一句一篇,無不清釐通暢,後之得吾此書者,其珍重視之,毋負識途老馬一片苦心也。"(此跋署名"劍叟勾吳子")但從上述種種來看,謂該本"削盡"舊注實爲未加校核而導致的誤説。他雖有苦心一片,但由於不求甚解或草率從事,故其校注尚顯粗疏。特別應該説明的是,其校改頗有明人習氣,多憑己意而爲,故雖有可取處(參見上文),但也可能有妄改古書之弊,萬不能因其"清釐通暢"而輕易從之,如將《初見秦》"韓不亡,荆魏不臣,齊燕不親,霸王之名不成,四隣諸侯不朝,大王斬臣以徇國,以爲王謀不忠者也"改爲"韓不臣,荆魏不服,齊燕不親,霸王之名不成,四隣諸侯不朝者,大王則斬臣以徇於國,以爲主謀不忠者也"即其例。

總之,《迂評》覆刻本較之初刻本之參考價值雖稍有遜色,但仍不失爲可資利用的善本,而此本經吳廣霈校改,雖或利於閲讀,然其塗抹處已成普通讀本而無校勘價值。吳廣霈之校注,雖然煞費苦心而頗有可取處,但也有不少粗疏謬誤,取用其説時需慎之又慎。

附 吳廣霈題識批校日本延享丙寅(1746)京都平安書肆玉樹堂仿刻趙用賢重修本《韓非子全書》二十卷(存四卷)(復旦大學圖書館藏)

該本係吳廣霈戊戌(1898)秋在日本東京所購。其封面題《韓非子全書》,首載"吳郡王世貞撰"的《序》(即《合刻〈管子〉〈韓非子〉序》,六行十六字,但已改用宋體字),次載何犿的《韓子舊序》(十行二十二字),再次爲趙用賢本的《韓子凡例》《韓子總評》(以下版式同趙用賢本),然後是《韓非子目録》(有二十卷)以及殘存的正文四卷(其中卷二第十六葉爲補刻之版,有誤字)。其正文與趙用賢剜改重修本基本相同,連趙本之剜改處(如卷三第六葉第二行之"其措兵於魏^{必矣不如}_{子之宜子}諸"和第八葉第四行之"報二^{君之反}_{於襄子}")也與趙本一致,只有少許文字不同,如《孤憤》"不以功伐決智行"舊注"積功曰侵也"之"侵","不以參伍審罪過"舊注"參比駭也"之"駭"。此外,其上欄又增加了不少趙本所無的校語。如上述舊注之上有校語"侵,一作伐""駭,一作驗"("伐""驗"乃趙本之文字)。又如《初見秦》"踰華絳"上有校語"踰華絳,一作'踰羊腸降代'","以代上黨不戰而畢爲秦矣"上有校語"《國策》無'以'字,疑衍,或是'邑'字","運罷而去"上有校語"運,疑作'軍'","幾不能矣"上有校語"能,觀注中'不難'字,則'能'當作'難'"。由此可見,其校語大多據《韓子迂評》之異文立説,頗有糾正訛誤之功。其上欄有時也刻入趙本所無的《韓子迂評》評語(稍有異文),如《八姦》之篇題上欄刊有如下文字:"摩寫姦臣作用,精言壯詞,千年如見,可謂古今奇絶妙品。文字顯淺,神氣有餘,千載如畫,使人(《迂評》作"夫")人觀之,可謂(《迂評》作"爲")面熱汗流。"由於該本僅存四卷,刊刻者和刊刻時間不詳,故《子藏》題"日本明刊本"。今考華東師範大學圖書館所藏日本京都平安書肆玉樹堂於延享丙寅(1746)據趙用賢重修本並略取《韓子迂評》而重刻的本子與該本文字相同,只是其正文前首載王世貞的《序》,次載趙用賢本的《韓子總評》《韓子凡例》《韓非子目錄》,然後是何犿的《韓子舊序》,但這只是裝訂次序不同而無關大局。從其裝訂次序來看,華東師範大學圖書館藏本應該是其初印本,而此殘本當爲重印本。由於其取自《韓子迂評》的異文和評語是以小字批注的形式刊於上欄,其正文及注釋的內容和版式也是仿照趙用賢重修本刊刻的,故今改題"日本延享丙寅(1746)京都平安書肆玉樹堂仿刻趙用賢重修本"。

由於趙本與《迂評》本今傳世尚多,故該本校勘價值有限,僅上欄所加之校語略可參考。該本的價值主要在吳廣霈的題識批校(《子藏》原題"吳廣霈校並跋",今據其內容改題爲"題識批校")。

據吳廣霈之校記,可知他在光緒丙午(1906)七月中旬至八月上旬將此四卷校了一遍,又於宣統辛亥(1911)秋覆校一過,以爲"可以付抄録矣",但其末又寫有"不確"二字,可見此尚非定稿。從其批語來看,也的確只是個草稿,不少地方尚有狐疑之詞,如在《初見秦》"以爲王謀不忠者也"之"者"下補"戒"字,批曰:"《群書拾補》作'以爲爲王謀不忠者戒也','戒'字依張本增也。"又批曰:"不增亦可。"但又將文中所補之"戒"字圈去,再批曰:"'戒'字仍不可補。"如果不補"戒"字,則這些批校文字皆可删去,今不加删除符號,又如何讓抄胥定奪?又如於《存韓》"天下共割韓上地十城"上批曰:"'上'下'地'上應有'黨'字。"又批曰:"或即作'土地'字亦妥。吳本則作'上地',恐誤。"再批曰:"上地,地之上者,言膏腴之地也,不必改'土'。"再如《說難》"明割利害以致其功"上批曰:"明割,《史記》作'明計'。割,斷也,剖也,亦通,不必从《史記》改。"又批曰:"割,疑'剖'之訛。"

據其校記,可知他校注時曾用過《迂評》本、吳勉學本、吳鼒本、趙用賢本、凌瀛初本、盧文弨《群書拾補》、日本津田鳳卿《韓非子解詁》、物茂卿《讀韓非子》以及《春秋》《戰國策》《莊子》《孟子》《呂氏春秋》《群書治要》等,但其校注或引文甚爲粗疏。如於《初見秦》"一戰不尅而無齊"之"而"字下補"幾"字,批曰:"《迂評》本有'幾'字,从補。"其實《迂評》本根本無"幾"字。《揚權》"是非輻湊"批曰:"湊,应作'輳',凌本不誤。"其實凌本也作"湊"而不作"輳"。至於其批校中所謂的"一本",也未說明爲何本而顯得不嚴謹,如將《初見秦》"中使韓魏"之"使"改爲"伏",加批語曰:"一本'使'作'伏'是也,从正。一本作'服',尤勝。"其實,《迂評》本作"伏",但他本無作"服"者。還有其引文中有所謂"趙本題注"云云,當指趙世楷本之題注,但趙世楷本之題注實襲自《韓子迂評》,他既然用過《迂評》本,就應該直接引用《迂評》而不宜引用第二手材料。而且,他引用此類題注時,或引或不引,十分隨意,文字也多有改易。更爲粗疏的是,其引文還有重複的,如《八姦》之題注,該本上欄已經刊出(見上文所引),他卻還在其篇題下加錄如下文字:"趙本題注云:摹寫姦臣作用,精言微辭,千載如見,可謂古今絶妙奇文。文字雖完,而神氣有餘,使姦權今日觀之,猶面熱背汗也。"趙世楷本之題注與《迂評》完全相同,此文顯然有不少改易。其他如引汪道焜(愚按:當作"昆")、孫鑛、楊慎、劉辰翁、陳深之評語及顧廣圻校、《群書拾補》等,也大都有所改易,如上文提及的《群書拾補》之語,其文實作"以爲爲王謀不忠者也",盧文弨根本未加"戒"字。_{張本有戒字}還有,其批語中所引"王校"出自何書也無交代,據引文內容,可知引自王先慎的《韓非子集解》,但所引《集解》之説,有時標明"俞曲園云""王念孫云",有時卻不題其名而有張冠李戴之弊,如《難言》"田明幸射"批曰:"王校云:幸射,亦磔殺也。"其實此乃王先慎所引俞樾之説。更有甚者,其批語有時還有掠美之嫌,如《説難》之首眉批:"劍按:凡説之難,本出《荀子》。荀曾不煩言而畢,其詞亦工。非蓋推演其師説,益加詳盡耳。"其實,此説早見於明萬曆末刻本(參見本章本節第21條"萬曆末刊本"考述)與趙世楷刊本,乃孫鑛批語,今將文字略加改動後以爲己説,實不當。

其引文粗疏可能與其治學理念有關,他厚今薄古,在《韓非子目錄》末的題識中主張將舊注全部削除,認爲"趙汝師乃以其爲舊注而姑存之,適足增後人狂惑耳"。又曰:"凡經手校數本,以日東古本爲弟一,《迂評》本爲弟二,明新安吳勉學本爲弟三,吳山尊繙宋本爲弟四,餘本殆俱自鄶,趙用賢本尚可用爲讀本耳。世人止知重山尊本,而不肯多購善本以勤校之,因訛襲謬,考據家不可與言讀書,以其專嗜宋本,爲骨董伎倆而已。"殊不知日本刻本不過是趙用賢本之重刊本,其評實襃之過分;而吳鼐仿宋刻本自有其可貴處,其評亦不免貶之過甚。他既然蔑視宋本和舊注,當然在引文時不再嚴格照録舊文,而會根據己意進行修改。

這種疑古的理念既使其校注顯得不夠嚴謹,又使其校注有所創見而值得參考。如其於《初見秦》"又不能反,軍罷而去"上批曰:"劍細玩此處文气,必应作'又不能久,軍罷而去'。"《存韓》"今若有卒報之事"批曰:"'卒'即'猝'之省文。卒報者,猝然有急報也。"於《難言》"不幸而遇悖亂闇惑之主而死"下補"辱"字而批曰:"'而死'下劍爲僭補'辱'字,三反文義,此字萬不可少也。"將《二柄》"則大君不蔽矣"之"大"改爲"人"後批曰:"'大君'亦'人君'之訛也,今正。"於《和氏》末批曰:"劍華曰:《和氏篇》雖據稱照宋本補足,然篇末殊少發明,恐仍有殘缺竄改之弊,非原書之完璧也。"特別是其根據自己的人生經驗或學識對《韓非子》之文所作的評論,更爲出色,如《存韓》"此自便之計也"批曰:"此言非止爲自便之謀,故爲存韓計,絕非爲強秦計也。抉破非之隱衷,毒極惡極,秦三焉得不聽?非郵得不死?"又於《存韓》末批曰:"李斯上韓王書,語語要挾,至令人讀之不可耐。今世之各國公使,覘人國而謀人者,其挾制何一不如此。斯其外交家首屈一指,導其先路者哉?"又如《揚權》"君操其名,臣效其形,形名參同,上下和調也"批曰:"韓非以形名著者,皆以此等言論也,然實曰形名而非刑名。今之刑法家乃以非爲刑名之祖,真可謂冒認他人作祖宗也。考今之刑名纂,當祖蕭何、李悝;今世所用之律,即宋唐歷代增改訂正之法律也,而唐律實本於漢律,漢律實祖李悝。此刑法律例家之專門也。若申、韓之形名法術,是乃治國之全規、霸王之要略,豈專用以辦刑案者邪?恐纂中人正無由窺見其豹之一斑也。"又於"法刑狗信,虎化爲人"批曰:"乱世之姦雄,即治世之能臣也,惟人主能善馭之而已。"又於"黃帝有言曰:上下一日百戰"批曰:"此乱世君臣語耳。羲、軒之世,主聖臣賢,烏得有上下一日百戰之事哉?非所學駁雜如此,嗟乎,荀卿不得辭其咎也。若以文論,則非、斯手筆,同爲絕世妙文,先生猶當退避三舍。"

當然,其不可從之臆說亦多,如《存韓》"欲西面行其意"批曰:"劍疑凡'西面'字皆'西向'之訛。"《八姦》"處約"批曰:"處,应作'虛'。"將《說難》"多而交之"改爲"多文而史之"後批曰:"多而交之,必有訛挩。諸家皆模棱莫能决,劍創訂之,似不謬於韓公子也。"其實此上下文"拙"與"不智"義近,"不盡"與"怯懦"相承,"倨侮"與"草野"相類,這"交"也當與"多"義近而讀爲"駁"。

除對《韓非子》原文的批校之外,他對《韓非子》的各種版本也有關注,其題識云:"按《韓非》舊刻除宋本外,明有馮舒己蒼校本,與乾道本異;又有《道藏》本(《道藏》本亦有南北之分,北藏多仿宋元,南藏往往有淆乱改訂者,不足貴也)、張鼎文本;又有仿藏本(仿藏本萬曆中所刊,半頁十行,行二十一字)、正統本;又有王子興本,所謂《十子全書》本也,依趙本;又有黃策大字本、凌瀛初本、吳勉學本,所謂《二十子全書》是也;又有黃之寀本,本式與吳本同;又有趙世楷本;又有趙如源、王道焜同校本;又有秦本、張榜本、葛鼎本、周延儒綺編本。日本士人則有澁井孝德《正誤》一卷、戶崎允明《補訂讀韓非子》五卷;又有《翼毳》,備後福山太田方著,又有《再訂翼毳》;又有依田利用校注本,天保、弘化間人,是爲最爲精核,東京島田翰極稱之,惜未見也。"其中謂十行二十一字的仿藏本爲"萬曆中所刊",將趙世楷本與趙如源、王道焜同校本當作兩種版本,顯然是未加深究而導致的誤説(參見本章本節第 3 條"明嘉靖刻修補本"及第 23 條"趙世楷本"考述),關於《道藏》本、正統本之類也有道聽塗説之嫌,但大部分的説法還是值得參考的。

總之,該刊本校勘價值不大,而吴廣霈的批校由於是初稿也不免顯得粗疏,但其批校之可資參考者也不少,其評論也頗具現實意義,宜細加整理以汲取之也。

8. 韓非子二十卷 〔戰國〕韓非撰 〔宋〕謝希深注 明萬曆十年(1582)趙用賢刊《管韓合刻》本 王允升校評並跋(中國科學院圖書館藏)

趙用賢(1535—1596),字汝師,號定宇,常熟(今江蘇常熟)人,隆慶五年(1571)進士,萬曆五年(1577)因彈劾張居正被奪官歸里。居正没,復官,卒謚文毅。家多藏書,曾先後匯校諸本,重刊古籍。

明萬曆十年(1582),趙用賢購得五十五篇之宋本《韓非子》,發現其中字句參錯很多,就依據近時流行的各種本子(主要是張鼎文本與《韓子迂評》初刻本)加以改定,然後刊出,這就是人們習稱的"趙用賢本"。因爲它和《管子》合刻,故又稱"管韓合刻本"。《管韓合刻》共四十四卷,首載王世貞(字元美,號鳳洲,又號弇州山人,太倉人,嘉靖進士)所寫的《合刻〈管子〉〈韓非子〉序》,次爲趙用賢《〈管子〉書序》、劉向《管子書録》、張嵲《讀〈管子〉》、楊忱《〈管子〉序》、《管子》文評、《管子》凡例、《管子》目録、《管子》二十四卷。再次爲趙用賢萬曆十年寫的《〈韓非子〉書序》,《韓子》總評(録有太史公、《漢·志》、劉勰《文心雕龍》、《蜀志》、晁氏、高氏《子略》、黄氏《日抄》評語七條),《韓子》凡例,《韓非子》目録及其正文與舊注二十卷。版心下端可考見的刻工姓名有:吕廉、何成業、章扦、顧植、顧文、顧時中、吴丙初、劉廷惠、張佩之、徐文、吕玄。除《〈韓非子〉書序》部分爲六行十六字行書,《韓子》總評以下均爲九行十九字仿宋體。

王世貞《合刻〈管子〉〈韓非子〉序》曰:"汝師之爲諸子,於道好莊周、列禦寇,於術好《管子》《韓非子》,謂其文辭,亡論高妙,而所結撰之大旨,遠者出人意表,而邇者能發人之所欲發於所不能發。顧獨《管子》《韓非子》不甚行世,即行而其傳者多遺脱謬誤,讀之使人不勝乙,往往不盡卷而庋之高閣。於是悉其貲力,後先購善本凡數十,窮丹鉛之用,而後授梓。"趙用賢《〈韓非子〉書序》曰:"非子書,大抵薄仁義,屬刑禁,盡斥堯、舜、禹、湯、孔子,而兼取申、商慘刻之説。其言恢詭叛道,無足多取。然其意則悲廉直,不容於邪柱,一切欲反浮淫之蠹而核之功罪之當,要亦有足采者。嗟乎! 三代而後,申、韓之説常勝。世之言治者,操其術而恒諱其迹。余以爲彼其盡絀聖賢之旨,而獨能以其説擊排詆訾,歷千百年而不廢,蓋必有所以爲《韓非子》者在矣,惡可忽哉! 惡可忽哉!"由此可見,趙用賢之所以刊刻《韓非子》,一是因爲其文辭高妙,二是因爲其思想深刻而發人之未發,三是因爲其學説具有"常勝"之政治效能。這三者可謂是對《韓非子》價值之正確而全面的認識和評價,值得借鑒。至於將其文辭高妙冠於首位,又云"其言恢詭叛道,無足多取",恐怕只是應付時勢的虛晃之詞,不必當真。

上述乾道本、《道藏》本、張鼎文本、嘉靖本、隆慶本、《韓子迂評》初刻本都有缺失,唯獨趙本爲足本。因此,趙本一出,就有很高的聲譽,連《韓子迂評》都按照它作了增補。

應該説明的是,趙用賢之初刻本印行後,又剜改過,所以後來的重印本與初印本之文字不盡相同。如初印本卷一第十二葉第十六行之"君子不少",重修本作"君子難言"(《難言》);第十六葉第八行之"主失明",重修本作"主失名"(《主道》)。卷三第六葉第二行之"其措兵於魏必矣宣子諾",重修本剜補爲"其措兵於魏必不如宜子之諾"(《十過》);第八葉第四行之"報二君之反",重修本剜補爲"報二君之反於襄子"(《十過》)。卷四第七葉第二行之"又非吾敢盡失",重修本作"又非吾敢橫失"(《説難》);第二十一葉第十一行之"可以水絶江河",重修本作"可以永絶江河"(《姦劫弑臣》)。卷六第二葉第二行之"賤敬貴知交",重修本剜補爲"賤敬貴宜知交"(《解老》);第二葉第三行之"者外義者",重修本剜補爲"者外宜義者"(《解老》);第四葉第十二行之"富貴至衣食美",重修本剜補爲"富貴至則衣食美"(《解老》);第十四葉第十八行之"無害人之心",重修本剜補爲"無害人之心無害人之心"(《解老》);第十八葉第十三行之"以邦觀邦",重修本剜補爲"以鄉觀鄉以邦觀邦"(《解老》)。卷九第十二葉第十一行之"此亡國之本也",重修本作"兵弱於外政亂於外此亡國之本也"(《内儲説上》)。卷十一第六葉第十五行之"以五寸爲功",重修本作"以五寸爲巧"(《外儲説左上》);第八葉第八行之"夫濡塗重而生橡撓",重修本剜補爲"虞慶曰不然夫濡塗重而生橡撓"(《外儲説左上》);第九葉第十七行之"然而未帝",重修本剜補爲"然而秦强而未帝"(《外儲説左上》)。卷十三第十二葉第八行之"而狗迓而齕之",重修本作"而狗迓而齮之"(《外儲説右上》);第十五葉第十五行之"衞君自請薄媼曰",重修本剜補爲"衞君自請薄媼薄媼"(《外儲説右上》)。卷十五第十一葉第十六行之"争事而外市",重修本剜補爲"争争事而外市"(《難一》)。卷十六第一葉第五行之"舉善以觀民",重修本作"舉善以勸民"(《難三》);第十一葉第十五行之"齊景公禮之",重修本剜補爲"齊齊景景公禮之"(《難四》)。卷十七第五葉第十行之"辯安在乎",重修本作"辯安生乎"(《問辯》);第七葉第六行之"今先王立法術",重修本作"今先先立法術"(《問田》)。卷十八第九葉第四行之"不可以爲法矣民不盡賢",重修本作"不可以爲法夫民不盡賢"(《八說》);卷十八第十葉第十二行之"爲而事成",重修本作"難而事成"(《八說》);第十葉第十二行之"權其害而功多則",重修本剜補爲"權其害而功多則爲"(《八說》);第十二葉第十二行之"明主慮愚者之所易",重修本作"明主操愚者之所易"(《八說》);第十三葉第十五行之"則禁令可立而治道具矣",重修本剜補爲"則禁令可立禁令可立而治道具矣"(《八經》)。卷十九第十葉第十行之"而交大未必有疏",重修本剜補爲"而交大未必不有疏"(《五蠹》);第十三葉第九行之"將誰使定世之學",重修本剜補爲"將誰使定後世之學"(《顯學》);第十九葉第四行之"教戰陣閱士事",重修本作"教戰陣閱士卒"(《顯學》)。除正文文字有所不同,初印本版心下端的刻工姓名,重修本也有所刪削。

趙用賢剜改重印的時間如今已難以精確考定,趙用賢卒於萬曆二十四年(1596),則此剜改重印的時間應該在萬曆十年至萬曆二十四年之間(1582—1596)。這種剜改過的重印本,既有改正初版之誤而更接近於宋本的文字,又有進一步校改而不同於宋本的文字,它更能反映趙用賢的校勘成果,也進一步表明了趙用賢對古籍校刊的重視程度和認真態度。

還應該說明的是,趙用賢之剜改重修本後來又有重刊本。這種重刊本刻於何時,已很難確定,估計也刻於萬曆二十四年之前(參見本章本節第13條"王念孫批校本"考述)。

趙用賢除了對《韓非子》正文及舊注作了校勘,還將其刊本分成上下兩欄,上欄加入少許批語,其批語大多爲文評,也有校語和注釋。其注釋間有值得參考者,如《揚權》"不見其采"批曰:"不見其采,是聖人靜以自居,熠匿光彩,臣下以故守素而趨於正。"《說林下》"魯以其鴈往"批曰:"'鴈''贗'同。"《外儲說左下》"夫介異於人臣"批曰:"介異,言介然異於人臣也。"《問辯》"人主顧漸其法令"批曰:"漸,音尖,沒也。"因此,其評注之功也不可忽略。

清代學者對趙本很看重,往往將它用作爲校勘的底本,所以如今各大圖書館所藏的不少趙本上都有校讎名家之校記或題跋。此本爲趙用賢初印本,其中缺了《〈韓非子〉書序》,卷二末缺兩葉(正文有抄補而未補注文),卷二十末缺一葉(有抄補),所以作爲趙本來說,不足稱善。此本之所以可貴,在於有清代王允升的校記、評語和跋文。

王允升,南昌人,清代學者,生平事迹不詳,著名戲曲家蔣士銓(1725—1784)十五歲時曾受業於他。他在此本末留有跋,其言云:"《韓非子》,明代佳刻以趙氏用賢本及周氏孔教本爲最,並爲四庫所錄。此趙氏本蓋從北宋吴械才老本出,視周氏之出乾道本者年代尤先,當爲近古善本。曾聞放翁家藏《韓非子》跋爲紹興丁卯,先君年六十時所得者即吳本也。辛卯入都,購得是書,喜不自勝,南歸時更假乾道本及周氏本對勘一過。凡其間鍊字鍊句,並用黄筆標出,警語則以硃筆標之。間有管見,亦略綴數語。妄下雌黄,知不足當大雅一哂也。康熙辛卯秋日南昌王允升識。"

由此可見,王允升在康熙辛卯(1711)購得此書後,主要做了校勘和文評工作,但其所留校語、評語並不多。

其校勘,僅《功名》"則臨十仞之谿"校語涉及乾道本云:"乾道本作'千'。"至於周孔教本,未見校語。從校語中可知,其校多據沈景麟(字鍾嶽)所刊孫月峰批本,如《備内》"而子疑不爲後"眉批曰:"後,孫、鍾批本作'主'。"《難四》"不使景公加誅於拙虎"眉批曰:"孫月峰云:'景公下疑有"加誅於巧臣而"六字。'"沈景麟本源自趙用賢本與《韓子迂評》,所以其校語或與《韓子迂評》合,如《十過》"願聞古之明主得國失國何常以"眉批曰:"一本無'常'字。"《亡徵》"小民右仗者"於"右仗"右側旁批"内困",《說林上》"且君何釋以天下圖智氏"於"釋"右側旁批"惜"。此外,其校勘或據《戰國策》,如《初見秦》"上黨七十縣"眉批曰:"《國策》作'十七',是。""以代上黨不戰而畢爲秦矣"眉批曰:"《國策》無'以'字,疑衍,或是'已'字。"《十過》"陽規而陰疏"眉批曰:"'規'疑當作'親'。"或據《列子》,如《喻老》"將何爲忘哉"眉批曰:"《列子》'爲'作'不',是。"

值得指出的是,此本之校語間有後人手筆,如《難二》"昔者文王侵孟"眉批曰:"顧千里《識誤》云:'孟,當爲盂,《尚書大傳》曰二年伐邘,盂、邘同字。'"顧廣圻《韓非子識誤》初撰於嘉慶乙丑(1805),刊於嘉慶二十三年(1818),與康熙辛卯(1711)相距百年,故此爲後人手筆無疑。

至於其文評,都爲簡短的眉批點評,如評《有度》云:"法字是一篇大旨。"評《說難》云:"奇古精峭,章字句無一不妙。"評《五蠹》云:"勁而多波,肆而藏骨,議論奇,辯難透,是韓子之雋。"其言頗能揭示韓文特色,但後兩條皆爲孫月峰評語,略其名而作爲自己的"管見",則不免失當。

總之,王允升的校、評並無多大學術價值,而其跋對《韓非子》版本源流傳聞的記述和推測卻頗有價值,可擴大我們的眼界。從其跋可知,康熙時《韓非子》尚有兩種宋刻本(吳械本與乾道本)傳世。紹興丁卯爲公元1147年,則吳械(約1100—1154,字才老)刻本當刻於此年。吳械爲建安(今福建建甌)人,黄三八郎書鋪也在建安,則黄三八郎乾道改元(1165)所刊印的乾道本可能爲吳械本之翻刻本。當然,說趙用賢本出於吳械本,則尚待考證;而說周孔教本出於乾道本,則顯屬誤斷,因爲周孔教本實爲趙用賢本之翻刻本(參見本章本節第16條"周孔教刊本"考述)。

9. 韓非子二十卷 〔戰國〕韓非撰 〔宋〕謝希深注 明萬曆十年(1582)趙用賢刊《管韓合刻》本 黃丕烈校 莫棠題識(上海圖書館藏)

黃丕烈生平事迹見本章第一節第1條"述古堂影宋抄本"考述。

此本《子藏》題"黃丕烈校並跋",其實黃丕烈只有校而無跋,故今題"黃丕烈校"。之所以會誤題"黃丕烈跋",可能是因爲該本在《韓非子書序》末行空白處有一題識:"光緒乙未買此本於吳門,既三十有一年乙丑與《管子》同付裝工。《管子》爲顧潤賞、袁壽階兩家據宋紹興壬申蔡潛道本手校,尤可愛矣。"其實,此非黃丕烈手筆,而其下又有"莫棠之印"陰文印,可見此爲莫棠手筆。莫棠(1865—1929),字楚孫,獨山(今貴州獨山)人,清代藏書家莫友芝九弟莫祥芝之第三子,早年游宦兩廣十餘年,民國後棄官寓居蘇州,一生酷愛圖籍收藏,家有"銅井文房""文淵樓"等,通版本目錄之學。其藏書去世後爲書賈收去,藏書家徐乃昌、潘承弼、傅增湘等也購藏不少。此本首葉"韓非子書序"行下有"獨山莫氏銅井文房藏書印","韓非子卷第一"行下有"潘承弼藏書印",可見莫棠光緒乙未(1895)於蘇州購得此書而收藏於銅井文房,並於乙丑(1925)重新裝幀,其後爲潘承弼購藏,最終入藏上海圖書館。

黃丕烈在該本封面自題"黃蕘圃手校本",又在"韓非子目錄"葉上題"季振宜藏影宋本校",可見他是用述古堂影宋抄本來校趙用賢初印本(參見本章第一節第1條"述古堂影宋抄本"考述)。

黃丕烈爲清代校勘名家,他所校之書往往具有很高的學術價值而享有盛譽,但此本價值不高。這是因爲:(一)黃丕烈用來對校之述古堂影宋抄本如今尚存,我們不必藉助此本校記來瞭解影宋抄本的狀況;(二)黃丕烈用述古堂影宋抄本對校而於書眉詳錄其異文的只有"韓非子目錄"以及第一、第二卷;(三)第三卷至第二十卷之文,或有直接改字處,或於行間以小字出校異文,均未詳明具體版本,除了將《内儲說上》"江乙爲魏王使荆"改爲"江乙爲魏王使荆"、將《外儲說右上》"說在畜焉"改爲"說在畜烏"屬於根據上下文所作之本校,其餘出校的異文雖不下三十餘處,其實均出自《韓子迂評》,而《韓子迂評》如今尚存,故其校無甚價值。

10. 韓非子二十卷 〔戰國〕韓非撰 〔宋〕謝希深注 明萬曆十年(1582)趙用賢刊《管韓合刻》本 顧廣圻校跋並錄馮舒校注及惠棟批校題識(國家圖書館藏)

此本爲《管韓合刻》初印本,其價值主要在顧廣圻過錄的馮舒校注和惠棟批語。

馮舒（1593—1648），字己蒼，號默庵，別號癸巳老人，自號屈守居士，常熟（今江蘇常熟）人，明末清初學者，於經史百家無所不覽，與弟馮班自爲一家之學，吳中稱爲"海虞二馮"。家富藏書，書閣名"空居閣"，所藏善本僅次於毛晉、錢曾之藏，其抄本校勘甚精，世稱"馮抄"，與毛晉"毛抄"、錢曾"錢抄"齊名。其性忼直，不避權勢，最後被常熟縣令瞿四達羅織譏諷朝廷之罪而屈死獄中。

惠棟（1697—1758），字定宇，號松崖，學者稱小紅豆先生，元和（今江蘇蘇州）人，清代漢學家，終身不仕，專心著述，首倡以音韻訓詁、校勘考證爲整理典籍之途徑，治經以漢儒爲宗，尤精於《易》學，爲乾嘉學派中吳派的代表人物，家中藏書處名"紅豆山房""百歲堂"等。

據盧文弨《抱經堂文集》卷十《書韓非子後》、顧廣圻過錄於此本上的馮舒校記和惠棟題識，以及顧廣圻的跋，我們可以瞭解到此本所載校注的來龍去脈。先是馮舒於崇禎戊寅年（1638）用葉林宗所藏《道藏》本、秦季公又玄齋校本、《迂評》本及趙用賢本校張鼎文本，又用宋本對校了第三卷（也兼及第一卷）。惠棟則於癸酉年（1753）四月將馮舒校於張鼎文本上的異文校臨於趙用賢本上，並加了些評語。顧廣圻在丁巳（1797）六月從周錫瓚處借到馮舒校本和惠棟批校本後，將兩本上校出的異文及惠棟的評語過錄於此本，過錄時以惠棟校本爲主，惠棟的評語全部收錄，同時用張鼎文本作了詳細的對校，將惠棟所遺漏的張鼎文本之異文一一補入；同年九月又從袁綬堦處借得正統《道藏》本進行對勘，發現正統《道藏》本與張鼎文本多合，而與馮舒所據之葉林宗《道藏》本大不相同，故不再將《道藏》本之異文一一標出，等以後見到葉林宗所藏原書時再進行校定。

顧廣圻在卷二末之跋中曰："《道藏》本宜善，而挍出者亦未詳盡。秦本最劣，不足用，讀者詳焉。"

其實，正統《道藏》本的確爲善本而值得利用，而馮舒所用的葉林宗所藏《道藏》本，從其校出的文字來看，大多與《迂評》本相同而與正統《道藏》本不同，除下一篇"戈襄、王渭校注本"考述所舉《初見秦》等例子外，又如《八姦》"施屬虛辭以壞其主"校云："壞，藏本'懷'。"《外儲說左上》"是耳目人絕無已也"校云："絕，藏本'終'。"只有少數與趙用賢本相同而與正統《道藏》本、《迂評》本不同，如《亡徵》"變褊而心急"馮校云："秦本、藏本、趙本俱'偏'。"當然，也有與衆本不同者，如《守道》"恃怯士之所能服"，校云："恃，藏本'待'。士，藏本'弱'。"此處述古堂影宋抄本、正統《道藏》本、張鼎文本作"持怯"，《迂評》本作"持怯士"，趙用賢本作"恃怯士"，作"待怯弱"的版本現在已無法見到。由此推測，葉林宗所藏《道藏》本很可能是一種以《道藏》本爲底本，主要依《迂評》本校改，同時也兼取趙用賢本乃至憑己意校改的翻刻本，並没有什麽校勘價值。

至於馮舒所用的秦季公校本，從其校出的文字來看，也大多依從《迂評》本而改，如《主道》"臣不陳言而不當"，秦本"不"下有"得"字；《有度》"故審得失有法度之制者加以群臣之上"，秦本"以"作"於"；《説難》"説者明言禮義以挑其惡如此身危"，秦本"此"字下有"者"。只有少數文字與趙用賢本相同而與《迂評》本不同，除了上舉《亡徵》之例，又如《解老》"則風露之爪角害之"，《迂評》本作"兕虎"而秦本作"風露"。當然，其中也不乏憑己意校改者，如《八經》"繄曰詭"，秦本"繄"作"翳"。顧廣圻説"秦本最劣，不足用"，其實並不盡然，如將《八經》之"繄"改爲"翳"就值得參考（參見下一篇考述）。

顧廣圻在卷二十末之跋中説："馮稱迂評者，蓋凌氏刻本，多臆改，不足據也。"誠然，從馮舒校出的文字來看，他所用的應該是《迂評》本而非凌氏刻本，只是其校間有疏誤，如《内儲説下》"而左右鬻懷尉"，校云："《迂評》、趙俱作'尉'。"其實，《迂評》本作"刷"，只是張本、趙本作"尉"。當然，今《迂評》本尚存，所以其校出的文字可置而不論。

馮舒校出的文字，最有價值的是他所用的"宋本"，其中有些文字與今存述古堂影宋抄本不同而可取。如《十過》於"平公之身遂癃病"之"癃"字校云："宋'癃'。"於"陽規而陰疏"之"規"字校云："宋'親'。"於"即恐爲曹傷"之"即"字校云："宋'則'。"馮舒在卷三末記云"廿九日用宋本較此一卷"，所以顧廣圻在跋中説當時宋本"已無全豹"，但《初見秦》"世有三亡"也有校記云："宋本'三'作'二'。"顧廣圻加按語曰："此卷止有此一處，未詳何故。"其實，馮舒之校記只是説在廿九日用宋本校第三卷，並未説宋本只有第三卷，所以很可能是他無暇校他卷而所借宋本已歸還他人，並非宋本已殘缺。至於這宋本，從其校出的文字來看，與述古堂影宋抄本不同，很可能是王允升跋所説的吴棫本《韓非子》（參見本章本節第 8 條"王允升校評本"考述），可惜該本已不傳，無以知其詳矣。

馮舒除對校外，也有他校、理校和注釋。如《初見秦》"一戰不尅而無齊"，馮校："無，趙'不'，《國策》'無'。"《和氏》"此貪國弱兵之道也"，馮校云："貪，疑作'貧'。"《孤憤》"是國爲越也"，馮云："越言其遠，非言其敵。"至於其校改文字，或據《迂評》本，如將《五蠹》"股無胈"改爲"股無胈"；或據趙本，如於《内儲説下》"廟攻"之下補"七"字；也有臆改者，如將《解老》"隋侯之珠"之"隋"改爲"隨"。凡此之類，有得有失，也可參考。

要説明的是,該本所録注釋語大多未注"馮云",所以究竟出於馮舒還是出於惠棟已難以確定,但其説可資參考者不少,如《六反》"牟食之民也"眉批曰:"牟,侵牟也。"《顯學》"仲尼幾而取之"眉批曰:"幾,察也。"

至於該本所録之評語,雖未注明姓名,但從顧廣圻跋中可知其出於惠棟。惠棟之評語,往往推崇其哲學、史學、文學價值而有以儒批法的傾向。如於《解老》論"道"和"理"兩節上加眉批曰:"誰爲韓非不知'道'?""道、理二字説得分明。宋人説理與道同,而謂道爲路,只見得一偏。"於《十過》"疇騎二千"上加眉批曰:"單騎之始。"《六反》:"吏之於民無愛,令之行於民也萬父。母積愛而令窮,吏用威嚴而民聽從,嚴愛之筴亦可決矣。"惠棟加旁批曰:"亡國之言。"又加眉批曰:"吾愛其文而訾其義。"於《五蠹》"聖人不期修古,不法常行"上加眉批曰:"邪説。"總之,惠棟的評語可資參考而不可盡從。

至於惠棟過録馮舒校語之舉雖不可謂大功,但其所作的個别校改也有可取者,如將《五蠹》"古者太王處豐、鎬之間"之"太"改爲"文"即其例。

由於惠棟所録張鼎文本之異文有所遺漏,所以顧廣圻用張鼎文本作了詳細的對校,將其遺漏處一一補入。對於張鼎文本,該本概稱"舊刻"或"舊本",其校出的文字雖較詳盡,但也不免有誤校、漏校處。如《喻老》"湯熨之所及",張本"熨"作"尉",其校誤爲"慰"。《難一》"穴竈生鼁",張本作"臼竈生鼁",其校誤爲"臼竈生龜"。《内儲説上》"嗣公爲關吏曰",張本"爲"作"謂",此本則漏校。《説疑》"無數以度其臣者必以其衆人之口斷之",張本"者必"作"必者",此本也漏校。總之,如今張鼎文本俱在,故其所校已無甚校勘價值。

最後應該説明的是,該本又用"抄本"校過,其文字雖有可取處(如《説林下》"操弓關機"之"關"抄本作"彎"),但大多不可取,而且未詳其所出,恐其異文均爲臆改,不足據。

總之,此本雖有不足之處,但仍不失爲一種具有珍貴資料價值的名家校注本。

11. 韓非子二十卷 〔戰國〕韓非撰 〔宋〕謝希深注 明萬曆間(1582—1596)趙用賢剜改重修本 戈襄、王渭校注並跋 戈襄録顧廣圻、王渭校注 戈載録惠棟、顧廣圻、戈襄校記 韓應陛跋(國家圖書館藏)

此本一般書目著録均題"明萬曆十年(1582)趙用賢刊《管韓合刻》本"云云,今據其實際内容改正如上。

此爲趙用賢萬曆十年初刻本之重修本,故與初印本之文字不盡相同(參見本章本節第8條"王允升校評本"考述)。由於它更能反映趙用賢的校勘成果,所以比初印本具有更高的校勘價值。

該本更高的價值在於其上有顧廣圻摯友吳縣(今江蘇蘇州)人戈襄(1765—1827,號小蓮,錢大昕門人)與王渭(1777—1817,字惠川,號小梧,著有《五代史職方考》)的校注和跋,以及戈襄所錄顧廣圻、王渭的校注。清代對《韓非子》之校注,自乾嘉始有起色,而大家除盧文弨、王念孫之外,要數顧廣圻、王渭、戈襄用功最深。顧廣圻、王渭、戈襄這三位同時代之好友共同校注《韓非子》,可謂韓學研究史上之一段佳話。從戈襄、王渭留在此本上的校注和跋,戈襄之子戈載(1786—?,字順卿,一作潤卿,號山塘詞隱、雙紅詞客,善書畫,工詞,著有《翠薇雅詞》《詞林正韻》等)過錄於此本上的顧廣圻和戈襄校記,以及顧廣圻《韓非子識誤序》,我們可以大致瞭解他們校注《韓非子》之概況。嘉慶丙辰(1796)他們已開始研究《韓非子》。丁巳(1797)十月,戈襄讀此書時將顧廣圻校定本(即國家圖書館所藏之顧廣圻錄惠棟批校本,索書號2588,參見上一篇考述)對勘了一遍,將其中可取之異文過錄於此本,不可從者則略去不錄,其所錄文字涉及"宋本"(與述古堂影宋抄本不同,可能爲另一種宋刻本)、"馮本"(馮舒校本)、"秦本"(秦季公校本)、"藏本"(葉林宗所藏《道藏》本)、"舊刻"(張鼎文本)、"抄本"(其文字獨特,未詳其所出)、"迂評本"(《韓子迂評》)。壬戌(1802)九月,戈襄借顧廣圻校宋本(當即國家圖書館所藏之顧廣圻、王渭校注本,索書號6830)對勘了一遍,對顧廣圻校出的影宋抄本版式與文字,擇其可取者錄於此本。乙丑(1805),戈襄校注此書而有所考證(其中也引錄了顧廣圻和王渭之舊説,其説當錄自國家圖書館所藏之顧廣圻、王渭校注本),戈載則將顧廣圻校定本(即顧廣圻錄惠棟批校本)上的惠棟校記一則、顧廣圻校記兩則和戈襄舊時所寫的校記一則過錄於此本(所錄惠棟、顧廣圻校記有删改和誤字);顧廣圻則開始撰寫《韓非子識誤》,同時又從江寧寫信督促王渭校注《韓非子》。丙寅(1806)春,王渭借戈襄此本進行校注而加按語於書眉,五月校注完畢而留跋於書末。庚午(1810),王渭爲顧廣圻寫錄《韓非子識誤》時又有所論。丙子(1816),戈襄取此書重新校訂,而顧廣圻則將《韓非子識誤》交吳鼒付梓。己卯(1819)九十月間,戈襄見刊行的《韓非子識誤》"頗多增益而中多前存而今弃者",於是又將此書重校一遍,取《韓非子識誤》之精核者百餘條錄於此書,同時對王渭去世而不能共讀《韓非子識誤》以及顧廣圻未見此本以致《韓非子識誤》所引王渭之説甚少而深表惋惜。由此可見,顧廣圻的校注成果已集中見於刊行的《韓非子識誤》,王渭的大部分校注以及戈襄的全部校注則因該本未刊印而鮮爲人知。只要翻閱此書就會看到,此本校注之豐富程度遠過於他本，而其校注質量也可與他家媲美，因而可以説，此本與王念孫批校本一樣，是亟待開發利用的《韓非子》重要校注本之一。

舉例來説，《喻老》"臣愚患之智如目也"一語，在刊行的顧廣圻《韓非子識誤》中只有"王渭曰：患下有脱字"八個字，而此本書眉上既有戈襄在乙丑（1805）十月十七日校注此卷時所録王渭和顧廣圻的舊説以及他自己的按語，又有王渭丙寅（1806）五月十三日的校改和按語。其中戈襄書曰："小梧曰：'此見《史記》，患字下有脱。'千里曰：'當作智字，《拾補》有。'襄按：臣愚患者，臣雖愚，知伐越之可患也。下明之患之故，恐無脱。"王渭既將戈襄所引其説之"此見《史記》"改爲"此語與《史記·越世家》杜子言相似"，又於戈襄按語下連書曰："渭案：小蓮説亦通。藏本無愚字。""渭案：《文選》三十八卷注引此作'臣患知之如目，見百步之外不能自見其頰'。"僅此一例已足見此本内容較《韓非子識誤》豐富得多，而三位友人互相切磋學問之情景也令人歎爲觀止。

當然，此本之校注也有不少疏誤，如上例所引王渭的"此語與《史記·越世家》杜子言相似"即有誤，《史記·越世家》所記此言乃齊使者説越王無彊之語，而並非杜子之言。至於戈襄所引顧廣圻舊説也不嚴謹，因爲盧文弨《群書拾補》之文原作"臣愚字衍張凌本無患智之舊倒訛如目也"，只是將"之智"倒乙而已，並非增補"智"字，故《韓非子識誤》所存在的"前存而今弃"現象也體現了顧廣圻治學之嚴謹，未必是其短處。由此可見，顧廣圻之校注既然已有定本《韓非子識誤》行世，所以該本所録顧説（題"千里曰""澗苹曰"等）之參考價值已不大。

此外，戈襄過録於此本上的校勘文字也無甚價值，因爲他所使用的只是第二手材料，其過録的文字並不可靠。如於《初見秦》"運罷而去"上眉批云："運，藏本軍。"又於"幾不能矣"上眉批云："能，藏本難。"於《存韓》"下臣斯"下補"臣斯"而注云"藏本有"，於"鼓鐸之聲於耳"之"聲"字下補"聞"字而注明"藏本"。於《有度》"故先王貴之"之"之"上加删除號並注云"藏本無"。這些所謂的藏本文字，均同於《迂評》本而不同於正統《道藏》本，它實過録於顧廣圻校定本（即顧廣圻録惠棟批校本），是馮舒校出的所謂葉林宗所藏《道藏》本之文字，顧廣圻曾用正統《道藏》本勘過而發現其間文字"大不相同"，"當俟得見葉原書時再定之"（見顧廣圻録惠棟批校本跋，該跋戈載也過録於此本，但文字有删改），既然如此，戈襄再以訛傳訛就顯得不甚嚴謹。又如戈襄於《姦劫弑臣》"耳必不因其勢"之"因"字旁注明藏本作"固"，於"妄非有術之士"上加眉批曰"藏本無非字"，於《解老》"不德則在有德"之上一"德"字旁注明藏本作"得"，於《喻老》"而勸之伐齊"之"勸"字旁注明藏本作"觀",於《内儲説下》"得百束布"之"百束"間據藏本補"來",於《外儲説右上》"甘茂之道穴聞也"之"茂"字旁注明藏本作"戍",於"故人臣執柄而擅禁"之"禁"字下據藏本補"禦",於《難二》"無術之言也"之"言"字旁注明藏本作"害"。這些所謂的藏本文字,均同於影宋抄本而不同於正統《道藏》本,也不見於顧廣圻録惠棟批校本,當爲戈襄壬戌(1802)九月對勘顧廣圻校宋本時誤以宋本爲藏本所致,故不足爲憑。再如於《存韓》"均如貴人之計"之"人"字旁注明宋本作"臣",於《揚權》"甘口而疾形"之"疾"字旁注明宋本作"病",都是誤以張鼎文本爲宋本,皆不足據。當然,王渭據藏本所作的校勘比較嚴謹,如他於《存韓》"鼓鐸之聲於耳"上針對戈襄校記加眉批曰:"渭案:藏本無聞字,然依文勢須有此字。"不過,無論如何,如今影宋抄本、藏本、張鼎文本等俱存而可供我們直接據以校勘,所以此本過録或對校的異文並無多大價值。

此本之校注雖然有不少疏誤,但其發明處也頗多。從戈襄、王渭所引典籍來看,涉及《尚書》《周禮》《左傳》《公羊傳》《禮記》《爾雅》《老子》《莊子》《列子》《孟子》《吕氏春秋》《淮南子》《韓詩外傳》《史記》《説苑》《新序》《一切經音義》《困學紀聞》《日知録》,以及《國語》及韋昭注、《荀子》及楊倞注、《戰國策》及高誘注、《楚辭》及洪興祖注、《漢書》及臣瓚注、《文選》及李善注、柳宗元《天對》等,可見兩人皆飽學之士,其説可參考者不少。

戈襄之説可參考者,如《外儲説右下》"兹鄭子引輦上高梁而不能支",王渭注"支"云:"渭案:藏本作'支',此'致'之半字耳,即下文'有術致人'之'致'也。支,堪也,爲費解矣。"戈襄注云:"按'支',力不能支也。"又如《難一》"拔拂今日之死不及",戈襄注"拔拂"云:"千里曰:'二字同,宜衍一。'襄按,拔拂,猶被除今日之死傷不及也,可重。"再如《八經》"繄曰詭",戈襄注云:"按:繄,秦本作'翳',是,蒙蔽之意。"又注"奉足以給事"云:"按:奉,俸也。禄厚可給事也。"

王渭之説可參考者也多,如《初見秦》"而不憂民萌",戈襄注云:"按'萌'即'民'字。此云民萌,猶言民生也。萌有生意也。"王渭注云:"渭案:《一切經音義》第一卷'群萌'注云:'古文氓,同麥耕反。萌,芽也。'《廣雅》:'萌,始也。'案:萌,冥昧貌也,言衆庶無知也。小蓮之説可與此相發明。"又如《難三》"藏之於胷中以偶衆端"注云:"渭案:偶,對也。"再如《八經》"誅毋謁而罪同",王渭注云:"'誅毋謁'從藏本,最佳,不謁過者有誅,以罪其苟同也。"

總之,王渭、戈襄之説與顧廣圻之説一樣,可資參考者頗多,在此難以盡列。應該一提的是,顧廣圻、王渭、戈襄之説每有相同或相似處,這些地方究竟屬於誰的發明已難判定。

另外要說明的是,此本書首《韓非子書序》首行下鈐有"戈襄之印"陰文印和"韓應陛鑒藏宋元名鈔名校各善本于讀有用書齋印記"陽文印,"韓非子目錄"下又鈐有"戈小蓮秘笈印"陽文印,可見它原爲戈襄所藏,後爲韓應陛所藏。韓應陛(1800—1860),字對虞,江蘇婁縣(今上海松江)人,道光二十四年(1844)舉人,家多藏書,其中宋、元古本及舊抄本大半爲黄丕烈、顧廣圻、汪閬源諸藏書家之故物,藏書處名"讀有用書齋"。如今圖書館著録此本時題"韓應陛跋",而實際上韓應陛只在戊午(1858)八月整理了戈襄己卯(1819)之跋,同時寫了個説明(即所謂"跋")。該説明没有什麼學術價值,而他所整理的戈襄之跋也有誤字,幸好該本留有戈襄所書之原跋可供我們對照閲讀而不致爲其所誤。總之,韓應陛於《韓非子》並無研究,可置而不論。

12. 韓非子二十卷　〔戰國〕韓非撰　〔宋〕謝希深注　明萬曆間(1582—1596)趙用賢剜改重修本　翁同書校注並跋(國家圖書館藏)

此本一般書目著録均題"明萬曆十年(1582)趙用賢刊《管韓合刻》本"云云,今據其實際内容改正如上。此本爲趙用賢萬曆十年初刻本之重修本,故與初印本之文字不盡相同(參見本章本節第8條"王允升校評本"考述)。由於它更能反映趙用賢的校勘成果,所以比初印本具有更高的校勘價值。此外,該本的價值還在於其上有翁同書的校注和跋。

翁同書(1810—1865),字祖庚,號藥房,又作藥舫,常熟(今江蘇常熟)人,翁同龢兄,道光二十年(1840)進士,授翰林院編修。咸豐三年(1853)被派往揚州,在琦善軍中供職。不久,他從太平軍手中收復江蘇、安徽兩省的一些城市,因有功揚名,於咸豐八年(1858)六月授安徽巡撫。他喜博覽著述,雖在軍中依然讀書校書而丹黄不絶於手,卒後諡文勤。其藏書後傳於次子翁曾源(字仲淵),又傳於翁同龢。此本上有"翁同書字祖庚""藥房""祖庚在軍中所讀""藥舫手斠""文瑞文勤兩世手澤同龢收守""常熟翁同龢藏本""虞山同龢印"等鈐印,很能説明該本的校注和收藏過程。

從翁同書寫於每卷後之校記和書末之跋,可知他於咸豐七年(1857)閏五月望日至廿三日在揚州將盧文弨《群書拾補》中的《韓非子》校記抄録於此本,十一月十二日開始用吴鼒所刻乾道本校勘,並將顧廣圻《韓非子識誤》過録於此本,至十二月十三日移營浦口(今南京市西北長江北岸)而仍未中止,最後於次年三月十二日校畢,此時正是他督戰於揚州、浦口而攻克瓜洲(在江蘇揚州南)、江浦縣城(即今南京市浦口區珠江鎮)之時,是他有生以來最爲快意的時刻。

該本首錄《四庫全書總目》中的《韓子》提要,又將盧文弨《群書拾補》中關於校勘《韓非子》的説明過錄於"韓非子目錄"之末葉,在正文中則多眉批旁注。

其批語乍一看似乎考校甚爲精博,涉及的文獻有藏本、張本、一本(蓋即《迂評》本)、凌本、秦本,以及《詩經》《左傳》《戰國策》《史記》《吴越春秋》《北齊書》《墨子》《列子》《吕氏春秋》《淮南子》《新序》《風俗通》《孔子家語》《顔氏家訓》《意林》等;又徵引《荀子》楊倞注、《文選》注、《後漢書》注,以及馮舒、孫詒穀、趙敬夫、梁處素等校注語。其實,這些批注均錄自盧文弨《群書拾補》,雖然翁同書在跋中對此有所交代而無掠美之嫌,但他僅在移錄時根據行文需要將《群書拾補》的文字稍作改動,故未足爲功。至於其摘錄的顧廣圻、王渭之説,則引自《韓非子識誤》,其文字也有改寫處,但大多注明"顧千里曰""顧曰""王渭曰",顯得較爲規範。如今《群書拾補》《韓非子識誤》俱存,故該本保留的這些批語僅有助於閲讀本書而無其他價值。

除了其跋中所言引錄盧文弨《群書拾補》、顧廣圻《韓非子識誤》外,翁同書還引錄了王念孫、王引之之説,其説皆見於《讀書雜志·餘編》。《讀書雜志·餘編》刊於道光十二年(1832),其時易得,故也不足爲奇。此外,翁同書引《太平御覽》以校《韓非子》也有十餘處,可見其搜羅之勤,但可取者不多。

該書值得注意的是翁同書的按語(有時加"同書案",有時不注明),其數量雖然不多,但也值得參考。其按語有價值者有如下三類。

一是校正盧文弨之誤校處。如《喻老》"臣愚患之智如目也"引盧文弨之説而批曰:"'愚字衍,張、凌本無。'同書案:愚字當有。""'之智訛,當作智之。'同書案:舊本是,盧校非也。當以'臣愚患之'爲一句,'智如目也'爲一句,下文'此智之如目也'乃應此文,故添一'此'字,添一'之'字,文法甚合。"但是,由於翁同書未用衆本校勘,所以也有誤斷處。如《内儲説上》"知必死則天下不爲也",盧文弨曰:"凌本'則'字作'雖予之'三字,疑以意改。"其實,凌本此處並非"以意改",而是源自《韓子迂評》,翁同書不知其情,故批曰:"同書案:凌本大都皆以意改,抱經先生以其文義較順而誤從之者多矣。"此説顯然不當。

二是指明押韻處。如於《愛臣》首段加眉批曰:"同書案:親、身爲韻;貴、位爲韻;等、子爲韻,等從寺聲;服、稷爲韻;備、側、國爲韻;害、敗、外爲韻。"於《八姦》之首批曰:"牀、旁、兄、姎、萌、行、强、方八字爲韻。"於《内儲説上》"夫火形嚴,故人鮮灼;水形懦,故人多溺"上批曰:"灼、溺韻。"至於

《主道》《揚權》《解老》等用韻處，他也多指明之。當然，其所指明的韻腳尚有待進一步完善，如《愛臣》"服""稷""備""側""國"古均屬職部，不必分列；"大"和"害""敗""外"古均屬月部而押韻，不宜將"大"字排除在外。

三是注釋。如於《存韓》"均如貴人之計"批曰："同書案：均，讀爲'洵'。洵，信也。古'均''旬'字通，《爾雅》：'洵，均也。'"又於"韓反與諸侯先爲鴈行以嚮秦軍於闕下矣"上批曰："《漢書·嚴助傳》'以逆執事之顏行'注：'文穎曰：顏行，猶鴈行，在前行，故曰顏已。'"於《孤憤》"而一國爲之訟"批曰："同書案：'訟'當讀爲'頌'，古字通。"當然，其中也有誤釋者，如《問辯》"羿逢蒙以五寸之爲功"，盧文弨曰："'功'非。"翁同書批曰："'功'與'工'通，似非誤。"其實，此處乾道本、藏本、張本、《迂評》本皆作"巧"，僅趙本作"功"，顯然不宜以通假强解之。

總之，翁同書在戎馬倥傯中校讀此書，並未能彙校衆本、博考典籍，所據基本上只有盧文弨的《群書拾補》、顧廣圻爲吳鼒校刊的《乾道本韓非子》和《韓非子識誤》、王念孫的《讀書雜志》以及《太平御覽》。如果除去他所徵引的這四種文獻內容，則其校注語便所剩無幾，而可取者更是寥若晨星矣。

13. 韓非子二十卷　〔戰國〕韓非撰　〔宋〕謝希深注　明萬曆間（1582—1596）趙用賢剜改重修重刊本　王念孫批校（國家圖書館藏）

此本一般書目著錄均題"明萬曆十年（1582）趙用賢刊《管韓合刻》本"。其實，此本乃趙用賢萬曆十年初刻本之重修本（參見12條"王允升校評本"考述）的重刊本。這種重刊本之卷九第十五葉、卷十三末兩葉和卷十四首葉用原版印刷而在版心留有刻工姓名"成""文"和"呂玄"，其餘版心下端的刻工姓名，除"韓非子目錄"第三葉保留"何"字，又將"韓子總評"第一葉之"顧植"改爲"夏靈岩刻"外，均被刪去。這種既用部分原版又有大量新版的情況表明，此版本雖係重刊，也當出於趙用賢，故其刊刻時間應在萬曆十年至萬曆二十四年之間（1582—1596），因而今改題如上。

如今重修本尚存，而其重刊本又有新的誤字，如初印本、重修本卷七第二葉《喻老》"主父生傳其邦"之"父"，此重刊本誤作"又"；卷八第二十一葉《大體》"上下交樸"之"交"，此重刊本誤作"文"；卷十一第二葉《外儲說左上》"卜子妻爲獘袴也"之"卜"，此重刊本誤作"十"；卷十二第十四葉《外儲說左下》"梁車新爲鄴令"之"爲"，此重刊本誤作"焉"；卷十五第十五葉《難二》"自以爲虞干穆公"之"干"，此重刊本誤作"于"；卷十八第六葉《六反》"上懦治則肆於爲非"之"懦"，此重刊本誤作"儒"；卷十九第六葉《五蠹》

"不事力而衣食"之"不",此重刊本作墨丁。所以此刻本無甚版本價值。該本的價值完全在王念孫之批校。

王念孫(1744—1832),字懷祖,號石臞,高郵(今江蘇高郵)人,乾隆四十年(1775)進士,任工部都水司主事,後因永定河泛濫而去職。他是清代著名的音韻訓詁學家,精於校勘,是乾嘉學派的代表人物之一,著有《廣雅疏證》《讀書雜志》等,以精博著稱。

王念孫對此書的批校體現出他的當行本色,其内容涉及校勘與訓詁兩個方面,其中既有行文簡約的改字,又有廣徵博引的批語,所涉及的文獻有《左傳》《墨子》《管子》《戰國策》《吕氏春秋》《淮南子》《史記》《説苑》《論衡》《潛夫論》《風俗通義》《廣雅》《水經注》《顔氏家訓》《群書治要》《一切經音義》《意林》《太平御覽》《困學紀聞》,以及《淮南子》注、《左傳》注、《荀子》注、《文選》注、《史記正義》等。

其批語大多寫於書眉或行間,也間有另附紙條的;其校改文字則往往隨文寫在字旁而大都不注明依據,所以哪些是對校、哪些是理校就混在一起而難以區别了,我們必須核對其他版本方可知其底細。其校語中出現過"宋本""乾道本""藏本""張本""凌本",可見他用過吴鼒仿宋刻本、《道藏》本、張鼎文本、凌瀛初本;而從其出校的文字來看,他也用過《韓子迂評》。

具有獨特價值的是其對校之外的本校、他校與理校,其中可取之處不少。如將《主道》"臣自將雕琢"改爲"臣將自雕琢",將"去舊去智"改爲"去智去舊";將《外儲説左上》"我將爲中大夫"改爲"我將以爲中大夫"而加眉批曰:"'以'字據《吕覽・知度篇》補。"當然,這種校改可取處也有與前人或後人之説法類同者,如於《難二》"不識臣之力也"下補"抑君之力也",與張榜補"君之力也"類同;將《六反》"用不足而下恐上"改爲"用不足而下怨上",與盧文弨之説同;將《喻老》"炮烙"改爲"炮格",與段玉裁之説相同;將《有度》"攻盡陶、魏之地"改爲"攻盡陶、衛之地"並加眉批"《魏策三》云'長驅河北,東至陶、衛之郊';《飾邪篇》云'魏數年東鄉攻盡陶、衛'",與顧廣圻之説類同;將《存韓》"象武"改爲"蒙武",與王渭之説類同;於《外儲説左上》"信名"上加眉批"'信名'下當有'信事信義'四字,《晉語四》作'信於君心,信於名,信於令,信於事'",與俞樾之説類同;將《外儲説右下》"公孫衍"改爲"公孫術",與于鬯之説類同;將《外儲説左上》"明主之聽言也美其辯"改爲"人主之聽言也美其辯",與陶鴻慶之説相同;於《有度》"威不貣錯"上加眉批"'貸'疑'貳'之訛",與劉師培之説類同;將《外儲説右下》"蘇代爲秦使燕"改爲"蘇代爲齊使燕",與陳奇猷之説相同。凡此種種,其中與盧、段、顧、王之說類同者是否有所繼承則不得而知，但與後人類同者，則出於心裁無疑，這也反映了學者們的共識而值得肯定。

有些校改雖然未必正確，也可備一說。如將《主道》"爲姦臣"改爲"爲姦匿"，將"曖乎如時雨"改爲"愛乎如時雨"；將《外儲說左下》"暮而後，門閉"改爲"暮而後門"並加批語曰："後門：《趙策一》之八，《荀子·大略》之十七，《吕覽·恃君覽》之五。"於《十過》"墨染其外"上加眉批曰："《御覽》四百九十三引此'染'作'漆'，'漆'字或書作'柒'，因訛而爲'染'。"於《大體》"歷心於山海"上加眉批："《治要》作'措心'，此作'歷'，蓋'厝'之誤。"

但是，其校改也有失誤處，這表現於以下幾個方面：（一）對校失實，如《難三》"此言太上之下民無說也"，其校云："張本無'民'字。"其實張本有"民"字。（二）引據不嚴謹，如於《十過》"聽楚之虛言而輕誣強秦之實禍"上加眉批曰："'誣'即'輕'之訛，校書者旁記'輕'字，後人因并載之耳。今據《韓策》及《史記·韓世家》刪。'誣'字隸或爲'誣'，形與'輕'字相似，故'輕'訛爲'誣'。"其實，《韓策一》及《史記·韓世家》均作"輕絕強秦之敵"，無"誣"字而有"絕"字，且意義不同，不宜以彼律此。（三）不顧及上下文，如將《内儲說下》"久語"改爲"夜語"，與該文渲染權勢聲威之原旨相悖；將《外儲說右上》"鳥以數百目視子，子以二目御之，子謹周子廩"的四個"子"改爲"予"，與下文"鳥以數十目視人，人以二目視鳥"之"人"不相應，顯然不當。

至於其訓詁，也多有可取之處。如《十過》"是患解於秦而害交於楚也"，其注云："交，易也。"可謂言簡意賅，一字中的。當然，其說也有與他人或後人類同者，如《存韓》"則秦必爲天下兵質矣"注云："質，射的也。"（與顧廣圻之說類同）《二柄》"明主之所導制其臣者"注云："'導'與'道'同。道，由也。"（與俞樾之說類同）《姦劫弑臣》"此謂劫殺死亡之主言也"注云："'謂'與'爲'同。"（與王先慎之說類同）《三守》"而人臣有不敢忠主"注云："'有'讀曰'又'。"（與劉師培之說類同）《孤憤》"智術之士"注云："'智'與'知'同。"（與容肇祖之說類同）凡與後人類同者，可見其先見之明。

有些注解雖然未必正確，也可備一說。如《有度》"退淫殆"注云："'殆'讀若'慝'。"《五蠹》"先王勝其法"注云："勝，猶任也。"

當然，其訓詁也有不當處。如《揚權》"靡之若熱"注云："'熱'與'爇'同。"

總而言之，王念孫小學功底深厚，其批校雖然常常不標明校改依據而顯得不很嚴謹，但也有不少發明，值得我們總結借鑒。此本無疑是學術價值很高的名家批校本。

14. 韓子迂評二十卷附録一卷 〔戰國〕韓非撰 〔明〕門無子評注
明萬曆十一年(1583)陳深重修萬曆七年(1579)刊本 胡思敬批校(江西省圖書館藏)

《韓子迂評》初刻本印行後纔三年,就有趙用賢萬曆十年(1582)所刻的五十五篇足本《韓非子》問世。萬曆十一年(1583),門無子看到趙用賢本,就對《韓子迂評》初刻本感到了不滿,但又很尷尬:若重刻,工作量太大;若保留原狀,總嫌殘缺不全。此時,陳深給他出了個兩全其美的主意:《和氏》《姦劫弑臣》《説林》《内儲説下》等缺失的文字用趙本來補足,篇目仍舊依照何犿本爲五十三篇。既然如此,這萬曆十一年刊行的《韓子迂評》重校重修本就更難反映何犿本之面貌了,所以其校勘價值反不如初刻本,但對於《韓非子》的傳播與閲讀來説,則無疑優於初刻本,因爲它已是足本。

《韓子迂評》重修本書首在初刻本的陳深序、門無子序、何犿舊序之後加上了陳深萬曆十一年十月所寫的《重校〈韓子迂評〉引》與《重校〈韓子迂評〉凡例》,説明其重校修補之緣由與做法。此二文未署名,今之學者或以爲門無子所作。其實,根據其行文與口氣,以及《重校〈韓子迂評〉引》之末"吴中散吏之章"一印,即可判斷爲陳深所作。

《重校〈韓子迂評〉凡例》以下,除了卷四、卷七、卷十之文根據趙用賢本補足了文字並對《姦劫殺臣》之段落有所調整外,其他部分基本上與初刻本相同,僅有少量校改,如初刻本《説林》"可以城壺兵矣"之"兵"下的"八"被剜去,"則無溺矣"之"矣"被剜改爲"者";《外儲説左上》"宋人善辯者也"被剜改爲"兒説善辯者也"。這些據趙本校改之處顯然值得稱道。更值得注意的是,其重修之文字還有與諸本不同而可取者。如《姦劫弑臣》"人主非有術數以御之也"之"非",乾道本、趙本作"所";"猶可以毁而害也"之"毁而",乾道本、藏本、張鼎文本、趙本作"而",《迂評》初刻本作"口"。該本這兩處文字顯然優於他本,特別是後者,朱筠《韓非子校正》(抄本)云:"猶可以:何本作'可以毁'。"據此,則陳深很可能又據何犿本校過。不過,從總體而言,陳深的校補尚未足稱善。如其《凡例》謂"'姦劫殺臣'四字殊不雅馴",因而不補此篇目,實屬迂腐;將該篇段落另行排序,自以爲"讀之妥順,當是《韓子》故聲",實有亂改古書之弊。所補《説林下》之文,爲了省刻一版,也未按照宋本次序插入,且失校而衍"焉"字。所補《内儲説下》之文,爲了省刻一版而未補入"楚成王以商臣爲太子,既而又欲置公子職。商臣作亂,遂攻殺成王"一節文字,且又删去了下一節的"一曰"兩字;所補"叔向之讒萇弘也"一節文字,其末又少補"而殺之"三字。明人妄改古書之習氣由此可見一斑。

應該說明的是,該本之《子藏》影印本的卷二第五葉下半葉、第六葉、第七葉上半葉與他葉面貌不同,經核對,該幾葉實同於吳廣霈所校之覆刻本(參見本章本節第 7 條"吳廣霈校《韓子迂評》覆刻本"考述),蓋此本原缺而影印時取以補入,然補入後未作說明,不免欠妥,因為讀者若不加細察而使用此影印本,就會誤將此覆刻本之葉面當作重修本之葉面,誤將該幾葉上吳廣霈之批校當作胡思敬之批校。此外,該影印本尚缺卷十第七葉、附錄第二十葉下半葉、《〈韓子迂評〉後語》第一葉上半葉,蓋此本原缺而影印時又未取他本補入。這些缺葉之處,讀者除了利用原刻外,還可利用齊魯書社 1995 年出版的《四庫全書存目叢書》子部第三十六冊之影印本。當然,齊魯書社之影印本也有不足處,如其《顯學》"不摑痤則寖益"之"益",重修本原為缺文,該本卻有,若有人用此本作校勘用,便會為其所誤而以為原刻有"益"字。由此可見,這些影印本多有所不足,校勘者還是利用原刻本為妥。

此本雖有缺葉而不足稱善,但其上有胡思敬之批校又使此本身價倍增。

胡思敬(1869—1922),字漱唐,一字笑緣,號退廬,新昌(今江西宜豐)人。光緒乙未(1895)進士,選翰林院庶吉士,歷任吏部考功司主事、遼沈道監察御史、廣東道監察御史,宣統三年(1911)三月掛冠離京,定居南昌,潛心著作,校輯圖書,著有《退廬疏稿》《驢背集》《鹽乘》等。

該本首葉首行"韓子迂評序"下端有"退廬"陰文印,可見此原為胡思敬藏書。胡思敬之批語不多,按其內容可分為如下三類。

一為校注。其中偶有發明處,如《存韓》"起兵發將以報天下之怨而失攻荊"眉批:"'失'字疑當作'矢'。矢者,誓也。"此文乾道本、藏本、張本與《迂評》本均作"失",趙本作"先"當為臆改,胡思敬認為是"矢"字之訛,或得古本之真,值得重視。又如於《解老》"上德不德"之後一個"德"字旁注"此'德'字讀作'得'",於"無功生於德,德則無德,不德則在有德"之第一個、第二個、第四個"德"字旁注"得",均頗精當。也有可備一說者,如於《說林上》"以為象箸為不盛羹於土簋"之"以"字下補"既"字,將下一個"為"字改為"必"。但其說也有可取而不盡當處,如《存韓》"陛下雖以金石相弊"眉批:"'以'當作'與',以聲相近而訛。與金石相弊,謂久留於世不死也。"又"重幣用事之臣"眉批:"幣,讀作賂。"此皆得其義而未得其字,因為"以"可表示"與"而未必是誤字,"幣""賂"也非通假。當然,其注謬誤處也不少,如於何犿序之"犿"字旁注"音歡",其實,"犿"用作"貛"字纔音"歡"(huān),此作人名,當取義於《莊子·天下篇》"其書雖瑰瑋而連犿無傷也",故當音"藩"(fān)。又如《存韓》"今若有卒報之事"眉批:"卒報,謂卒然有事告韓。""卒報之事"指突然報告來的事變,非指"告韓"甚明。

應該指出的是,其校注有採用吳鼒本與《韓非子識誤》之說而注明者,如將《説林上》"夫田子將有事事大"改爲"夫田子將有大事"後加眉批:"照吳本校正。"《解老》"道有積而德有功"眉批:"顧廣圻云:'德有功'當作'積有功'。"但大多未注明,如《飾邪》"明主使民飾於道之故"眉批:"'飾於'下疑脱'法知'二字。"《解老》"而聖人强以其禍敗適之"眉批:"'適'讀爲'謫'。"此皆王渭之説。《飾邪》"富國而利臣"眉批:"'富'字疑是'害'字之訛,下文'害國無親'可証。"《解老》"下懷上"眉批:"'懷上'之下疑脱'宜'。"此皆顧廣圻之説。至於將《初見秦》"戰一日而破桀之國"之"桀"改爲"紂",也當據吳本而改。採用他人之説,或注明,或不注明而以爲己説,以現在的眼光來看,甚不當。

二爲發揮義理。如《解老》"有争則亂"眉批:"和爲貴。"又"人有禍則心畏恐"眉批:"'畏恐'二字正是聖人,入門即是聖人究竟。"《六反》"此俱出父母之懷衽,然男子受賀,女子殺之者,慮其後便、計之長利也"眉批:"戰國時已有溺女之風。邪説!"由此可見其儒家立場。

三爲文評。可參考者如《説難》首段眉批:"'在知'一句是他一篇主意,後面幾個'知'字皆從此'知'字生下。 篇中曰'則見',曰'如是者甚危',曰'則以爲',曰'則曰',文法何等變幻!"其評析可謂細緻入微。

總之,《韓子迂評》重修本之校改處偶有可取,其補版的校勘價值則不大,而未改之處則因同於初刻本而仍然具有較高的校勘價值。至於胡思敬的批注,有得有失,可取用而不可盲從。

15. 韓子二十卷附錄一卷 〔戰國〕韓非撰 明萬曆十八年(1590)張壽朋刊本 佚名批注(北京大學圖書館藏)

張壽朋,字沖龢,南城(今江西南城)人,萬曆十一年(1583)進士,歷任刑部主事、泰安州同知、和州知州、廬州府通判,著有《深息窩集》。

該本爲《韓子迂評》初刻本之翻刻本,書首載《韓非子序》(楷體,八行十六字,無界行),序末署"萬曆庚寅孟夏月朔日西江張壽朋書於木石山房",據此可知該本刻於萬曆庚寅(1590)。該序文與陳深萬曆六年冬所寫的《韓子迂評序》基本相同,只在末尾處稍有改動,故可置而不論。次爲"韓子目錄"(以下皆九行二十字,楷體),也與《韓子迂評》初刻本相同。然後是正文及附錄。

該本對《韓子迂評》初刻本所作的改動主要有以下幾類。

一是將每卷首行的"韓子迂評卷之×"改爲"韓子卷之×",並刪去其下的"何犿校"。

二是在正文"韓子卷之一"後加題"新都江應賓校"六字。

三是删去了《韓子迂評》中的眉批和絕大部分旁批,取個別旁批改爲夾注,如《有度》"故主讐法則可也"注:"讐校可否。"

四是對其篇前、篇後的按語稍有删削,如删去了《外儲説右上》末和附錄《李斯督責之術》末的按語。

五是對《韓子迂評》中的夾注或保留或删改,如《初見秦》之注,保留了"燕北故曰陰魏南故曰陽",删去了"知三亡者得天下",將"穰侯營私邑謀秦故云兩國"改爲"穰侯營私邑謀秦曰兩國"。

六是其脱文基本相同(包括《和氏》《姦劫弑臣》《説林下》《内儲説下六微》的脱文),但其正文有所不同。其中有與諸本不同而值得稱道的校改之處,如將《内儲説上》"江乞爲魏王使荆"改爲"江乙爲魏王使荆",便與上面之經文相合。又如其《難勢》之"堯舜得勢而治,桀紂得勢而亂",影宋抄本無此兩句,藏本、張鼎文本、《迂評》本、趙本等均作"堯舜得勢而治,桀得勢而亂",此本校補"紂"字,便與下文"夫堯舜生而在上位,雖有十桀紂不能亂者"云云相合。此類校正,顯然可取。但也有脱文處,如《外儲説右下》"昔者齊桓公愛管仲置以爲管父",其"以爲"兩字處作空白,此蓋其所據底本有壞缺所致。更有不少訛誤處,如《孤憤》"非吾所得制也"誤爲"非吾得所制也",《解老》"渴者適飲之則生"誤爲"渴者遵多飲之即生",《説林上》"子圉見孔子於商太宰"誤爲"子圉見孔子於商太宰","以相親之兵待輕敵之國"誤爲"以相親之兵符輕敵之國","田成子去齊"誤爲"田城子去齊",《用人》"是斷手而續以玉也"誤爲"是斷手而續以王也",《大體》"雄駿不創壽於旗幢"誤爲"雄駿不創壽於旗幢",《内儲説上》"商大宰論牛矢"誤爲"商太宰論牛夫",《内儲説下》"司馬喜殺爰騫而季辛死鄭袖言惡臭而新人劓費無忌教郄宛而令尹誅"誤爲"司馬喜殺爰騫而季辛宛鄭袖言惡臭而新人劓費無忌教郄死而令尹誅",《難勢》"毋爲虎傅翼"誤爲"毋爲虎傳翼",《問辯》誤爲《問辨》,《問辯》"則以妄發之中秋毫爲拙"誤爲"則以妄發之中私毫爲拙"。當然,也有對其初刻之版訂正的地方,如《解老》"所謂貌施也者",蓋補其初刻之脱文;但也有補闕而尚誤者,如《解老》"以身觀身以家家以鄉觀鄉",雖然有所補闕,但兩"家"字之間仍脱"觀"字。

總之,《韓子迂評》初刻本尚存,張壽朋之翻刻本既有所删削,又有訛誤,除了其校正稍有可取之處,其餘無甚價值。

應該補充説明的是,該本書眉有批注,不知何人所作,故今題"佚名批注"。其批注也稍有可取處。如《愛臣》"非傳非遽"批注:"傳遽,驛遞也。驛傳車馬所以供急遽之令,故曰傳遽。"

16. 韓非子二十卷 〔戰國〕韓非撰 〔宋〕謝希深注 明萬曆間(約1590年前後)周孔教刊本(國家圖書館藏)

周孔教(1548—1613),字明行,號懷魯,臨川(今江西撫州)人,隆慶四年(1570)舉人,萬曆八年(1580)進士,曾任福清縣知縣、浙江道御史、直隸巡按、右僉都御史、應天巡撫、總督河道右副都御史等,著有《周中丞疏稿》。

本書首載《重刻〈韓非子〉序》,但未說明校刻時間,故《四庫提要》謂"未知在用賢本前後"。今考該序文末尾之銜名首列"欽差提督學校巡按直隸監察御史周孔教校刻",則此本當刻於萬曆十八年(1590)前後周孔教任直隸巡按御史之時,肯定在趙用賢本問世以後。據序末銜名,又可知該本由直隸保定府知府黃策訂次,由宋仲仁寫字,除該序文部分爲七行十二字外,其正文部分爲八行十四字,所以字很大,因而盧文弨稱之爲"黃策大字本"。現代學者常將周孔教本與黃策本當作兩種版本,實誤。

該本使用楷體,頗有宋刻古風,所以有人認爲它出於乾道本(參見本章本節第8條"王允升校評本"考述),《四庫提要》也推測周孔教"所見亦宋槧本",這些說法實誤。該本除序文署明"周孔教校刻"之外,僅在卷一第一葉卷目後題"古臨川周孔教校刻",兩處均未說明其所據底本。從其文字來看,周孔教本實爲趙用賢剜改重修本之翻刻本。這可以從乾道本(可利用今存之影抄本)、《道藏》本、張鼎文本、《韓子迂評》初刻本(爲節約篇幅,以上四本下文合稱"四本")及趙用賢本等彙校中得到證實。今列其部分例證如下(例句原文爲周孔教本之文字):

《初見秦》"一戰不尅而不齊",唯趙本作"不齊",四本均作"無齊";又"西攻修武",唯趙本作"修",四本均作"脩";又"軍乃引而退",唯趙本作"退",四本均作"復";又"并於李下",唯趙本作"李",乾道本、藏本、張本均作"孚";又"武王將素甲三千戰一夜",唯趙本作"夜",四本均作"日"。

《存韓》"今賤臣之進愚計",唯趙本作"進愚計",乾道本作"遇愚計",藏本、張本、《迂評》本作"愚計";又"書言韓之未可舉",唯趙本作"書言韓",乾道本、藏本、張本作"書言韓子",《迂評》本作"言韓";又"若人之有心腹之病也",唯趙本作"心腹",四本均作"腹心";又"豈陛下所以逆賤臣者耶",唯趙本作"耶",四本均作"邪"。

《難言》"激意親近",唯趙本作"意",四本均作"急"。

《主道》"賢者敕其材",唯趙本作"敕",乾道本、藏本、張本作"勑",《迂評》本作"効";又"絕其能",唯趙本作"能",乾道本、藏本、張本作"能望",《迂評》本作"望"。

《有度》"不一至主之廷百慮私家之便不一圖主之國",唯趙本作"一",

四本均作"壹";又"伺其危險之陂",唯趙本作"險",四本均作"嶮";又"毋或作惡",唯趙本作"毋",四本均作"無";又"陰躁不得闖其佞",唯趙本作"陰",四本均作"險"。

《揚權》"凡人之患必同其端",唯趙本作"人",四本均作"上";又"參伍比物",唯趙本作"參",乾道本作"叄",藏本、張本、《迂評》本作"參";又"故上失扶寸",唯趙本作"犾",四本均作"扶"。

《十過》"令坐師曠之旁援琴撫之",唯趙本作"撫",四本均作"鼓";又"好利而鷙愎",唯趙本作"鷙",乾道本、《迂評》本作"鷲",藏本、張本作"鷙";又"務修其教",唯趙本作"修",四本均作"脩";又"而國之不亡者五十三",唯趙本作"亡",四本均作"服";又"而聞國人有謀不內田子成者矣",唯趙本作"田子成",四本均作"田成子"。

《孤憤》"夫越雖國富兵彊",唯趙本作"彊",四本均作"強";又"賢士者修廉而羞與姦臣欺其主",唯趙本作"修",四本均作"脩"。

《說難》"有所矜以智能",唯趙本作"所",四本均作"欲";又"有與同污者",唯趙本作"污",乾道本、藏本、張本均作"汙",《迂評》本作"汗"。

《和氏》"淚盡而繼之以血",唯趙本作"淚",乾道本作"泪",藏本、張本、《迂評》本均作"泣"。

《姦劫弒臣》"使強不凌弱",唯趙本作"凌",四本均作"陵";又"而無死亡繫虜之患",唯趙本作"繫",四本均作"係";又"而莊王通之",唯趙本作"王",四本均作"公";又"故屬雖癰腫疕瘍",唯趙本作"癰",四本均作"瘫";又"下比於勢臣",唯趙本作"勢臣",四本均作"近世";又"未至於餓死擢筋也",唯趙本作"於餓",乾道本作"饑",藏本、張本、《迂評》本均作"飢"。

《亡徵》"偏褊而心急",唯趙本作"偏",乾道本、藏本、張本作"變",《迂評》本作"擊";又"懸皋而弗誅",唯趙本作"皋",四本均作"罪";又"暴傲其鄰者",唯趙本作"傲",四本均作"慠"。

《三守》"使群臣輻湊用事",唯趙本作"輻湊用事",乾道本作"輻湊之變",藏本、張本作"輻輳之變",《迂評》本作"輻輳用事";又"一心同辭以語其美",唯趙本作"一",四本均作"壹";又"三劫者止則王矣",唯趙本作"者止",四本均作"止塞"。

《備內》"偶三五之驗以責陳言之實",唯趙本作"三五",乾道本作"叄伍",藏本、張本、《迂評》本作"參伍"。

《南面》"是以愚戆窳惰之民",唯趙本作"愚戆窳惰",乾道本作"遇戇窳墯",藏本、張本、《迂評》本均作"愚戇窳墯"。

《飾邪》"國亂飾高",唯趙本作"飾",乾道本、藏本、張本均作"節",《迂評》本作"餙";又"五行太乙",唯趙本作"乙",四本均作"一"。

《解老》"無功則生有德",唯趙本作"則生有德",乾道本、藏本、張本作"則生於德",《迂評》本作"生於德";又"聖人復恭敬盡手足之禮也不衰",唯趙本作"復",四本均作"之復";又"而下有倚頓陶朱卜祝之富",唯趙本作"倚",四本均作"猗";又"立心不偏黨也",唯趙本作"立",乾道本、藏本、張本均作"公";又"雖異端不黨",唯趙本作"異",四本均作"義";又"今舉動而與天下爲讎",唯趙本作"爲讎",四本均作"之爲讎";又"夫道以與世周旋也",唯趙本作"也",四本均作"者";又"鬼不祟也疾人之謂鬼傷人",唯趙本作"不祟",四本均作"祟";又"道譬之若水",唯趙本作"之",四本均作"諸";又"修之家其德有餘",唯趙本作"修",四本均作"脩"。

《喻老》"以突隙之烟焚",唯趙本作"烟",四本均作"煙";又"湯熨之所及也",唯趙本有"也"字,四本均無"也"字;又"旄象豹胎必不衣裋褐",唯趙本作"裋",四本均作"短";又"雖知太迷",唯趙本作"太",四本均作"大"。

《說林上》"已已見孔子",唯趙本作"已已",四本均作"君已";又"亦將視之猶蚤虱也",唯趙本作"之",四本均作"子";又"君不如予之以驕智伯",唯趙本作"予",四本均作"與";又"秦巴西以有罪益信",唯趙本作"秦巴西",四本均作"秦西巴";又"及見乃始善我",唯趙本作"及",四本均作"反"。

《說林下》"遂相食",唯趙本作"食",四本均作"殺";又"或曰勿之矣",唯趙本作"或",乾道本、藏本、張本均作"故";又"荊將軍曰縛之",唯趙本作"荊",四本均作"而";又"汝來卜乎",唯趙本作"汝",四本均作"女";又"不如起師以分吳",唯趙本作"以",四本均作"與"。

《安危》"故社稷常立",唯趙本作"常",四本均作"長";又"今使人去饑寒",唯趙本作"今使人去饑寒",乾道本作"令使人去饑寒",藏本、張本作"令使人去飢寒",《迂評》本作"今使人飢寒去衣食";又"雖上不能安",唯趙本作"雖",四本均作"則"。

《守道》"守道者出懷金石之心",唯趙本作"出",四本均作"皆";又"而不免於田成盜跖之禍何也",唯趙本作"盜跖之禍何也",乾道本、藏本、張本作"盜跖之耳可也",《迂評》本作"盜跖之禍也";又"而無瞑目切齒傾取之患",唯趙本作"瞑",四本均作"瞋";又"人臣垂拱於金城之內",唯趙本有"於",四本均無"於";又"通於賁、育之情",唯趙本有"於",四本均無"於"。

《功名》"則臨十仞之谿",唯趙本作"十",四本均作"千";又"此堯之所以南面而守功",唯趙本作"功",四本均作"名"。

《大體》"使匠石以千歲之壽操鈎",唯趙本作"鈎",四本均作"鉤";又"故天下少不治",唯趙本作"少不治",乾道本、藏本、張本作"少不可",《迂評》本作"無不治";又"上不天則下不徧覆",唯趙本作"徧",四本均作"遍"。

《內儲說上》"游吉不肯嚴刑",唯趙本作"不肯嚴刑",乾道本作"不肯嚴形",藏本、張本、《迂評》本均作"不忍行嚴刑";又"而利足以勸人",唯趙本作"人",四本均作"之";又"彼不善者我能以斬其首",唯趙本作"能",四本均作"得";又"自將衆趣救火者",唯趙本作"趣",乾道本作"輒",藏本、張本、《迂評》本均作"趣";又"令未下遍而火已救矣",唯趙本作"未下",四本均作"下未";又"不救火者比北降之罪",唯趙本作"北降",四本均作"降北";又"立有間無以詔之",唯趙本作"有",四本均作"以";又"昭侯以察左右之臣不誠",唯趙本作"以察左右之臣不誠",乾道本作"以察左右之臣不割",藏本、張本作"以此察左右之誠不割",《迂評》本作"以此察左右之誠不";又"關吏乃大恐",唯趙本作"吏",四本均作"市"。

《內儲說下》"用雞猳而鄶傑盡",唯趙本作"傑",四本均作"桀";又"參伍既用於內",唯趙本作"參",乾道本作"叁",藏本、張本、《迂評》本均作"參";又"臣得之以壅主",唯趙本作"壅",四本均作"擁";又"故與人久語",唯趙本作"故與",四本均作"與故";又"使齊韓約而攻衛",唯趙本作"衛",四本均作"魏";又"宋石衛將也",唯趙本作"衛",四本均作"魏"。

《外儲說左上》"如有若之應宓子也",唯趙本作"宓",四本均作"密";"明在聖主之以獨知也",唯趙本作"在",四本均作"君";又"晉國之辭仕托慕者國之錘",唯趙本作"托慕",乾道本作"記",藏本、張本、《迂評》本均作"托";又"則惰修耕戰之功",唯趙本作"修",四本均作"脩";又"子產之以鄭簡、宋襄",唯趙本作"子產",乾道本作"緩",藏本作"綏",張本作"綏子產",《迂評》本作"授";又"則羿逢蒙以五寸爲巧",唯趙本作"逢蒙",四本均作"蒙";又"畫筴之功非不微難也",唯趙本作"畫筴",乾道本、藏本、張本均作"此筴",《迂評》本作"此畫筴";又"盡巧而正畦陌疇時者",唯趙本作"疇時",乾道本、藏本、張本均作"畦時";又"握深池",唯趙本作"握",四本均作"掘";又"攗撅而置之",唯趙本作"攗",四本均作"攟";又"王請自解紫衣而朝",唯趙本作"請",四本均作"以";又"雖小國猶不危之也",唯趙本作"小國",四本均作"國小";又"一曰申子請仕其從兄官",唯趙本作"曰",四本均作"日";又"明日蚤令人求故人",唯趙本作"蚤",四本均作"早"。

《外儲說左下》"朔危生子臯",唯趙本作"生",乾道本、藏本、張本均作

"坐",《迂評》本作"逃";又"故昭卯五乘而履屩",唯趙本作"屩",乾道本、藏本、《迂評》本均作"屬",張本作"屬";又"然方公之欲治臣也",唯趙本作"欲",四本均作"獄";又"至鳳黄虚鞿繫解",唯趙本作"繫",四本均作"係";又"至黄鳳之陵履係解",唯趙本作"繫",四本均作"係";又"不誅必爲殷患",唯趙本作"患",藏本、張本、《迂評》本均作"禍";又"人人欲以其賢爲其主",唯趙本作"欲",四本均作"不";又"名與多與之",唯趙本作"名與",四本均作"名爲";又"班白者多徒行",唯趙本作"多",乾道本作"不",藏本、張本、《迂評》本均作"多以";又"以潔私名",唯趙本作"潔",四本均作"絜"。

《外儲説右上》"已與二弟争民",唯趙本作"已與二弟争民",乾道本、藏本、張本均作"已與二弟争",《迂評》本作"不與二弟争民";又"使子貢後覆其飯",唯趙本作"後覆",四本均作"往覆";又"因私競勸而遂爲之",唯趙本作"私",四本均作"斯";又"然則爲天下何以異此廩",唯趙本作"異此",四本均作"爲此";又"甘茂之吏通穴聞之",唯趙本作"通",四本均作"道";又"大臣爲猛狗迎而齕之",唯趙本作"齕",四本均作"龁";又"左右又爲社鼠而間主之情矣",唯趙本有"矣",四本均無"矣";又"一曰吴子示其妻以組",唯趙本作"子",四本均作"起";又"是猶解左髀説右髀者",唯趙本作"猶",乾道本、藏本、張本均作"以",《迂評》本作"猶以"。

《外儲説右下》"如造父之遇駕馬",唯趙本作"駕",乾道本、張本作"驚",藏本、《迂評》本作"篤";又"而田成常爲囿地也",唯趙本作"地",四本均作"池";又"今發五苑之蔬果者",唯趙本作"果",四本均作"草";又"公孫儀相魯而嗜魚",唯趙本作"公孫儀",四本均作"公儀休";又"燕王曰其任何也",唯趙本作"任",四本均作"亡";又"太子之人盡懷印璽子之之人無一人在朝廷者",唯趙本作"璽",四本均作"爲";又"左右以菟與虎而輟觀之",唯趙本有"觀之",四本均無"觀之";又"今使身佚且寄載",唯趙本作"使身",四本均作"身使";又"則身雖絶力致死",唯趙本作"致",四本均作"至";又"下令於民也",唯趙本作"也",四本均作"曰"。

《難一》"師曠之行亦不可行也",唯趙本作"行",四本均作"明";又"此謂兩過",唯趙本作"謂",四本均作"爲";又"將與欲憂齊國",唯趙本作"與欲",乾道本作"欲",藏本、張本、《迂評》本均作"與";又"而勸之以殉",唯趙本作"而",四本均作"則";又"是韓子之謗已成而郄且後至也",唯趙本作"郄",四本均作"郄子"。

《難二》"敗軍之誅以千百數猶北且不止",唯趙本作"北且",乾道本作"且",藏本、張本、《迂評》本均作"北";又"昔者文王侵孟莒",唯趙本作

"堯",四本均作"克";又"且蹇叔處于而于亡",唯趙本作"于而于",乾道本、藏本、張本均作"干而干",《迂評》本作"虞而虞";又"管仲非周公旦亦以明矣",唯趙本作"亦以",乾道本、藏本、《迂評》本均作"以",張本作"亦"。

《難三》"獻子使寺人披攻之蒲城",唯趙本作"子",四本均作"公";又"內比周而以愚於君",唯趙本作"於",四本均作"其";又"故習功利於業",唯趙本作"習",四本均作"疾";又"燕王噲賢子之而非孫卿",唯趙本作"燕王噲",乾道本、藏本、張本均作"燕子噲",《迂評》本作"燕噲";又"晏室獨處",唯趙本作"晏",四本均作"宴"。

《難勢》"桀紂得乘肆行者",唯趙本作"乘肆",乾道本作"乘四",藏本、張本作"成四",《迂評》本作"成肆";又"必苦菜亭歷也",唯趙本作"菜",四本均作"萊"。

《問辯》"故有常則羿逢蒙以五寸的為功",唯趙本作"功",四本均作"巧"。

《說疑》"或沈溺於水泉",唯趙本作"沈",四本均作"沉";又"從之以威",唯趙本作"從之以威",乾道本、藏本、張本均作"待之以其身",《迂評》本作"從之以其威";又"若夫田齊恒宋子罕",唯趙本作"田齊",四本均作"齊田";又"侵下以謀上",唯趙本作"侵",四本均作"親";又"若夫轉法易位",唯趙本作"轉法",乾道本、藏本、張本、均作"轉身法"。

《詭使》"用心一者",唯趙本作"一者",乾道本作"怯言",藏本、張本、《迂評》本作"壹者";又"閒靜安居謂之有思",唯趙本作"閒",四本均作"閑";又"則智者有私辭",唯趙本作"辭",四本均作"詞"。

《六反》"此不熟於論思",唯趙本作"思",四本均作"恩";又"令家人之治產也相忍以饑寒",唯趙本作"令"、作"饑",四本均作"今"、作"飢";又"是故決賢不肖愚智之分",唯趙本作"智",四本均作"知";又"財貨足用則輕用",唯趙本作"財貨",四本均作"貨財";又"此則財用足而愛厚",唯趙本作"則",四本均作"雖";又"上懦治則肆於為非",唯趙本作"懦治",乾道本、藏本、張本均作"懦",《迂評》本作"治懦"。

《八說》"智士能盡其辯焉",唯趙本有"能"字,四本均無"能";又"非也聖人之治也",唯趙本作"非也",四本均作"非";又"聖人不行推政難",唯趙本作"難",四本均作"也";又"故聖人不求無害之言而務無益之事",唯趙本作"益",四本均作"易";又"有上之君",唯趙本作"上",四本均作"土"。

《八經》"忍不制則下失",唯趙本作"下失",乾道本作"下上",藏本、張本作"上下",《迂評》本作"上失"。

《五蠹》"婦女不織",唯趙本作"女",四本均作"人";又"故傳天下而不足多也",唯趙本作"故",四本均作"古";又"饟歲之秋",唯趙本作"饟",四本均作"穰";又"鐵銛距者及乎敵",唯趙本作"距",乾道本、《迂評》本作"矩",藏本作"矩",張本作"短";又"美其義而爲服役者七十人",唯趙本作"役",四本均作"役";又"必待貴不欺之士",唯趙本作"待",四本均作"將";又"內政之修也",唯趙本作"修",乾道本、藏本、張本作"有",《迂評》本作"脩";又"而嚴其境內之治",唯趙本作"嚴",乾道本、藏本、張本無字,《迂評》本作"急";又"皆就安利皆辟危窮",唯趙本作"皆辟",四本均作"如辟"。

《顯學》"行無常儀",唯趙本作"儀",四本均作"議";又"而有長年之禍",唯趙本作"年",四本均作"平";又"故善毛嬙西施之美",唯趙本作"嬙",乾道本作"嗇",藏本、張本、《迂評》本作"廧";又"使若千歲萬歲",唯趙本作"千歲萬歲",乾道本作"千秋萬秋",藏本、張本作"千秋萬歲",《迂評》本作"千秋萬歲"。

《忠孝》"孔子本末知孝悌忠順之道也",唯趙本作"末",四本均作"未";又"知其不孝",唯趙本作"其",乾道本作"謂",藏本、張本、《迂評》本均作"謂之"。

《人主》"大臣太貴左右太戚也",唯趙本作"戚",四本均作"威";又"而使虎豹失其爪牙",唯趙本作"而",四本均作"當";又"明王者推功而爵祿",唯趙本作"王",四本均作"主"。

上列例句中的不少文字顯然有誤而不足取,周孔教本卻與趙本保持一致而以訛傳訛,此足以證明周孔教本出自趙本。尤其值得注意的是,該本《十過》之"其措兵於魏(必矣不如予之宜子)諾",《外儲說右上》之"衛君自請薄(媪薄媪曰)",《八經》之"則禁令(可立禁令可立而治)道具矣",與趙用賢重修本之剜補形式完全相同;而《十過》"夜遣孟談入晉陽以報二君之反於襄子",亦唯趙本之剜改重修本作"報(一君之反於襄子)",乾道本及趙本初印本均作"報二君之反",藏本、張本、《迂評》本則作"報三軍之反於襄子";《內儲說上》"兵弱於外政亂於外此亡國之本也",亦唯趙本之重修本如此,其初印本則作"此亡國之本也",而乾道本、藏本、張本、《迂評》本均作"兵弱於外政亂於內此亡國之本也";《顯學》"將誰使定後世之學",亦唯趙本之剜改重修本作"將誰使定(後世)之學",乾道本、藏本、張本、《迂評》本及趙本之初印本均無"後"字。如此之類,更可進一步證明周孔教本出於趙用賢之剜補重修本。其他如《難言》"君子難言"、《主道》"主失名"、《說難》"又非吾敢橫失"、《姦劫弒臣》"可以永絶江河"、《外儲說右上》"而狗迓而齕之"、《難三》"舉善以勸民"、《問辯》"辯安生乎"、《五蠹》"而交大未必不有疏"、《顯學》"教戰陣閱士卒"等也皆與趙本之重修本相同而與其初印本不同,也可證其出於趙用賢之重修本。

由於周孔教本刻得特別精致,故爲後人所重,乾隆時修《四庫全書》,其中的《韓子》即"據以繕錄"後再校以趙本。誠然,周孔教校刻時雖然對趙本有所訂正(如將趙本《説林下》之"崇俟惡來"改正爲"崇侯惡來",將《問田》之"今先先立法術"改正爲"今先生立法術"),但基本上未加校正(參見上列例句),甚至有進一步訛誤的地方(如將《十過》"願試聽之"誤爲"願示聽之",將《孤憤》"則修智之吏廢"誤爲"則修治之吏廢",將《姦劫弑臣》"未至於餓死擢筋也"誤爲"未至於餓死擢節也")。如今趙本俱存,故此本毫無校勘價值。

該本之學術價值,只在於周孔教的序文。周孔教在《重刻〈韓非子〉序》中肯定了韓非學説的政治價值,其言云:"韓非子之書,世多以慘刻擯之。然三代而降,操其術而治者十九。"有鑒於此,他"刻是書也,蓋取其言之適於用",而並非只爲"艷其文辭"。他是有感於"今天下愉愉怓怓,其爲浮淫之蠹,蓋極壞而不可支矣",於是"急欲起韓非",以使"分職修明"而挽回當時之"頹波"。如此認識韓非思想,顯然值得肯定。

周孔教本傳世不多,首尾完好者已罕見,此本之序完整,可藉以糾正現代學者將周孔教本與黃策本當作兩種版本之誤,故足珍貴。

17. 韓非子二十卷 〔戰國〕韓非撰 明萬曆間吳勉學刊《二十子全書》本 唐岳批校(中山大學圖書館藏)

吳勉學,字肖愚,號師古,歙縣(今安徽歙縣)人,家富藏書,尤以刻書著稱於世,其藏書樓和刻書坊名"師古齋",所刻圖書內容廣泛,校勘精審,刻工講究,爲一時之冠。其子吳中珩,字延美,繼承父業,刊刻圖書亦多。吳氏父子刻書總數超過三百種,主要有《十三經》《四史》《資治通鑑》《二十子全書》《古今醫統正脈全書》《東垣十書》《痘瘡大全》《醫學六種》《性理大全》《楚辭》《六臣注文選》《花間集》《初唐匯詩》《少室山房筆叢》等。

吳勉學所刻《二十子全書》中的《韓非子》是根據趙用賢剜改重修本翻刻的(《顯學》"將誰使定後世之學"有"後"字是其證),故其文字與趙本重修本大體相同而與趙用賢萬曆十年所刊《管韓合刻》初印本差距稍大。這種本子習稱"《二十子》本"或"吳勉學本",其中又有初印本與重印本之别,此本爲初印本。

吳勉學本與趙本之不同處主要有以下三個方面。

一是删去了趙本的序文、總評、凡例,開卷即爲"韓非子目錄",而在目錄中則以雙行小字列出了《内儲説上》《内儲説下》《八經》的子目。

二是刪去了每卷前的子目,其初印本在每卷卷目後題"明新安吳勉學校",其重印本則將卷三以下的奇數卷卷目後的"明新安吳勉學　校"剜改成了"明新安吳中珩　校"(卷七以下均無"明"字而僅六字)。

三是刪去了注文,成了白文本。其版式爲九行十八字而不分上下欄,也與趙本之九行十九字、分上下欄不同。

該本所謂"吳勉學校",不過是在翻刻趙用賢本時進行校對而已,與趙用賢在刊刻時進行的校勘實不可同日而語,因而其無序跋、凡例之類也在情理之中。有鑒於此,故我們著錄時不取《子藏》所題之"明·吳勉學校"。

吳勉學本之文字基本與趙用賢剜改重修本相同,稍有不同處也爲憑己意所改。如趙用賢將其初印本中《難言》之"君子不少"改爲"君子難言"時所依據的是《韓子迂評》,而吳勉學將趙本的"故君子難言也"改爲"故君子難説也",顯然無版本依據。當然,其修改也稍有可取處,如將趙本《内儲説上》"乃貴薄疑以敵之如耳""兵弱於外政亂於外此亡國之本也"分別改爲"乃貴薄疑以敵如耳""兵弱於外政亂於内此亡國之本也",將趙本《問田》"今先先立法術"改爲"今先生立法術",均其例。不過,其與趙本不同處也不乏訛誤。如將趙本《内儲説上》"請徒行賞"刊爲"請徙行賞",顯然爲形訛所致。又如趙用賢之重修本將其初印本中《難四》之"不尅而犇齊景公禮之"(同宋本)剜補爲"不尅而犇齊$^{齊}_{景}$公禮之"(蓋據《道藏》本、張本、《迂評》本等改),吳勉學本竟誤作"不尅而犇齊公禮之",這顯然是將趙用賢重修本之雙行小字誤解爲注文而導致的誤删。

總之,趙用賢剜改重修本尚存,吳勉學本雖然刊刻精致,但僅存白文,故並無多少資料價值,只可作爲一般古籍讀本供人瀏覽而已。

該本書眉有唐岳批校。唐岳(？—1873),字仲方,廣西桂林人,清代名士,道光二十年(1840)解元,曾爲鴻臚寺卿銜候選郎中。

根據唐岳寫在卷四、卷八、卷十六、卷二十末葉上的校記,可知他批校此書是在道光癸卯(1843)五月至六月間。其批校呈現虎頭蛇尾之勢,即前詳而後略,其中卷十二、卷十四、卷十八、卷十九無批校,卷十三、卷十五、卷十七、卷二十等每卷也只有一兩條批語。

其批語大體可分爲如下四類。

一是根據吳鼒所刊乾道本《韓非子》校吳勉學本,題"宋本作×"。

二是摘録乾道本《韓非子》中的注,題"舊注云……"。

三是抄撮顧廣圻《韓非子識誤》中顧廣圻和王渭的校注,其中或題"顧廣圻云""顧云""王渭曰",或不標明,除了《説難》批語所引《史記》外,他處所涉及的《道藏》本、《老子》、傅校《道德經》、河上公《道德經》、《國策》、《韓詩外傳》《史記》《文選》注等，其實多據《韓非子識誤》稍作改寫而已，而其摘抄也時有失誤。如《存韓》"功歸於强秦"批曰："顧廣圻云：'秦宜作趙，見下文。'"這其實是王渭之説。《存韓》"是悉趙而應二萬乘也"批曰："王渭：'當作悉韓秦而應二萬乘也。'"其實王渭僅曰"趙當作秦"而未涉及"韓"。《内儲説上》"桃李冬實"批曰："桃李，藏本作桃梅。"其實《道藏》本作"梅李"，顧廣圻也只是説"藏本桃作梅"。以上這些失誤可能都是因粗心大意所致，而有些失誤則顯然是因爲未作校勘而誤解了顧廣圻之説所致。如《韓非子識誤》在《外儲説左上》"書對曰"之下加按語云："藏本、今本無'書'字。"這其實是指"宋人有治者"後文的"對曰"而言，唐岳卻將它批在"梁人有治者"後文的"對曰"之上，云："'對曰'上宋本衍'書'字。"又如《韓非子識誤》在《外儲説右上》"説在蓄焉"之下加按語云："説'焉'作'烏'。"這實是指後面解説處的"馴烏"之文而言，唐岳卻在"説在畜烏"上批曰："《説苑》'畜焉'作'畜烏'是也。下文'馴烏者斷其下領焉'。"他顯然未理解顧廣圻按語中的"説"是指下文，還以爲顧廣圻脱了"苑"字，其實《説苑》根本無"畜烏"之文。

四是唐岳的他校或理校之語，如於《十過》"宣子欲勿與趙葭諫曰"上批曰："《魏策》作'桓子'。趙葭，《策》作'任章'。"於《姦劫弑臣》"父之愛子也猶可以而害也"上批曰："岳按：'猶可以'下疑有一'詐'字。"

今吴鼒所刊《乾道本韓非子》附《韓非子識誤》易見，所以前三類批校即使沒有失誤，其價值也已不大，更何況其轉引時失誤還不少，故可置而不論。至於第四類批語纔有參考價值，但這樣的批語甚少，所以從總體上看，該本的參考價值不大。

18. 韓非子二十卷 〔戰國〕韓非撰　明萬曆間吴勉學刊《二十子全書》重印本　王友光評點（上海圖書館藏）

吴勉學所刻《二十子全書》中的《韓非子》有初印本與重印本之别，此本爲重印本，故今加題"重印本"以别之。關於吴勉學本，可參見上一篇考述，此不再贅述。

該本書眉有王友光評語，文中有其圈點，故今據其内容將《子藏》所題的"批校"改爲"評點"。

王友光，松江（今上海松江）人，生平事迹不詳。他在該本卷一第一葉題："乙酉冬夜王君仙校誦於便静精廬"，"丙戌冬夜小洞庭山人重温一過於宣州之陵陽第二峰"，"庚寅夏日温於射陽舟中"；其下有"友""光"陰文印。由此可知，他應該名君仙，字友光，號小洞庭山人，其評點此本的時間分别在乙酉（道光三年，1825）冬、丙戌（1826）冬和庚寅（1830）夏。

王友光之評語大多爲文評，其中有評價其思想内容的，如評《主道》云："通篇論御臣之術，純是老氏作用。"（此條當抄自《諸子彙函》）在《説林上》"鴟夷子皮事田成子"章之"子不如爲我舍人"上批曰："想入非非。"但更多的還是評論其文學特色，如評《難言》云："文意邃密，字字奇警。"（此條當抄自《諸子彙函》）在《説林上》"衛人嫁其子"章之"今人臣之處官者皆是類也"上批曰："調侃不少。"此外也有極少的校注語，如於《初見秦》"東服於陳"上批曰："'服'疑'伏'之訛。"於《外儲説左下》"概者平量者也"上批曰："概者，平斗斛之物。"

總之，王友光之批語數量不多，又都爲即興之詞，參考價值並不大，置而不論亦可也。

19. 韓非子二十卷 〔戰國〕韓非撰　明萬曆間黄之寀輯《二十子》本　朱駿聲、朱師轍批校（浙江圖書館藏）

據翁連溪編校的《中國古籍善本總目》，黄之寀所輯《二十子》與吴勉學編、刻之《二十子全書》大體相同，只是少了《文子》二卷、《莊子南華真經》後的《難字音義》一卷，多了《楚辭》二卷。黄之寀生平事迹不詳，據其所輯《二十子》推測，他當爲吴勉學書坊中人，所以方能獲得吴勉學的刻板而剜改印行。人們習稱《二十子》本爲"黄之寀本"，其實黄之寀只有將卷目下"新安吴勉學　校"與"新安吴中珩　校"剜改成"新安黄之寀　校"之勞，而並無校刊之功。就是《楚辭》之刻版，也當爲吴勉學所校刊，因爲《楚辭》非子書，刊入《二十子》中實在不倫不類，蓋黄之寀輯印《二十子》時《文子》之版已缺失，所以就姑且拿吴勉學校刊之《楚辭》來充數。有鑒於此，今删去《子藏》所題的"明·黄之寀校"，並將"明萬曆間黄之寀刊《二十子》本"改題爲"明萬曆間黄之寀輯《二十子》本"。

就像吴勉學本有初印本和重印本一樣（參見本章本節第 17 條"吴勉學刊本"考述），黄之寀輯本也有初印本和重印本之别。此本係黄之寀所輯《二十子》之初印本，該本僅將吴勉學本之重印本的第一卷卷目後的"明新安吴勉學　校"剜改成"明新安黄之寀　校"，第二卷、第三卷以下的"明新安吴勉學　校""明新安吴中珩　校"仍然保留原狀；其重印本則除了剜改第一卷外，又將第二卷、第三卷以下卷目後的"明新安吴勉學　校"和"明新安吴中珩　校"剜改成"明新安黄之寀　校"（卷七以下也無"明"字而僅六字，國家圖書館、北京大學圖書館藏有這種重印本）。由此可見，吴勉學本之原文文字並無變化，而每卷卷目後的校者姓氏有四種版本，其印行的先後次序如下：吴勉學初印本（全題吴勉學校）→吴勉學重印本（分題吴勉學、吴中珩校）→黄之寀初印本（分題黄之寀、吴勉學、吴中珩校）→黄之寀重印本（全題黄之寀校）。

此本上有朱駿聲、朱師轍批校。朱駿聲（1788—1858），字豐芑，號允倩，晚年又號石隱山人，元和（今江蘇蘇州）人，少年時就讀紫陽書院（在今蘇州），師從錢大昕。嘉慶二十三年（1818）舉人，歷主江陰、吴縣、蕭山等地書院，道光時任安徽黟縣訓導，咸豐元年（1851）獻其著作，授國子監博士銜，升揚州府教授。他嫻習經史，擅長詩賦詞章，著作甚多，主要有《説文通訓定聲》《詩傳箋補》《離騷補注》《大戴禮記校正》《淮南書校正》等。朱師轍（1878—1969），朱駿聲之孫，著有《商君書解詁》。

朱駿聲在此本上只留有批校而無序跋，故其所據不得而知。其批語乍一看似乎考校甚爲精博，涉及的文獻有《道藏》本、張鼎文本、凌本，以及《詩經》《春秋》《左傳》《戰國策》《韓詩外傳》《史記》《吴越春秋》《説文》《北齊書》《墨子》《列子》《吕氏春秋》《淮南子》《新序》《説苑》《風俗通》《孔子家語》《顔氏家訓》等；又徵引《荀子》楊倞注、《文選》注、《後漢書》注。其實，這些批注均録自盧文弨《群書拾補》，他僅在移録時根據行文需要將《群書拾補》的文字稍作改動而已，故未足爲功而有掠美之嫌。至於其旁注於原文的異文，除《解老》外，亦均録自《群書拾補》。今《群書拾補》俱存，故朱駿聲的大部分批校均無甚價值。

仔細對照《群書拾補》，朱駿聲之批語中也有自出機杼的。這樣的批注有以下幾類。

一是指明其中的韻文，如於《初見秦》"苟慎其道，天下可有"上批曰："道、有，古叶。"於《愛臣》首段上批曰："備、側、國，亦叶。"於《八姦》之首批曰："牀、旁、兄、殃、萌、行、強、方爲韻。"

二是校語，如於《説難》"故繞朝之言當矣"上批曰："繞朝後爲秦所戮，《左傳》不載。"於《和氏》"不如使封君之子孫三世而收爵禄絶滅百吏之禄秩"上批曰："駿按：'禄絶'到轉，下'滅'當作'減'。"於《解老》"上德無爲而無不爲也"上批曰："無不爲，《老子》作'無以爲'。"於《外儲説左下》"與宣王之患臞馬也"上批曰："'王'當作'子'。"

三是注釋，如於《姦劫弒臣》"妾以賜死"上批曰："'以''已'同字。"於《説林下》"夜星"上批曰："'星'讀爲'姓'。"於《内儲説上》"西門豹詳遺轄"上批曰："詳，佯也。"

四是評論語，如於《問田》第二段上批曰："韓非卒爲李斯所害，堂谿公見之早矣。"

總之,朱駿聲的批校基本上只徵引了《群書拾補》和《老子》(所校《老子》語多見於《解老》《喻老》)兩書,其參考價值不大;只有其自出心裁的批注,頗能體現其音韻訓詁方面的深厚功力,具有較大的參考價值,可惜這種批注甚少,而其中又不盡可取,如於《喻老》"三年不翅"上批曰:"不翅,不啻也。"

除了朱駿聲之批校,朱師轍在此書上也寫有三條批注。其中有值得參考者,如《六反》"雖有棄髮必爲之愛愛棄髮之費而忘長髮之利"之批語:"師轍按:髮、愛、費、利通叶。"也有不置可否而參考價值不大者,如《十過》"公仲朋謂韓君曰"之批語:"轍按:亦見《韓策》,公仲朋作公仲明。"還有不足取者,如《難言》"田明辜射宓子賤西門豹不鬭而死人手"之批語:"師轍按:《宋書》有'畢萬保軀,宓賤殘領'之文,是射傷領也。"

20. 韓非子二十卷　〔戰國〕韓非撰　〔明〕凌瀛初訂注　明萬曆間凌瀛初刊本(北京大學圖書館藏)

凌瀛初,字玄洲,號玉蘭,烏程(今浙江湖州)人,明末小說家凌濛初(1580—1644)之同族兄弟,與凌濛初同爲凌氏雕版印書商之代表。

首先應該說明的是,凌瀛初所刻的《韓非子》並不套色,而且還在每卷第一行下部刊有"吳興凌瀛初訂注"七字,故不難識別,但很多學者卻把朱墨套印的《韓子迂評》翻刻本當作凌瀛初本,這種誤解應加糾正。

凌瀛初本首載《韓非子舊序》(即何犿序);次載《韓非子凡例》五條及按語,其末署"守柔子識"("守柔子"當爲其自號);再次爲"韓非子目錄"、正文及其注釋二十卷。此本缺《韓非子舊序》,故其凡例所謂"何本殘缺頗多,又失去二篇,無益參考,第其注釋可採,獨存其序"云云便成不可思議之語。另外,此本缺卷六第三葉、卷九第十九葉、卷十九第十六葉和十七葉,此四葉爲抄配。值得一提的是,國家圖書館也藏有凌瀛初本,其索書號爲54862者有《韓非子舊序》和此四葉,而且卷九第二十葉上也無闕文,可用來補足此本,但國家圖書館藏本缺葉更多(缺卷一第十五葉、卷二第六葉下半葉、卷四第二葉、卷五第十八葉、卷六第二葉和第六葉、卷七第十八葉、卷八第九葉、卷十三第十八葉、卷十五第十八葉、卷十七第九葉),故也值得用此本補足。

凌瀛初本之行款與趙本同,即九行十九字。其篇目、分卷也基本按照趙本,不同的只是篇題後沒有"第××"字樣,每篇各成終始而不與後篇相聯,又將《八經》編入卷十九。

凌瀛初在凡例之後的按語中説:"按先秦之文,百氏倡説,《韓子》猷其的彀焉。今鉛槧之士,艷其文詞,珍爲帳中物也,靡不家習而户尊之。第是書自唐、宋以來,病其峭刻,黜而不講,故其文字多舛駁而不讎,市亦無售,幾於失傳也。不佞遍覓諸本,止陳氏《迂評》、趙宗伯本稱善。陳祖何狃,而趙宗宋本也。不佞尤于二氏中互相究考,反覆讎挍,訛謬之疵,什去其八矣。及閱何氏所載傍注,間有遺漏,竊不自量,從而折衷之。"於此可見其"訂注"之大旨與梗概。

　　凌瀛初訂注《韓非子》,其正文主要依據趙用賢本之重修本(《顯學》"將誰使定後世之學"有"後"字是其證)和《韓子迂評》重修本(其凡例所謂"至於近本,倡爲臆說,以爲《姦劫》字語不祥,削去篇目",《姦劫弑臣》"安能無相比周"不作"我安能無相比周",《内儲説下》"令之間紂而亂其心"不作"令之諫紂而亂其心","爲萇弘書謂叔向曰"不作"爲書曰萇弘謂叔向曰",均其證)。其文字有時與趙本相同而與《迂評》本不同,如《初見秦》"臣以爲天下之從,幾不能矣"(《迂評》"能"作"難");有時與《迂評》本相同而與趙本不同,如《初見秦》"東以弱齊燕"(趙本作"東以弱齊強燕");有時與趙本、《迂評》本均不同而與《道藏》本、張鼎文本相同,如《初見秦》"天下編隨而服矣"(趙本、《迂評》本"編"作"徧");有時與趙本、《迂評》本均不同而爲誤字,如《姦劫弑臣》"厲憐王"誤爲"属憐王",《八經》"故下肆狠觸而榮於輕君之俗"之"狠"誤爲"狼"。值得注意的是,凌本文字有時與當時流行的各種《韓非子》版本均不同,他不但據其他典籍來校改《韓非子》,而且還出以校勘記,如將《解老》"以稱蚤服"改爲"以稱蚤復",注曰:"蚤復,考自《老子》。"此處校改雖然不當,但也足見其所謂的"訂"並非徒有虛名。由上述種種可以看出,凌瀛初在校勘方面用功不少,遺憾的是其校訂尚有失誤。由於如今趙本、《迂評》本、《道藏》本、張鼎文本俱存,所以凌本之校勘價值並不大,但自從盧文弨用凌本校勘後,它也頗爲後人所重。

　　至於其注釋,有同於趙本而保留舊注的,如《初見秦》"天下陰燕陽魏"注:"燕北,故曰陰;魏南,故曰陽。"

　　有刪改趙本舊注的,如《有度》"故臣曰亡國之廷無人焉"注:"無憂國之人也。"(趙本舊注作:"無憂國之人也。臣,韓非自謂也。")又"嚴刑所以遂令懲下也"注:"遂,通也。欲以遂令且懲下也。"(趙本舊注作:"所以嚴刑者,欲以遂令且懲下也。遂,通也。")

　　有刪去趙本舊注的,如《存韓》"夫秦韓之交覯則非重矣"無注(趙本有舊注"見重於二國"),《主道》"此之謂賢主之經也"無注(趙本有舊注"經,常法也")。

　　有舊注所無而取自趙本眉批的,如《姦劫弑臣》"讘詖多誦先古之書"注:"讘音聶,詖音頗,細語也。"《亡徵》"門子"注:"門下之人也。"但有時取趙本之眉批偶有錯亂，如《說林下》"魯以其賈往"注："'賈'與'雁'同。"（趙本原文作"魯以其雁往"，眉批作"雁賈同"。）

有舊注所無而採用《迂評》旁批的，如《南面》"妒事者也"注："姦臣之用心如此。"《飾邪》"此非豐隆五行太一王相攝提六神五括天河殷槍歲星"注："俱吉星，東向而勝。"

有取自《迂評》旁批而與趙本舊注不同的，如《存韓》"則反掖之寇"注："反掖謂肘腋之欲叛者。"（趙本舊注作："反掖者，謂麾下反以禽君掖也。"《迂評》旁批："謂肘腋之欲叛者。"）《愛臣》"是故不得四從"注："臣不得私交四鄰也。"（趙本舊注作："四鄰之國爲私交。"《迂評》旁批："臣不得私交四鄰。"）《有度》"又皆釋國法而私其外"注："營私於國法之外也。"（趙本舊注作："外，謂臣之事也。"《迂評》旁批："營私於國法之外。"）

有綜合趙本舊注和《迂評》批注的，如《初見秦》"削迹無遺根，無與禍鄰，禍乃不存"注："言禍敗之迹削去本根則無禍敗，起下文秦破三國而不取，復與爲和，是不除根也。"（趙本舊注作："言禍敗之迹削去本根則無禍敗，言秦宜以齊爲戒。"《迂評》注作："起下文秦破三國而不取，復與爲和，是不除根也。"）《主道》"毋使人欲之"注："執柄固，則杜人之覬心也。"（趙本舊注作："執柄固，則人意望絶也。"《迂評》旁批："杜其覬心。"）《有度》"準夷而高科削"注："夷，平也。科，等也。削高等爲平也。"（趙本舊注作："科，等也。削高等，令就下也。"《迂評》於"夷"字旁批"平也"，於"高科削"旁批"削高爲平"。）

值得注意的是，凌本中有趙本和《迂評》本所沒有的新注，如《初見秦》"以此與天下"注："與之爭也。"（此用《戰國策·秦策一》鮑彪注）又"決白馬之口以沃"注："灌也。"（此參用《戰國策·秦策一》高誘注）又"天下編隨而服矣"注："以繩次物曰編。編隨，言衆隨而降伏也。"（此用《戰國策·秦策一》吳師道注）又如《孤憤》"貴重之臣"注："即重人也。"又"當塗之人"注："亦重人也。"《解老》"攘臂而仍之"注："仍，就也。奮而就之，驅而納之於禮也。"又"光而不耀"注："道無繫着，執之則非，不欲其察察以爲明也。"又"是以嗇之"注："嗇者，有餘不盡用之意。"又"屬之謂徒也"注："徒，類也。"

由上述種種可知，凌瀛初在注釋方面也下了不少功夫，其注釋已與趙本之舊注有所不同，《子藏》題"宋·謝希深注"並不妥當，故今於目錄中只題"凌瀛初訂注"。

總之，凌瀛初之校訂和注釋既兼取當時之通行本，又有所增補，其"訂注"雖然難免失誤，但他將趙本之注和《迂評》批注折衷綜合在一起，又增其新注，從而使該本之注釋較爲周詳，故頗具參考價值，它受到當時學者（如趙如源、王道焜，參見本章本節第23條"趙世楷本"考述）及後代學者（如盧文弨）的重視也在情理之中。有人說凌本"不過就趙本、陳本二者間以意定之，實不得謂之校注"（參見第四章第二節第11條《韓非子參考書輯要》考述），顯然是未加研究而臆想的誤說。

21. 韓非子二十卷〔戰國〕韓非撰　〔宋〕謝希深注　〔明〕楊慎等評
明萬曆末（約1612—1620）刊本（中國科學院圖書館藏）

該本九行十九字，白口，四周單邊，爲趙用賢剜改重修本之翻刻本，但無上下欄。考該本輯有張榜評語，則當刊於張榜萬曆辛亥（1611）編印《韓非子纂》之後，而其版面又具有萬曆之風而與天啓之刻板風格不同，故今定該本爲萬曆末刻本，當無多大差錯。

該本首載《〈韓非子〉書序》，序末署"吳郡王世貞撰"，則顯然有誤，該文從題目"韓非子書序"至"盡用其所學，非固以量"爲趙本《〈韓非子〉書序》之前兩葉，"今夫始皇者，固暴伉嗜殺人也"至最後的"吳郡王世貞撰"乃王世貞《合刻〈管子〉〈韓非子〉序》之文，由此可見，其所據底本之書首有脫葉。其次即爲《韓非子目錄》及《韓非子》正文與舊注二十卷，其每葉、每行之字基本與趙用賢之重修本相同，僅個別地方略有改動，如卷一第一葉補入了"以逆攻順者亡"六字，便將該葉之注加以刪削，以使此後之版面仍與趙本保持一致。其所改有可從者，如卷十三第十二葉將趙本《外儲說右上》"大臣爲猛狗迎而齕之"之"齕"改爲"齗"；也有未必妥當者，如卷三第十一葉將趙本《十過》"奈臣有圖國者何"之"臣"改爲"人"（蓋據藏本或《迂評》改）；更有不當者，如任意將趙本《內儲說》《外儲說》中之"經""傳"兩字和子目提前，則大失古本面貌，如果聯繫其卷十五第一葉仍保留趙本之衍文"難三第三十八"來看，則可謂是當改而不改、不當改而亂改也。總之，該版本毫無校勘價值，置而不論亦可也。

該本稍有價值處在其書眉刊有楊慎等人的評語。

楊慎（1488—1559），字用修，號升庵，後因流放滇南，故自稱博南山人，新都（今四川成都市新都區）人。正德六年（1511）狀元及第，官翰林院修撰。嘉靖三年（1524），因"大禮議"受廷杖，謫戍雲南永昌衛（今雲南保山），終老於此。穆宗隆慶元年（1567）追贈光祿寺少卿；熹宗天啓時追諡文憲。楊慎善文能詞，論古考證之作範圍頗廣，著作達四百餘種，後人輯爲《升庵集》，其記誦之博，著述之富，爲明代第一。

該本書眉所刊評語以楊慎爲多，此外還有趙定宇（趙用賢）、汪南溟（汪道昆)、張賓王(張榜)、孫月峰(孫鑛)、韓退之(韓愈)的評語,也有少許未標出處而採自《韓子迂評》的評語(見《喻老》《説林上》篇首)。其評語大多不足觀,不過值得一看的尚有如下一些。

一爲校注語,如《功名》"雖十堯不能冬生一穗"眉批:"升庵曰:'十堯'當作'稷'。"《解老》"生之徒也十有三者"眉批:"升庵曰:生死之具非生死之徒,徒者,概言之也,可寔求其數乎?"《初見秦》首段眉批:"升庵曰:'陰''陽'亦言合,非南北之異也。又曰:言天下得此三亡,故足笑。解作'知三亡者得天下',非。《八姦》"薄者數内大使以震其君"眉批:"定宇曰:薄者,謂次於甚者也。"《八姦》第二段眉批:"南溟曰:前列八奸,此示馭奸之道。"《説難》之首眉批:"月峰曰:'凡説之難',句出《荀子》。荀曾不數語,然亦工。公子蓋衍其師説。"

二爲讀後感,如《十過》"圍晉陽三年"眉批:"升庵曰:圍之三年,二國何約堅?孟談何智緩也?"《内儲説上》"夫火形嚴,故人鮮灼;水形懦,人多溺"眉批:"升庵曰:此義出非口,便傷僑惠心。"《外儲説左上》"巧爲輗,拙爲鳶"眉批:"升庵曰:巧莫巧於致用,拙莫拙於棄工。"《外儲説右下》"即無受魚而不免於相,雖嗜魚,我能長自給魚"眉批:"升庵曰:此嗜相甚於嗜魚耳!倘執法而亦免於相,其於魚也,將誰給之?"又於"君之國中飽""府庫空虛於上,百姓貧餓於下,然而姦吏富矣"眉批:"升庵曰:中飽之病,自古無良醫,直湏用下藥耳。"

三爲文評,如《説難》末眉批:"(升庵)又曰:千説萬説,千難萬難,只此無嬰逆鱗一句破盡。"《亡徵》末眉批:"賓王曰:連用'可亡也',而以'亡徵'二句收下,仍疊'可亡也',極有机勢。"《外儲説右上》"縣幟甚高"眉批:"升庵曰:增'縣幟甚高'一句,若不緊要而大有景味。"

由以上引文可見,楊慎評注之語往往具有深刻之洞察力,能發人之所不能發而引人深思,不但有利於《韓非子》研究,而且有助於提升讀者的思辨力。當然,其説也不免失誤,如《説林上》"有獻不死之藥於荆王者"一節眉批:"升庵曰:此語出東方生爲創,後人效之而入非語,非非語也。"其實,此段文字早見於《戰國策·楚策四》,雖非韓非所創,也非東方生所創。至於其他幾家之評語,則遠遜於楊慎,可觀者寥寥無幾,故在此僅引幾條以見其凡。此外,此本所引評語也有張冠李戴處,如《初見秦》之首眉批:"趙定宇曰:此文跌蕩類蘇秦,然章法句法,起結照應,獨邁紀律。"此條實爲《韓子迂評》中門無子之批語。又如《飾邪》末眉批:"定宇曰:謂君臣以計合,是上下交相御以術也。此其爲非之説乎?又曰:立賞罰以馭臣。"其中前一條爲趙用賢之説不誤,後一條"又曰"則爲《韓子迂評》中門無子之批語。因此,參考此書評語來閱讀《韓非子》固無大礙,但若引用其説,則宜謹慎爲是。

22. 韓子二十卷 〔戰國〕韓非撰 〔明〕門無子等評 明天啓初(約1621—1624)吳興凌汝亨刊朱墨套印本(上海圖書館藏)

該本未署刻書人與刻書年月,嚴靈峰編輯的《無求備齋韓非子集成》於"目録"中對其書名、責任者、版本的著録依次爲:"韓非子集評 二十卷","明 門無子""明 凌瀛初","明吳興凌氏刊'集評'朱墨套印本"。將此本之評、刻之功歸於凌瀛初,實未當。因爲:一、該本中只有門無子之評語而無凌瀛初之評語,所以凌瀛初不應該被視爲該書之點評者;二、凌瀛初所刻的《韓非子》在每一卷第一葉注明"吳興凌瀛初訂注"七字(參見本章本節第 20 條"凌瀛初本"考述),其書不套色,行款格式也與此本不同,所以凌瀛初也不應該被視爲該書之集評者或刊刻者。

該本四周單邊,白口,無界行,除陳深序爲六行十四字、門無子序爲九行十九字、何犿序爲七行十五字,其他均爲九行二十字,行疏幅廣,紙色潔白,其序文、評語之楷體清秀悦目,正文之仿宋體渾厚方正,刻印精良。今考萬曆庚申(1620)凌汝亨輯評刊刻之朱墨套印本《管子》,雖然其正文爲九行十九字,但與此本之款式有不少相似之處。如四周單邊,白口,無界行,其正文版心上端"管子卷×"及下端葉碼皆在前半葉,朱色評語之楷體清秀悦目,正文之仿宋體渾厚方正,正文有朱色句讀符號"。"及圈點符號"。""、"("、"有實心與空心兩種),凡此之類,皆與此本相似,甚至連文中"民""爲""毋""遂"等字形也與此本相似。若將兩書放在一起,其形其神如同孿生。據此,我們認爲該本當爲吳興凌汝亨(凌瀛初之子侄輩)所刻,故今改題"吳興凌汝亨刊朱墨套印本"。

至於刊刻時間,其四周單邊、白口、無界行等版式,以及渾厚方正的仿宋體,不但與萬曆四十八年(1620)凌汝亨所刊朱墨套印本《管子》相似,而且與天啓五年(1625)所刊的《諸子彙函》相似,所以其刊刻時間當相仿。還有,趙世楷天啓五年所刊的《韓子》,其中有幾處與他本不同,如《外儲説左下》"君與處,上皆其師,中皆其友,下盡其使也",乾道本、藏本、張鼎文本、《迂評》本、趙用賢本、凌瀛初本皆無"上"字;《八經》"見功而賞,見罪而罰"之"見功",乾道本、《道藏》本、張鼎文本作"易功",《迂評》本、趙本、凌本作"易均";《難一》"潛王一用淖齒而身死乎東廟"之"身",乾道本、藏本、張鼎文本、《迂評》本、趙本、凌本皆作"手"。今觀此本,前兩例與趙世楷本同(有"上"字,作"見功"),後一例不同(仍作"手")。這種現象的合理解釋是:此本介於《迂評》本與趙世楷本之間,其"手"字承其底本(《迂評》重修本)而未改,另兩處則對底本有所校正而爲趙世楷本所吸取(該本無《姦劫弒臣》之篇目和《內儲說下》"楚成王以商臣爲太子,既而又欲置公子職。商臣作亂,遂攻殺成王"一節文字,而這些文字趙世楷本均有,這也説明此本未用趙世楷本校改,而趙世楷本據此本作了校改)。總之,從版式、字體、文字這幾方面來看,該本當刻於萬曆四十八年(1620)至天啓四年(1624)之間,它應該是凌汝亨校刻朱墨套印本《管子》後受趙用賢《管韓合刻》之影響而另外組織刊刻的一部朱墨套印本。因此,今將一般書目著錄之"明刻本"改題爲"明天啓初(約1621—1624)刊本"。

該本無《姦劫弒臣》篇目,而《姦劫弒臣》之段落次序以及"安能無相比周"一句均與《迂評》重修本相同而與他本不同;《內儲說下》無"楚成王以商臣爲太子,既而又欲置公子職。商臣作亂,遂攻殺成王"一節文字,"叔向之讒萇弘也"一節文字之末無"而殺之"三字,此也和《迂評》重修本相同;由此可證該本乃以《韓子迂評》重修本爲底本。但是,該本有《說林下》之篇題,且其中所補十六章之排序也不同於《迂評》重修本而同於趙本;《外儲說左上》無最後之"有相與訟者"至"以嗣公爲明察"兩節文字,《顯學》"將誰使定後世之學"有"後"字,這些也都與趙用賢重修本相同而與《迂評》重修本不同;由此可證該本又據趙用賢重修本校改過。從上述之《外儲說左下》"上皆其師"和《八經》"見功而賞"之例來看,其校改還有與他本不同而值得稱道之處。凡此種種,說明該本在校勘方面也頗下了一些功夫。但是,其目錄之誤字很多,如"亡徵"誤爲"亡微","問辯"誤爲"問辦","問田"誤爲"問曰","詭使"誤爲"説使","八經"誤爲"八注","制分"誤爲"別分",幸虧其正文尚未有誤。總之,從整體上來説,此本只是《迂評》重修本之翻刻本,故其校勘價值不大。

該本是《迂評》重修本之翻刻本,除了正文有校改,對《迂評》之評注也有調整。首先是把《迂評》之文中注全部刪除而成了白文本。至於《迂評》之旁批,或留原處,或移於書眉。對於《迂評》之篇題評注,或留原處(如《大體》),或移於書眉(如《初見秦》),或移於篇末(如《説林》),或有刪削(如《難勢》),或將篇題評注散開而分列於原處、書眉、篇末(如《五蠹》)。對於《迂評》之篇末評注,或留原處(如《喻老》),或移於書眉(如《外儲説右上》)。此外,還增錄了孫月峰(鑛)、趙定宇(用賢)、汪南溟(道昆)、張賓王(榜)四人的評語。這四人的評語均著其名而以"孫月峰曰"等形式表示。凡《迂評》之評注,該本不再標其姓名。《子藏》編纂時見孫月峰等姓名,所以題"孫鑛等評",其實,該本最多的評語還是《迂評》中的評語,即門無子所撰的評語,故今改題"門無子等評"。

《韓子迂評》之評注和序文具有較大的參考價值(參見本章本節第 6 條《韓子迂評》考述),而孫鑛等人的評語,大都爲文學性點評,參考價值不大。《四庫全書總目·子部·法家類存目·韓子迂評》謂門無子"所綴評語大抵皆學究八比之門徑",實貶之過甚,此言用來評論孫鑛等人的文學評點倒很合適。

總之,該本乃書坊迎合世人對《韓子》文辭之嗜好而據《韓子迂評》重修本翻刻的文學讀本,其校勘雖偶有可取處,但由於《韓子迂評》尚存,而所增孫鑛等四人的評語也無甚價值,故不爲後人所重。

23. 合諸名家評訂韓子全書二十卷附錄一卷 〔戰國〕韓非撰 〔明〕趙如源、王道焜同校集注輯評　明花齋重刻天啓五年(1625)趙世楷刊本(南京圖書館藏)

趙如源,字濬之,錢塘(今浙江杭州)人。王道焜,字昭平,錢塘(今浙江杭州)人,天啓辛酉(1621)舉人,崇禎時知光澤縣,平定義兵,後南回杭州,義兵破杭州,自縊死,曾與趙如源共輯《左傳杜林合注》。

該書首載《韓子舊序》,即何犿序,半葉六行,每行九字;次爲王道焜《重刻韓非子序》,半葉五行,每行十一字或十二字,行書;再次爲趙世楷《重訂韓子凡例》和《參閱韓子姓氏》(列有二十七人之姓、名、字),半葉七行;其後爲《韓子》目錄、正文及其評注、附錄及其評注,半葉九行,每行十八字。

該書在正文卷一之卷目下題"錢塘趙如源濬之甫、王道焜昭平甫仝校",所以人們習稱"趙王同校本"。其封面題"合諸名家評訂韓子全書",從這書名及書中內容我們可以看到,趙如源和王道焜不僅對《韓子》進行了校訂,而且還做了集注、輯評的工作。其注已與趙本之舊注有很大的不同,所以今不從《子藏》所題之"宋·謝希深注"而改題爲"趙如源、王道焜同校集注輯評"。

王道焜《重刻韓非子序》云:"韓非之書十餘萬言,皆成於發憤感怨。賤虛名,貴實用,明賞罰,破浮淫,極法術之變,詭而不失其正者也。……余友趙濬之諸同社嗜古若渴,尤嗜非之書。始爲譬其詭舛,已而彙諸家異同,箋評之,復請正諸先輩,板行之,其爲好亦已甚矣。雖然,昔馬遷傳韓非,附於老子,謂本原道德之意。孔明以非之書進後主而自擬於管、樂,其寄託不亦遠乎?則吾儕嗜非,不徒豔其文詞;而天下用非者,又寧止工其法術已哉?"此言既兼顧《韓非子》之思想內容和文學成就,又道明趙如源等人所作出的貢獻,是對本書內容所作的總體評價,客觀公允而宜得參考。

《重訂韓子凡例》云:"裁定出家大人同社諸先生,而手爲讐校則不佞世楷也。攷成於天啓五年季夏朔日。"可見該書之校訂出自趙如源等人,而校刊是由趙世楷（字繩美，趙如源之子）於天啓五年（1625）完成的。此本封面題"花齋藏板"，花齋爲杭州朱養和之室名，從文字來看，此本應爲朱養和據趙世楷初刻本重刻的本子。趙世楷本還有一種重修本，重修本與初印本的不同之處主要如下幾點：一是《韓子舊序》裝訂於王道焜《重刻韓非子序》之後，二是王道焜序文中"孔明以非之書進後主而自擬於管樂"被剜改爲"孔明等其書於商呂而自擬管樂"，三是删去了《參閱韓子姓氏》。

該本之篇目及分卷基本按照《韓子迂評》而與趙用賢本不同，即篇題後没有"第××"字樣，《喻老》歸入卷六，《説林下》在卷七，但也有根據趙本修改之處，如在目録和正文中均補入"姦劫弒臣"篇題，將《迂評》之"外儲説左""外儲説右"改爲"外儲説左下""外儲説右下"。應該指出的是，該書目録與正文均有五十五篇，而其《凡例》卻説"篇目仍依何本五十三篇"；其書中也有誤字，如正文卷十三之篇題"外儲説右上"被誤爲"外儲説右下"（其目録未誤），《功名》"舜之所以北面而效功也"之"效"被誤爲"收"，《内儲説下》"無季孫必無叔孫"誤爲"無季孫必無季孫"。由此可見，趙世楷及朱養和之校勘尚有疏誤。

趙如源等校訂《韓子》，其正文主要依據趙用賢本之重修本（《顯學》"將誰使定後世之學"有"後"字是其證）和《韓子迂評》重修本（《姦劫弒臣》"安能無相比周"不作"我安能無相比周"以及該篇之段落次序與《韓子迂評》重修本相同是其證），但也參考了其他一些版本（參見上一篇"朱墨套印本"考述）或學者的意見。如《説疑》"聖王明主則不然"之"聖王明主"即與他本不同（乾道本、趙用賢本、凌瀛初本作"聖王明君"，藏本、張鼎文本、《迂評》本作"聖主明王"）。有些校改頗可稱道，如《外儲説左下》"君與處，上皆其師，中皆其友，下盡其使也"，乾道本、藏本、張鼎文本、《迂評》本、趙用賢本、凌瀛初本皆無"上"字；《難一》"潛王一用淖齒而身死乎東廟"之"身"，乾道本、藏本、張鼎文本、《迂評》本、趙本、凌本皆作"手"；《八經》"見功而賞，見罪而罰"之"見功"，乾道本、《道藏》本、張鼎文本作"易功"，《迂評》本、趙本、凌本作"易均"。相互比勘，此本之補正實值得依從。

該書每篇篇題之注，除《説林下》取自趙本，其他均取自《韓子迂評》，僅有校對之功而已；其文中之注，則兼取各本而有集釋之功。

其注有同於趙本而保留舊注的，如《初見秦》"天下陰燕陽魏"注："燕北，故曰陰；魏南，故曰陽。"

有删去趙本舊注的，如《主道》"此之謂賢主之經也"無注（趙本有舊注"經，常法也"）。《有度》"嚴刑所以遂令懲下也"無注（趙本有舊注："所以嚴刑者，欲以遂令且懲下也。遂，通也。"）

有舊注所無而取自趙本眉批的,如《亡徵》"門子"注:"門下之人也。"但也有錯亂如凌瀛初本的,如《説林下》"魯以其齎往"注:"'齎'與'鳶'同。"

有舊注所無而採用《迂評》批語的,如《姦劫弑臣》"讇諛多誦先古之書"注:"讇,多言貌。諛,妄談也。"《南面》"妬事者也"注:"此言姦臣之用心如此。"《飾邪》"此非豐隆五行太乙王相攝提六神五括天河殷槍歲星"注:"俱吉星,東向而勝。"

有同於《迂評》旁批而與趙本舊注不同的,如《存韓》"則反掖之寇"注:"反掖謂肘腋之欲叛者。"(趙本舊注作:"反掖者,謂麾下反以禽君掖也。"《迂評》旁批:"謂肘腋之欲叛者。")《愛臣》"是故不得四從"注:"臣不得私交四鄰也。"(趙本舊注作:"四鄰之國為私交。"《迂評》旁批:"臣不得私交四鄰。")《有度》"又皆釋國法而私其外"注:"營私於國法之外。"(趙本舊注作:"外,謂臣之事也。"《迂評》旁批:"營私於國法之外。")

有綜合趙本舊注和《迂評》批注的,如《初見秦》"削迹無遺根,無與禍鄰,禍乃不存"注:"言禍敗之迹削去本根則無禍敗,起下文秦破三國而不取,復與為和,是不除根也。"(趙本舊注作:"言禍敗之迹削去本根則無禍敗,言秦宜以齊為戒。"《迂評》注作:"起下文秦破三國而不取,復與為和,是不除根也。")《主道》"毋使人欲之"注:"執柄固,則杜人覬心也。"(趙本舊注作:"執柄固,則人意望絶也。"《迂評》旁批:"杜其覬心。")

值得注意的是,凌本新加的注,該書也多取之,如《初見秦》"以此與天下"注:"與之争也。"又如《孤憤》"貴重之臣"注:"即重人也。"又"當塗之人"注:"亦重人也。"至於凌本於《解老》正文新加的十四條注,該本採録了十三條,如"攘臂而仍之"注:"仍,就也。奮而就之,驅而納之於禮也。""光而不耀"注:"道無繋著,執之則非,不欲其察察以為明也。""是以嗇之"注:"嗇者,有餘不盡用之意。""屬之謂徒也"注:"徒,類也。"應該注意的是,該本採録凌本新注時有所訛誤,如凌本《初見秦》"天下編隨而服矣"注:"以繩次物曰編。編隨,言衆隨而降伏也。"此本之原文據趙本、《迂評》本作"天下偏隨而服矣",其注卻訛為:"以怨次物曰編。匕隨,言衆隨而降伏也。"更為粗疏的是,該本採録凌本新注時竟有文不對題之謬,如凌本將《解老》"以稱蚤服"改為"以稱蚤復"後注曰:"蚤復,考自《老子》。"此本之原文據趙本、《迂評》本作"以稱蚤服",卻仍然照録凌本之注:"蚤復,考自《老子》。"

除了注釋,該本正文之書眉還輯有趙用賢、汪道昆、孫鑛、張榜、陳深、茅坤、劉辰翁、楊慎、王維楨、陳仁錫等人的評語,體現了當時人們對《韓非子》文學成就的重視和研究成果。現在看來,這種文評稍有可看處,如《存韓》所輯張榜曰:"非之説多疎,而為韓之情亦太顯。至李斯雄辭奇策,刺心驚耳,而發非隱情如覩。此豈非既死後,李斯之徒振暴其短耶?然不宜在韓子書中。"《備內》所輯王維楨曰:"此雖悖理之言,然歷代人主皆然。"但大部分參考價值不大,如《有度》所輯劉辰翁曰:"此等章句法,唐時子厚酷仿之。"《孤憤》所輯孫鑛曰:"文氣甚奇峭,其辭鋒却以肆筆得之,議論則刻深痛快。"當然,其所題"××曰"者是否有張冠李戴之誤,尚待進一步研究,但《韓子迂評》之評語出自門無子,此本一概題"陳深曰",則顯然有誤。

至於正文後之附錄六篇,皆照錄《韓子迂評》,只是在書眉加上了焦竑、陳深的七條評語,參考價值不大。

總之,該本之校注雖有失誤,但其校訂不乏可取之處,其注兼取《韓子迂評》、趙本舊注和凌本之注而成,其中對趙本舊注的删改也多與凌本相同,而且還輯入了當時諸多名家的評語,說明其編纂時頗有與時俱進、兼收並蓄的精神,故值得參考。有人說趙如源、王道焜合校之《韓子》"版既不佳,校亦不精"(參見第四章第二節第11條《韓非子參考書輯要》考述),顯然是未加研究導致的誤說。應該進一步指出的是,該本對日本學者影響頗大,物茂卿讀、蒲阪圓增的《增讀韓非子》,津田鳳卿所撰的《韓非子解詁》,均以此本爲底本。

24. 韓子二十卷　〔戰國〕韓非撰　〔明〕葛鼎、丁此聘編輯　明崇禎十一年(1638)葛鼎刊《合刻管韓二子》本(華東師範大學圖書館藏)

葛鼎,字謙調,葛錫璠(1579—1634)長子,崑山(今江蘇崑山)人,篤好古學,堂號名"永思堂",崇禎時校刻古書多種,主要有《史記彙評》《漢書彙評》《後漢書彙評》《合刻管韓二子》《杜樊川文集》等。丁此聘,字枚求,生平事迹不詳。

《合刻管韓二子》中的《韓子》首載何犿、趙用賢、陳深、門無子的序(各篇序末的日期和署名大多被删)與趙用賢本的《〈韓子〉總評》七條,其次爲葛鼎、丁此聘寫的《凡例》,再次爲司馬遷的《韓非傳》,然後是"韓子目錄"及正文二十卷。其《凡例》末署"古吳葛鼎謙調、丁此聘枚求識於九松里",正文卷一之卷目下題"古吳葛鼎、丁此聘訂閱",故《子藏》題"葛鼎、丁此聘訂閱",今據其所做工作而改題爲"編輯"。該本九行二十四字,四周單邊,白口,楷體(卷二十之末有"古吳王廷賓之書"七字,可知其字爲王廷所書),除目錄外均無界行。

葛鼎刻本主要依據趙用賢重修本、《韓子迂評》和趙王同校本編輯而成,同時也參考了孫鑛本等一些時行的批評本。其中何犿、陳深、門無子、趙用賢的序和《〈韓子〉總評》錄自《迂評》和趙本。其篇目按照趙本,即篇題後有"第××"字樣,"外儲説左下""外儲説右下"有"下"字,但也有按照《迂評》

的,如第五十三篇作"飾令"。其分卷則據《迂評》,即《喻老》歸入卷六,《説林下》在卷七。其正文主要依據趙王同校本,《外儲説左下》"君與處,上皆其師,中皆其友,下盡其使也"有"上"字,《難一》"潛王一用淖齒而身死乎東廟"之"身"字,《八經》"見功而賞,見罪而罰"之"見功",皆同於趙王同校本而與他本不同(參見上一篇"趙世楷本"考述),是其證。該書正文無各本之注,是白文本,《子藏》題"宋·謝希深注",當刪。其書眉、篇末輯入門無子、孫鑛、趙用賢、汪道昆、張榜、茅坤、劉辰翁、楊慎、王維楨、陳仁錫、司馬遷、揚雄、司馬光等人的評語,其評語大多見於《迂評》和趙王同校本。正文中有旁批,如"詳""轉""第一段結""插入長句"之類,也多取自《迂評》。其眉批、旁批中有極少的音注,如《存韓》"虛處則恢然"之"恢"旁批曰"音改",《十過》"有奇人者使治城郭之繕"眉批曰"奇音羈",《飾令》"利出一空者"眉批曰"空音孔",此類也皆取自《迂評》、趙本或趙王同校本。

　　總之,此本無甚發明,且無注,只是一般的文學讀本,而其所輯評語又大多見於《迂評》本或趙王同校本。如今《韓子迂評》、趙本和趙王同校本均存,所以此本無甚參考價值。

　　據過去的一些書目,中國科學院、北京大學等都藏有葛鼎本,但現在中國科學院文獻情報中心和北京大學圖書館實際上都沒有這種版本,所以這種版本現已罕見。南京圖書館藏本有缺字,華東師範大學圖書館藏本大體完好,僅少量書眉上端之文字不甚清晰,足可供研究之用。

第三節　清代刊本

1. 韓非子評注二十卷　〔戰國〕韓非撰　〔宋〕謝希深注　清嘉慶九年(1804)姑蘇聚文堂刊《十子全書》本(復旦大學圖書館藏)

　　該本十一行二十一字,四周單邊,封面題"嘉慶甲子重鐫　韓非子評注　姑蘇聚文堂藏板"。聚文堂所刊《十子全書》爲王子興所輯,故此本又被稱爲"王子興本"。

　　該本只是萬曆十年(1582)趙用賢所刊《管韓合刻》初印本之翻刻本。其首載《〈韓非子〉書序》,末署"後學弇山人王世貞撰",顯然有誤,該文從題目"韓非子書序"至"使非而幸緩須臾,秦皇方且回慮易聽,當有深計而不疑,交爭"爲趙本《〈韓非子〉書序》之前四葉,"是故非子之於霸若不足"至最後的"後學弇山人王世貞撰"乃王世貞《合刻〈管子〉〈韓非子〉序》之文,由此可見其所據底本之書首有脱葉。其次所載《韓子總評》《韓非子目錄》《韓非子凡例》,皆翻刻自趙本。再次即爲《韓非子》正文與舊注二十卷,其書眉刊有趙本上欄之批注,這可能是其題爲"評注"的依據,但冠以"評"字實不當,因爲趙本之批注並非以評爲主,而該本在翻刻其批注時還有不少脱誤。此外,其正文不但承襲了趙用賢初印本之誤,如保留了《說難》"又非吾敢盡失"之"盡",《八經》之標題作"八經第四十"而脱"八"字,而且又有新的訛誤,如將趙本《亡徵》"狠剛而不和"誤爲"狠剛而不利",其卷十六、卷十七、卷十八、卷二十之卷目後誤加"郭象子玄注　陸德明音義"一行。凡此之類,皆見其校勘之粗疏。今趙用賢本尚存,故此本毫無價值可言。

2. 韓非子二十卷附韓非子識誤三卷　〔戰國〕韓非撰　〔宋〕謝希深注〔清〕顧廣圻識誤　董慎行校　清光緒元年(1875)浙江書局刊《二十二子全書》本(復旦大學圖書館藏)

　　浙江書局光緒元年(1875)所刻《二十二子全書》中的《韓非子》,是吴鼒本之翻刻本。關於謝希深、顧廣圻、吴鼒,可參見本章第一節第1條"述古堂影宋抄本"考述及本章第一節第3條"吴鼒刊本"考述。

　　董慎行,生平事迹不詳,曾爲《二十二子》校勘,校《韓非子》及《春秋繁露》。

　　如今吴鼒本存世尚多,故其翻刻本並無校勘價值,現之所以録而論之,是因爲該本問世後影響甚大,不但翻刻重印者不少,如光緒十九年(1893)鴻文書局之石印本、上海文瑞樓石印本、光緒二十三年(1897)新化三味書屋重印本、1936年中華書局編印之《四部備要》本等均源自該本,而且其後之《韓非子》校注者還常常將它當作吴鼒本或乾道本來進行校勘,以訛傳訛,誤人不淺。

　　陳奇猷《韓非子集釋·附録·韓非子刻本源流考》及《韓非子新校注·附録·韓非子舊刻本述要》云:"浙江局本據吴本翻刻,《解老篇》'可以長久樹木'句重'樹木'二字,《五蠹篇》'而仁義者一人'句'而'下誤增'爲'字,他無出入,堪稱善本。"此實乃未用兩本認真對校而作出的誤判。實際上,浙江書局本不但重新排版,將吴鼒本之楷體改爲宋體,使宋版面目蕩然無存,而且其文字也頗有出入,故不足稱善。浙江書局本與吴鼒本之異文大致可分爲如下幾類。

　　一、可能據趙用賢本而改。如《愛臣》"萬物莫如身之至貴也"被改爲"萬物莫如身之至貴也,位之至尊也,主威之重,主勢之隆也"。《八姦》"故不聽"被改爲"故不聽群臣"。《孤憤》"其不可借以美名者"被改爲"其可借以美名者"。《姦劫弑臣》"無棰策之威"被改爲"無捶策之威","未至饑死擢筋也"被改爲"未至餓死擢筋也"。《南面》"遇贛窳惷"被改爲"遇戇窳惷"。《解老》"無緣而妄意度也"被改爲"無緣而忘意度也","猗頓"被改爲"倚頓"。《説林上》"君不如與之以驕智伯"被改爲"君不如予之以驕智伯","及其土也"被改爲"反其土也"。《説林下》"女來"被改爲"汝來"。《安危》"故社稷長立"被改爲"故社稷常立"。《内儲説下》"黍種嘗貴甚"被改爲"黍種常貴甚"。《外儲説左上》"王曰吾欲觀見之"被改爲"吾欲觀見之"。《外儲説左下》"鞿係解"被改爲"鞿繫解","履係解"被改爲"履繫解"。《外儲説右上》"雖辨智"被改爲"雖辯智"。《外儲説右下》"居朞年"被改爲"居期年","公儀休相魯而嗜魚"被改爲"公孫儀相魯而嗜魚","諸侯辟疆"被改爲"諸侯辟彊"。《難三》"故疾功利於業"被改爲"故習功利於業","不察叁伍之政"被改爲"不察參伍之政"。《難勢》"堯舜户説而人辨之"被改爲"堯舜户説而人辯之"。《問田》"秦行商君而富疆"被改爲"秦行商君而富彊"。《説疑》"又親操耒耨以修畎畝"被改爲"又親操耒耨以修畎畝"。《詭使》"閑静安居"被改爲"閒静安居"。《八説》"不爲能活餓者也"被改爲"不能爲活餓者也"。《八經》"不害功罪"被改爲"不害公罪"。《五蠹》"而仁義者一人"被改爲"而爲仁義者一人"。由此可見,董慎行在校勘時也頗下了些功夫。顯然,其中有些校改正確可取,如將吴鼐本之"萬物莫如身之至貴也"改爲"萬物莫如身之至貴也,位之至尊也,主威之重,主勢之隆也",將"辟疆"改爲"辟彊",將"富疆"改爲"富彊"。即使是將"而仁義者一人"改爲"而爲仁義者一人"也正確可取,陳奇猷謂其誤增"爲"字,實爲誤判。當然,其大部分校改並無必要,甚至爲誤改,故不足取。

二、可能據《迂評》本而改。如《主道》"賞偷則功臣墯其業"被改爲"賞偷則功臣墮其業"。《外儲説左下》"今以五穀之長雪菓蓏之下"被改爲"今以五穀之長雪果蓏之下"。《五蠹》"故糟糠不飽者不務梁肉"被改爲"故糟糠不飽者不務粱肉","朞年而舉"被改爲"期年而舉"。此類異文,與《迂評》本合,但也有可能爲校勘者臆改或刊刻時訛誤所致。

三、避諱改字或臆改。如《難言》"萇弘分胣"被改爲"萇宏分胣"(蓋避乾隆諱而改)。《亡徵》"宫室供養大侈"被改爲"宫室供養太侈"。《外儲説右上》"吾以女知之"被改爲"吾以汝知之"。《難二》"伊尹自以爲宰干湯,百里奚自以爲虜干穆公"被改爲"伊尹自以爲宰于湯,百里奚自以爲虜于穆公"。

四、校刊時不慎而致誤。如《姦劫弑臣》"是雖有殘形殺身以爲人主之名"誤爲"是雖有殘刑殺身以爲人主之名"。《解老》"樹木有曼根"誤爲"樹木樹木有曼根"。《説林下》"宋之富賈"誤爲"宋之富貴"。《内儲説上》"是謂以刑去刑也"誤爲"是謂以刑去刑","使民赴火者"誤爲"使人赴火者"。《内儲説下》"車甚弊"誤爲"車甚獘"。《外儲説左下》"與宣王之患臞馬也"誤爲"與先王之患臞馬也"。《外儲説右上》"吾始經之而不可更也"誤爲"五始經之而不可更也"。《八説》"千世亂而卒不決"誤爲"干世亂而卒不決"。

五、改用正體字、異體字、本字、借字等。如"遍"被改爲"徧"、"栢"被改爲"柏"、"沉"被改爲"沈"、"弛"被改爲"弛"、"耻"被改爲"恥"、"勑"被改爲"敕"、"讎"被改爲"讐"、"惷"被改爲"蠢"、"堤"被改爲"隄"、"妒"被改爲"妬"、"断"被改爲"斷"、"皐"被改爲"皋"、"勾"被改爲"句"、"鈎"被改爲"鉤"、"濊"被改爲"穢"、"迹"被改爲"跡"、"間"被改爲"閒"、"尅"被改爲"剋"、"梨"被改爲"黎"、"犁"被改爲"犂"、"蒞"被改爲"涖"、"弥"被改爲"彌"、"没"被改爲"沒"、"逢"被改爲"逢"、"强"被改爲"彊"、"赵"被改爲"趙"、"却"被改爲"卻"、"女"被改爲"汝"、"洒"被改爲"灑"、"濕"被改爲"溼"、"竪"被改爲"豎"、"蹄"被改爲"蹏"、"捥"被改爲"腕"、"汙"被改爲"污"、"嶮"被改爲"險"、"耶"被改爲"邪"、"脩"被改爲"修"、"鴈"被改爲"雁"、"艷"被改爲"豔"、"唫"被改爲"吟"、"遊"被改爲"游"、"於"被改爲"于"、"陣"被改爲"陳"。此類改動,雖然對理解《韓非子》文義妨礙不大,但對保存其古本面貌來説則有極大的損害,所謂今本出而古本亡者矣。

由於浙江書局本與吴鼒本之原文差異不小,所以閲讀浙江書局本中的《韓非子識誤》常常會使人費解。如該本已將《外儲説右下》"公儀休相魯"改爲"公孫儀相魯",但其後之《韓非子識誤》卷下《外儲説右下》仍依吴鼒本列"公儀休相魯"條,並有按語:"藏本同。今本'儀休'作'孫儀',誤。"其前後文如此不一,讀者就會對此"公儀休相魯"發生疑問,也就難以理解顧廣圻爲何要出此校語,而其所謂"藏本同"究竟是指藏本作"公儀休相魯"還是作"公孫儀相魯",也令人犯難。正因爲浙江書局本有此缺陷,所以于鬯在《香草續校書》"萬物莫如身之至貴也"條曰:"顧氏校書有義例,今本爲顧所薄,而有此,不甚解。"于鬯之所以"不甚解",就是因爲他未使用吴鼒本,而將浙江書局本當作吴鼒本來使用了。更何況浙江書局翻刻的《韓非子識誤》還有訛誤,如《韓非子識誤》之《和氏》按語"絶滅當作纔滅,纔、裁同字"被誤爲"絶滅當作纔滅,纔、裁同字",若據此誤文,就不能得顧説之真。陳啓天《韓非子校釋》引用《識誤》時據此本而未用吴鼒本,於是加按語曰:"絶作裁是,但裁滅義亦不順,滅字蓋减字之形近而誤者。"殊不知顧廣圻早有此説,只是陳氏引文不求善本而囿於浙江書局本,故以訛傳訛而徒耗其按語也。

由上述種種可見,浙江書局本實無甚價值。無論是校勘《韓非子》,還是引用《韓非子識誤》之按語,均不可使用此本。但是,後來的《韓非子》校注者卻因爲其易得而常常將它當作吳鼒本乃至乾道本來使用,故此本之校改或訛誤實誤人匪淺。如《外儲說左下》"履係解",陳奇猷《韓非子新校注》云:"顧廣圻曰:今本'係'作'繫',誤。⊙王先慎曰:乾道本亦作'繫'。係、繫古通用。《初學記》引作'係履墮'。⊙奇猷案:《四部叢刊》本作'係',吳鼒翻刻本誤爲'繫'。顧氏所見乃乾道黃三八郎原刻,故有是語。王氏但見吳鼒翻刻本耳。"其實,吳鼒重刻本原作"係",並未誤爲"繫",只是浙江書局翻刻本誤爲"繫"耳。王先慎所謂的"乾道本"、陳奇猷所用的"吳鼒翻刻本",其實都不過是浙江書局本,故有此誤說。後人若信從其說,就會以訛傳訛。

總之,前人校注《韓非子》,往往不求善本,而將浙江書局本當作吳鼒本或乾道本來使用,以致誤人匪淺,當今爲人所重的王先慎《韓非子集解》、陳啓天《韓非子校釋》、陳奇猷《韓非子新校注》等皆爲其所誤,故今特爲浙江書局本作此考述,以爲後世校注者戒。

3. 韓非子二十卷 〔戰國〕韓非撰 〔宋〕謝希深注 清光緒元年(1875)湖北崇文書局刊《子書百家》本 ×驥批校(華東師範大學圖書館藏)

該本十二行二十四字,四周雙邊,封面題"韓非子"(小篆),背面題"光緒紀元夏月湖北崇文書局開雕"(隸書)。其書首載趙用賢《〈韓非子〉書序》,然後爲趙本之《〈韓子〉總評》《〈韓子〉凡例》《韓非子目錄》及《韓非子》正文與舊注二十卷。

該本爲趙用賢剜改重修本之翻刻本,因而連趙本《難四》之剜補處"齊_{齊景}公禮之"也相同,但趙本上欄之批注則未刊出,其正文和注文也有所校改。如將《外儲說左下》"孟獻伯相魯"改爲"孟獻伯相晉"(此蓋據顧廣圻之說而改),將"獻伯之儉也可與"之舊注"言辭制當誅之,故可與也"改爲"言亂制當誅之,故可與也"(其實應進一步改爲"言亂制當誅之,胡可與也"),將《外儲說右上》"大臣爲猛狗迎而齕之"改爲"大臣爲猛狗迎而齗之",將《難一》"兩用則_爭事而外市"改爲"兩用則爭事而外市",將《問田》"今先先立法術"改爲"今先生立法術",將《八經》"則禁令_{可立禁令}_{可立而治}道具矣"改爲"則禁令可立而治道具矣"。凡此之類,雖有臆改之嫌,卻也正確可從,足見其校改之精審,此乃崇文書局刊本之特點與優點,故雖爲後世翻刻本,而仍有一定的參考價值。

該本有批校,故《子藏》加題"佚名批校"。今考批校者於《〈韓子〉凡例》末題"戊戌六月二十一日校",於書末題"七月初六日校畢,驥識",則其名未嘗全佚,而其校當在戊戌(1898)六七月間,故今改題"〔清〕×驥批校"。

"驥"究爲何人,當俟他日考定。

驥之批校,大多是將趙本上欄之批注抄録於此本之書眉,其抄録雖有遺漏,也由於其數量不下六十條而頗爲人注目,但因今趙本俱存,故不足觀。值得重視的是不同於趙本批注的二十一條批校。這種批校有如下幾類。

一是校語。如《主道》"臣得行義則主失名"批曰:"名,一作明。"於《用人》"釋法術而心治"之上劃一綫而批曰:"王本另提行。"於《外儲説左上》"則羿逢蒙以五寸爲巧"之"巧"旁注"功"字。其所謂"王本",即"王子興本"(《十子全書》本),以上批校,均爲對校王本所得,故不足貴。值得參考的是那些非出自對校王本的校語,如《解老》"體此道以守宗廟宗廟不滅之謂祭祀不絶"批曰:"重出'宗廟'二字。"又"吾奚以知天下之然也以此"批曰:"今《德經》'奚'作'何',非。傅本作'奚',與此合。一本無'以此'二字。"《外儲説左下》"夔非一足也"批曰:"《吕氏春秋》互見。"當然也有臆説而不可從者,如《外儲説左上》"一曰齊王好衣紫"批曰:"篇中多有一事而複述者,例以'一曰'别之,亦爲後學參溷,或校本不一。若爲原文,當不若是迂也。"

二是補録他本文字。如在《〈韓非子〉書序》之書眉補録了王世貞序中"非子之於霸若不足"至"是故蕞尔之蜀與强魏角而恒踞其上"一段文字。其未補全文而只補此一段見於《十子全書》本中誤入《〈韓非子〉書序》的文字,也可證其曾用《十子全書》本校過。

三是思想内容評論。如《外儲説左上》針對管仲所説的"此義於名而利於實,故必有天子誅之名,而有報讎之實"批曰:"存此等謀説,後世權僚資以謀人家國事,而治術愈壞。立言不可不慎也。"又針對申子所説的"法者,見功而與賞,因能而受官,今君設法度而聽左右之請,此所以難行也"批曰:"法家本旨如是,多爲之辭,法戾矣。"又針對曾子所説的"今子欺之,是教子欺也"云云批曰:"孟母三遷以成孟子之學,曾子誡妻勿欺其子,皆可爲家庭教育法。民無信不立,推之治國亦莫不然。"又如《難一》針對"舅犯所謂不厭詐僞者,不謂詐其民,謂詐其敵也"批曰:"老吏斷獄,此爲鼻祖邪?"

四是文學評論。如於《外儲説左下》"故明主者,不恃其不我叛也,恃吾不可叛也;不恃其不我欺也,恃吾不可欺也"批曰:"理之足者文亦工。"於《難勢》"夫待古之王良以馭今之馬,亦猶越人救溺之説也"批曰:"喻之中又有喻。"

由此可見,驥之批校中最精彩的還是後面兩類,其論頗具現實意義而便於讀者借鑒《韓非子》中的思想内容和藝術成就。

4. 桐城先生點勘韓非子讀本二十卷附校勘記 〔戰國〕韓非撰 〔清〕吳汝綸點校評注 吳闓生校補 清宣統二年（1910）衍星社排印本（復旦大學圖書館藏）

　　吳汝綸（1840—1903），字摯甫，桐城（今安徽桐城）人，同治四年（1865）進士，授内閣中書，曾先後爲曾國藩、李鴻章幕僚，歷任深州知州、冀州知州，長期主講保定蓮池書院，晚年任京師大學堂總教習，並創辦桐城學堂，爲桐城派後期主要代表作家，著有《桐城吳先生文集》《深州風土記》《東遊叢録》等。晚年致力於點勘注釋古籍，詮釋的經書有《易説》《尚書故》等，點校的史書有《國語》《戰國策》《史記》《漢書》《三國志》《新五代史》《資治通鑑》等，校注的子書有《老子》《莊子》《管子》《墨子》《荀子》《韓非子》《太玄》等。

　　吳闓生（1877—1950），號北江，桐城（今安徽桐城）人，吳汝綸之子，清末任度支部財政處總辦，北洋政府時期任教育部次長、國務院參議，1928年後任奉天萃昇書院教授、北京古學院文學研究員。著有《北江先生文集》《詩義會通》《尚書大義》《左傳微》《孟子文法讀本》《古今詩範》等。

　　《桐城先生點勘韓非子讀本》爲吳汝綸點勘諸子之一種，其點勘之務在暢通《韓非子》大義以便初學。其中除了吳汝綸之點校評注，還有吳闓生的校注，在上册和下册之末還分別附有吳闓生的校勘記。校其正文可知，其所用底本當爲光緒元年（1875）浙江書局所刻《二十二子全書》中的《韓非子》。該本附有顧廣圻的《韓非子識誤》，故吳汝綸也往往取用其中顧廣圻和王渭之説，如《問田》"毛"字注："一云'屯'。"《六反》"順"字注："一云'慎'。"《難三》"精沐"注："王渭云：精沐疑誤。"其所謂"點"，是給《韓非子》二十卷之文加上句讀和圈點；所謂"勘"，是對浙江書局翻刻的吳鼐本之文酌加校勘訂正。該書將舊注全部删除而出以簡單扼要的評注，其校改及注釋大多不注明依據，此體例若作爲專著來説則不免有失嚴謹，但作爲普及性"讀本"來説則亦無可厚非。大致而言，吳汝綸之説可能參考了俞樾以前的校釋成果，而吳闓生之説可能還參考了王先慎之《韓非子集解》，故其説有相同者。如吳汝綸將《内儲説下》"盡與姓名"之"與"解爲"舉"，和俞樾之説相同；吳闓生謂《難一》"若非罪人，則勸之以徇"之"勸之"上脱"不可"二字，和王先慎之説相同。當然，吳氏父子也頗有獨到之見，而其學術視野之廣也頗爲可觀。吳汝綸之學術筆觸涉及如下諸端。

　　一是給《韓非子》原文加上句讀和圈點。其文學欣賞性的圈點雖然不多且無甚價值，其句讀也有不少錯誤，如將《解老》"臣事君宜，下懷上、子事父宜，衆敬貴宜，知交友朋之相助也宜，親者内而疏者外宜。義者，謂其宜也"

誤點爲:"臣事君宜下懷上.子事父宜衆敬.貴宜知交友朋之相助也.宜親者內而疏者外.宜義者謂其宜也。"但大多數句讀還是可取的,此舉無疑爲初學者提供了便利。

二是對《韓非子》原文作了校訂。雖然其校訂有不當處,如《初見秦》一味據《戰國策·秦策》校改即未盡當。其中甚至有臆説處,如《內儲説下》"燕人無惑"注:"'無'當作'痼'。"但大多數校訂還是可取的。其最大的不足之處是不標明校改依據,而僅於校改處注"校改""校補""校正""校乙"等。如於《亡徵》"喜淫辭而不周於法"之"辭"下注"校補",此補正雖然正確,卻易招致濫改古書之譏。不過,吳汝綸之校訂也有謹慎不改處,其或用"一云"標注異文,或辯説之。如《難勢》"苦萊"下注:"一云菜。"《六反》"令之行於民也萬父"注:"'父'字句絶。或以'萬父母'爲句,或重'父母'字,皆誤也。"此類駁難,當爲自出機杼之語。至於《難勢》"而勢位足以缶賢者也"之注"缶,疑當爲'詘',字誤爲'出',又誤爲'缶'"云云,則與俞樾之説雷同,其間是否有繼承關係就不能肯定了。當然,其校訂也不乏創見而值得取用,如《存韓》"趙據齊以爲原"注:"'原'乃'援'之誤。"

三是作了簡略的注釋。其注雖然不多,卻時有發明精到之處而值得利用。如《初見秦》"其頓首戴羽爲將軍斷死於前"注:"斷,決也。"又"天下編隨而服矣"注:"編,《説文》:'次簡也。'……編隨,謂連次相從也。"《説難》"未必其身泄之也,而語及所匿之事,如此者身危"注:"言不必吾身果泄其謀,弟無意語及其隱事,則所説者必疑爲泄其謀,故身危也。"《外儲説左下》"不以私怨汝之故擁汝於吾君"注:"'擁'讀爲'壅'。"《八經》"故奉重無前"注:"'奉''俸'同。"不過,吳汝綸之注也有杜撰者,如《存韓》"則反掖之寇"注:"掖之寇,謂引誘之,使來寇也。"

四是有所評論。其中有揭示韓文淵源者,如《難四》"鄭伯將以高渠彌爲卿"眉批:"韓公子蓋嘗讀《左氏春秋》,故引《左氏》無甚異同。"有揭示其立意者,如《六反》眉批:"六反者,法禁不明之所致,非泛漫而起端也。"有揭示其主腦者,如《初見秦》"夫戰者,萬乘之存亡也"眉批:"萬乘存亡乃一篇主句,秦弊於戰勝也。"有揭示其結構脈絡者,如《亡徵》眉批:"參差歷落,大放不止,末以數語控勒便收,遂成奇境。"有揭示其筆力者,如《孤憤》眉批:"此篇體方而法整密,其刻畫情事,究切利病,筆力致爲巉削。"撰寫此類文字,乃古文家所擅長,但可能是爲了與其校注之簡略相稱,故此類評論本書並不多見。

五是偶有題解。如《難言》題注:"《難言》《愛臣》皆説韓王之書。其篇名非其自定,但以篇首目之。其文自稱'臣非''臣聞',必説人主之言也。"《有度》題注:"亦説韓王也。"《忠孝》題注:"《史記》:'非見韓之削弱,數以書諫韓王。'今《詭使》言當國之過,此篇自稱曰'臣',皆説韓王之言也。"此等説法均值得參考。

六是涉及辨僞。如《内儲説上》題注曰:"《内儲説》《外儲説》,其篇首之所謂經,韓子之文也;其後襍引古事,乃爲韓學者之所爲以解韓子之書者也。其《南面》篇末'説在商君之内外而鐵殳重盾而豫戒也'下以云云,其文與《儲説》相類,彼後無古事爲之疏釋,知此疏釋者非韓子自爲也。"又如《飭令》眉批曰:"此商君之文,削去枝葉,與《孫子》相似,於《韓子》固不相類。"此類説法,雖爲獨到之見,卻不足信。

至於吴闓生的校注,或進一步疏證其父之説以增强其説服力,如《外儲説右下》"其任所愛不均"注:"'均'當爲'專',聲誤也。男闓生謹案:賈生《服賦》'大鈞播物',《史記》'鈞'作'專'。"但也有異説,如《難言》"故君子難言",吴汝綸僅注"校改"二字,吴闓生補注曰:"'難言'本作'不少'。男闓生謹案:'不少'二字亦可通,貫下'賢聖'爲文。"《五蠹》"則民視如父母",吴汝綸僅於"民視"下注"校乙"二字,吴闓生補注曰:"男闓生謹案:本作'視民如父母'亦通,言視民之厚如爲其父母也,即視民如子之義。"此類説法,與吴汝綸之校改可謂各有千秋。

吴闓生之説不乏精到可取處,如《内儲説上》"還賜之如令"注:"'還'讀曰'旋'。"《外儲説右上》"而重於置夫人也"注:"'置夫人'者,謂'所置之夫人'也。"但其説往往憑己意斷之而無文獻支撑,亦有失誤,如《十過》"夫以實告我者"注:"'告'當是'害'之壞字。"此説就不如顧廣圻所説的"'告'當作'苦',形近之誤"爲當,因爲1973年馬王堆漢墓出土的帛書《戰國縱橫家書》正作"苦"。其説甚至有濫用通假者,如《用人》"仁割其肌"注:"'仁''忍'同字。"《外儲説左上》"特爲義耳"注:"'爲'讀'僞'。"此外,吴闓生之説也涉及辨僞,如其於《上册校勘記》中謂《解老》"非韓子之文",如此言而無據,也顯得武斷。

總之,該書是一部旁採諸説、間附己見之普及性讀本,所涉及之學術面頗廣。由於浙江書局本乃吴鼏本之翻刻本,其翻刻時改字頗多,甚至有不少訛誤,吴汝綸雖有校訂,也尚未完善,如《外儲説左下》"與先王之患朧馬也"之"先"(吴鼏本作"宣")、《五蠹》"故糟糠不飽者不務粱肉"之"粱"(吴鼏本作"梁")等皆未據善本訂正,且其校改又不注明依據,故其正文及點校無甚參考價值。其評注雖有未當,但也有精審可取之處,值得研究《韓非子》者參考。

5. 韓非子集解二十卷 〔戰國〕韓非撰 〔清〕王先慎集解 清光緒二十二年(1896)刊本(華東師範大學圖書館藏)

王先慎,字慧英,長沙(今湖南長沙)人,王先謙從弟,清末任道州(今湖南道縣)訓導,著有《韓非子集解》。

該書首載王先謙光緒二十二年十二月寫的序,其言云:"韓非處弱韓危極之時,以宗屬疏遠,不得進用,目擊遊説縱橫之徒,顛倒人主以取利,而奸獪賊民,恣爲暴亂,莫可救止,因痛嫉夫操國柄者不能伸其自有之權力,斬割禁斷,肅朝野而謀治安,其身與國爲體,又燭弊深切,無緣見之行事,爲書以著明之。故其情迫,其言核,不與戰國文學諸子等。迄今覽其遺文,推迹當日國勢,苟不先以非之言,殆亦無可爲治者。……從弟先慎爲之集解,訂補闕訛,推究義藴,然後是書釐然可誦。"此可謂對《韓非子》思想内容及王先慎所作校注的公允評價。

次爲王先慎寫的"弁言",以及所輯的"考證"十七條(依次節録《漢書·藝文志》《隋書·經籍志》《舊唐書·經籍志》《新唐書·藝文志》《宋史·藝文志》和晁公武《郡齋讀書志》、陳振孫《直齋書録解題》、王應麟《漢藝文志考證》《困學紀聞》、《四庫全書總目》、《四庫全書存目·韓子迂評》、《四庫全書簡明目録》、孫氏《祠堂書目》、盧文弨《群書拾補·韓非子》、吴山尊《重刻韓非子序》、顧千里《韓非子識誤序》、孫詒讓《札迻》之文)和"佚文"二十三條。王先慎所輯之佚文,有些並非佚文,有些文字也只是異文,它們很可能是類書編纂者改寫所致,所以對《韓非子》研究没有多大價值。

再次爲乾道本《韓非子序》、目録、正文二十卷及其校注。

應該指出的是,王先慎之"弁言"謂其正文"以宋乾道本爲主"不可憑信。他於《外儲説左下》"履係解"注曰:"顧廣圻曰:今本'係'作'繫',誤。先慎曰:乾道本亦作'繫'。"其實,吴鼒嘉慶二十三年(1818)重刊的《乾道本韓非子廿卷》作"係",只是浙江書局光緒元年(1875)據吴鼒本翻刻的《二十二子全書》中的《韓非子》作"繫"。這説明王先慎所用的"乾道本"應該是浙江書局本。誠然,浙江書局本雖據吴鼒本翻刻,但文字頗有出入,不可完全等同於乾道本。如吴鼒本《難言》"萇弘分胣"之"弘"被改爲"宏"(蓋避乾隆諱而改),《解老》"無緣而妄意度也"之"妄"被改爲"忘","猗頓"被改爲"倚頓",《内儲説下》"黍種嘗貴"之"嘗"被改爲"常",《外儲説左下》"韄係解"之"係"被改爲"繫",《難三》"不察參伍之政"之"叁"被改爲"參",《説疑》"又親操耒耨以修畎畝"之"畎"被改爲"畎",《八説》"千世亂而卒不决"之"千"被誤爲"干",《五蠹》"故糟糠不飽者不務粱肉"之"粱"被誤爲"梁"。《韓非子集解》不以吴鼒本爲底本而以浙江書局本爲主,因而承襲了此類誤字,可見其校勘之粗疏。此外,《集解》還增加了不少脱誤,如下列吴鼒本、浙江書局本均不誤的文字,《集解》卻有脫誤:《難言》"范雎折脅於魏"之"雎"被誤爲"睢",《內儲說上》"公子氾"被誤爲"公子汜",《內儲說下》"項嘗言惡聞王臭"之"王"被誤爲"玉",《外儲說左上》"燕相白王王大説"之"説"被誤爲"悦","子產離之而毋得使通辭"脱"得"字,《外儲說左下》"今皆先君之臣"之"君"被誤爲"王",《外儲說右上》"女之飡之"之"飡"被誤爲"飱",《難二》"言語辯"之"辯"被誤爲"辨",《説疑》"衆之所譽從而悦之"之"悦"被誤爲"説","内不堙汙池臺樹"之"堙"被誤爲"湮",《詭使》"而躁險讒諛者任"之"躁"被誤爲"譟",《六反》"此六民者世之所毁也"脱"民"字。

從王先慎的注釋中還可以看到,他校勘時並不追求善本,而只是校以張榜本、趙用賢本,又轉據盧文弨《群書拾補》和顧廣圻《韓非子識誤》中提及的藏本、張本、凌本文字,酌情取之以訂正他所謂的"宋乾道本",而其校勘又多粗疏之處。如《外儲說左上》"吳起懷瘳實而吮傷"注:"先慎曰:張榜本'挾夫'至此脱。"其實,張榜本爲删節本,他將張榜有意删節之文視爲脱文,可見其對版本認識之膚淺。又如《説疑》"爲人臣者,誠明於臣之所言"注曰:"先慎曰:乾道本'臣'作'主'。顧廣圻曰:今本'主'作'臣',按依上下文當作'臣'。今據改。"實際上,顧氏所謂"今本",是指趙用賢本,我們只要取趙本看一下,便知顧氏所云,乃指乾道本(吳鼒本)"爲人主者,有侈用財貨賂以取譽者"之"主"而言,而非指"爲人主者,誠明於臣之所言"之"主"而言,王先慎見顧校列於"爲人主者"一語之下,竟不覆核趙本而依顧校將"爲人主者,誠明於臣之所言"之"主"改爲"臣",其校勘之疏誤顯然。至於其注釋,也多有不當處。如《問辯》"堅白無厚之詞章"注曰:"先慎曰:《史記·荀卿傳》:'趙有公孫龍,爲堅白同異之辨。'《鄧析子·無厚篇》:'天下不能屏勃厲之氣,全夭折之人,使爲善之民必壽,此於民無厚也。凡民有穿窬爲盜者,有詐僞相迷者,此皆生於不足,起於貧窮,而君必執法誅之,此於民無厚也。堯、舜位爲天子,而丹朱、商均爲布衣,此於子無厚也。周公誅管、蔡,此於弟無厚也。'"既然"堅白"是指公孫龍的堅白同異之辯,則"無厚"應指惠施所説的"無厚,不可積也,其大千里"的名辯(見《莊子·天下》),以《鄧析子·無厚篇》作解,顯然不當。其他如《外儲說左下》"故渾軒非文公"之注引梁玉繩之説實轉引自《群書拾補》而不加注明,《五蠹》"君之背臣也"之注引汪繼培説、"半歲而亡"引全祖望之説均未詳明出處,也可見其體例之不嚴謹。難怪《續修四庫全書總目提要》(稿本)會對此書作如下評論:"細繹全書,恩遽草率,觸目瑕疵,盧、俞所撰,家有其書,先慎採擇,别無異材,且洪頤煊《讀書叢録》有考訂《韓子》二十餘條,竟未收入,殊爲可怪。《韓子》之文,與《左傳》、《國語》、《國策》、《史記》、諸子相同者,並未詳細校勘。即本書前後,亦未關照……其下己意之處,時露淺陋……其粗疏荒謬,不可究詰。以此著書,言之太易。世人以其微有抄撮之功,案頭繙閱,未爲不可,若以爲精校之本,則大誤矣。"(齊魯書社 1996 年影印本第十三册第 723 頁)

平心而論,王先慎校注之粗疏是事實,但其引用的典籍和前人之説也頗豐,計有:《藝文類聚》《北堂書鈔》《群書治要》《初學記》《意林》《太平御覽》《事類賦》《白孔六帖》;《周易》及鄭注、釋文,《尚書》及鄭注,《詩經》及箋、疏、釋文,《周禮》及注、疏,《儀禮》及注,《禮記》及注、疏、釋文,《左傳》及杜注、釋文,《公羊傳》及何休序,《論語》及釋文,《孟子》,《爾雅》及郭璞注,《大戴禮記》,《韓詩外傳》,《尚書大傳》注;《國語》及韋昭注,《逸周書》,《戰國策》及高誘注,《史記》及三家注,《漢書》及顏師古注,《越絶書》,《吳越春秋》,《後漢書》及注,《路史》;《老子》及河上公注、王弼注,《晏子》,《墨子》,《商君書》,《列子》及張湛注,《莊子》及釋文,《荀子》及楊倞注,《鄧析子》,《文子》,《子華子》,《吕氏春秋》及高誘注,《淮南子》及高誘注,《説苑》,《新序》,《法言》,《論衡》,《白虎通》,《風俗通》,《困學紀聞》;《楚辭》,《文選》及注;《方言》及注,《倉頡篇》,《急就篇》,《説文》,《釋名》,《廣雅》,《玉篇》,《類篇》,《一切經音義》,《集韻》,《經傳釋詞》,《説文通訓定聲》;趙用賢注、張榜注、盧文弨《群書拾補》、王念孫《讀書雜志》、黄丕烈札記、顧廣圻《韓非子識誤》、張文虎《舒藝室隨筆》、俞樾《諸子平議》、王先謙注、孫詒讓《札迻》。可以説,該書搜羅頗廣,除了保留乾道本舊注外,又引用各種典籍與《韓非子》之文相參證,並彙集各家之説、附以己見進行解釋,是一本總結清代校釋成果的專著,因而使得《韓非子》"鱉然可誦"。正因爲如此,所以該書問世後成爲二十世紀以來的通行本而不斷被翻印,至今仍被中華書局收入《新編諸子集成》,故影響極大。常言道:"前修未密,後出轉精。"該書現在看來的確疏誤頗多,而非精校精注之本,但在《韓非子》集釋方面的初創之功還是不可一筆抹殺的。

《韓非子集解》翻印本頗多,但翻印本難免失真,《子藏》據華東師範大學圖書館所藏光緒丙申年十二月(1896)初刻本影印,可使讀者一睹其真容。

第四節　現代注釋本

1. 韓子新釋二十卷　〔戰國〕韓非撰　尹桐陽新釋　民國八年(1919)武昌雲華林工業傳習所排印本(復旦大學圖書館藏)

尹桐陽(1882—1950),字侯青,湖南常寧人,湖南優級師範學堂畢業,民國初年參加全國縣長考試,名列第一,被選授湖北大冶縣長,後任湖南大學講師、光華大學教授,著有《論語箋》《爾雅義證》《墨子新釋》《商君書新釋》《韓子新釋》《管子新釋》《鬼谷子新釋》《於陵子注》《小學定律》等,彙編爲《起聖齋叢書》。

《韓子新釋》刊於民國八年(1919),比民國七年(1918)所刊之《商君書新釋》流傳要廣,故影響也大,因而早有人評述該書。陳啓天《韓非子參考書輯要》評曰:"《韓子新釋》於民國八年鉛印於武昌,校印不甚佳。全書僅以乾道本之正文爲底本,一一加以新釋。其於書中故事之疏輯,較以前諸家爲多;而於文義之校釋則甚疏。彼爲力求乾道本之可通,有大失句讀者,有望文生義者,有望音生義者,甚至隨意附會,以成其説。新則新矣,惜乎《韓子》之本旨反因而失之。雖披沙得金,不無偶有可取,然未足據爲典要。"這一評價大致合乎事實。不過,瑕瑜互見乃校釋之作的常態,故也不宜貶之過甚。平心而論,尹桐陽之新釋的確有濫用通假之弊,也多任意杜撰之説,如《揚權》"虛以靜後"注:"後,同'候',覗也。"又"去泰"注:"政、法不分而專制,則是泰也。"但是,《韓子》之本旨並非因其新釋而全失之,很多地方還因其新釋而得之,所以我們應該儘量利用其可取之處。

首先,尹桐陽對詞語文義的校釋時有發明而未必甚疏。如《解老》"全壽富之謂福"注:"《書》'五福'有'富''壽'而不言'貴',藏本'富'下有'貴'字,誤。"此條校注揭示了韓非所用的是古義之"福",所以乾道本並不誤,而爲學者所重的校注本如王先慎的《韓非子集解》、陳啓天的《韓非子校釋》、陳奇猷的《韓非子新校注》等都於"富"字下補"貴"字,實不如尹説爲當。又如《解老》"各以此科適觀息耗"注:"適,諟也,審也。"今按王引之《經義述聞》卷二十七"展,適也"條曰:"《檀弓》'展墓而入'鄭注曰:'展,省視之。'是'省視'謂之'展'也。又案《文王世子》曰:'適饌省醴。'適,展也;'適饌'猶言'視具',《内則》曰'佐長者視具'是也;'適'與'省'同義,故鄭注曰'親視其所有'。是'省視'謂之'展',亦謂之'適'也。"由此可見,尹氏將"適"解爲審視,頗得"適"之古義。再如《亡徵》"如是則國攜"注:"攜,同'懈',有二心。《周語》:'百姓攜貳。'"今按《説文》"懈,有二心也"段注也説"古多假借'攜'爲之",可見尹説並非無稽之談。還有《揚權》"夫香美脆味"注:"脆,即'脃',小耎易斷也。"該注指明"脆"即"脃"字,據《説文》解爲"小耎易斷",便將此"脆"字之義(與"堅"相反,指柔軟、嬌嫩)與今之所謂"脆"(與"韌"相反,指堅硬而易折斷破碎)嚴格區別開來了,避免了讀者以今義理解古字之弊。《南面》"故貪虎受阿諛"注:"阿,訶也。"後來高亨《諸子新箋》説"'阿'借爲'訶'",或本其説。其他可取處如《初見秦》"齊,五戰之國也"注:"斥南破、東破、西破、北破、中使而言。"又"天下皆比意甚固"注:"比,合也,所謂合從。"《揚權》"曼理皓齒"注:"理,肌膚之文理。"《十過》"而聞國人有謀不内田成子者矣"注:"不内,不納也。"《三守》"輻湊之變"注:"轂爲輻所湊,喻其人多。變者,謂變而湊於私門。"諸如此類,不再煩舉。

尤其值得重視的是,尹氏在史實典章的考證注釋方面有較大的貢獻,故其學術價值實不容忽視。

其注或考釋史事,如《外儲説右上》"勝虢"注:"虢有三。虢叔所封爲東虢,春秋前爲鄭所滅,見《隱元傳》。虢仲所封爲西虢,舊都在今陝西寶雞縣東五十里,平王東遷更封上陽,僖五年滅於晉,其庶支留於舊都者爲小虢,莊七年滅於秦,爲雍地。文公入晉,在僖二十四年,焉有勝虢之事?此'虢'當同'穀',即《傳》所謂'出穀戍'者。""勝虢"之事,顧廣圻《韓非子識誤》云"未詳",尹氏以《國語·晉語四》之"出穀戍"解之,甚當。此"虢"當爲"穀"字之音訛。《晉語四》韋昭注云:"穀,齊地。魯僖二十六年,楚伐齊,取穀,使申公叔侯戍之。二十七年,楚圍宋,晉伐曹、衛以救之。二十八年,楚子使申叔去穀、子玉去宋避晉。"韋注提及之事均見於《左傳》,故此文之"虢"爲"穀"字之誤當無疑義。又如《飾邪》"身臣入宦於吳"注:"身,謂句踐;臣,謂范蠡。宦,官也。《越語》:'與范蠡入官於吳。三年,而吳人遣之。'別本作'入宦'。"此説顯然比後來陳奇猷《韓非子新校注》解爲"猶言身爲囚俘入吳事吳王也"要正確。其他考釋史事之可取處也不少,如《初見秦》"秦與荆人戰,大破荆,襲郢"注:"《史記·年表》:楚頃襄王二十一年,秦拔我郢,燒夷陵,王亡走陳。時秦昭王二十九年也。"《難言》"仲尼善説而匡圍之"注:"孔子貌似陽虎,魯定六年侵鄭取匡,陽虎曾暴匡,孔子過匡,匡簡子以爲陽虎,發甲士三千圍之。"《十過》"曹君袒裼而觀之"注:"袒裼,脱衣露其肩背也。《左僖二十三傳》:'曹共公聞其駢脅,欲觀其裸。浴,薄而觀之。'《吕覽·上德》作'使袒而捕池魚'。"

其注或考證人物,如《十過》"顔涿聚曰"注:"顔涿聚,名庚,齊大夫,戰濕,爲荀瑶所禽死,事見《左哀二十三傳》。《吕覽·尊師》:'顔涿聚,梁父之大盗,學於孔子。'《尸子》佚文作歜聚,《淮南·氾論》作喙聚。'涿''歜''喙'皆聲轉通用。"《觀行》"有烏獲之勁"注:"烏獲,武獲也,古力士之偁。秦武王時有力士曰烏獲,蓋因有力而冒名者耳。《商君書·錯法》:'烏獲舉千鈞之重,不能以多力易人。'則秦武前有烏獲矣。"《内儲説下六微》"鄴令襄疵"注:"襄疵,魏人。《吕覽·無義》:'秦惠王疑公孫鞅之爲人,欲加罪焉。公孫鞅以其私屬與母歸魏,襄疵不受。'《竹書紀年》:'梁惠成王二十八年,穰疵帥師及鄭孔夜戰於梁赫,鄭師敗逋。''穰'即'襄'也。"《外儲說左下》"解狐薦其讎於簡主以爲相"注:"《左襄三傳》:'祁奚請老,晉侯問嗣焉。稱解狐,其讎也,將立之而卒。又問焉,對曰:"午也可。"'《史記·晉世家》:'悼公問群臣可用者,祁傒舉解狐。解狐,傒之仇。復問,舉其子祁午。'此云'解狐薦其讎於簡主以爲相',則解狐乃趙簡子時人,與悼公時解狐同名者,《韓詩外傳》九'魏文侯問於解狐',與此所云解狐,其時尚相及,蓋一人耳。"《外儲說右上》"堂谿公謂昭侯曰"注:"《問田篇》曰'棠谿公謂韓子',即此。"

其注或考釋輿地,如《難言》"吳起收泣於岸門"注:"岸門,即岸頭亭也。《漢書·衛青傳》張次公封岸頭侯,即此。在今山西河津縣南。《史記·魏世家》:'哀王五年,秦使樗里子疾伐取我曲沃,走犀首於岸門。'則岸門必與曲沃近,說者以《郡國志》潁陰縣岸亭當之,誤矣。"《初見秦》"取洞庭、五湖、江南"注:"五湖,今太湖也。《周禮·職方》:楊(愚按:當作"揚")州,藪具區,浸五湖。……五湖本吳故地,吳地入越,越地入楚,因與洞廷(愚按:當作"庭")併爲楚地也。江南,黔中地也。《史記·楚世家》:'頃襄王二十二年,秦復拔我巫、黔中郡。'《秦本紀》:'昭襄王三十年,蜀守若伐取巫郡及江南爲黔中郡。三十一年,楚人反我江南。'《正義》:'黔中郡反歸楚。'今湖南沅陵縣西二十里有黔中故城。"《十過》"君其以垂棘之璧與屈産之乘"注:"垂棘,晉地名,出美玉,《國策》謂之持丘之環。屈産,《公羊》注以爲出名馬,地名,今山西冀寧道石樓縣東南四里有屈産泉、牧馬川,多産名駒,與隰縣近。乘,備駟也。"又"桓公南遊堂阜"注:"《左莊九傳》:'管仲請囚,鮑叔受之,及堂阜而稅之。'杜注:'堂阜,齊地,東莞蒙陰縣西北有夷吾亭也。'今在山東蒙陰縣西北。"《和氏》"楚人和氏得玉璞楚山中"注:"楚山,荆山也……在今湖北南漳縣西北八十里,旁有石室,相傅(愚按:當作"傳")卞和宅,上有抱玉巖。"《飾邪》"兵至釐而六城拔矣"注:"釐,同'貍',燕地名,在今直隸任邱縣西北。《燕策》:'明日又使燕攻陽城及貍。'蓋貍乃齊地,爲燕所取,茲趙又取之於燕也。"《喻老》"強之於黃池"注:"黃池,地名,杜預曰:'陳留封邱縣有黃亭,近濟水。'在今河南封邱縣西南,東西廣三里,春秋之時爲宋地。"《說林上》"田駟欺鄒君"注:"田駟,趙人,《趙策》:'田駟謂柱國韓向。'鄒,《說文》云:'魯縣,古邾國,帝顓頊之後所封。'曹姓,與'耶'字別,或亦以'騶'、以'郰'爲之。《前漢書·地理志》魯國有騶,在今山東鄒縣東南二十六里。鄒者,邾婁之合音,戰國時穆公改號邾婁曰鄒,後爲楚所滅。"

其注或考釋典章制度,如《初見秦》"置宗廟令"注:"令,主祭祀之官,謂祝宗也。"今按《漢書·昭帝紀》有"太常及廟令丞郎吏"之語,《後漢書·百官志二》太常屬官有"高廟令""世祖廟令",皆可證成其説,王先慎《韓非子集解》、陳啓天《韓非子校釋》、陳奇猷《韓非子新校注》、梁啓雄《韓子淺解》等都從俞樾之説而將"令"字屬下讀,實誤。其他可取者如《十過》"公守之室"注:"公守者,謂其室爲公族所守也。"《亡徵》"門子好辯"注:"門子,卿大夫子之適子,將代父當門者。《周禮·小宗伯》:'其正室皆謂之門子。'"《守道》"人臣垂拱金城之内"注:"金城,堅城也。《管子·度地》:'内爲之城,城外爲之郭,郭外爲之土閬,命之曰金城。'《墨子·經説上》:'使人視城得金。'《鹽鐵論·論勇》:'内據金城,外住(愚按:當作"任")利兵。'《水經注》:'河水又東南,逕金城縣故城北。應劭曰:初築城得金,故曰金城。'附會説也。"《外儲説左》"少室周爲襄主驂乘"注:"乘車之法,尊者居左,御者居中,又有一人處車之右以備傾側,是以戎事則偁'車右',其餘則曰'驂乘'。驂,三也,蓋取三人以爲名義耳。"又"果蓏有六"注:"《素問·藏器法時論》'五果爲助'注:'謂桃、李、杏、栗、棗也。'此云'六'者,合五果與蓏言耳。張晏曰:'有核曰果,無核曰蓏。'臣瓚曰:'在地曰蓏,在樹曰果。'"

當然,尹説也有未當者,如《説林下》"孰能導子西之釣名也"注:"子西,平王庶弟,後爲令尹。"此依《史記·楚世家》爲説,實誤。據《左傳·昭公二十六年》及杜預注、《國語·楚語下》韋昭注、《荀子·非相篇》楊倞注,子西當爲楚平王長庶子、昭王之庶兄公子申,非平王之庶弟。又如《内儲説上》"魯人燒積澤"注:"積澤,大澤也。《左傳》謂之'大野',東西百里,南北三百里,在今山東鉅野縣東十二里,兼涉嘉祥縣之地。《書·禹貢》:'大野既瀦。'《爾雅》'十藪':'魯有鉅野。'均即此。"其實,《韓非子》此文明説"魯人燒積澤,天北風,火南倚,恐燒國",則積澤當在魯國國都(位於今山東省曲阜市)之北,而大野澤在今山東省曲阜市西二百多里,如果火勢向南蔓延,將燒及的南邊城邑應爲曹國的重丘(在今山東省鉅野縣西南),故尹説未必正確。

除了新釋,該書之序跋也值得參考。尹桐陽《〈韓子新釋〉自敘》提出要"取我中國法家言,互證之,參觀之,引而伸之,觸類而長之"以實施於現實政治,無疑深得《韓非子》之主旨。當然,他説孟德斯鳩所提倡的三權分立之説在《韓子·揚權》中早已明言之,則不免穿鑿附會。至於説"《有度》與《管子·明法》同,《飭令》與《商子·靳令》同,而《説林》《内外儲》諸篇事實多侔乎《國策》,是《韓子》一書,原與《管》《商》《國策》相發明,慎毋謂事功未就、托諸空談、徒資後儒之訾議爾"云云,也僅得其一隅,因爲韓非之説,實集先秦法家之大成,且也有取於其他各家之説,並非只出入於《管子》《商子》《戰國策》。至於其胞弟尹鳴陽的《〈韓子新釋〉跋》更具參考價值,其言云:"善爲國者,任法不任智。當此世風日下,人心日漓,綱紀紊蕩,邪説橫行,道德不足遏其姦,禮教不足防其亂。斯時也,舍法度,實不足以語治術。韓非子者,吾國往昔法家之巨擘,輯管、商之精意,擴獨具之卓見,感時譔書,其言治平之道,深切著明,洵爲今日拯時之良藥。……而輓近學風,又有樂新厭故之弊,故專門之士,雖具新知,而舊學茫乎不測其畔岸,逡巡趑趄,莫敢執筆,以致國粹潛而弗宣,將有用之書置之高閣。毋怪群犂淫囂而傲上,百吏隱下而漁民,法禁壞而國愈亂,治彊終不可得也。"如此強調韓非的歷史貢獻及其學說的實際政治效用與現代價值,既具有學術眼光,又有聯繫實際、關注現實政治的意識,可謂深得韓非學說之神髓。

總之,該書名爲"新釋",故與王先慎之《韓非子集解》異調,在承襲前人之說時與吳汝綸《點勘韓非子讀本》一樣不加標明。但是,它既有簡略的注解,又有旁徵博引的考釋,實爲《韓非子集解》問世以後考釋成就最大的研究成果,是研究《韓非子》時必須參考的注本。只要我們不爲其穿鑿附會之說所誤,研讀之必將獲益匪淺。

2. 韓非子校釋十卷 〔戰國〕韓非撰 陳啓天編 民國二十九年(1940)上海中華書局排印本(上海圖書館藏)

陳啓天(1893—1984),字修平,晚號寄園,湖北黃陂人。1925 年加入中國青年黨,次年任青年黨中央執行委員兼訓練部主任。1947 年任國民政府行政院政務委員、經濟部部長,次年改任工商部部長。1949 年去臺灣,次年創辦《新中國評論》,宣傳"反共復國"。1969 年當選中國青年黨主席。著有《社會學概論》《教育社會學概論》《近三十年中國教育史》《民主憲政論》《中國政治哲學概論》《國家主義運動史》《中國法家概論》《張居正評傳》《商鞅評傳》《韓非子校釋》《寄園回憶錄》等。

據作者 1937 年 12 月寫於武昌的《自序》可知,《韓非子校釋》始撰於 1936 年秋作者爲母親守喪之時,經過 14 個月的努力,初稿告成於次年"國難正急之時",他因而"重有感焉"。作者認爲:"我國自海通以還,已由閉關之國,轉入國際競爭之局。在此局中之列強,莫不內求統一,外求獨立,有若我國古代之'戰國'然者,命之曰'新戰國',亦無不可。舊戰國時代所恃以爲國際競爭之具者,厥爲法家思想,此不可爭之事實也。近百年來,我國既已入於新戰國時代之大變局中,將何所恃以爲國際競爭之具乎?思之,重思之,亦惟有參考近代學說,酌採法家思想,以應時代之需求而已。"因此,他"發憤研討法家之歷史與理論",先後撰寫了《中國法家概論》等書,接著又從事《韓非子》之校釋。作者欲以法家思想救國、強國,這一編書意圖,無疑深得韓非學說之神髓,但古籍校釋自有其體例和效用,與密切聯繫現實的政論不同,所以該書的實際政治效用甚爲有限。

作者後來在《韓非子參考書輯要》中自評該書曰:"是書於《韓非子》原文,取乾道本、《道藏》本、趙本、《迂評》本(即陳本)、凌本及王道焜本合校,參以前人之説,而重新分段寫定,並加新式標點,以便句讀。注釋不置於文中,而置於每段之後。自宋本舊注,至最近各家注釋,皆斟酌採入。東籍注釋,亦間引用。其疑而不能定者,則諸説並存之。要以不失原旨,而又得窺原旨爲歸。每篇皆弁以釋題、提要及考證。全書編次,依各篇内容重新定之。凡出於韓非,而又屬最要之各篇,皆移置於首二卷。本書著者認定《韓非子》原書,爲中國古代政治學名著。故其校釋,兼着眼於歷史與政治,然又不敢妄以近代西洋政治學説附會之。此則固有異於文學家之評點,而與純粹漢學家之考證,亦稍稍有間矣。然以今人校釋兩千年前之古籍,疏漏實所難免。"

應該説,陳啓天對該書的自評基本合乎事實。與以前的校釋本相比,他的校釋自有其獨到之處。這表現在如下數端。

一是每篇前有"釋題"(解釋篇題)、"提要"(簡介本篇内容)、"考證"(考辨本篇真僞),顯得體例謹嚴,明晰可觀。

二是他所輯錄的校説涉及日本諸家,故其内容比以前的校釋之作要豐富得多,因而開闊了讀者的視野。而且,由於他參考了日本的校釋之作,故使其注釋更爲正確。如《解老》"然則爲禮者,事通人之樸心者也"注:"《讀》云:'謂以鑿混沌之竅爲務也。'按事、務也,通、猶開也。事通人之樸心,猶言務斲喪人之本性也。《集解》釋通人爲衆人,誤。"對於這"通"字,《韓非子集解》引王先謙之説解爲"衆",陶鴻慶《讀諸子札記》解爲"通達",孫楷第《王先慎韓非子集解補正》讀爲"捆",陳奇猷《韓非子新校注》解爲"貫通",梁啓雄《韓子淺解》解爲"表達",均不如陳啓天之説爲當。因爲韓非此文實暗用了典故。《莊子·應帝王》:"南海之帝爲儵,北海之帝爲忽,中央之帝爲渾沌。儵與忽時相與遇於渾沌之地,渾沌待之甚善。儵與忽謀報渾沌之德,曰:'人皆有七竅以視聽食息,此獨無有,嘗試鑿之。'日鑿一竅,七日而渾沌死。"韓非此文之意是:講求禮節的人,去開通人們的淳樸自然之心,雖然似乎是爲了使人際關係更有條理、更爲文明,但卻像儵與忽鑿渾沌之七竅一樣,由於不能順應自然,反而扼殺破壞了人的本性。由此可見,日本物茂卿《讀韓非子》最得其義,陳啓天善於借鑒東籍,所以能得其確解。

三是根據《韓非子》各篇的内容對篇次重新作了編排。其所編十卷《韓非子》之篇次爲:第一卷包括《顯學第一》《五蠹第二》《難勢第三》《定法第四》《問辯第五》《六反第六》《詭使第七》《亡徵第八》《南面第九》,第二卷包括《八説第十》《八經第十一》《二柄第十二》《八姦第十三》《備内第十四》《飾邪第十五》《姦劫弑臣第十六》《説疑第十七》《有度第十八》,第三卷包括《説難第十九》《孤憤第二十》《和氏第二十一》《難言第二十二》《問田第二十三》,第四卷包括《難一第二十四》《難二第二十五》《難三第二十六》《難四第二十七》,第五卷包括《内儲説上——七術第二十八》《内儲説下——六微第二十九》《外儲説左上第三十》《外儲説左下第三十一》《外儲説右上第三十二》《外儲説右下第三十三》,第六卷包括《説林上第三十四》《説林下第三十五》《十過第三十六》,第七卷包括《主道第三十七》《揚攉第三十八》《大體第三十九》《觀行第四十》,第八卷包括《解老第四十一》《喻老第四十二》,第九卷包括《人主第四十三》《用人第四十四》《守道第四十五》《三守第四十六》《功名第四十七》《安危第四十八》《心度第四十九》《忠孝第五十》《飭令第五十一》《制分第五十二》《愛臣第五十三》,第十卷包括《初見秦第五十四》《存韓第五十五》。這種新編排,可能受到了太田方《韓非子翼毳》的影響,但《韓非子翼毳》只是將開頭兩篇《初見秦》《存韓》從第一卷中剔出而標以"附録",其位置仍在書首,而《難言》以下之篇次也未打亂,只是其篇第一律減二而已(如標《難言第一》等)。陳啓天則完全打亂了原來的篇次,將他認爲最重要的各篇移置開頭兩卷。此舉雖然別具一格,但未必可取,因爲將《用人》《功名》等置於第九卷顯屬不當,而其他各篇之歸屬也未必盡當,且由於改動了篇次,爲了使讀者瞭解各篇之原本所在,他不得不在"釋題"中説明該篇"原爲第×卷第×篇",這顯然是徒費筆墨的自擾之舉。其中最具有合理性的是第四卷、第五卷、第八卷、第十卷等以類相從,但其類屬本甚分明,不加改編也不妨礙一般讀者進行歸類。不過,此舉對後來的研究者倒也頗有影響,如王焕鑣《韓非子選》之類的選注本都參用了他打亂原來篇次的編排方式,周勳初《韓非子札記》第 347 頁所作的篇目"新編排"可能也受此啓發。

四是其注釋頗有發明而值得參考。正如作者自評所説,由於他注重韓非思想的研究,所以其注釋"兼着眼於歷史與政治"。如《八説》"古人亟於德,中世逐於智,當今争於力"注:"按古人或上古,指堯、舜、禹、湯、文、武;依儒家之説,其禪讓或征誅俱出於德化,故曰'亟於德'。中世,指春秋,其時尚朝覲會同以求爲諸侯之盟主,故曰'逐於智'。當今,指戰國,其時'強國事兼併,弱國務力守',攻戰不休,一決於力,故曰'争於力'。"又如《五蠹》"是以人民衆而貨財寡,事力勞而供養薄,故民争,雖倍賞累罰而不免於亂"注:"此段論據,與近代馬爾薩斯之人口論及達爾文之生存競争説有相通處。"

當然,其校釋也不乏考證,如《存韓》"則秦必復見崤塞之患"注:"崤塞、謂崤山之險塞,即指函谷關也。六國攻秦,必由崤塞而入,故曰崤塞之患。《書序》云:'秦穆公伐鄭,晉襄公帥師敗諸崤,'此穆公時事也。《齊策》(愚按:當作《趙策》)云:'齊宣王西攻秦,秦爲齊兵困於崤塞之上。'此孝公時事也。《楚世家》云:'六國共攻秦,楚懷王爲從長,至函谷關,'此惠王時事也。《趙策》云:'昔歲崤下之事,韓爲中軍,以與諸侯攻秦,'此昭王時事也。《六國表》始皇六年五國共擊秦,此始皇時事也。此所謂崤塞之患,蓋非專指一役也。"又如《存韓》"先時五諸侯共伐秦,韓反與諸侯先爲雁行,以嚮秦軍於關下矣"注:"按《秦紀》惠王後七年云:'韓趙魏燕齊帥匈奴兵共攻秦,秦使庶長疾與戰修魚,虜其將申差。'又《六國表》惠王後七年載'五國共擊秦不勝而還,'於同年魏、韓、趙、燕、楚五國欄內並載'擊秦不勝'四字,而於齊獨闕。是所謂五諸侯伐秦者,當指此而言,但《世家》(愚按:當作《秦紀》)無楚,《年表》無齊,不免異文耳。《集解》以秦昭王九年齊魏韓共擊秦,及十一年齊韓趙魏宋中山五國共擊秦釋此句,似未可從。"再如《有度》"荆莊王併國二十六"注:"荆莊王、即楚莊王,爲春秋時五霸之一。《史表》載莊王三年滅庸,六年伐宋陳,八年伐陸渾,九年伐鄭,十三年伐隨滅舒蓼,十四年伐鄭晉,十六年誅陳夏徵舒,十七年圍鄭,十九年圍宋。所謂併國二十六,可考者僅此而已。"凡此之類,均爲後來影響頗大的陳奇猷《韓非子集釋》《韓非子新校注》所襲用。

除了考證,該書也多通俗之解釋,如《存韓》"見二疏"注:"按見二疏、即指上文一動而弱於諸侯,爲計而使諸侯有意我之心二者疏陋而暴露於外也。"又如《說難》"辭言無所擊摩"注:"《齊策》云:'轄擊摩車而相過,注、路狹車密,故相擊相摩。'《史記·蘇秦傳》云:'車轂擊,人肩摩。'《墨子》云:'相踵相投,相擊相摩。'據此,則擊摩二字,在古代實一成語,有摩擦之意,猶言抵觸也。"再如《難言》"激急親近"注:"按激急親近,謂語侵人主之親近也。"對於通假字之類,該書也多有簡明之注,如《存韓》"今若有卒報之事"注:"按卒、讀爲猝。卒報、猶言告急也。"又如《亡徵》"很剛而不和"注:"案很、狠、佷三字通。很剛,猶言凶悍也。"再如《外儲說左上》"則顧白馬之賦"注:"按顧與雇通,猶今言納也。"

不過,正如作者所說,其校釋之"疏漏實所難免"。這主要表現在以下幾個方面。

一是未能用吳鼐本校勘而將浙江書局本當作"宋乾道本"來使用(見該書之《本書引用書目簡名》),而改動原文也較爲輕率,故其原文不盡可靠。如吳鼐本之《難言》"萇弘分胣",浙江書局本在翻刻吳鼐本時因避乾隆諱而將"弘"改成了"宏",陳啓天便承用了"宏"字。又如《初見秦》"此固以失霸王之道二矣"之上乾道本無"率天下西面以與秦爲難",陳啓天僅依俞樾《諸子平議》之説就補入了此十字。再如《孤憤》"其不可借以美名者",該書不但依從所謂的"乾道本"無"不"字(吳鼒本有"不"字,浙江書局本無"不"字),而且僅據王先慎《韓非子集解》之説便將"借"字移於"名"字後,於是其文成了"其可以美名借者"。凡此之類,皆有失謹嚴。更有甚者,作者還任憑己意删改原文,如他明知《詭使》"威利在下"之上"各舊本俱有'行'字",只是因爲他覺得"於義不明",便删去了這"行"字。

二是徵引他人之説也不嚴謹。如《和氏》"絶滅百吏之禄秩",顧廣圻《韓非子識誤》曰:"絶滅當作纔減,纔、裁同字。"該書引用《識誤》時據浙江書局翻刻本而未用吳鼒本,因而誤爲"絶滅當作纔減,纔裁同字",於是加按語曰:"絶作裁是,但裁滅義亦不順,滅字蓋減字之形近而誤者。"殊不知顧廣圻早有此説,只是其引文不覓求善本而自誤耳。又如《内儲説下》"成王請食熊蹯而死"注:"杜注云:'熊蹯難熟,望久將有外救。'"其實,《左傳·文公元年》杜注原作:"熊掌難熟,冀久將有外救。"又如《外儲説左下》"是故修車馬"注引《解詁》云"趙世楷本循作修",其實,趙世楷本作"循"而不作"修",而津田鳳卿《韓非子解詁》之校語原作"趙世楷本循作脩"。再如,他將《詭使》"與下先謀比周,雖不法行"改爲"與下先謀,比周不法"後注曰:"又按行字、如乙在雖字上,全句點讀爲'大臣官人與下,先謀比周,行雖不法,威利在下,則主卑而大臣重矣,'亦可通,參閲《點勘》《新釋》。"其實,吳汝綸《點勘韓非子讀本》、尹桐陽《韓子新釋》都未把"行"字乙在"雖"字上,也無此説。由於陳奇猷之《韓非子集釋》與《韓非子新校注》常轉抄《韓非子校釋》中的注釋,故陳啓天這些引文粗疏之處實誤人匪淺。如最後一條,《韓非子新校注》云:"吳汝綸、尹桐陽以'行'字乙在'雖'字上,未確。"這正可謂是陳啓天差之毫厘,而陳奇猷謬以千里矣。

三是其句讀注釋也有不當處,有時甚至有掠美之嫌。如《外儲説左上》"君不愛宋民腹心不完",陳啓天讀爲"君不愛宋民,腹心不完"即不當,因爲"腹心不完"是指宋民戰敗後腹心不完好,應與"宋民"連讀。又如將《解老》"體天地之道"之"體"解爲"體會"也不當,因爲《韓非子》中"體道"的"體"都與成語"身體力行"之"體"同義而表示"行"。再如《難言》"傅説轉鬻"注:"意者'轉鬻'二字,蓋'版築'之聲轉而誤者耳。"將此注與尹桐陽《韓子新釋》"轉鬻,'板築'之聲轉,即《墨子》所謂'庸築乎傅巖'者"一對照,便可見其承襲之迹,但作者卻在《韓非子參考書輯要》中評《韓子新釋》曰:"彼爲力求乾道本之可通,有大失句讀者,有望文生義者,有望音生義者,甚至隨意附會,以成其説。新則新矣,惜乎《韓子》之本旨反因而失之。雖披沙得金,不無偶有可取,然未足據爲典要。因此,予之《校釋》未多引用之。"既引用過其書,但此處卻不加標明而暗用其說,顯然不當。

　　總之,作者擅長思想研究,而非古籍整理專家,故於古籍校勘不甚嚴謹,因此該書之原文不足據,其中引文也須謹慎對待,但作者勤於搜羅資料,故其校釋内容甚爲豐富,且有所發明,該書可謂是王先慎《韓非子集解》之後又一里程碑式的集釋之作,值得研究者參考。

　　末了應説明的是,由於作者1949年去了臺灣,所以該書在臺灣較爲流行。在大陸,由於中華書局上海編輯所在1958年出版了陳奇猷的《韓非子集釋》,所以該書影響並不大。即使上海書店1996年將該書收入《民國叢書》第五編第8册影印出版後,該書在大陸的影響也有限。

第二章 《韓非子》選本及殘本考述

第一節 唐代選本

1. 群書治要·韓子 〔戰國〕韓非撰 〔唐〕魏徵等節選 民國八年（1919）上海商務印書館《四部叢刊》影印日本天明七年（1787）刊本（復旦大學圖書館藏）

魏徵（580—643），字玄成，鉅鹿（今河北鉅鹿，一說在今河北館陶，一說在今河北晉州）人，唐朝初年政治家、史學家、文獻編纂學家，官至侍中，因直言進諫、輔佐唐太宗成"貞觀之治"而被稱爲"一代名相"，封鄭國公，卒諡文貞，其言論見於《貞觀政要》，著有《隋書》序論、《梁書》《陳書》《齊書》的總論等，主編《群書治要》。

《群書治要》卷四十下題"秘書監鉅鹿男臣魏徵等奉　敕撰"，其後選有《韓子》之文。其名"韓子"而不名"韓非子"，看似平常，實際上卻具有珍貴的資料價值。這說明古代韓非之書的命名與《墨子》《莊子》《孟子》《荀子》之類相似，是以其姓氏加"子"而成，直至唐代猶如此。只是自宋代以後，由於學者們尊稱韓愈爲"韓子"，爲避免混淆，纔有人將《韓子》改稱爲《韓非子》（當然仍有稱《韓子》的）。另外，該卷所選《韓子》之文無注，而緊接《韓子》之後的《三略》文選有注，這說明《群書治要》編纂時也輯録注文，而《韓子》直至唐初尚無注。

"治要"者，研治其要語也。衆所周知，韓非學說之大要在刑名法術，故治其要者，當選其刑名法術之言而研讀之。但是，節選本之選文往往受制於選者的思想傾向。魏徵乃輔佐唐太宗成"貞觀之治"的名相，而非研究《韓非子》之學者，其《群書治要》又是"奉敕"而撰，故自有其政治標準而不會囿於韓非學說之大旨。因此，自司馬遷以來被公認爲韓非代表作的《孤憤》《五蠹》之文字均落選。其所選《韓子》片段涉及《十過》《說難》《解老》《說林上》《觀行》《用人》《功名》《大體》《外儲說左上》《外儲說左下》《難勢》

《六反》《姦劫弑臣》十三篇，都是些和政治密切相關而可供君主借鑒的文字。其內容大致可歸納爲如下幾類。

一是有關大政方針之論述。如《解老》之主旨在解釋《老子》，而《治要》只選其中"治大國而數變法，則民苦之，是以有道之君貴虛靜"一段，這無非是因爲"貴虛靜"乃達成貞觀之治的理論基礎。又如選取《姦劫弑臣》"明主者，使天下不得不爲己視，使天下不得不爲己聽，故身在深宮之中，明燭四海之內，而天下弗能蔽弗能欺也"一段，是欲求君主"任其數""因其勢"，根據政治規律來治國。選取《用人》"釋法術而心治，堯不能正一國……使中主守法術，拙匠守規矩尺寸，則萬不失矣。君人者能去賢巧之所不能，守中拙之所萬不失，則人力盡而功名立"一段，是欲求君主以法治國。選取《功名》"明君之所以立功成名者四：一曰天時，二曰人心，三曰伎能，四曰勢位"一段，是要君主"守自然之道，行毋窮之令"以建立功名。選取《六反》"明主之治國也，適其時事以致財物，論其稅賦以均貧富，厚其爵祿以盡賢能，重其刑罰以禁姦邪，使民以力得富，以事致貴，以過受罪，以功置賞，而不望慈惠之賜，此帝王之政也"一段，無疑是爲君主治國提供一個言簡意賅、便於記取的政綱。

二是關於正確處理君臣關係的論述。如選取《難勢》"欲進利除害，不如任賢能"一段，以及《外儲說左下》解狐薦邢伯柳爲上黨守之事，是要君主任人唯賢。選取《大體》"寄治亂於法術，托是非於賞罰，屬輕重於權衡；不逆天理，不傷情性；不吹毛而求小疵，不洒垢而察難知；守成理，因自然；榮辱之責在乎己，而不在乎人。……上無忿怒之志，下無伏怨之患，故長利積，大功立，名成於前，德垂於後，治之至也"，以及《觀行》的"雖有堯之智，而無眾人之助，大功不立……因可勢，求易道，故用力寡而功名立"一段，是要君主依法治臣，寬以待人，不苛求於臣，以成就自己的功名。選取《外儲說左上》咎犯所說的"手足胼胝、面目犁黑，勞有功者也"一段，以及《外儲說左下》"文王伐崇"時自結襪帶一事，是要君主善待功臣。選取《說難》彌子瑕之事和《說林上》"樂羊以有功見疑，秦西巴以有罪益信"之事，是爲君主如何正確看待臣下的行爲提供參考。節選《姦劫弑臣》"凡姦臣者皆欲順人主之心以取信幸之勢者也……國有擅主之臣，則群下不得盡智力以陳其忠，百官之吏不得奉令以致其力矣"一段文字，是爲君主識別姦臣、防範姦臣危害國事提供參考。

三是有關君主政治修養的論述。如選取《觀行》"智短於自知，故以道正己"一段，是告誡君主要有自知之明。選取《外儲說左上》"魏文侯與虞人期獵"後不因疾風而失信，以及曾子殺彘來履行其妻諾言之事，是要君主嚴守信用。選取《十過》第一段所總結的"行小忠""顧小利""行僻自用,無禮諸侯""不務聽治而好五音""貪愎喜利""耽於女樂,不顧國政""離内遠遊,忽於諫士""過而不聽於忠臣,而獨行其意""内不量力,外恃諸侯""國小無禮,不用諫臣"十種過錯,是讓君主引以爲戒。

總而言之,《治要》之選文實體現了唐初最高統治者的治國理念,其中多次出現"功名立""立功成名""功立""名成""德垂""治之至"等字樣,則充分體現了他們追求國家大治、建立功名的情懷,貞觀之治無疑與這種理念和情懷有關。如果從另一個視角來看,則貞觀之治又進一步體現了韓非學説所具有的政治能量。

此外,古代彙輯之書往往可供輯佚和校勘者取資。《群書治要》成書於唐初,其引文雖有所删改,但應該能體現《韓子》之文在當時的流傳狀況。其選文雖然大都見於今本而表明如今所傳之《韓非子》無多少脱佚,但其異文也不少,如《外儲説左下》有關解狐之事,影宋抄本作:"解狐舉邢伯柳爲上黨守,柳往謝之,曰:'子釋罪,敢不再拜?'曰:'舉子,公也;怨子,私也。子往矣,怨子如初也。'"《治要》則作:"解狐與邢伯柳爲怨。趙簡主問於解狐曰:'孰可爲上黨守?'對曰:'邢伯柳可。'簡主曰:'非子之讎乎?'對曰:'臣聞忠臣之舉賢也,不避仇讎;其廢不肖也,不阿親近。'簡主曰:'善。'遂以爲守。邢伯柳聞之,乃見解狐,謝。解狐曰:'舉子,公也;怨子,私也。往矣,怨子如異日。'"此文雖然有可能是《治要》編纂者爲了便於君主借鑒而增補了文字,但也有可能當時《韓子》之文即如此。特別是其中有些文字,於上下文義更爲協調,如其《大體》"心不地則物不畢載"之"畢",乾道本、《道藏》本、張鼎文本等均作"必";《外儲説左上》"母欺子,子而不信其母",乾道本、《道藏》本、張鼎文本等均作"父欺子而不信其母"。凡此之類,無疑可用來訂正今傳《韓非子》中的訛誤,故其資料價值也不可忽視。

第二節 元代選本

1. 説郛・韓非子 〔戰國〕韓非撰 〔元〕陶宗儀輯 明抄本(上海圖書館藏)

陶宗儀(1329?—1410?),字九成,號南村,黄巖(今浙江黄巖)人。元末兵起,避亂松江(今上海松江),居泗涇之南,工詩文,通書法,洪武六年(1373)舉人,曾任教官,晚年好藏書,室名"南村草堂",多精抄本(如唐虞世南《北堂書抄》、宋姜夔《白石道人歌曲》等),著有《南村輟耕録》《南村詩集》，撰有《書史會要》《四書備遺》《遊志續編》《古刻叢鈔》等，所輯《說郛》爲古代著名的大型叢書之一。

《說郛》取名於揚雄《法言·問神》之"天地之爲萬物郭，五經之爲衆說郛"，"郛"與"郭"同義，意爲外城，故"說郛"猶言包羅衆說之書城。該書輯錄古書七百餘種，不少圖書賴此書得以流傳，然陶宗儀所輯原本久佚，僅有明抄本流傳。該明抄本《說郛》卷四十七之後半部分選有《韓非子》之文，其前題"韓非子"，輯有序文、五十五篇目錄，以及《初見秦》《存韓》《難言》《愛臣》《主道》《有度》《二柄》《揚權》《八姦》《十過》《孤憤》《說難》《和氏》《姦劫弑臣》《亡徵》《飾邪》《解老》《喻老》《說林上》《說林下》《安危》《守道》《用人》《功名》《大體》《内儲說上七術》《内儲說下六微》《外儲說左上》《外儲說左下》《外儲說右上》《外儲說右下》《難一》《難二》《難三》《難勢》《六反》《人主》《心度》《制分》三十九篇中的片段（《韓非子》之文僅十六篇未涉及）。其中有少量雙行小字注（《存韓》一條、《說難》二條、《外儲說左下》一條、《難二》三條），其注文與乾道本之注大體相同，可見也出自宋本。

此本開卷即可見其錯亂脱衍，如其目錄之"二柄第七"誤爲"二柄弟四"而置於前，"愛臣第四"誤爲"受臣第四"，"揚權第八"誤爲"楊權弟七"，"和氏"誤爲"和民"，"說林上"誤爲"說林下"以致有兩個"說林下"，"外儲說左"誤爲"外儲說下"，脱"外儲說右上"，其他如"外儲說左上三十三""外儲說右三十四""難一弟三十五""難二弟三十六""難四弟二十九"等篇第亦皆誤，其目錄後又錯入他書之文及《墨子》《子華子》等三葉，真是令人難以卒讀，然而仔細校讀該本，即可披沙而揀金，知其珍貴之資料價值實不亞於乾道本。

校讀其序，即可見該文脱"之上以爲儒者用文亂法而俠者以武犯禁寬則寵名譽"二十二字，因而其上文"韓非者，韓之諸公子也，喜刑名法術之学，而歸其本於黄老。其爲人吃口，不能説，善著書，與李斯俱事荀卿，李斯自以爲不如。非見韓之削弱，數數書千韓王，韓王不能用。於是韓非病之治国不務求人任賢，反舉浮之蠹而加功實"等八十八字緊接下文的"之人急則用介冑之士"云云，可見陶宗儀在輯錄時因行首"之"字的影響而漏抄了一行字。這每行二十二字的行款，應該出於一種較早的宋刻本（考證詳見上海古籍出版社 2010 年版《韓非子校疏》或知識產權出版社 2018 年版《韓非子校疏析論》附錄三之注釋），而乾道本此序爲每行十六字，"之上"前爲五行九十字，其"之人急則用介冑之士"也不在行首。由此可以推知，陶宗儀所用的《韓非子》應該是不同於乾道本（參見第一章第一節第 1 條"述古堂影宋抄本"考述）的宋刻本，則此本文字無疑具有重要的校勘價值。

細校下文,果然不出所料,其間不少文字實優於乾道本。如《韓非子序》"李斯害之,斯説秦王曰",乾道本、《道藏》本、張鼎文本俱作"李斯害之秦王曰";《説難》"然其頷下有逆鱗徑尺"之"頷",與鱗在表皮之義相合,而乾道本、《道藏》本、張鼎文本、《迂評》本、趙用賢本等俱作"喉";《飾邪》"故鏡執明而無事"之"明",與下文"夫搖鏡則不得爲明"相應,而乾道本、藏本、張本、《迂評》本、趙本等俱作"清";《用人》"王爾不能成半器",與上文"堯不能正一國""奚仲不能成一輪"相對,而乾道本、藏本、張本、《迂評》本、趙本等俱作"王爾不能半中";《外儲説右下》"行不與同服者同車,居不與同□者共家","居"與"行"相對,而乾道本、藏本、張本、《迂評》本、趙本等俱無"居"字;又"宫中有怨女,則外有老而無妻者"之"外",與下文"外無曠夫"相應,而乾道本、藏本、張本、《迂評》本、趙本等俱無"外"字;《難一》"期年而讓居"之"居",與上文"河濱之漁者争扺"之"扺"(坻)相應,而乾道本、藏本、張本、《迂評》本、趙本等俱作"長";《難勢》"而勢位足以御賢者也"之"御",文從字順,而乾道本作"缶",藏本、張本作"生",《迂評》本、趙本作"任";《六反》"整慤之民",乾道本、藏本、張本、《迂評》本、趙本等俱作"整穀之民";又"爲若痛之故不痤飲藥"之"痛",與上文"夫痤者痛"相應,而乾道本、藏本、張本、《迂評》本、趙本等俱作"憊"。此類文字,無疑都優於乾道本等傳本而值得取資。

　　另從選文角度來看,陶宗儀隱居松江,與在朝的魏徵相比,其輯録可謂大異其趣。魏徵《羣書治要》所選《韓子》之文,皆有關君主南面之術,而《説郛》所輯,乃着眼於其文字精彩與否。如《説難》一篇,《治要》只選取彌子瑕之事一節供君主參考,《説郛》則不取彌子瑕之事而選取了其首末最爲精彩的"凡説之難"和"夫龍之爲虫也"等文字。如果我們品賞過《韓非子》就會發現,韓文之開篇最奪人眼球,如《初見秦》:"臣聞不知而言不智,知而不言不忠。爲人臣不忠當死,言而不當亦當死。雖然,臣願悉言所聞,唯大王裁其罪。"《愛臣》:"愛臣太親,必危其身;人臣太貴,必易主位。"《有度》:"國無常强,無常弱。奉法者强則國强,奉法者弱則國弱。"謝榛《詩家直説》云:"凡起句當如爆竹,驟響易徹;結句當如撞鐘,清音有餘。"韓文之起句往往如此,故頗有霹靂之聲、雷霆之勢而使人震驚。綜觀《説郛》所節録的三十九篇《韓非子》之文,其中每篇首段文字入選者達二十四篇,由此即可見其輯録之旨趣。如此之選文觀念,有時頗有好處,如擇取《八姦》首段文句而綜合成如下文字:"凡人臣之所以道成姦者有八術:一曰在同牀,二曰在旁,三曰父凡("兄"之訛),四曰養殃,五曰民萌,六曰流行,七曰威强,八曰四方。凡此八者,人臣所以道成姦,世主所以壅劫、失其所有也,不可(此下脱"不察")

焉。"如此删削成文,頗有言簡意賅之效。但有時也難免會抹殺韓文之主旨,如《難一》《難二》只選其中歷史故事而略去其後韓非的辯難,便大失韓文之旨意,可謂有文而無篇者也。

總之,《説郛》所輯韓文,多爲文義詞采兼具之章節,雖因《韓非子》内容豐富而使其輯録難免遺珠之憾,但也足以使人愛不釋卷。此明抄本雖然文多訛誤,但頗能反映陶宗儀初稿面貌,從中可考知其所用宋刻本與乾道本不同而具有珍貴的資料價值,值得珍視。

附:張宗祥重校本《説郛·韓非子》,上海商務印書館民國十六年(1927)初版、十九年(1930)再版之排印本(上海財經大學圖書館藏)

張宗祥(1882—1965),原名思曾,後敬慕文天祥而改名宗祥,又因所校古籍爲時人目爲"冷書"而號"冷僧",又别署"鐵如意館主",浙江海寧人,清光緒二十八年(1902)舉人,學識淵博,一生主要從事文教、圖書事業,抄書成癖,善書法。1919年任京師圖書館主任,負責整理故宫移來的古籍。1926年冬定居上海,專事抄校古籍。1949年後任浙江省圖書館館長、西泠印社社長等職。所校古籍已出版的有《説郛》《國榷》《罪惟録》《越絶書》等十餘種。

張宗祥據六種明抄本校訂《説郛》,整理重輯爲一百卷,於壬戌(1922)冬完稿。《韓非子》爲《説郛》卷四十七之後半部分,其内容與上述明抄本基本相同。若將此本與上述之明抄本相校,便可見此本已將明抄本中之訛誤掃除殆盡,而上一篇考述中列舉的《説郛》可取之字也均有保留,故讀上去文從字順,毫無滯礙,謂之善本亦可矣。然其校訂之文字也有未善者,如明抄本之《難言》"家計"、《大體》"天下少不可"、《説林上》"反見"、篇題"外儲説右",與乾道本、藏本同,此本則分别作"纖計""天下少不治""及見""外儲説右下"而與趙本同,此顯然不如明抄本之更能體現古本面貌。至於明抄本《外儲説右上》"燻之則木焚"之"燻",《難一》"啞是非君人者之言也"之"啞",與乾道本、藏本、張本、《迂評》本、趙本同,而此本分别作"薰""惡",不知所據何本,但顯然不如明抄本之善。明抄本《内儲説上》"越王問於大夫種"一段之末句"此知必勝之勢也",與乾道本、藏本、張本、《迂評》本、趙本同,此本作"此必勝之勢也",顯然誤脱了"知"字。

此外,由於其經過校訂,則如上述明抄本《韓非子》序中所脱之二十二字也就無以見到了,這就在客觀上泯滅了考證《説郛》所據底本的綫索,所以從某種意義上來説,其資料價值遠不如明抄本。當然,這是另一個方面的問題,只可用來讚譽明抄本之珍貴,而不可用來苛責校訂本之釐正。

整體而言,此本瑕不掩瑜,校訂之功至偉,足可利用,其享譽學術界亦當之無愧矣。

第三節　明代選本和殘本

1. 諸子纂要·韓非子　〔戰國〕韓非撰　〔明〕黎堯卿輯　明弘治(約1493—1505)刊本(國家圖書館藏)

黎堯卿,忠州(今重慶市忠縣)人,生卒年不詳,弘治癸丑(1493)進士,編有《諸子纂要》。

《諸子纂要》共四卷,依次分爲元集、亨集、利集、貞集,刊刻時間不詳,僅在每卷首題"東川　黎堯卿　纂",觀其版式及楷體之字,估計刻於弘治六年至十八年之間(1493—1505),故今題"明弘治(約1493—1505)刊本"。

"纂要"者,纂集其要語也。稍一瀏覽,即可知此本乃一種選輯子書語錄的書。該書貞集第四十六葉至第五十一葉爲《韓非子》語錄,其文共涉及二十一篇,計《難言》《有度》《十過》《孤憤》《亡徵》《備內》《喻老》《觀行》《用人》《功名》《內儲說上七術》《難勢》《人主》各一條,《愛臣》《飾邪》《解老》《外儲說左下》《外儲說左上》各二條,《初見秦》《二柄》各三條,《說林上》四條。

其所選《韓非子》語錄之前有一小序,其言曰:"韓非子,喜刑名法術之學,而歸其本於黃老。與李斯同事荀卿。以書干韓王,不用,乃觀往者得失之變,作《孤憤》《五蠹》《內外儲》《說林》《說難》五十五篇,計十餘萬言。秦王見而悦之,急攻韓,得非。斯自以不如非,忌之,譖於秦王,下吏,使自殺。非,慘礉人也。君臣、父子、夫婦之間一任以法,其視仁義蔑如也。法之所及,雖刀鋸日加,不以爲寡恩也。其無忌憚,至謂孔子未知孝悌忠信之道;謂賢堯、舜、湯、武乃天下亂術;謂父有賢子,君有賢臣,適足以爲害;謂人君藏術胸中以倡(愚按:當作"偶")衆端而潛御群臣。噫!是何言歟?是亦足以殺其身矣。"

該序乃抄自宋濂《諸子辯》(見《宋文憲公全集》卷三十六),可見他完全同意宋濂的看法。此文前半取自《史記·韓非傳》,可謂善於概括;後半抓住《韓非子》中《忠孝》《難三》等篇章中的內容,站在崇拜儒學的立場上來指斥韓非學說,顯然有失公允,更何況還有斷章取義而誤解之嫌。其實,以仁義恩惠來代替法治是治不了國的,所以用儒家仁義之說來否定法治,實爲"迂遠而闊於事情"之說(語見《史記·孟子荀卿列傳》)。至於忠孝,在韓非看來，忠臣必須"守法""事君"，孝子必須"養親""事父"，所以湯武革命是"反君臣之義"的不忠行徑，以孔子爲首的儒家讚揚堯、舜、湯、文、武之道也就是未知孝悌忠信之道，而有了這種"競取君之國""競取父之家"的賢臣賢子，也就適足以爲君、父之害。由此可見，韓非之說也自有其邏輯，其缺陷只在於他不顧君、父之行爲是否合乎道義而一味維護君父利益而已，宋濂沒有看到這一點，而只是以孔子神聖不可侵犯、儒家學說不容懷疑爲標準來批判韓非之說，顯然失之於簡單膚淺。黎堯卿照搬其說，亦失之粗疏。

　　黎堯卿站在儒家立場上來選編諸子語錄，其内容就如明嘉靖時高儒所撰《百川書志》卷十一所說的那樣："《諸子纂要》四集，皇朝癸丑進士東川黎堯卿纂。諸子言近道體、事關世教者錄之，一切非聖不經盡皆删，不使接於心目，使心中不爲異端所染。"爲此，他編纂時雖然大多節錄原文，但有時卻也有所改易，而更有斷章取義之弊。如將《外儲說左上》"寡人聞君子曰：不重傷，不擒二毛，不推人於險，不迫人於阨，不鼓不成列"改爲"君子不重傷，不擒二毛，不推人於險，不迫人於阨"後單列爲一條，置韓非下文"宋人大敗，公傷股，三日而死，此乃慕自親仁義之禍"於不顧，如此選載《韓非子》語錄，顯然會使人曲解韓非之學說。

　　如果只從形式著眼，其改編也有不當處。如將《初見秦》首段之"臣聞：不知而言不智，知而不言不忠。爲人臣，不忠當死，言而不當亦當死。雖然，臣願悉言所聞，唯大王裁其罪"和末段之"大王誠聽其說，一舉足而天下之從不破，趙不舉，韓不亡，荆、魏不臣，齊、燕不親，霸王之名不成，四鄰諸侯不朝，大王斬臣以狥國，以爲王謀不忠者也"合編爲第一條，這可能受到《說郛》的影響，但《說郛》不選《初見秦》中間的段落，所以這首尾兩段相連還無可厚非，而該書在此條後又選了"以亂攻治者亡，以邪攻正者亡""削跡無遺根，無與禍鄰，禍乃不存"兩條，那就會使人誤以爲這第一條語錄在《韓非子》中是緊密相連之文，故不可謂之得法。又如將《二柄》"明主之所導制其臣者，二柄而已矣。二柄者，刑、德也。何謂刑、德？曰：殺戮之謂刑，慶賞之謂德。夫虎之所以能服狗者，爪牙也，使虎失其爪牙而使狗用之，則虎反服於狗矣。人主者，以刑德制臣者也。今君人者釋其刑德而使臣用之，則反制於臣矣"和"殺戮之謂刑，慶賞之謂德。爲人臣者畏誅罰而利慶賞，故人主自用其刑德，則群臣畏其威而歸其利矣"編爲兩條，也顯然有錯亂之弊。至於其最後一條"桓公伐孤竹，出山中無水，隰朋曰：'蟻冬居山之陽，夏居山之陰。蟻壤寸而有水。'使掘之，果得水焉"，更有亂改原文之弊，因爲《說林》之原文作："管仲、隰朋從於桓公而伐孤竹，春往冬反，迷惑失道。管仲曰：'老馬之智可用也。'乃放老馬而隨之，遂得道。行山中無水，隰朋曰：'蟻冬居山之陽,夏居山之陰。蟻壤一寸而仞有水。'乃掘地,遂得水。"此外,該書還有訛誤,如將《功名》"因技能"誤爲"固技能"。

總之,該書當作一般諸子語録瀏覽也未嘗不可,但欲藉此瞭解諸子要義恐會被其誤導,而引用其文也有可能以訛傳訛,該書所輯其他子書如何尚待進一步考核,但至少其《韓非子》語録是如此,故對於研究《韓非子》而言,此書毫無價值。

應該一提的是,《四庫全書總目·子部·雜家類·存目八》對《諸子纂要》也頗有微詞,其言云:"其書雜鈔諸子之文以備科舉之用。仿高棅《唐詩品彙》例,分正宗、接武、餘響之類,尤爲效顰。棅之品詩,論者已多異議,況以其例品諸子乎?"如此評論該書,似未中其要害,因爲博覽諸子語録,對應付科舉考試恐怕還是有用的。

齊魯書社 1995 年將《諸子纂要》收入《四庫全書存目叢書》子部第一二二册影印出版,也可參考。

2. 韓非子十二卷 〔戰國〕韓非撰 〔宋〕謝希深注 明正德十二年(1517)嚴時泰刻本(南京圖書館藏膠片)

嚴時泰(1482—1566),字應階,餘姚(今浙江餘姚)人,弘治十四年(1501)舉人,正德六年(1511)進士,任溧陽令,改同知鎮江府事,尋遷南康太守,嘉靖元年(1522)復置永昌府(今雲南保山)時任知府,累遷四川左右布政使、南京太僕寺卿,丙辰(1556)升都察院右副都御史巡撫四川,官至南京工部右侍郎。著有《專城録》《牢盆集》《木山集》,輯有《新刊通鑑綱目策論摘題》。

該本有嚴時泰正德丁丑(1517)序,故習稱"正德本"或"嚴本",南京圖書館所藏只是其膠片(索書號:膠 572),係國會圖書館攝製北平圖書館善本書膠片。

該書首載《韓非子序》,其題雖比《道藏》本多一"非"字,但其序文則與《道藏》本同,也無"乾道改元中元日黄三八郎印"一行。

其次爲《評〈韓非子〉語》十條,其文爲:"《史記》云:'韓非子引繩墨,切事情,明是非。'《緯文瑣語》云:'《韓非子》辭氣綿密貫通,殊無間斷,自是一種。'又云:'戰國文章,孟、莊而下,孫武、韓非所爲最善,餘人莫及。'《觀堂志林》云:'《韓非子》文章,非後世所及。若作古文,不可不熟看。'又云:'韓非有議論,不流入時文。'吕本中云:'韓非諸書,皆説盡事情。'李性學云:'《韓非子》文字絶妙。'吴草廬云:'《韓非子》文字峻潔,更有巧處。'許白雲云:'韓非善議論。'圭齋歐陽氏云:'韓非文章,瓌偉奇古,《國語》《左氏》之亞也。'"這些評語與嘉靖本(參見第一章第二節第 3 條"嘉靖刻本"考述)所刊相同，可見其頗有影響，而始作俑者當爲嚴時泰。因爲從嚴時泰的序文中可以看到，他非常推崇韓非之文章，並將"呂本中、李性學輩""皆嘗稱許其書"融入其序文作爲論據，可以説，此評語與序文實互爲表裏，故其輯録者當即作序者。

其次爲嚴時泰的《重刊〈韓非子〉序》，其言云："韓非喜刑名法術之學，慘刻少恩，君子惡其人而黜其書，故其書不甚行於世。惡其人誠是也，而書則未可黜焉。蓋凡先秦古文，不但出於賢人君子者爲不可及，雖如非之流之書，苟略其理而論其文，不無可觀者。……非之書，反理叛道之論時亦有之。至如論孔子相衛、子羔治獄及子夏之肥、樂正子不徵贋鼎之類，則猶不敢外槩孅以言聖賢，似亦知尊聖賢矣。視其師荀卿，敢於非子思、孟軻而不顧者，雖謂青於藍而寒於水可也。夫文字之外，又有近理者如此，今以其人之慘刻而概黜之，則吾之論人先已刻矣，又何以議非乎？……雖然，使非不慘刻而忠厚，不喜刑名法術而喜仁義禮樂，則雖微片言之著，亦自不失爲君子，而非乃如彼，是誠吾道中之罪人，百世所不宥者。其文雖有可觀，亦何足多哉？孔子曰：'君子不以人廢言。'吾因有取於非之書。又曰：'不以言舉人。'吾固不能爲非恕也。其書凡十有二卷，舊有注釋及序文一篇，不著其人之姓名，蓋皆出於太史公云。"序末署"皇明正德丁丑春三月朔，木山居士嚴時泰書"。從該序中可以看出嚴時泰的儒家立場，他推崇仁義禮樂而貶斥韓非的刑名法術，認爲韓非是千古罪人而不可原諒，他重刊《韓非子》，不過是因爲韓非之文可觀而已。其論與黎堯卿、張鼎文之言（參見上一篇《諸子纂要》考述和第6條"張鼎文本"考述）類同，可謂是承上啓下之作，反映了明代中期學者對《韓非子》的普遍看法。至於該本之注釋及序文，與《道藏》本同，應該出於謝希深，序謂"出於太史公"，顯然有誤。

接下來便是《韓非子》卷一至卷十二之正文及舊注（謝希深之注）。其文字基本上與《道藏》本相同，不但《和氏》《姦劫弑臣》《説林下》《內儲説下六微》的脱文與藏本相同，就是一些誤字也與藏本相同，例如（例句爲乾道本之文字，括號中爲藏本、嚴本之誤字）：《初見秦》"韓不亡（忘）"，《有度》"兵四布於天（大）下"，《十過》"師曠不得已（曰）"，又"今旦（且）暮將拔之而嚮其利"，《姦劫弑臣》（此本誤入《和氏》）"因自裂其親身衣之裏（裹）"，《南面》"不得背（皆）法而專制"，《説林下》（此本誤入《説林上》）"吾好（妤）珮"。

當然，嚴本也有與藏本不同的文字，其中有訛誤之字，例如（例句爲藏本文字，括號中爲嚴本之誤字）：《初見秦》"呼沱以北（比）"，《存韓》"舉兵將伐（代）韓"，《主道》"函（丞）掩其迹"，《有度》"刑（形）過不避大臣"，《揚權》"三隅(偶)乃列",《八姦》"優(憂)笑侏儒",《十過》"假道於虞以伐虢(號)",《孤憤》"夫(天)以疏遠與近愛信争",《説難》"在知(之)所説之心",又"此(比)説之難",《姦劫弑臣》(此本誤入《和氏》)"而(面)乃以相與比周",《備内》"李兑傅趙王而餓主(王)父",《飾邪》"則(財)貨財上流",《解老》"今(於)制於爲虚",《説林上》"巧詐不如拙(掘)誠"。

值得注意的是,嚴本與藏本不同的文字有時又同於他本,例如(例句爲藏本文字,括號中爲嚴本之異文):《存韓》"其勢不(必)救"(《迂評》本作"必不"),《愛臣》"其府庫不得私貸(貨)於家"(《迂評》本也作"貨"),《八姦》"何謂民明(萌)"(《迂評》本也作"萌"),又"施屬虚辭以壞(懷)其主"(《迂評》本也作"懷"),《十過》"四壁(壁)壘堌"(《迂評》本也作"壁"),《孤憤》"智(知)不類越"(《迂評》本也作"知"),"姬氏不(弗)制而六卿專之也"(《迂評》本也作"弗"),《亡徵》"無地固(地無固)"(《迂評》本也作"地無固"),《解老》"所謂言(方)者"(《迂評》本也作"方"),《説林下》(此本誤入《説林上》)"可以城壺(壺)丘矣"(《迂評》本也作"壺");《有度》"詰(誥)下之邪"(錢抄也作"誥"),《二柄》"故竪刁自宫(官)以治内"(錢抄也作"官"),《南面》"言無端末(未)"(錢抄也作"未")。

由上述種種推測,嚴本之底本應該是一種據藏本翻刻而又據《韓子迂評》(刻成於1579年)之底本(元代何犿校本)或祖本(元代何犿校本之底本)校改過的本子,只是又有訛誤而已(與錢抄相同的文字可能也是訛誤所致)。該本正文"韓非子卷之十二"末還有一"終"字,其序也説"其書凡十有二卷",可見它是根據殘本刊刻的,而此本之卷二末還脱去了一葉,故該本不足稱善。王重民《中國善本書提要》説它是宋代乾道本的翻刻本,實爲未作校勘而導致的誤説。過去有人因其刊刻時間較早而將它當作善本,也不當。該本實無校勘價值,其參考價值只在卷首所輯之評語和嚴時泰的序。其評語甚有影響而爲嘉靖本所翻刻,而其序可使我們瞭解當時的學術思潮。從這種意義上來説,《子藏》不收此本,也不免有所欠缺。

3. 百家類纂·韓非子二卷 〔戰國〕韓非撰 〔明〕沈津編纂 明隆慶元年(1567)含山縣儒學刊本(上海圖書館藏)

沈津,字玉壺,慈谿(今浙江慈谿)人,生卒年不詳,嘉靖三十一年(1552)舉人,曾任含山縣教諭,編有《百家類纂》。

據《百家類纂凡例總叙》,可知其所謂"類",是指儒、道、法、名、墨、縱橫、雜、兵八類;所謂"纂",是指鈎其玄而去其疵,即纂集其妙文。其卷二十二、卷二十三爲《韓非子》文選,分別題"法家類 韓非子上"、"法家類 韓非子下"。文選前有《韓非子題辭》,題辭先概括述説《史記·韓非傳》之言論,然後曰:"今讀其書,往往尚法以神其用,薄仁義,厲刑名,背《詩》《書》,課名實,至謂君臣、父子、夫婦之間舉不足以相信,其殺身宜矣。然而善持議論,文辭瓌瑋奇古,《國語》《左氏》之亞也。是焉可以其人而廢之哉?書凡十二卷,今所選者十之五也。"

由此可見,沈津節選《韓非子》之文,完全是因爲韓文"善持議論,文辭瓌瑋奇古",此論雖然抄自嚴時泰本所輯評語,但用來概括《韓非子》在内容和形式兩方面的文學成就,可謂言簡意賅、一語中的。不過,沈氏承襲嚴時泰之説,好其文而貶其説,則顯然有失韓非著書之本旨。正是基於這樣的出發點,所以沈津節選韓文時,往往注重其文學性、故事性,如《十過》多爲故事而全文被選入,《内儲説》《外儲説》只選録"傳"中的故事而不輯録其前面的經文,《有度》開頭"國無常强,無常弱。奉法者强,則國强;奉法者弱,則國弱"之類的重要言論卻被擯棄不録。

稍作比勘,就可知其《題辭》中的"善持議論,文辭瓌瑋奇古,《國語》《左氏》之亞也"以及"書凡十二卷"乃源自嚴時泰本所輯評語之"韓非善議論","韓非文章,瓌偉奇古,《國語》《左氏》之亞也"以及《重刊〈韓非子〉序》之"其書凡十有二卷"(參見上一篇"嚴時泰刻本"考述)。由此推測,沈津所據底本當爲嚴時泰刻本,是一種五十三篇之殘本而非足本。因此,該本與嚴時泰本一樣,都只有十二卷之前的文字而無第十三卷以後的文字。該本《和氏》《姦劫弑臣》之脱文與《道藏》本、嚴時泰本相同(即"未爲王之可以得安也"連爲一句),但其他文字又有不同處。將此本與藏本、嚴本對校,其文字異同有如下幾類。

一是此本與嚴本相同而與藏本不同,例如:①《二柄》"自官(宫)以治内",《八姦》"施屬虚辭以懷(壞)其主",《孤憤》"姬氏弗(不)制而六卿專之",《和氏》(實爲《姦劫弑臣》之文)"面(而)乃以相與比周",《亡徵》"地無(無地)固"。

二是此本與藏本相同而與嚴本不同,例如:②《八姦》"傻(憂)笑侏儒",《十過》"四壁(壁)㢅堺",《説難》"在知(之)所説之心",又"此(比)説之難",《飾邪》"輕重從(而)而載焉",又"則(財)貨財上流而巧説者用"。

三是藏本、嚴本相同而與此本不同,例如:③《十過》"吾芄(先)君之寶

---

① 例句中括號前爲此本與嚴本之文字,括號中爲藏本之異文。
② 例句中括號前爲此本與藏本之文字,括號中爲嚴本之異文。
③ 例句中括號前爲藏本與嚴本之文字,括號中爲此本之異文。

也",又"師曠不得曰(已)",又"今且(旦)暮將拔之",又"曹君祖(袒)裼而觀之";《二柄》"故堅刁(不)",《揚權》"故上下(一)無爲",《内儲説上》"韓昭侯握爪(瓜)而佯亡一爪(瓜)"。

　　以上第一類例子可證此本出於嚴本而非出於藏本,第二類例子可證嚴本翻刻時有訛誤而此本有所訂正,第三類例子可證此本校刊時有訂正也有訛誤。總之,此本當出於嚴本,它雖然有所訂正,但其文字與趙用賢《〈韓子〉凡例》所説的"是書訛缺既久,歷考近本,無慮數十,皆出一軌"的情況相符,故與嚴本一樣,無甚校勘價值。

　　至於其題辭所謂"今所選者十之五也",校讀後即知該書涉及《韓非子》前十二卷中的《難言》至《外儲説左下》共三十一篇文字,其中《姦劫弑臣》的文字誤入《和氏》,《説林》《内儲説》不分上下篇,《外儲説左上》與《外儲説左下》合爲《外儲説》。其文大多爲節選(《内儲説下》甚至只入選一條),也有整篇選入的。

　　此外,《百家類纂》只有三條注:《難言》"洋洋纚纚"下注"有編次也",《内儲説》"因曰此河伯"下注"直信一人言,故有此敝",皆源自謝希深之舊注;《難言》"惣微説約"之"惣"下注"總字同",乃其自注。

　　總而言之,該本之版本和注釋均無甚價值,稍可參考者僅其題辭而已。

　　今存《百家類纂》尚多,齊魯書社 1995 年將該書收入《四庫全書存目叢書》子部第一二七、一二八册影印出版,也可參考。

4. 韓非子節抄二卷　〔戰國〕韓非撰　〔明〕孫鑛節選　明隆慶三年(1569)活字印本　錢陸燦校並跋(上海圖書館藏)

　　孫鑛(1543—1613),字文融,號月峰、湖上散人,餘姚(今浙江餘姚)人,萬曆二年(1574)會試第一,殿試成二甲第四名進士,官至南京兵部尚書,加封太子少保。著述宏富,主要有《孫月峰評經》《今文選》《評史記》《評漢書》《評韓非子》《評荀子》《評老子》《評南華真經》《韓非子節抄》等。

　　該本首載孫鑛隆慶己巳(1569)季冬朔日寫的《韓非子節抄序》,其文云:"《韓非子》,法家流也。法家之學,出於理官,信賞必罰,以輔禮制,亦足爲治者也。然儒者則皆非之⋯⋯漢孝文好刑名也而幾刑措,孝宣尚法律也而民安業。及孝元崇尚儒術,遂至白晝殺人莫之禁焉,漢祚衰矣。由此觀之,法可長用乎,不可長用乎?且今居官任事,必依於職;鞫情定獄,必稽於律;興功振業,必協於制。凡所爲致化理者,孰非法家術也?而顧非之也。難言乎!難言乎!子產曰:'惟有德者能以寬服人,其次莫如猛。'斯言信矣!《韓非子》二十卷,五十五篇,余摘其雅馴者爲文業資,因序其説如此。"

由此可見，孫鑛十分推崇法家學說，認爲漢代的歷史和當今的事實已確證法家之術"足爲治者"。孫鑛此論，對於儒者之非議，諸如弘治以來黎堯卿、嚴時泰、張鼎文、沈津等人之貶斥，無疑有撥亂反正之效。他持此立場，故節選《韓非子》之思路頗與上述的沈津不同。他不選故事性較強的《十過》（《百家類纂》全文選入），也不選文字較玄虛的《揚權》（《百家類纂》節選），而全文選入《有度》（《百家類纂》節選）。他所謂"摘其雅馴者"，當即指其選文之平實致用而不玄虛浮誇。

該書無評注，僅節錄《難言》《主道》《有度》《二柄》《八姦》《孤憤》《説難》《和氏》《亡徵》《備內》《南面》《飾邪》《解老》《喻老》《説林》《觀行》《安危》《守道》《功名》《內儲説上七術》《內儲説下六微》《外儲説左上》《外儲説左下》《外儲説右上》《外儲説右下》《難一》《難二》《難三》《難四》《難勢》《問辯》《定法》《詭使》《六反》《八説》《八經》《五蠹》《顯學》《忠孝》《人主》《心度》四十一篇中的原文，而其文實際上也涉及《姦劫弒臣》（誤入《和氏》中）和《説林下》（與《説林上》合爲《説林》），所以《韓非子》之文僅十二篇未涉及。

孫鑛雖然在序中説"《韓非子》二十卷，五十五篇"，但其所據底本其實並非五十五篇本，因爲該本《和氏》《姦劫弒臣》之脱文與《道藏》本相同，即"未爲王之可以得安也"連爲一句，他雖然在此句"王"字下注"此下疑闕一段"，但不知此處連《姦劫弒臣》的篇目也已脱去。至於藏本《説林下》《內儲説下六微》之脱文，也皆不見於該本。因此，此本當據五十三篇本節抄而成。

今考其《有度》"誥下之邪"之"誥"，《八姦》"憂笑侏儒"之"憂"，《觀行》"三曰彊有所不能勝"之"彊"，此類誤字皆與隆慶本相同（參見第一章第二節第5條"隆慶初校刊本"考述），而與藏本、張鼎文本等作"詰""優""彊（疆）"不同。特別是其《難一》的"設民所欲以求其功故乃爲爵禄以勸之"和"且臣盡死力以與君市，君垂爵禄以與臣市"，與隆慶本相同而與他本不同（藏本作"設民所欲以求其乃故爲爵禄以勸之"和"且臣盡死力以與君垂爵禄以與臣市"，張鼎文本作"設民所欲以求其　。故爲爵禄以勸之"和"且臣盡死力以與君　。君垂爵禄以與臣市"，嘉靖本作"設民所欲以求其故乃爲爵禄以勸之"和"且臣盡死力以與君■垂爵禄以與臣市"）；還有《難一》"是奚言分謗也"之"奚"，《難三》"是舍吾勢之所能禁而使與下行惠以爭民"之"下"，《六反》"學者之言皆曰輕刑"之"輕刑"和"夫富家之愛子"之"富"，也皆與隆慶本相同而與他本不同（藏本、張鼎文本、嘉靖本皆作"子""不""輕""當"）。由此可見，該本當據隆慶本節抄而成。只是由於此本在隆慶本的基礎上又有所校改，所以相比而言，隆慶本之文字比此本更接近嘉靖本（這也可表明隆慶本在此本之前而爲此本之底本〉。像此本《南面》"不得背法而專制"之"背",《詭使》"死田畝"之"畝",《六反》"此亂亡之術也"之"亂",藏本、嘉靖本、隆慶本皆作"皆""敏""辭",此本則與張鼎文本同,當據張本校改。又如《五蠹》"股無胈"之"胈",藏本、嘉靖本作"肢",張本、隆慶本作"脂",此本則改爲"胈"而與《迂評》本同,這可能據《迂評》之底本(何犿校本)或祖本(何犿本之底本)而改,於此足見此本也有可取之處。當然,此本也有訛誤處,如《難言》"則見以爲語而不讓"之"語"乃"譖"字之訛,《和氏》"遂命曰和氏之壁"之"壁"乃"璧"字之訛。總之,此本文字有得有失,有一定的校勘價值。

此本之另一價值在於其上有錢陸燦之校跋。

錢陸燦(1612—1698),字爾韜,號湘靈,又號圓沙,常熟(今江蘇常熟)人,順治十四年(1657)舉人,虞山詩派代表人物之一,晚年齒尊名高,爲錢謙益之後東南文壇領袖,教授常州、揚州、金陵間,從遊者甚衆。好藏書,其藏書室名東圃書堂、調運齋、大還堂等。著有《調運齋集》《圓沙集》等,主纂《常熟縣志》。

該本上有錢陸燦所鈐的藏書印"陸燦之印""艸創大還堂""陸燦之章""湘靈""錢氏書堂印""好夢""圓沙"等,又有校記"庚申閏八月常州較閱時年六十九""甲子年三月金陵留湘館""乙丑年燈節東城寓樓參張榜選本"等,可知他於庚申(1680)閏八月、甲子(1684)三月、乙丑(1685)正月批校此書於常州、金陵間。其批校可分爲如下幾類。

一是抄錄《韓非子》之文,所抄文字涉及《韓非子序》《揚權》《十過》《和氏》《解老》《說林上》《說林下》《內儲說上》《外儲說左上》《八經》。

二是對校張榜本後說明其間異同。如在《主道》"道在不可見"上劃綫後加眉批"下張本删",將《二柄》"此人主失刑德之患也"下劃去後加眉批"張删",在《八姦》之標題旁批"張選"。

三是校字。如於《難言》"則見以爲語而不讓"之"語"字上加圈並旁注"譖";將《主道》"虛則知實之精"之"精"的左旁塗改爲"忄",於"靜則知動者正"之"者"字上加圈並旁注"之",於"臣不陳言而不當"之"陳"上補"得"字;在《有度》"爲臣人者譬之手"之"臣人"上加倒乙符號,在"手"上補"若"字;在《二柄》"則臣于賢以劫其君"之"于"上補"將乘",在"則審合刑名者"之旁加批曰:"刑,當作形。"在《外儲說左上》"挾夫相爲則責望"之"挾夫"上加倒乙符號。

四是注釋。如《有度》"故主讎法則可也"眉批:"讎,校定可否也。"將《二柄》"明主之所導制其臣者"之"導"的下部"寸"塗去後加旁批:"道,由也。"於《說難》標題旁加批:"音税。言遊説之道爲難。"

五是説明文章内容。如《主道》之末眉批:"卒歸之於賞罰,申韓本旨。"《有度》之首眉批:"前任法,後用刑。"在《八姦》"明君之於内也"旁批"轉"字,並加眉批:"已上歷陳奸狀,此教以制奸。"《顯學》"故不務德而務法"眉批:"務力必由任法。"《顯學》之末眉批:"四段正講務力不可適民。"其中也有不少轉録張榜批語的,如《有度》"故當今之時能去私曲就公法者"眉批:"以下説國之亂弱由不審法度而臣下用非其人。"

六是文評。如《難言》第二段眉批:"鄒陽書多用其法。"《有度》"先王立司南以端朝夕"眉批:"曲喻。"《二柄》"今君人者釋其刑德而使臣用之,則君反制於臣矣"旁批:"總提一句。"《和氏》(實爲《姦劫弑臣》之文)"余與争之,至裂余之衣"眉批:"更妙於驪姬之言。"《喻老》"扁鵲"條眉批:"《史記》採入《扁鵲傳》。"《難一》"或曰"眉批:"文字只是飜案法。"《五蠹》之末眉批:"結穴點出五蠹字。"也有轉録張榜等人批語的,如《二柄》"以爲不當名也害甚於有大功"眉批:"張曰:插一句,文奇而意盡。"《八姦》之首眉批:"荆川謂如照妖鏡。"又"賢材者處厚禄任大官"眉批:"陳深曰:此处句似重複,然錯綜交互,不厭其重,翻覺有味,憤激懇欵。"(此爲《韓子迂評》之評語,當爲門無子所爲,不當題"陳深曰")《六反》之首眉批:"月峰曰:以排見奇。"

總體而言,錢陸燦之批校主要依據《韓子迂評》與張榜的《韓非子纂》,其中有傳承,也有創見,前三類參考價值不大,值得參考的主要是後三類。

5. 韓非子選 〔戰國〕韓非撰 〔明〕陸穩選 明隆慶(約1569—1572)刊《十四子選》本(吉林大學圖書館藏)

陸穩(1517—1581),字汝成,號北川,歸安(今浙江湖州)人,嘉靖二十三年(1544)進士,授刑部主事,歷任江西布政使、南京兵部侍郎等職,編有《十四子選》。

該本十一行二十三字,白口,左右雙邊,一般書目著録爲"明刻本"。今考其節選之風格以及清秀之仿宋體與隆慶三年(1569)印行的《韓非子節抄》相似,這不但能反映時代風尚,而且可藉此推測該本之刊印時間與《韓非子節抄》相近,故今改題爲"明隆慶刊本"。

該本首題"韓非子選"。其所選之文,《存韓》《難言》爲全選;其他均爲節選,涉及《有度》《二柄》《孤憤》《和氏(姦劫弑臣)》《飾邪》《解老》《喻老》《説林》《用人》《功名》《大體》《内儲説》《外儲説》《難勢》《詭使》《六反》《五蠹》《顯學》。此外,《初見秦》《説難》有篇名而無正文,僅於前篇題下注

"此篇載《戰國策選》,不重録",於後篇題下注"此篇載《史略》,今不重録"。

該本選文大多爲白文,其注只有八條:兩條即上述《初見秦》《説難》之題注;一條用謝希深舊注,即《存韓》"趙據齊以爲原"之注"若山原然";一條爲删削嘉靖本上的謝希深舊注而成,即《存韓》"恄"字之注"音改,妨也"(藏本作"恄,妨也……音艾",嘉靖本作:"恄,妨也……音改");三條爲新加於《難言》的注字、注音,即"惣"之注文"總","鬼侯腊"之下的注文"昔","萇弘分胣"之下的注文"始";一條爲新加的《解老》注:"十有三者,有指七情六欲而言。謹此則生,縱此則死。其説尤勝韓非。"顯然,稍可參考者只有最後一條,從中可以看出宋明理學對老子之學的滲透。

該本有旁批四條:其一爲内容提示語,即《存韓》"甚以爲不然"之旁批"此以下皆李斯之文";另外三條爲文評,即《存韓》"韓居中國"之旁批"文氣何等雄壯",《外儲説》"然而莫能復其處,不可謂善射"之旁批"妙",《詭使》"今有私行義者尊"之旁批"文法絶奇"。此外,在不少文句旁有不同形式的圈點。由此可見,編選者之旨趣在欣賞《韓非子》之文辭,故該書選文側重文學性,所選多爲雄辯的論説文和生動的故事。正因爲如此,故其正文之編排也有重文學輕義理之缺陷,如將"倒言"作爲《内儲説上》選文之篇題,將《難勢》之"應慎子曰""復應之曰"删除後也不分段,如此皆會使讀者誤解《韓非子》之文。

該本的價值,似乎只在於其訛脱所反映出來的《韓非子》刻本情況。

今考其所選《和氏》之文,實爲《姦劫弑臣》之片段,可見其底本爲五十三篇之缺刻本。

該本正文有同於嘉靖本而不同於他本的,如《存韓》"其勢必救"(影宋抄本、藏本、張鼎文本作"其勢不救"),《喻老》"故止之難"(影宋抄本、藏本、張鼎文本作"故知之難"),《説林》"盡一盃"(影宋抄本、藏本、張鼎文本作"盡一杯");也有不同於嘉靖本之處,如其所引《和氏》(實爲《姦劫弑臣》之文)"因自裂其身衣之裏以示君"之"裏"與影宋抄本、張鼎文本同(藏本、嘉靖本作"裏");更有與他本均不同者,如《喻老》"故癕"之"癕",影宋抄本、藏本作"曤",張鼎文本作"臃",嘉靖本作"曤"。

值得注意的是,該本《外儲説》之"救火者"一節所選之文"援其子之乘。乃始檢飾。後則利鋑筴"表明,其所據底本在"檢""飾"之間脱去了《外儲説右下》傳四"響持筴,未之用也"至傳五"延陵卓子乘蒼龍與翟文之乘,前則有錯"之文;而從該節"救火者"至"乃始檢"正好爲九十六字,則表明其所據底本是一種每行二十四字而不同於《道藏》本(每行十七字)、張鼎文本(每行二十字)、嘉靖本(每行二十一字)的刻本。再根據《道藏》本或嘉靖本的文字和分節來看，其所據底本在"檢""飾"之間應該脫去了每半葉十行、每行二十四字的兩葉文字。其具體考證如下：從"救火者"一節"轡持筴"至末"又制帝王之功也"，除去其中一個注，爲九十六字，佔四行；次節從"椎鍛者"至末"矯不直也"爲三十三字，佔二行；次節從"淖齒之用齊也"至末"故劫於李兌"爲二百七十字，佔十二行；次節從"五茲鄭子引輦上高梁"至末"有術以致人之故也"爲六十七字，佔三行；次節從"趙簡主出稅者"至末"吏無私利而正矣"爲三十七字，佔二行；次節從"薄疑謂趙簡主曰"至末"然而姦吏富矣"爲四十二字，佔二行；次節從"齊桓公微服"至末"外無曠夫"爲二百三十字，佔十行；次節從"延陵卓子乘蒼龍挑文之乘"至所脫之"延陵卓子乘蒼龍與翟文之乘，前則有錯"，除去其中一個注（"言賞則有毀，罰即有譽，故不知其所由"），佔一百二十字，爲五行；以上合計四十行，共兩葉。據此，我們可以推知，陸穩所據底本是一種對舊注稍有刪削的十行二十四字本；再根據此本所選《和氏》爲《姦劫弒臣》之文，以及此本文字與藏本、張鼎文本、嘉靖本均有所不同的情況來看，其底本應該是一種與藏本、張鼎文本、嘉靖本同源的翻刻本，而上述之"癰"字之類也可能是原底本如此而非出自陸穩之校改。由此可見，明代可能還有如今已佚的《韓非子》翻刻本。

總之，該本無甚價值，但從其脫文中可考知當時尚有一種如今已失傳的《韓非子》刻本。這種情況和明抄本《說郛》類似，可謂是版本學上的"塞翁失馬"。

6. 諸子品節·韓子四卷　〔戰國〕韓非撰　〔明〕陳深節選品評　明萬曆十九年（1591）陳深刊本（復旦大學圖書館藏）

陳深生平事迹見第一章第二節第6條"《韓子迂評》萬曆七年刊本"考述。

陳深所撰《諸子品節序》所署時間因印本之不同而有差異。上海圖書館藏本（索書號爲13468）署"萬曆庚寅孟夏日"，復旦大學圖書館藏本署"萬曆辛卯孟春日"。蓋此書初版於庚寅（1590），而辛卯（1591）重印時又將日期剜改過。

該書"凡例"云："不佞所採掇者，乃晚周以後，西京以前，爲其世代近古，文辭奧雅，故取其諸子衆家，及《史》《漢》記載，無問真贗，雜陳於前，而摘其尤傑異者而輯錄之，爲之品騭，爲之節文，以便作者臨池器使，故總命之曰'諸子品節'。"可見其所謂"品節"，即節選優異之文而品評之。其次，其凡例又謂該書"仿依《莊子》之内篇、外篇、雜篇"將所選之文歸爲内品、外品、雜品三類而不分優劣，"以便學者之按名求珍"，"學者觀於内品而知醖藉之精深，外品知雄名之獨禪，雜品知珠聯玉屑之足矜也"，但實際上其後之品評無"雜品"而只有"小品"。再次,該書又將其批評分爲三品,以蘊藉沖淡或微妙玄通、使人讀之可思而不可言者爲神品,以簡妙清深或無中生有、巧奪天工者爲妙品,以平淡中有文采或雄奇、誦之不覺舞蹈者爲佳品,於此三品之文字旁施以不同的圈點。同時,又於文中之提綱、緊關、地名、人名、界域、結案處施以抹畫。由此可見,此書之編撰完全是爲了給讀者提供一部品評文辭的文學讀本,以此來對待《韓非子》,雖然因爲韓文之精妙而使編者與讀者不會徒勞無功,但顯然背離了韓非著書的初衷。

該書卷十九至卷二十二選有《韓非子》之文,卷十九首行題"諸子品節卷之十九　内品　韓子一",以下三卷所題類此,但卷二十二之首行雖題"諸子品節卷之二十二　内品　韓子四",卻在該卷《韓子》之文後又選有《墨子》之文,可見其編排之不周。從其所題"内品"可知,《韓子》在陳深心目中爲蘊藉精深之文。至於在《說林》"臧孫子憂而反""紂爲象箸而箕子怖"、《外儲說左上》"楚王謂田鳩曰""人爲嬰兒也"、《外儲說右上》"如耳說衛嗣公""申子曰上明見人備之""宋人有酤酒者"、《外儲說右下》"延陵卓子乘蒼龍與挑文之乘"八章之上加批"妙品",則又以之爲簡妙清深、巧奪天工之文。然而,其品評又不囿於神品、妙品、佳品之體例,而在《孤憤》《說難》之篇題和《解老》"物有理不可以相薄"之上加批"奇品",在《外儲說左下》"翟璜操右契而乘軒"、《人主》"游宦之士焉得無撓於私門而務於清潔矣"之上加批"麗品",在《喻老》篇題之上加批"纖品",可見其對韓文的多樣性有一定的認識。

該書所選《韓子》之文,依次涉及《孤憤》《說難》《亡徵》《難言》《八姦》《十過》《主道》《有度》《二柄》《備内》《南面》《解老》《喻老》《說林》《觀行》《功名》《用人》《内儲說》《外儲說左上》《外儲說左下》《外儲說右上》《外儲說右下》《難二》《難三》《難四》《難勢》《詭使》《六反》《八說》《五蠹》《顯學》《人主》。由此可見其篇目之編排完全不按原著而甚爲混亂,其文絶大多數爲節選,而所選之章節,其排序也多顛倒錯亂(如將《說林》"秦康公築臺三年"條置於"惠子曰羿執鞅持扞"條之後)。尤爲甚者,其正文漏刻了《難二》之篇題,致使其文誤入上篇;又將"德者内也"等大量《解老》之文誤入《喻老》中;其《内儲說》之選文不但將"董閼于爲趙上地守"誤爲"董閼于趙上地守"而將此節錯置於"魯哀公問於孔子曰鄙諺曰"一節之上,還在其前仿照上文"七術"之題亂加上標題"重難",使讀者誤以爲《内儲說》中分"七術""重難"兩篇,而其末所選《内儲說下》兩段文字之前卻不加標題"六微";《外儲說左上》删去了第六條經文"小信成則大信立"一節,卻保留了與此經文相應的傳文"李悝警其兩和"一節;《難勢》選了"復應之曰"之後的文字,卻刪去了"復應之曰"。此外,其誤字也不少,如《説林》"周趮"誤爲"周最",《外儲説右下》注文"錣,鍬也,以金飾也"被誤爲"錣,鍬也,以全飾也",《六反》"民不以小利蒙大罪"旁批引《迂評》旁批"刑棄灰之説"而脱"灰"字。總之,從文本角度來看,該本貽誤讀者不淺,即使作爲一般讀本來衡量也不夠格。《四庫全書總目·子部·雜家類·存目八》謂之"書肆陋本",雖是從其整體選文而言,但用來評此《韓子》文選,也恰如其分。

陳深早已於萬曆六年(1578)刻過《韓子迂評》,又於萬曆十一年(1583)將《韓子迂評》重校而補版,故其選編刊刻《韓子品節》,主要利用其所刻之《韓子迂評》重校本而成(選有《説林》"伯樂教其所憎者相千里之馬"等文可證),其中不少批評文字也照録《韓子迂評》。如《孤憤》之題注"法度繩墨之文,有架柱,有眼目,有起結,有收拾,有照應,部勒齊整,句適章妥,誰謂古文無紀律。法術之士與當塗者不兩存,當塗進則法術之士退,法術之士進則當塗者退,然法術之士踈而當塗日親,則終於不勝也",以及首句"智術之士"之旁批"遒緊相形",完全與《迂評》相同。《迂評》之評注爲門無子所作,陳深襲之,也可見當時抄撮之文風甚盛。

當然,陳深編《品節》,也並非完全抄襲《迂評》,《迂評》中不少評注文字均被擯棄不用。像《説難》就完全不用《迂評》的正文和評注,而改用《史記》之文及《史記索隱》之注(也偶及《史記集解》),其眉批也完全爲新撰。當然,《史記》引文有所改易,將它當作韓非原著實不當,但也可見其求異之匠心。至於《迂評》無注處,該本還輯入趙本舊注,如《外儲説右下》"五因事之理""搖木者一一攝其葉""救火者"三節即如此。

由於《迂評》《史記》和趙用賢本今存,故此本值得參考的,顯然不是上述這些承襲之處,而是其新撰的評注或經修改過的《迂評》評注。

其新撰評注,有以一語點破文章主旨者,如於《喻老》(愚按:當作《解老》)"是以父子之間具禮而不明"旁注"至敬無文",又加眉批"近人切理";於《説林》"田伯鼎好士"條批"同事異情"。有以一語爲文章提要或標題者,如《説林》於"隰斯彌見田成子"條批"隰斯彌不伐樹保身",於"有與悍者鄰"條批"去家避仇",於"紂爲長夜之飲"條批"箕子以不知避禍"。有注音釋義者,如於《喻老》"空竅者"之"空"旁注"音孔",於《外儲説左上》"李悝警其兩和"上加眉批"兩和,軍門左右"。又有以一語道破作者之心迹者,如《説難》眉批:"《孤憤》語奮,《説難》語周,皆有患失之心,孔子所謂鄙夫也。有道者,裕如耳。"又有聯繫現實而忠告者,如《六反》"父母積愛而令窮,吏用威嚴而民聽"眉批:"文辭雖善,刻薄寡恩,宜慎用之。"還有説明文體者,如《外儲説右上》眉批:"先列其目,而後著其解,謂之連珠,則連珠已兆於韓非矣。而任昉謂其體始於楊雄,非也。"此説雖爲楊慎之言(見《升庵集》卷五十二《韓子連珠論》),但引入《韓子》選本,則亦可見其徵引之廣且精。

其修改《迂評》之評注,如《喻老》(愚按:當作《解老》)"事大衆而數摇之則少成功"批曰:"治國者擾之則民亂,烹鮮者攪之則味變,治大如烹小,静以治之而已。"而《迂評》批曰:"若烹小鮮,不擾之意,治國者擾之則亂,烹小鮮者攪之則碎。"又如《難三》"或曰子産之治不亦多事也"批曰:"子産用智,或難之用法。"而《迂評》批曰:"子産之智甚善,而非之論又過之。"相比而言,《品節》之批語顯然更能揭示其文大旨。

總之,該本爲一般文學讀本,其文本雖劣,而其評注則可資參考。齊魯書社於 1995 年將《諸子品節》收入《四庫全書存目叢書》子部第一二二册、第一二三册影印出版,所以此書現在容易見到。可惜的是,其影印時所選的底本是辛卯以後的重印本,而該重印本又多處字迹不清,讀者使用時還得尋覓精印本加以補足。

7. 新鐫諸子玄言評苑·韓子二卷 〔戰國〕韓非撰 〔明〕陸可教選 李廷機訂 明萬曆間刊本(遼寧省圖書館藏)

陸可教(1547—1598),字敬承,號葵日,蘭谿(今浙江蘭溪)人,萬曆丁丑(1577)進士,授編修,曾任江西正主考、應天府正主考,官至南京禮部右侍郎。文章與馮夢禎齊名,著有《陸禮部文集》,編有《諸子玄言評苑》。

李廷機(1542—1616),字爾張,號九我,晉江(今福建泉州)人,萬曆癸未(1583)會元,以榜眼授編修,官至南京禮部尚書兼東閣大學士,卒謚文節。著有《四書臆説》《春秋講章》《通鑑節要》《漢唐宋名臣録》等。

《新鐫諸子玄言評苑》卷十一、卷十二爲《韓子玄言評苑》。其卷十一首題"新鐫韓子玄言評苑卷之十一",次題"太史 葵日 陸可教 選 九我 李廷機 訂";卷十二僅題"新鐫諸子玄言評苑卷之十二"。所謂"玄言",實爲故弄玄虚之詞,當即指玄妙之言。該本所選《韓子》之文涉及面甚廣,除了《二柄》《十過》《用人》《難四》《制分》五篇未被選入,其餘各篇均有入選者。可能是爲了使二卷篇幅相當而文選内容又以類相從,該本將《難一》至《難勢》編在卷十一,將《内儲説》《外儲説》編在卷十二,其他篇目的次序一仍舊本。

該本無《姦劫弑臣》之篇目而將其文歸入《和氏》,此兩篇交接處作"和雖獻璞而未爲王之所美,未可以得安也";凡《韓子迂評》初刻本之脱文,該本也無;其正文某些文字,也爲《迂評》本所特有,如《初見秦》"此甚大功也"之"甚"(影宋抄本、藏本、張鼎文本、趙本均作"其")、《存韓》"築城池以固守"之"固守"(影宋抄本、藏本、張鼎文本、趙本均作"守固")、《難言》"順比滑瀉"之"瀉"（影宋抄本、藏本、張鼎文本、趙本均作"澤"）；加之其注文、旁批也均取自《迂評》。凡此種種，足證其所據底本乃《迂評》之初刻本。

該本十行二十字，四周單邊，分上下欄。其文字有不少脫誤，如所選《喻老》之文前無"喻老"之篇題，致使其文誤入《解老》。《難二》之篇題作"二"，也令讀者不得其義。《說林》"紂爲象箸"誤爲"刹爲象箸"更令人費解。《外儲說右下》"一曰造父爲齊王駙駕"誤爲"二曰造父爲齐王附駕"，即使其使用俗字"齐"無可厚非，但九個字中有"二""附"兩個誤字，其校刻之草率可見一斑。

該書之編選也有缺陷。如所選《八經》之文不題"八經"，而將所選七段文字獨立，以其小標題作篇題（如"類柄""主威"），已屬不當；而《迂評》之小標題置於每段之後，故其上加"右"字，該本將此類小標題提至每段之前，只删去了"數柄""主威"上的"右"字而未删其他"右"字，於是"右主道""右起亂""右立道""右參言""右聽法"儼然成爲篇題，以此貽誤讀者，更不當。至於選文，有時竟不顧原文旨趣而任意删改。如《初見秦》首段之"臣聞不知而言不智，知而不言不忠。爲人臣，不忠當死，言而不當亦當死。雖然，臣願悉言所聞，唯大王裁其罪"被删改爲"臣聞不知而言不智，知而不言不忠。故臣願悉言所聞，唯大王裁其罪"，删十六字而增一字，原文昧死以聞之情頓失，殊爲無當。

該本的最大特色是所謂"評苑"，即評語之薈萃。其上欄輯錄的評語，除了所引《韓子迂評》之評語偶爾未題姓名外，大都標明作者，其依次出現的作者姓名有：何犿、蘇潛、傅夏器、陳深、楊道賓、唐荊川、黃道開、翁正春、王錫爵、黃鳳翔、史繼偕、王鏊、太史公、楊子雲、司馬光（以上三人轉錄自《迂評》）、李士表、袁了凡、王荆石、林希元、王元澤、馮叔吉、支道林、樓昉、吕吉甫、何孟春、劉須溪、陳后山、吴俦、劉璣、高似孫、褚伯秀、趙以夫、張之象、王維楨、姜寶、胡時化、林希逸、王慎中、許國、范無隱、郭子玄、陳詳道、陸西星、孫大授、陳碧虛、鄒守益、林疑獨、申時行、閔如霖、舒芬、馬理、趙瑤、吕補、康海、馮叔吉、倫以訓、錢福。

《四庫全書總目·子部·雜家類·存目九》評《二十九子品彙釋評》云："其書雜錄諸子，毫無倫次，評語亦皆托名，謬陋不可言狀，蓋坊賈射利之本，不足以當指摘者也。"其實，《二十九子品彙釋評》之評語大多取自本書，則本書評語所題作者姓名是否有誤應予關注。且看本書《初見秦》評語："何犿云：秦王見非書，慨然企慕，恨不同詩（《迂評》作"時"）。既同時矣，卒於囚死。所謂日進前而不御，遥聞声而相思也。知音其難哉！此篇爲初見秦，獻取天下之計。文尤矜重，宜爲嗟賞也。""陳深評：此文跌宕類蘇秦，然章法句法,起結照應,獨邁紀律。"《存韓》評語:"史繼偕曰:韓,宗國也。秦王欲得非,於是急攻韓。韓王遣(《迂評》作"遺")非使秦,秦王悅之。李斯忌而間之。"《解老》評語:"黃鳳翔曰:申、韓之學出於老氏,故作《解老》。"《六反》評語:"又(愚按:當作"支")道林曰:一正一反,二柱相形到末。"《五蠹》評語:"王慎中曰:李斯、二世多稱引此語。"此六條評語均見於《韓子迂評》,如果不是門無子抄襲此六人之作,則皆應題"門無子曰",現分題六人名下,便有張冠李戴之嫌。今考《迂評》所載何犿序,可知何犿對《韓子》僅"略加傍注"而已;而《迂評》之陳深序也說此書之品題為門無子所作;至於史繼偕(1560—1635),在萬曆七年(1579)《迂評》刊印時還年輕,恐怕尚無著述供門無子抄襲;據此,則此三人之題名必誤無疑,而所謂"黃鳳翔曰""支道林曰""王慎中曰"也不無可疑。至於他處是否有誤題或無中生有之處雖一時難以一一考定,但恐怕不在少數。由此可見,《四庫提要》所言值得重視,但究竟是否"皆托名",則有待進一步考證。另外值得注意的是,此書所輯《迂評》評語或有所增補,如《愛臣》眉批:"何犿曰:人主不得借權,人臣不得擅威。發許多議論,婉轉詳門(愚按:當作"明"),昏君、庸主之藥石。"此文"人主不得借權,人臣不得擅威"為《迂評》本之題注,當為門無子所作,而後面文句為《迂評》所無,題"何犿曰"顯然失當,因為何犿於《韓子》僅"略加傍注",不可能有此類文評。又如《有度》眉批:"何犿曰:奉法則國強,廢法則國弱,群臣百官一於法而無私則國治。援引為証,排播確切。"末兩句之文評也為《迂評》所無。此種文辭究竟出於何人已難考定。

該本之評語兼及《韓子》之思想內容和文學成就,雖然大多數評語參考價值不大,但也不乏可觀者(可參見本章本節第13條《二十九子品彙釋評》考述及上文所舉之例)。今不妨再舉《五蠹》之評語兩則供參考:"呂吉甫曰:自上古之世敘到殷、周,又直說到今世,見堯、舜之道不可行於夏、商,世變代更已然,矧欲行古道於今時乎?總是古法不足循,如荀卿法後王之論是也。""林希元曰:非見五蠹之民浮言乱國,遂謂《詩》《書》不如法律,仁義不如耕戰,至欲去文學,以吏為師,以法為教,皆憤世之詞也。而其流遂為焚坑之禍,而非亦不知其至此也。若其文之怪奇高妙,則西漢以後不如之遠矣。"

總之,該本正文、注釋雖然以涉及篇數之廣為選本中所少見,但只是取自《迂評》初刻本而已,且有訛誤,故無甚參考價值。其彙評雖然有張冠李戴或托名之弊而有待一一考證糾正,其中大多數評語也不足觀,但其豐富程度可謂史無前例,對於閱讀《韓子》而言,還是有一定的參考價值,《二十九子品彙釋評》所取此書評語甚多,說明此書評語在當時就頗受關注,故如今也不宜棄而不顧。

8. 鐫韓非子神駒三卷　〔戰國〕韓非撰　〔明〕莊天合選注彙評　明萬曆間江中楠校刊本(中國科學院圖書館藏)

　　莊天合,字德全,號冲虛,長沙(今湖南長沙)人,明萬曆十七年(1589)進士,選庶吉士,授編修,兼翰林院侍講學士,後官至少詹事,卒贈禮部侍郎,著有《莊學士集》。

　　江中楠,字國材,晉江(今福建泉州)人,明萬曆二十年(1592)進士,曾任肇慶知府、廣東按察副使、河南參議、户部督餉郎中。

　　神駒,即良馬,喻指聰慧不凡。該書目録前題"鐫莊冲虛選韓非子神駒",每卷前三行題"鐫韓非子神駒卷之×""太史冲虛莊天合選閱""門人國材江中楠校",版心有"韓子注評×卷"字樣,其卷一首行下端有"照家藏樣刻行"。由此可見此書之大體:由莊天合選《韓非子》中的智慧篇章,且加注評,由江中楠據家中所藏之寫本校刊。此所謂"江中楠校",與吴勉學本之"吴勉學校"一樣,不過是在刊刻此本時進行校對而已,而非校勘。因此,今將"江中楠校"四字置於版本欄而不依《子藏》題於作者欄。

　　該書首載《韓子叙言》(六行十三字),無甚可觀;次載《韓子總評》,爲趙用賢本之翻版,其每行之首末文字也相同,只是改用楷體而已;再次爲"韓子目録",其中有注云:"《内外儲》依宋版增定,與時刻不同。"所謂"宋版",當指趙用賢本;所謂"時刻",當指《迂評》本之類。再下面即《鐫韓非子神駒》三卷(九行十九字,分上下欄),從《初見秦》至《喻老》爲卷一,《説林》至《外儲説右下》爲卷二,《難一》至《制分》《心度》爲卷三。除了《人主》未入選,其他或全篇選入,或節選,但將《心度》置於《制分》後,則不知何故。

　　該書目録和正文均無《姦劫弑臣》篇目,《姦劫弑臣》之文被歸入《和氏》,此兩篇交接處作"和雖獻璞而未爲王之所美,未可以得安也";其正文某些文字,也爲《迂評》本所特有,如《初見秦》"此甚大功也"之"甚"(影宋抄本、藏本、張鼎文本、趙本均作"其"),《存韓》"築城池以固守"之"固守"(影宋抄本、藏本、張鼎文本、趙本均作"守固"),《難言》"順比滑瀉"之"瀉"(影宋抄本、藏本、張鼎文本、趙本均作"澤"),《儲説》之"傳一""傳二"等;加之其注文、旁批也多取自《迂評》;可見其所據底本乃《迂評》之初刻本。但編選者既用過"宋版",卻有據趙用賢本增補處,如《説林》《内儲説下》均據趙用賢本補入了文字。應該説明的是,其《説林》不分上下篇雖然無可厚非,但位於《説林》上下篇交接處的卷二第六葉之行文竟然右行而與他葉之左行不同,殊爲可怪;加之其校對也甚粗疏,訛誤不少,如目録中將"和氏"誤爲"和民",將"問辯"誤爲"問辨",《説林》"此自以爲失相。其一人曰:子非失相也"誤爲"此自以爲夫相。其一人曰:于非夫相也",《内儲説下》之"傳二"誤爲"傳三",《難二》之篇題誤作"二",《難三》之篇題誤作"三",將《難四》末章之文誤入《難三》,疏誤若此,故該書正文無校勘價值。

此書之注不多,且大多取自《迂評》之注及旁批。不過,將《迂評》旁批中的文評改爲注文,則殊爲無當,如《孤憤》"故人主愈弊而大臣愈重"注:"此兩段實是對偶,而文氣變化不滯。"又如《心度》"聖人之治民"注:"一冒便見主意。"當然,書中也有《迂評》沒有的注,如《十過》首段之注即其例,但其注只是簡述後文故事,而且還有誤字(如"顧小利則大利之殘也"之注"虞公貪晉馬而六(愚按:當作"灭")國是也"),故無甚價值。

該本上欄刊有評語,除了少數評語未題姓名外,大都標明作者,其依次出現的作者姓名有:何汸(愚按:當作"犿")、莊冲虚、傅夏器、唐抑所、唐荆川、王錫爵、黄道開、蘇濬、黄鳳翔、楊道賓、陳深、翁正春、史継偕、袁玉蟠、陳孟常、柯維騏、李九我、楊荆岩、太史公、楊子云、司馬光(以上三人轉録自《迂評》)、傅錦泉、史聯岳、蘇君禹、袁了凡、陳後山、胡時化、支道林、王荆石、林希逸、許國、郭子玄、陳碧虚、王元泽、李士表、趙以夫、蘇紫溪(即蘇濬)、王維楨、鄒守益、陳詳道、申時行、吕吉甫、劉須溪、張之象、吳俦、閔如霖、高似孫、王遵岩、褚伯秀、林疑独、林希元、陸西星、吳鑄、王慎中、范無隱、馮叔吉、吕補、姜寶、馬理、劉槩、康海、李士昌、舒芬、樓昉。

該書評語所題作者姓名有不少誤字,如何犿誤作何汸、何木,柯維騏又誤作何維騏、柯維騎,史聯岳又誤作史聯岩,袁了凡又誤作袁子九,陳深又誤作陳琛,王維楨又誤作王維禎、王維偵,劉須溪又誤作劉項溪、劉頂溪,馮叔吉又誤作馬叔吉,張之象又誤作張天象,唐抑所又誤作李抑所,楊荆岩又誤作楊有岩,李士表又誤作李仕表,林希逸又誤作林布逸,王元泽又誤作王元禎,由此可見其校刊之粗疏。

《四庫全書總目·子部·雜家類·存目九》評《二十九子品彙釋評》云:"其書雜録諸子,毫無倫次,評語亦皆托名,謬陋不可言狀,蓋坊賈射利之本,不足以當指摘者也。"其實,《二十九子品彙釋評》之評語大多取自《諸子玄言評苑》,而此本之評語又與《諸子玄言評苑》類似,則本書評語所題作者姓名是否有誤應予關注。且看本書《初見秦》評語:"何汸(愚按:當作"犿")云:秦王見非書,慨然企慕,恨不同時。既同時矣,卒於囚死。所謂日進前而不御,遥聞声而相思也。知音其難哉!此篇爲初見秦,獻取天下之計。文尤矜重,宜爲嗟賞也。"《六反》評語:"支道林曰:一正一反,二柱相形到末。"此兩條評語均見於《韓子迂評》,如果不是門無子抄襲此二人之作,則皆應題"門無子曰",現分題二人名下,便有張冠李戴之嫌。今考《迂評》所載何犿序,可知何犿對《韓子》僅"略加傍注"而已;而《迂評》之陳深序也説此書之品題爲門無子所作,所以題"何汴(犿)云"必誤無疑,而所謂"支道林曰"也不無可疑。至於他處是否有誤題或無中生有之處雖一時難以一一考定,恐怕不在少數。由此可見,《四庫提要》所言值得重視,但究竟是否"皆托名",則有待進一步考證。另外值得注意的是,此書所輯《迂評》評語或有所增補,如《初見秦》眉批:"此言秦破楚而不取,失計。文字縱橫旋轉。""文字縱橫旋轉"爲《迂評》所無。又如《愛臣》眉批:"何汴(愚按:當作"犿")曰:人主不得借權,人臣不得擅威。發許多議論,婉轉詳門(愚按:當作"明"),昏君、庸主之藥石。"此文"人主不得借權,人臣不得擅威"爲《迂評》本之題注,當爲門無子所作,而後面文句爲《迂評》所無,題"何汴(犿)曰"顯然失當,因爲何犿於《韓子》僅"略加傍注",不可能有此類文評。此種文辭究竟出於何人已難考定。值得注意的是,此處所引數例,其文均與《諸子玄言評苑》相同,只是兩者之誤字有所不同而已(參見上一篇《諸子玄言評苑》考述),所以此兩書之評語或輯自另一種彙評本也未可知。

　　如果將本書之評語與《諸子玄言評苑》對勘,則可見兩書相同的評語很多,但有不少評語相同而所題作者姓名不同。如《孤憤》眉批"傅夏器曰:分別邪正互進之勢"云云,以及"袁玉蟠曰:此段俱爲奸邪之臣而發"云云,《諸子玄言評苑》都作"翁正春曰"。《孤憤》眉批"楊荆岩曰:亡國之故"云云,《說難》眉批"袁玉蟠曰:此處議論"云云,《亡徵》眉批"陳孟常曰:《亡徵》一篇"云云,《評苑》皆作"陳深曰"。《亡徵》眉批"唐抑所曰:按《亡徵》一篇"云云,《評苑》作"傅夏器曰"。《三守》眉批"何汴(犿)曰:守固密"云云,《評苑》作"黃鳳翔曰";又"史聯岳曰:群臣持祿養交"云云,《評苑》作"蘇濬曰"。茲不煩舉,已足見此類題名並不嚴謹而必有張冠李戴之誤,且有托名之嫌。

　　如果再以此本題"莊沖虛曰"的評語來看,《諸子玄言評苑》在相同的評語上都不題"莊沖虛曰"而題以他人姓名,或題"翁正春曰"(見《初見秦》《主道》評語),或題"史繼偕曰"(見《存韓》《主道》《南面》評語),或題"黃鳳翔曰"(見《愛臣》《有度》評語),或題"楊道賓曰"(見《孤憤》《說難》《亡徵》評語),或題"傅夏器曰"(見《說難》評語),或題"王錫爵曰"(見《飾邪》評語)。例如《初見秦》眉批"莊沖虛曰:敘事痛快根切……",《諸子玄言評苑》作"蘇濬評:敘事痛快根切……"。此外,有些《諸子玄言評苑》未選而《二十九子品彙釋評》入選的篇章,也有類似情況,如《二柄》眉批:"莊沖虛曰:此言人君任法,不必喜功;人臣不在立功,只當守法。"在《二十九子品彙釋評》中則被題爲"翁正春曰"(文字稍異)。

　　內容相同的評語題以不同的作者名,便有孰真孰假的問題。今考《迂評》之《十過》評語:"每條貫以實事,無一虛者。後人爲之,每至苦貧。故曰:博聞乃餽貧之糧。"而此書《十過》評語作:"莊中(愚按:當作"冲")虛曰:每條貫以實事,無一語虛者。後之人爲之,每苦貧。故曰:博聞乃餽貧之糧。"此顯然是剿襲他人之説以爲己説。由此推測,則此書題"莊冲虛曰"而《諸子玄言評苑》或《二十九子品彙釋評》題他人姓名者,可能均爲莊冲虛剿襲他人之説處。該書《韓子叙言》既明言此乃"隨手抄録,不覺成編"之書,則其評語之剿襲也不足爲怪。當然,也有他本所無的評語,如《十過》"行小忠而大忠之賊也"眉批:"莊冲虛曰:此子反嗜酒之罪,何以責竪穀陽小忠爲大忠之賊?此引證却不甚貼切。"又"二君貌將有變"所增眉批:"描寫二子情貌,太史公叙荆卿、秦武陽殆脱於此。"又"嘗以儉得之,以奢失之"眉批:"莊冲虛曰:説未必然。然儉,德之共也;侈,惡之大也。議自至當。"由此可見,莊天合之見解也頗深刻,能發人之所未發,值得參考。可惜的是,此類發明並不多。

誠如上文所説,此書評語與《諸子玄言評苑》之評語可能出自另一種彙評本。但是,由於刊刻不慎,其文字往往各有錯訛。因此,如果將兩書對勘,往往可以得出正確之原文。如本書《孤憤》眉批:"唐抑所曰:正人指邪人爲邪,邪人亦指正人爲邪。人主不先知人。往往舉賢人君子之行,與左右使嬖品隴之,使讒邪得曰,惠良不佳。蓋由主听之不聰故耳。"《評苑》眉批作:"傅夏器曰:正人指邪人爲邪,邪人亦指正人爲邪。人主不先知人。注注舉賢人君子之行,與左右便嬖品隴之,使讒邪得四,忠良不售。蓋由主聽之不聰故耳。"兩者相校,可知其原文當作:"正人指邪人爲邪,邪人亦指正人爲邪。人主不先知人。往往舉賢人君子之行,與左右便嬖品隴之,使讒邪得四(肆),忠良不售。蓋由主聽之不聰故耳。"當然,其作者究竟是唐抑所,還是傅夏器,抑或其他人,當另行考定,但這對我們借鑒其評語來閲讀《韓子》並無大礙。

總之,該本正文、注釋雖然涉及篇數之廣,但只是以《迂評》初刻本爲底本而另據趙用賢本稍有補正而已,且有訛誤,故無甚參考價值。具有參考價值的只是其彙評,雖然其評語大多不足觀,但也不乏精到之見。應該注意的是,其評語與《諸子玄言評苑》之評語類似,但兩書所冠作者姓名不盡相同而不可盡信;且其數量多少不一,文字各有正誤,頗具互補性,故欲研究其評語,宜將此兩書對照閲讀,方可有補闕正誤之效。

9. 兩翰林纂解諸子折衷彙錦・韓子一卷 〔戰國〕韓非撰 〔明〕焦竑纂注 陳懿典評閲 明萬曆間金陵龔少岡三衢書林刊本(國家圖書館藏)

焦竑(1540—1620),字弱侯,號漪園、澹園,祖籍日照(今山東日照),祖上寓居江寧（今南京）而生於江寧，萬曆十七年（1589）狀元，授翰林院修撰，後曾任南京司業，卒謚文憲。他博覽群書、嚴謹治學，著有《澹園集》《焦氏筆乘》《老子翼》《莊子翼》《國朝獻徵錄》等。

陳懿典（1554—1638），字孟常，號如崗，秀水（今浙江嘉興）人，萬曆二十年（1592）進士，官至中允，著有《讀左漫筆》《讀史漫筆》《玉堂校傳如崗陳先生二經精解全編》等。

《兩翰林纂解諸子折衷彙錦》共十卷，書名葉左右兩行以大字題"鐫焦漪園評類　歷代諸子折衷"，中間行以小字題"三衢書林龔少岡梓"，《子藏》著錄時少"龔"字，今據原刻本補。

《諸子折衷彙錦》卷九爲《韓子》文選，該卷第一行題"兩翰林纂解諸子折衷彙錦卷之九"，第二行題"秣陵焦竑漪園纂注　就李陳懿典孟常評閱"，第三行題"名法家"，第四行題"韓子"，其下有韓非小傳。然後是《韓子》文選，選文涉及《初見秦》《存韓》《難言》《主道》《有度》《二柄》《八姦》《十過》《孤憤》《說難》《和氏》《解老》《喻老》《說林》《觀行》《安危》《守道》《大體》《内儲説上》《内儲説下》《外儲説左上》《外儲説左下》《外儲説右下》《難二》《難三》《難四》《難勢》《問辯》《說疑》《六反》《八説》《五蠹》《顯學》等三十五篇（《和氏》含《姦劫弒臣》，《説林》含上下篇）。其文除《有度》《說難》，均爲節選。

該本九行二十字，四周單邊，分上下欄，刻印精良，但學術價值不高。該本無《姦劫弒臣》之篇目而將其文歸入《和氏》，將《姦劫弒臣》之"人主誠明於聖人之術而不苟於世俗之言"緊接《和氏》之"遂命曰和氏之璧"；凡《韓子迂評》初刻本之脫文，該本也無；其正文某些文字，也爲《迂評》本所特有，如《初見秦》"此甚大功也"之"甚"（影宋抄本、藏本、張鼎文本、趙本均作"其"），《存韓》"築城池以固守"之"固守"（影宋抄本、藏本、張鼎文本、趙本均作"守固"），《難言》"順比滑瀉"之"瀉"（影宋抄本、藏本、張鼎文本、趙本均作"澤"）；加之其注文也均取自《迂評》之旁批、題注。凡此種種，足證其所據底本乃《迂評》之初刻本。

該本雖題"焦竑纂注"，但其注均取自《迂評》之初刻本而非集注，尤其是將《迂評》之文評改爲注釋，甚爲無當，與《新鍥二太史彙選注釋九子全書評林》中焦竑的《韓子》注釋大異其趣。由此看來，此本所題"焦竑纂注"當爲書坊射利之舉，不過是托其名以抬高本書身價而已，並非事實。而其書名"纂解折衷彙錦"，也當爲虛言，因爲按其本義，則此書應彙集前人之精彩評注，且調節而使之適中，但事實恐非如此。

至於陳懿典所做的工作，根據該書文本來看，主要有三種：一是節選

《韓子》之文,二是節選《迂評》之評注(包括題注、注釋、旁批、眉批等)將其置於原處或改爲注釋、眉批,三是增補少許眉批。總體而言,其工作乏善可陳。

衆所周知,《迂評》初刻本已有脱誤,而該本又增其脱誤。其篇題之脱誤者,如將"主道"誤爲"王道",將《迂評》本《和氏》之下的小字注"御臣"刻成大字標題,將"外儲説左下"誤爲"外儲左上",脱去篇題"問辯"而使其文誤入《難勢》;其批注之誤者,如將《初見秦》"此固以失霸王之道二矣"之《迂評》旁批"七十餘字與前同,内止更换一二字"移作注文而誤爲"七十餘字與前同,内上更换一二字",將《有度》"數至能人之門"之《迂評》批注"管子書亦有此論"誤爲"官子書亦有此論",將《五蠹》"楚之有直躬""魯人從君戰"之《迂評》批注"二段皆喻不可以私行害公法"誤爲"一段皆喻不可以私行害公法"。

此外,其選文也多有不當處,如《難二》只選其中的歷史故事而略去其後韓非的辯難,便大失韓文之旨意,可謂有文而無篇。《難四》只選其中侏儒説衛靈公之事而略去其後之辯難,不但使韓非之旨意不明,而且還與其前面所選的《内儲説上》之文重複。

該本眉批之評語,大多輯自《迂評》,由於其所輯《迂評》評語不標姓名,與其增補之評語混在一起,故讀者開卷瀏覽,會以爲陳懿典之評語頗多,殊不知其所增並不多,而可資參考者更少。可觀者如《十過》"奚謂好音"章眉批:"論樂寓諷諫,真是有用文字。"《説林》"魏文侯借道於趙而攻中山"章眉批:"趙刻可謂善策魏者矣。"《外儲説左上》"曾子殺彘"章眉批:"《礼》曰:'幼子當示毋誑。'此段得之。"雖然該條引文未嚴格按照《禮記·曲禮上》作"幼子常視毋誑",但並無大礙。至於他所增的其他評語,則參考價值不大,可置而不論。

綜上所述,該本當爲書坊迎合世人嗜好,節選《迂評》初刻本之正文和評注,再冠以玄妙之書名又托名大家以牟利之書。今《迂評》俱在,故此本實不足觀。

10. 新鍥二太史彙選注釋九子全書評林·韓子一卷 〔戰國〕韓非撰 〔明〕焦竑注釋 翁正春彙評 明萬曆二十二年(1594)書林詹聖澤刊本(清華大學圖書館藏)

焦竑,事迹見上一篇考述。

翁正春(1553—1626),字兆震,號青陽,侯官(今福建福州)人,萬曆二十年(1592)狀元,授翰林院修撰,歷任少詹事、禮部左侍郎、禮部尚書,卒諡文簡,著有《南宫奏疏》《青陽集》。

焦竑、翁正春二人皆爲狀元而授翰林院修撰,明代修史之職歸翰林院,故翰林亦稱太史,此本因題"二太史"。該書原題"焦竑注釋、翁正春評林",爲便於讀者理解,今依《子藏》將"評林"改題爲同義之"彙評"。該書卷十一第一行題"新鍥二太史彙選注釋九子全書評林卷之十一",該卷之版心題"韓子注釋評林"或"韓子",則所謂"全書"當指"九子"而言,《子藏》題"注釋韓非子全書評林"似未當,故今不從。

該本十一行二十五字,四周雙邊,分上下欄,楷體,刻印精良。其卷十一爲《韓子》文選,選文涉及《難言》《二柄》《孤憤》《備内》《觀行》《内儲説上》《外儲説左上》《外儲説右下》《難勢》《六反》《八説》《五蠹》《顯學》十三篇。除了三篇《儲説》爲節選,其他均全篇選入,而《儲説》中節録的章節也相對完整,每篇都有較爲詳細的注釋,上欄刊有一些評語。如此匀稱的佈局,可見其編纂之匠心。其所選篇章完整,有利於讀者把握韓非學説;每篇必注,便於讀者理解《韓非子》。以往的《韓非子》文本,其注、評都詳略不均,而該本一改舊觀,其選、注、評完全考慮到讀者的閲讀效果而詳略得宜,它無疑爲《韓非子》選本或注本開創了一個很好的體例。

今考校其正文,乃出入於趙用賢本與《迂評》本之間,如《難言》"激意親近"之"意"可證其出於趙本(影宋抄本、藏本、張鼎文本、《迂評》本作"急"),而《六反》"活賊匿姦,嘗死之民也"之"嘗"可證其又依《迂評》本(影宋抄本、藏本、張鼎文本、趙本作"當")。

不過,其文也有與諸本不同而值得稱道的校改之處,如其《難勢》之"堯舜得勢而治,桀紂得勢而亂",影宋抄本無此兩句,藏本、張鼎文本、《迂評》本、趙本等均作"堯舜得勢而治,桀得勢而亂",但從下文"夫堯舜生而在上位,雖有十桀紂不能亂者"等句子來看,該本校補"紂"字顯然可取。

但是,該本之正文校勘價值並不大,因爲其中有不少誤字乃至脱文。如《難言》"洋洋纚纚"誤爲"洋洋纚槌",《觀行》"因可勢"誤爲"困可勢",《外儲説左上》"砥礪殺矢"誤爲"砥礪穀矢",《六反》"受賞者甘利"誤爲"受賞百甘利",《八説》"謂之有俠"誤爲"謂之有狹",《五蠹》"買庸而決竇"之謝希深注"澤者苦水,故買人功使決竇也"誤爲"泽者若水,故買人功吏決竇也",《顯學》"將誰使定世之學乎"脱爲"將誰使定之學乎",又"三千歲"誤爲"三十歲"。甚至有大段脱文,如《二柄》之"桓公好味,易牙蒸其首子而進之;燕子噲好賢,故子之明不受國。故君見惡,則群臣匿端;君見好,則群臣誣能。人主欲見,則群臣之情態得其資矣。故子之,托於賢以奪其君者也;豎刁、易牙,因君之欲以侵其君者也"脱六十六字而作"桓公好味,易牙因君之欲以侵其君者也"。當然,此誤脫當爲寫工漏抄所致,因爲《二柄》之注,全用趙本,而趙本此脫文處尚有注文佔三十四字,與此脫文合計一百字,正合此本之四行,因而其原稿中兩個"易牙"之上下位置相同,致使寫工在抄寫時因跳行而誤脫。

　　至於其注釋,有整篇襲用趙本之謝希深舊注者,如《二柄》《孤憤》《内儲說上》均如此,這可能是因爲其篇中之舊注已較爲詳盡的緣故,當然,這也可證此本出於趙本。至於舊注不詳之篇,該本則在吸取舊注的基礎上加以增補。即以《難言》爲例,有照錄舊注者,如"傅說轉鬻"注:"轉次而傭,故曰鬻。"有在舊注基礎上稍加補充者,如"則見以爲誦"注:"動輒稱述,誦說舊事,則朽腐之言,而非精新之難也。"(舊注作"誦說舊事")也有輯錄舊注而有訛誤或修改者,如"則見以爲華而不實"舊注:"言順於慎,比於班。洋洋,美;纚纚,有編次也。"該本"比"誤爲"此","洋洋,美"作"洋,詳之"。至於無舊注處,該本增補了不少新注,如"總微說約,徑省而不飾,則見以爲劌而不辯"注:"提挈綱領,以爲捷徑,則逸劌之言,而難於明辯也。"又如"激意親近,探知人情,則見以爲譖而不讓"注:"品隲太刻,無少隱諱,則譖妄之言,而難於推遜也。"由此可見焦竑之補注頗有文采而有利於理解原文之義理。但也有誤釋者,如"董安于死而陳於市"注:"董安于,趙簡子家臣也。魯定公十三年,簡子殺邯鄲大夫趙午,午之子稷以邯鄲叛,與荀寅、士吉射作亂,功趙氏之宫,簡子奔晉,晉人圍之,時安于力戰死,而陳於市。"此與趙本無注相比,固然更利於閱讀,但據《左傳·定公十四年》,董安于乃自縊而死,非戰死。當然,"功趙氏之宫,簡子奔晉"也應改爲"攻趙氏之宫,簡子奔晉陽"。此外,該本注釋也有取自《韓子迂評》的,如《觀行》"智有所不能立"之注"在得人","力有所不能舉"之注"在求助","彊有所不能勝"之注"在法術",此可證該本對《迂評》本也多有取資之處。總體而言,該本之補注有得有失,此不妨再舉數例以明之。其值得參考者,如《難勢》"勢者,養虎狼之心而成暴亂之事者也,此天下之大患也"注:"勢位非爲亂之資,顧人之賢不肖何如。此一偏之論也。"《六反》"不聽其言也,則無術者不知"注:"無術,無知識也,猶夫暗者不能言也。"《五蠹》"解舍"注:"官舍。古者設官分職以治事,不可無居,故内置省、部、寺、監,外列百師庶府,莫不各有所治。"其失誤者,如《外儲說左上》"不重傷,不擒二毛"注:"射獸不重傷,擒獸不二也。"此乃將不重複傷害受傷之人、不俘虜頭髮花白之兵誤解爲對禽獸的處置。又如《五蠹》"諸先生"注:"諸先王,謂后儒之爲先王也。"其正文既已校正爲"先生",但其注仍照抄《韓子迂評》之批注以"先王"作解,其疏誤可見一斑。再如《五蠹》"商管之法"誤作"商管之法"而於"商"下注一"商"字,等於未注,此蓋刊刻時漏一"鞅"字。還有,該本多用俗字,也不免失誤,如《外儲說右下》"簡公以齊民爲渴馬"注:"民被其虐,狄馬之渴也。"其"狄"字顯然爲"犹"字之誤。

至於其評語,有取自《韓子迂評》者,但往往有脱誤之字,如《難言》之《迂評》題注:"此亦爲初見秦之詞,憤悶孤抗,故其文連類曠肆,感忿特奇。"此本脱"初"字。又如《外儲說右下》"秦襄王病,百姓爲之禱"《迂評》眉批:"太史公曰:'韓子引繩墨,明是非,極於少恩',正此類。"此本將"恩"誤爲"思"。其訛誤也有嚴重者,如《迂評》旁批"只伊尹一事,恁地細説,與前後詳略不同",此本竟將"恁地細説"誤爲"任也細玩",使人匪夷所思。此外,該本之評語也有新增而值得參考者,如《備内》"故輿人成輿,則欲人之富貴;匠人成棺,則欲人之夭死也"眉批:"此與《孟子》擇術之意同。"當然,《孟子·公孫丑上》説"矢人唯恐不傷人,函人唯恐傷人。巫匠亦然,故術不可不慎也",其實只是在勸人擇仁,與韓非此文深入地剖析此類行爲背後的趨利動因相比,不免顯得迂腐膚淺,但因爲有了這一評語而提醒讀者將兩者對照閲讀,無疑大有好處。

總之,該本之校正可取者少而失誤者多,故其正文不足據;其補注可資參考者多而也有失誤,故取用時應謹慎甄別;其彙評參考價值不大,但也有可觀者。最值得稱道的是其每篇均有詳注,爲《韓非子》之注本開創了一種提高閲讀效果的新體例。

11. 諸子十五種·韓子一卷 〔戰國〕韓非撰 〔明〕蓀園校 明萬曆三十九年(1611)刊本(天津圖書館藏)

蓀園事迹不詳。

該本所選《韓子》篇目有《主道》《有度》《二柄》《揚權》《八姦》《孤憤》《説難》《和氏》《亡徵》《備内》《南面》《解老》《喻老》《説林》《觀行》《安危》《守道》《用人》《功名》《内儲説》《外儲説》《難二》《難勢》《問辯》《六反》《八説》《五蠹》《顯學》,其中《説林》《内儲説》均涉及上下篇之文,《外儲説》則涉及四篇之文。除《難勢》爲全選,其餘均爲節選。

從其《有度》"所以凌過滅私也"(《迂評》作"滅",影宋抄本、藏本、張鼎文本、趙本作"遊外")和《亡徵》"懸皋而弗誅"(趙本作"皋",影宋抄本、藏本、張鼎文本、《迂評》本作"罪")來看,其文出入於《迂評》和趙本之間,但《説難》則據《史記》之文。不過,其文也有訛脱處,如將《有度》"故忠臣危死於非罪,姦邪之臣安利於無功。忠臣之所以危死而不以其罪,則良臣伏矣;姦邪之臣安利不以功,則姦臣進矣"脱爲"故忠臣危死於非罪,姦邪之臣安利不以功,則姦臣進矣"。

該本無釋義之注,而只有極爲簡略的注字、注音。注字者甚少,如於《亡徵》"懸皋而弗誅"之"皋"下注"罪",於《外儲說》"擅觺筴之制也"之"筴"下注"策"。注音者稍多(有二十餘處),如於《説林》"管仲隰朋從於桓公而伐孤竹"之"隰"下注"習",於"紂爲象箸而箕子怖"下注"希"。

總之,該本雖然刻印精良(九行二十一字,楷體),選文也頗精到,但注極簡,又無評,故僅可供讀者瀏覽《韓子》中一部分精彩篇章,於《韓子》研究則無參考價值。

12. 韓非子纂二卷 〔戰國〕韓非撰 〔明〕張榜纂 明朱士泰萬曆三十九年(1611)校刊《管韓合纂》本(北京大學圖書館藏)

張榜,字賓王,句容(今江蘇句容)人,自署金陵(今江蘇南京)人,好讀書,尤尚義俠,肄業國學,祭酒馮夢禎被逮,集諸生舉幡留之,上疏請伏質斧,以直夢禎之枉。旋舉萬曆三十一年(1603)鄉試。著有《五經正解》《管韓合纂》等。

朱士泰,字君啓,海陽(今山東海陽)人,張榜門人,生平事迹不詳。

明萬曆辛亥(1611)十月,張榜芟削節錄趙用賢之《管韓合刻》而成《管韓合纂》四卷。其中的《韓非子纂》二卷,即是趙本《韓非子》二十卷的删節本。這部删節本不但有《愛臣》《姦劫弑臣》《三守》《備內》《南面》《安危》《守道》《用人》《功名》《大體》《難四》《問田》《說疑》《詭使》《忠孝》《人主》《飭令》《心度》《制分》十九篇未刻入,就是刻入的篇章也已大加删改,而趙本之舊注也大多被删除。但由於其篇幅較小,又加了一些評注,故在明代很暢銷,是當時影響最大的選本。武光賜、吳貢、金堡都翻刻過張榜本,今之學者往往將其翻刻本稱爲"張榜本",其實不妥。如江蘇人民出版社1982年出版的周勳初等校注的《韓非子校注》第780頁所載"張榜本《韓非子》"書影,其實並非張榜本之初刻本,而是武光賜之翻刻本,故嚴格地說,應題"武光賜本"而不應該題"張榜本"。該本今藏國家圖書館(索書號14011),其前有武光賜《〈韓非子纂〉序》,但該序之後脫去四葉(當爲"《韓非子纂》卷上目錄"及《韓非子纂》卷上之開頭幾葉),故《韓非子校注》只能影印其卷下之首葉,從其卷目下所題"金陵張榜賓王芟輯,新城王與胤鳳里糾訛,菱水武光賜燕卿據釋,新城王與夔華注評次"即可看出,此爲翻刻本。

張榜本之初刻本應是朱士泰校刊本,但流傳至今的本子大多不完整,筆者僅在北京大學圖書館、浙江圖書館見過完整的《管韓合纂》初刻本。其初刻本首載朱士泰《〈管韓合纂〉序》。次爲張榜《〈管子纂〉序》,然後依次爲

"《管子纂》上卷目録"、《管子纂》卷上、"《管子纂》下卷目録"、《管子纂》卷下。再次爲張榜《〈韓非子纂〉序》（行草，共四葉，半葉六行，每行十三或十四字），然後依次爲"《韓非子纂》卷上目録"、《韓非子纂》卷上、"《韓非子纂》卷下目録"、《韓非子纂》卷下。《韓非子纂》卷上共六十二葉，卷下共六十四葉，半葉九行，每行十八字，四周單邊，白口，雙欄（上欄載批語）。正文第一行上端爲"韓非子纂卷上"六字，第二行下端爲"金陵張榜賓王纂"七字，第三行下端爲"海陽朱士泰君啓訂"八字。可以這些來識別初刻本與翻刻本。

朱士泰《〈管韓合纂〉序》對張榜合纂《管子》《韓非子》之學術基礎有所說明，其言云："管敬仲、韓非，非倫也。而趙汝師合刻之，而吾師合纂之，則嘗求其説。夫世不習稱管晏、管樂、管葛云哉，晏非匹，樂尤蔑焉，武侯平明之治，方駕一匡，而文彩自二《表》外不多見。後乃管、商並稱也。夫驟觀夫《國軌》《地數》諸篇，不察其贋而以爲侔利於秒，一聞'毋貸錯''毋變更'，而以爲苛，其並稱無怪。夫可以稱管、商也者，則亦可稱管、韓。雖然，管、商必不可並，而並之以韓非，以其心術符也；又非以其操柄而治，遂可與頡之頏之也，直以其文而已矣。管子之文，愽（愚按：當作"博"）而偉，精而特，一言千古者，爛然盈乎笫；韓子之文深而幽，曲折而多變。管子非不能爲此變也，總人情之概而不事乎繳察，而韓子必欲窮之也，而經生家因欲借其變以窮文之致，則無爲尊管而隸韓矣。故夫管、韓之並列，久矣乎！非一日之目，苟爲析之而反若有闕然者，是所以合纂也。"由此可見，張榜合纂《管子》《韓非子》，固然是受到趙用賢《管韓合刻》的影響，但主要還是因爲該二書之"心術"相合，其政治思想有相通之處，而其文又異曲而同工。

張榜《〈韓非子纂〉序》之末署"萬曆龍在辛亥律應应鍾哉生明，金陵張榜賓王甫埩"，可知該序作於萬曆辛亥（1611）十月，則其刊行也當在此年。張榜之序對韓非及其學説有很深刻的現實思考。其言云："夫審乎不龜手之藥之或不免乎洴澼絖而或可以愽（愚按：當作"博"）裂地之封者，而後可與讀韓非氏。夫韓非氏之不能以其身玚也，兆已在乎其所著之書矣。而愽（愚按：當作"博"）士家神明而用之，烏在其賈要領於咸陽之市者？我不借之以發肝膈之幽思而折寰中之奇致哉！故掇其才，可以發吾才；而鑒其所以用才者，且可沈可愍，以善用吾才。張儀之才不及蘇季，以其不及也，而又以其當季子時也，是故毲之以存舌，而舌之銛然者，終鼓掉於山東西之國而莫之伉。非之才過李斯，以其過也，而謂可以當李斯時而自爲時也，故舌如電光，而無以其舌存，而並無以其要領存。是故士有才而務張之也，毋如其謹悶之也。且吾觀韓子，而知猜之不可長，而知凶德之不可首也。韓子以生人之類，自君臣至其妻其子而皆我之賊也。其妻子而賊，則誰不爲賊者乎？秦王猜鷙，韓非教猱，則豈顧以非子爲親於其妻與子而不爲賊耶？而韓子之法，擊斷無諱，秦王不斷之於非，且誰斷耶？鄭父之於宋人也，謂不築圮墻而虞盜，而宋人竟疑鄭父爲盜。桃誰氏爲吳王鑄截甲之劍，曰：'謹閟之！毋泄，亦毋輕試也。'吳王曰：'不試，且烏知善？且吾能聽子之言而毋泄，而不能必子之爲我毋泄也。'殺桃誰氏。此二者，非子之謂也。置其人，論其文。其文過刻者，猶之乎芟之也；其過俚者，猶之乎芟之也；《內》《外儲》篇，懼悉芟之而不成一體，然評語不甚賞許者，猶之乎意芟之也。曰：如是，是可善用韓非氏。至夫善用韓非氏者，寧僅僅盡是也。"

張榜首先強調，必須具有政治經驗，然後纔能讀《韓非子》，此可謂知音之言，因爲《韓非子》實是一部政治學巨著，有了政治經驗，纔能更深刻地理解韓非的政治學說，纔能更恰當地用之於政治實踐之中。其次，張榜認爲一方面應該汲取其才以增進吾才，另一方面還應該借鑒其用才以謹用吾才，韜光養晦而不張揚，以免遭殺身之禍，此可謂人生經驗之談。再次，張榜批判了韓非懷疑一切的猜忌之心，此可謂無視戰國時險惡之政治環境而產生的妄議。最後，張榜說明了其刪改《韓非子》之法，即刪去其苛刻之文與俚俗之語，《姦劫弒臣》《備內》《問田》之類被刪，便體現了這種編纂原則。從總體上看，張榜的思想觀念是注重現實的，其編纂此書的目的是爲了"善用韓非氏"，這一編纂宗旨無疑值得肯定。

張榜本雖然對《韓非子》之文多所刪削，也有誤字，如《十過》之正文篇題誤爲"十惡"，但其校改之處頗有可從處，如《孤憤》"以公法而誅之""治辯之功制於近習"（影宋本、藏本、張鼎文本、《迂評》本、趙本無"以"，"辯"作"亂"）；《解老》"謂其意無所制也"（影宋本、藏本、張鼎文本、《迂評》本、趙本"無所"作"所無"）；《外儲說右上》"故不駕鹿""説在畜烏"（影宋本、藏本、張鼎文本、《迂評》本、趙本"不"作"而"，"烏"作"焉"）；《難二》"不識臣之力也？君之力也"（影宋本、藏本、張鼎文本、《迂評》本、趙本無"君之力也"）；《顯學》"與人相若也"（影宋本、藏本、張鼎文本、《迂評》本、趙本"若"作"善"）。

有時，其校改之後還加新注，則更可明其校改之由，如《二柄》"明主之所道制其臣者"旁注："道，由也。"結合其於《八姦》首句"凡人臣之所道成姦者有八術"之"道"旁注"由也"，可見其《二柄》之校改爲本校，而影宋本、藏本、張鼎文本、《迂評》本、趙本作"明主之所導制其臣者"則顯然有誤。又如影宋本、藏本、張鼎文本、《迂評》本、趙本《外儲說左上》"宓子曰：君不知賤不肖"，張榜本改爲"宓子曰：君不知不齊不肖"，並加注："不齊，子賤名。"

今考《史記·仲尼弟子列傳》載:"宓不齊,字子賤。……子賤爲單父宰,反命於孔子曰:'此國有賢不齊者五人,教不齊所以治者。'"可見,宓子賤自稱應該用其名而不應該用其字,稱人以字而自稱以名乃傳統之稱呼法,故張榜改爲"不齊"乃理校使然,甚是。

爲謹慎起見,張榜有時只加按語而不擅改,也頗有可取之處。如《二柄》"則審合刑名者"眉批:"刑,當作形。"《外儲說右上》"故與二欒博"眉批:"欒,當作孌。"《難二》"管仲之取舍非周公旦未可知也"眉批:"當云'非周公旦亦以明矣,然其賢與不賢未可知也'。"

張榜本之注少而簡。其注或轉錄趙本舊注,如《存韓》"欲贅天下之兵"注:"贅,綴連也。"或刪改趙本舊注而成,如《存韓》"入則爲蒯薦"注:"蒯薦居人下。"又"虛處則欬然"注:"欬,妨也,音艾。"或取自趙用賢之注,如《説林》"鳥有翢翢者"眉批:"翢,音周。"又如《内儲説上》"挾智而問,則不智者至;深智一物,衆隱皆變"之注也取趙用賢之注而不取趙本之舊注。除吸取趙本之注外,也有新加之注,如《十過》選了第一過之文後注:"以下九過體並仿此。"《説難》題注:"照《史記》參過。"《喻老》題注:"中多與《淮南·道應、人間訓》同者,多從刪。"此類注與其編校工作有關,雖然參考價值不大,也足見其用功不淺。有些新注之參考價值較高,除了上舉之例,又如《外儲説右上》"今有千金之玉卮,通而無當"旁注:"當,底也。"《難勢》"螾螘"旁注:"蚓蟻。"

張榜本之特色在評,其評以旁批、眉批出之。其評語有取自趙本者(不題名),如《初見秦》眉批:"此篇與《國策》所載大略相同,是秦文之極佳者。"但大多爲新撰,如《初見秦》眉批:"一篇主意在力排謀臣之不忠,而欲獨進其説。""文氣如決,文情如環。"又"不知而言,不智;知而不言,不忠"旁批:"智字陪説,忠字是主。"又如《難一》眉批:"諸難皆於有理之事故設辨剝以恣其縱橫顛倒,欲自見才耳。利口覆邦者耶? 然可長人慧巧,益人筆力。"總體來看,其涉及義理之評語參考價值較高,其品評文辭者參考價值不大。

總之,張榜本之序、校、注、評均有可取處,故在衆多選本中脱穎而出、受人青睞,並被多家翻刻,也在情理之中。

13. 新鍥翰林三狀元會選二十九子品彙釋評·韓非子一卷 〔戰國〕韓非撰 〔明〕焦竑校注 翁正春參閱 朱之蕃圈點 明萬曆四十四年(1616)寶善堂刊本(上海圖書館藏)

焦竑、翁正春之生平事迹見本章本節第 9 條《兩翰林纂解諸子折衷彙錦》、本章本節第 10 條《新鍥二太史彙選注釋九子全書評林》考述。

朱之蕃(1556—1624)，字元升(一作元介)，號蘭嵎、定覺主人，原籍茌平(今山東茌平)，後附籍南京錦衣衛。萬曆二十三年(1595)狀元，授翰林院修撰，官終禮部右侍郎，卒贈禮部尚書。工書法，善畫山水花卉，著有《使朝鮮稿》《紀勝詩》《南還雜著》等。

以上三人均爲狀元，故此書題"三狀元"。該書卷十爲《韓非子》文選，該卷第一行題"新鍥翰林三狀元會選二十九子品彙釋評十卷"，其後三行題"從吾焦竑校正""青陽翁正春參閱""蘭嵎朱之蕃圈點"。今考該卷之正文、注釋，實爲《新鍥二太史彙選注釋九子全書評林》卷十一之翻版，而《九子全書》題"焦竑注釋、翁正春評林"(本考述涉及《九子全書》處可參見本章本節第10條《新鍥二太史彙選注釋九子全書評林》考述)，故今將此本改題爲"焦竑校注"，以便更明晰地體現該本內容。

該本十行二十四字，四周單邊，分上下欄，楷體，刻印不善。其《韓非子》文選與《九子全書》本基本相同，只是又有所誤而已。如《難言》"激意親近"、《難勢》"桀紂得勢而亂"之類均同於《九子全書》本。甚至其誤字脫文也一脈相承，包括《難言》之"纏榍"，《觀行》之"困可勢"，《外儲說左上》之"砥礪殺矢"，《六反》之"受賞百甘利"，《八說》之"謂之有狹"，《顯學》之"將誰使定之學乎""三十歲"，以及《二柄》"桓公好味，易牙因君之欲以侵其君者也"中的大段脫文，均與《九子全書》本同。此外，該本又有新的誤字脫文，如將《九子全書》本《備內》之"故興人成輿"誤爲"故興人臣輿"；將《九子全書》本《六反》之"行劍攻殺，暴憿之民也，而世尊之曰磏勇之士。活賊匿姦，當死之民也"脫成"行劍攻殺，暴憿之民也"，致使其未脫之注"嘗，試也，以身犯法而試死也"位於"暴憿之民也"之下而令人不可思議。

該本之注釋也與《九子全書》本基本相同。對《九子全書》本之誤，此本有所校正，如將其《六反》"愚戇之民"之注"戇、闇同"改爲"戇，闇也"；但大都承襲其誤而未加校正，如《難言》"華而不實"之注"言順於慎，此於班。洋，詳之"，《外儲說左上》"不重傷，不擒二毛"之注"射獸不重傷，擒獸不二也"，《外儲說右下》"簡公以齊民爲渴馬"之注"民被其虐，狄馬之渴也"，《五蠹》"諸先生"之注"諸先王，謂后儒之爲先王也"，"商管之法"之注"商"，均與《九子全書》本同；有不少地方雖然有所校改，但由於只憑己意而改，故仍歸於誤，如將其《難言》"董安于死而陳於市"之注"功趙氏之宮，簡子奔晉，晉人圍之，時安于力戰死"改爲"功趙氏之宮，簡子奔晉，晉人圖之，時安于力戰之死"，將其《五蠹》"買庸而決竇"之注"澤者若水，故買人功吏決竇也"改爲"澤者若水，故買人功利決竇也"，均其例；更有《九子全書》本不誤而新誤者，如《九子全書》將《八說》"謂之有俠"誤爲"謂之有狹"，但其注作"俠,遊俠也"不誤,而此本則據正文之"狹"臆改爲"狹,猶狹也",自以爲與正文相匹配,殊不知誤上加誤。

該本與《九子全書》本最大的不同之處在上欄彙集的評語,也即所謂的"品彙釋評",以及在正文某些文句旁所加的圈點。該書《評品凡例》曰:"按諸子百家各持一指,精者、奧者、微者、妙者、流浣者、輕快者,不可殫述。評品或繪其文字之工妙,或證其意旨之異同,或闡其秘奧之深遠,或訂其刊刻之繆訛,或取其行事之微美,或探其垂世之謨訓,同中有異,異中有同,諸家刻俱爲下品矣。"其《圈點凡例》曰:"讀文者貴得意於文字之外,有文若淺易而意絕精到,有文寔拮崛而意若平正。談吐有關於世教,文墨有裨於辭藻。如此之類,不能遍舉,讀者但於圈點處求之,各有所指,能得其意,解悟便多。"

該本加上"朱之蕃圈點",似乎加重了其分量,但其圈點實可置而不論。至於其評語,除了所引《韓子迂評》之評語偶爾未題姓名外,大都標明作者,其依次出現的作者姓名有:何犿、陳深、史繼偕、楊道賓、黃鳳翔、傅夏器、王錫爵、翁正春、蘇濬、黃道開、申時行、許國、王荊石、陳詳道、袁了凡、支道林、許海岳、唐荊川、閔如霖、張之象、陳貴虛、申瑤泉、劉棨、褚伯秀、王維楨、樓昉、呂吉甫、鄒守益、李士表、馬理、趙以夫、吳倜、范無隱、劉須溪、張洪陽、呂甫、林疑獨、舒芬、馮叙吉、太史公(轉錄自《九子全書》本)、王世貞、姜寶、康海、王元澤、陳後山、林希元、何孟春、高似孫、郭子玄、林希逸、倫以訓、趙志高、王慎中、朱之蕃、湯賓尹、趙瑤、錢福、吳默。

《四庫全書總目·子部·雜家類·存目九》評該書云:"其書雜錄諸子,毫無倫次,評語亦皆托名,謬陋不可言狀,蓋坊賈射利之本,不足以當指摘者也。"從該本《難言》之評語"此亦爲初見秦之詞,憤悶孤抗,故其文連類曠肆,感忿特奇"題"何犿曰"以及《二柄》之評語"此言君路(《迂評》作"露",此承《九子全書》本之誤)之情則臣得其資"題"陳深曰"來看,該本之題名實有張冠李戴之誤,因爲此兩條評語爲《韓子迂評》之批注,皆應題爲"門無子"。至於他處是否有誤題或無中生有之處雖一時難以一一考定,但恐怕不在少數。而且,其題名也頗粗疏,如林疑獨被誤題爲林疑德、林獨疑,王維楨被誤題爲王維禎,黃鳳翔被誤爲王鳳翔,申瑤泉又題申時行乃至誤爲申窑泉。由此可見,《四庫提要》所言值得重視,但究竟是否"皆托名",則有待進一步考證。

今考該本評語,實取自《新鐫諸子玄言評苑》與《新鍥二太史彙選注釋九子全書評林》二書。其題名之舉乃源自《玄言評苑》,但此本又有所改易或訛誤。如《觀行》"因可勢,求易道"及"故明主觀人,不使人觀己"之《玄言評苑》眉批:"王荊石曰:凡事任人則裕,自用則勞。若不知任人,則一人之力不足以集事,其弊必至於賢才退却而不肯進,所謂'訑訑之聲音顏色拒人

於千里之外'者是也。""林希逸曰：得此一轉,收意尤親切。"此本則不題
"王荆石""林希逸"而改題爲"海岳曰""許海岳曰"。《外儲説右下》"造父
御四馬"及"王子於期爲駙駕"《玄言評苑》眉批："吕補曰：造父威分於出
麑。""林疑獨曰：王子於期德分於圃池,與上二喻駢麗可賞。"此本眉批分別
誤爲"吕甫曰""林疑德曰"。至於《玄言評苑》未選之文或無評語之處,此本
又以《九子全書》之評語補充之。只是《九子全書》之評語原不題作者姓名,
此書大概爲了統一體例,故也任意冠以作者姓名。如《備内》"故輿人成輿,
則欲人之富貴；匠人成棺,則欲人之夭死也"《九子全書》眉批"此與《孟
子》擇術之意同",此本照録之,但在其前加題了"許國曰"。《外儲説右下》
"今令王良造父共車"之《九子全書》眉批"復説王良等以爲斷案",此本照録
之,但在其前加題了"馮叙吉曰"。當然,其冠名並無定準,而其評語也往往
承襲《九子全書》之誤文,如《難言》之《迂評》旁批"只伊尹一事,恁地細説,
與前後詳略不同",《九子全書》將"恁地細説"誤爲"任也細玩",此本也作
"任也細玩",只是在評語上冠以"黄鳳翔曰"四字,這黄鳳翔顯然是托名,因
爲此乃門無子所作。對《九子全書》本之誤,此本有時甚至誤上加誤,如
《外儲説右下》"秦襄王病"之《迂評》眉批"太史公曰：'韓子引繩墨,明是
非,極於少恩'",《九子全書》本誤爲"太史公曰：'韓子引繩墨,明是非,極於
少思'",此本竟改爲"太史公曰：'韓子引繩墨,明是非,亟於少師'"。從上
面所引評語可以看出,其參考價值高低不一。總體而言,其中大多數評語參
考價值不大,但也不乏可觀者,如《孤憤》眉批："翁正春曰：自古重人任事,
國家未有不危亡者,觀'無令而擅爲'數句,乃知邪臣害國,必至不可救藥,庸
君闇主反倚邪爲正者,亦獨何心哉?"當然,此評語也輯自《玄言評苑》。

總之,該書卷十所選《韓非子》之正文及其注釋爲《九子全書》卷十一之
翻版,其彙評輯自《玄言評苑》與《九子全書》,伹因校刊粗疏而又有新的訛
誤,今其所據底本俱在,故此本置而不論亦可也。

另外要説明的是,《子藏》影印時所用底本爲北京師範大學圖書館藏本,
其卷十脱十六葉下半葉、十七葉上半葉、二十二葉上半葉。齊魯書社 1995
年將該書收入《四庫全書存目叢書》子部第一三三、一三四册影印出版,其所
用底本爲北京圖書館分館藏本,卷十無脱葉,可用來與《子藏》影印本相互對
勘,以補足各自所缺。

14. 藝林粹言・韓非子　〔戰國〕韓非撰　〔明〕陳繼儒選編　明萬曆
間刊本(上海圖書館藏)

陳繼儒(1558—1639),字仲醇,號眉公、麋公,華亭(今上海松江)人,二

十九歲即隱居於小崑山（在今上海市松江區西部），後居東佘山（在今松江區西北部），絕意科舉仕進，杜門著述，工詩文，善書畫，爲吳門畫派代表人物之一，藏書頗富，喜抄校刻印舊籍，著有《陳眉公全集》《妮古錄》等，編有《古今粹言》（後名《藝林粹言》），但以隱士之名而仍與高官豪紳來往，故時人頗有譏評。

該書前有陳繼儒所撰《古今粹言序》，其後爲"鐫陳眉公彙選古今粹言目錄"，故《子藏》題"古今粹言"。今考其後之正文，每卷均題"藝林粹言卷之×"，故上海圖書館著錄爲"藝林粹言"。蓋此書原名"古今粹言"，刊刻時改爲"藝林粹言"，今爲便於讀者查檢，故不從《子藏》之題而依上海圖書館著錄爲"藝林粹言"。

陳繼儒之序中有言云："是集自《孔子家語》《左》《國》秦漢唐宋迄我明先輩諸名家稍稍裒聚，余亦未逮校其失次失歟，而門人輩已私從剞劂，或之請，輒乞敘於余曰：'庶令初學者一寓目而爲古爲今盡在遐覽，可乎？'余嫣然曰：'聊以付童子呻吟之一助，其舛錯缺略令賞鑒家爲之噴飯，非我也，二三子也。'"由此可見，此書雖爲陳繼儒所編纂，但他並未參與校刊，而完全任其門人刊刻，此言不但使我們能夠理解爲什麼書中稱陳繼儒爲陳仲醇，而且可使我們瞭解其書錯誤百出的原因。

所謂"粹言"，即精粹之言。稍一瀏覽，即可知此本乃一種選輯諸書語錄之書。《藝林粹言》卷十五選有《韓非子》之文，其首題"韓非子"，次有編者按："陳仲醇曰：非稱刑名家，頃余得其全書閱之，大都崇法術，尚刻嚴，似非聖人尚德不尚刑之意。然其論事透徹，行文古雅，則有足多者。茅鹿門曰：'先秦之文，韓子擅塲，陽翟駔儈'，信哉！"再次即爲分段羅列的《韓非子》語錄，無注。

由陳繼儒之按語可以看出，他雖對韓非學說略有微詞，但與黎堯卿、嚴時泰、張鼎文等人的激情貶斥顯然不同，他平淡而客觀地揭示了韓非學說與儒家學說的對立，頗有隱士之風。至於以"論事透徹，行文古雅"來評價韓文，也可謂一語中的。

該卷所選《韓非子》語錄不題篇名，其文涉及《愛臣》《主道》《有度》《二柄》《說難》《和氏》《解老》《喻老》《飾邪》《說林》《觀行》《功名》《內儲說上》《外儲說左下》《難一》《難勢》《說疑》《難二》《安危》《顯學》《五蠹》《用人》。其引文之排序不按舊本而甚爲混亂，如"夫良馬固車，使臧獲御之，則爲人笑"一段（語見《難勢》）之後接"聖主明王內舉不避親，外舉不避讎"一段（語見《說疑》），再下接"宮之奇在虞，僖負霸在曹"一段（語見《難二》），再下接"飛龍乘雲，騰蛇游霧"一段（語見《難勢》），再下接"國無常強，無常弱"二段(語見《有度》),再下接"古扁鵲之治病也"一段(語見《安危》)。由此推測,此書當爲陳繼儒平時斷斷續續閱讀時隨手抄撮之作。正因爲如此,故其引文有前後重複者。如前文已有"國無常強,無常弱。奉法者強則國強,奉法者弱則國弱",後又重出。又如前面已有"忠臣危死於非罪,姦奸之臣安利於無功。忠臣危死而不以其罪,則良臣伏矣;姦邪之臣安利不以功,則姦臣進矣。此亡之本也",後面又有此條文字,只是"姦奸"作"姦邪",最後再多一句"故曰亡國之廷無人焉"。

從《愛臣》"人臣太擅,必易主命"、《難二》"蹇叔愚於虞而智於秦"來看,其語録應抄自《韓子迂評》(影宋抄本、藏本、張鼎文本、趙用賢本作"人臣太貴,必易主位""蹇叔愚於干而智於秦")。但陳繼儒對《迂評》之文多有删改,此舉可能是爲了使其言顯得更爲短小精悍而成爲"粹言"。如《愛臣》:"愛臣太親,必危其身;人臣太擅,必易主命;主妾無等,必危嫡子;兄弟不服,必危社稷。臣聞:千乘之君無備,必有百乘之臣在其側,以徙其民而傾其國;萬乘之君無備,必有千乘之家在其側,以徙其威而傾其國。是以姦臣蕃息,主道衰亡。是故諸侯之博大,天子之害也;群臣之大富,君主之敗也。"該本删改爲:"愛臣太親,必危其身;人臣太擅,必易主命;主妾無等,必危嫡子;兄弟不服,必危社稷。是故諸侯之博大,天子之害也;群臣之大富,君主之敗也。"又如《外儲説左下》:"管仲相齊,曰:'臣貴矣,然而臣貧。'桓公曰:'使子有三歸之家。'曰:'臣富矣,然而臣卑。'桓公使立於高、國之上。'臣尊矣,然而臣疏。'乃立爲仲父。孔子聞而非之曰:'泰侈逼上。'一曰:管仲父出,朱蓋青衣,置鼓而歸,庭有陳鼎,家有三歸。孔子曰:'良大夫也,其侈逼上。'"該本删改爲:"管仲相齊,立爲仲父,庭有陳鼎,家有三歸。孔子曰:'良大夫也,其侈逼上。'"此可謂陳繼儒苦心經營之處,但《韓非子》原貌則大失。

必須指出,陳繼儒的某些删改可謂之妄改。如:"飛龍乘雲,騰蛇游霧,雲罷霧霽,而龍蛇與螾螘同矣,則失其所乘也。故賢人而屈於不肖者,權輕位卑也;不肖而能服乎賢者,權重位尊也。雖然,不擇賢而專任勢,足以爲治乎?則吾未得見也。"此文有增字、删字、改字處且不論其得失,但"雖然"之前爲《難勢》中"《慎子》曰"之文,從"雖然"開始爲駁斥前文的"應《慎子》曰"之文,現在合而爲一,顯然不當。又如將《迂評》本之"非疏骨肉愛客過也"(《五蠹》)改爲"非疏其所親,親其所疏也",使《韓非子》之文面目全非,顯然也不足取。

除了删改有不當處,其引文也有不少訛誤,如"明主之利賞也,曖乎如時雨"爲"明君之行賞也,曖乎如時雨"之誤(語見《主道》),"姦奸之臣安利於無功"爲"姦邪之臣安利於無功"之誤(語見《有度》),"楚王好細腰而中國多饑人"爲"楚靈王好細腰而國中多餓人"之誤(語見《二柄》),"糲餅菜根"爲"糲餅菜羹"之誤(語見《外儲說左下》),"以力刺骨""故甚病之人和在忍痛"爲"以刀刺骨""故甚病之人利在忍痛"之誤(語見《安危》)。

此外,該本還有《韓非子》所無之文句,如:"白刃在前,貪生者畏焉,而志士自若;珠玉盈亭,貪利者慕焉,而廉士弗顧。"從該書編校粗疏以及妄改古書之行爲來看,此當爲他書之文而誤入此卷者,並非《韓非子》之佚文。

總之,該本僅摘錄《韓非子》中的片言隻語,編排混亂,校刊粗疏,文多訛誤,毫無參考價值,陳繼儒《古今粹言序》謂此書"舛錯缺略令賞鑒家爲之噴飯",可謂一語中的。

15. 莊忠甫雜著·韓呂弋腴·韓子弋腴三卷 〔戰國〕韓非撰 〔明〕莊元臣編纂 抄本(國家圖書館藏)

莊元臣(1560—1609),字忠甫(一作忠原),號方壺子、鵬池主人,祖籍歸安(今浙江湖州),居震澤(今江蘇吳江震澤),故自署松陵(今江蘇吳江)人,萬曆三十二年(1604)進士,授中書舍人,著有《三才考略》《叔苴子》《四書參覺符》《時務策》《曼衍齋文集》《莊忠甫雜著》(二十八種七十卷)等。

《韓呂弋腴》爲《莊忠甫雜著》之一種,其卷首有莊元臣《韓呂弋腴自序》,其言云:"天下之事,有近近而遠遠者,亦有近而遠、遠而近者。其近近而遠遠者,形邁也;其近而遠、遠而近者,神遇也。……《韓子》者,刑名法術之書也,誦孔氏者所不道。然其文,鑿深奇峭,出生於死,化有於無,其險辯滑辭,有非諸家所及者。余於藝文之業,思之至深,索之至久,常苦於畔岸茫然,無所執持,而偶於《韓子》中觀其造意之法,於《呂覽》中觀其遣辭之法,恍然開局距而遊於無窮之門,故特手爲銓錄,弋其精腴,名之曰'韓呂弋腴',而并書其所見若此。雖不敢自以爲神遇,而計生平所得,每在尋常誦習之外,亦足以發明近而遠、遠而近之理矣。"由此可見,所謂"弋腴",即獵取其精美之處;而於《韓子》,則有感於其"鑿深奇峭,出生於死,化有於無"的"險辯滑辭"爲諸家所不及,故主要從立意構思方面去選取其精妙之文辭。

《韓子弋腴》共三卷,每卷前兩行題"韓呂弋腴卷之×""松陵莊元臣忠甫氏纂"。卷一第三行題"韓子弋腴",卷二、卷三之第三行只題"韓子"。

此書的《韓子》之文,經編纂者節選、刪改、加題、編排,與以往按照舊本篇目順序編排的選本相比,可謂別開生面。全書分"妙言中微"(卷一)、"辯言反訓""詭言伸枉"(卷二)、"微言備引"(卷三)四大板塊,每一板塊中選取《韓子》之文而分成若干章,每章加上編者所擬的標題。如果一章中的文字在原文中不相連，則在章中分節，分節處或換行、或空一字以加區別（也有不空一字而相連者，蓋抄寫時疏誤所致）。因此，其眉目清晰，使人一目了然。不足之處是其選文既無注，又不注明出於《韓子》何篇，故一般無白文閲讀能力的讀者讀之則有相當難度，而如果不能正確地理解原文意義，也就難以領悟其所謂"妙言""辯言""詭言""徵言"之所以然。爲使一般讀者能利用這作者"神遇"之作，今將其選文所涉及的《韓子》篇目詳注於下（括號中的阿拉伯數字爲《韓非子校疏》或《韓非子校疏析論》之篇節號），讀者藉此可較爲容易地找到這些選文在各種《韓子》注本中的位置，以便根據各家注解理解其意義，從而更爲深切地領悟作者遴選《韓子》之匠心以及命題立意之梗概。

"妙言中微"板塊選取剖析入微的微妙之論，其標題及選文如下：【言難】（選自《難言》3.1），【立道】（選自《主道》5.1、5.3），【有度】（選自《有度》6.1、6.2、6.3），【主柄】（選自《二柄》7.1、7.2），【揚權】（選自《揚權》8.11），【六過漸侈】（選自《十過》10.6），【孤憤】（選自《孤憤》11.2、11.3、11.4、11.5，《姦劫弑臣》14.4），【劫姦】（選自《姦劫弑臣》14.4），【亡徵全，稍改】（選自《亡徵》15.1、15.2），【備内】（選自《備内》17.1），【南面主道】（選自《南面》18.2、18.3、18.4），【飾邪】（選自《飾邪》19.1），【解老禮薄】（選自《解老》20.1.7），【論生】（選自《解老》20.3.5），【論功】（選自《解老》20.4.1），【害廣】（選自《解老》20.9.2），【喻老見微，又見《説林》】（選自《説林上》22.24），【觀行因任】（選自《觀行》24.2），【安危用賢】（選自《安危》25.6），【守道貴法】（選自《守道》26.4，《用人》27.2、27.3、27.6），【功名貴勢】（選自《功名》28.2），【大體】（選自《大體》29.1），【至治】（選自《大體》29.1），【利使】（選自《内儲説上》30.3.9），【權資】（選自《内儲説下》31.1.3），【審聽】（選自《外儲説左上》32.2.4），【用臣】（選自《外儲説右上》34.1.11），【伺上】（選自《外儲説右上》34.2.1），【臣奸】（選自《外儲説右下》35.1.1、35.1.3、35.1.4），【共患】（選自《外儲説右下》35.1.1），【治吏】（選自《外儲説右下》35.4.1、35.4.2），【法術】（選自《定法》43.1），【爵賞】（選自《定法》43.3.2），【反治】（選自《詭使》45.1，《六反》46.1，《詭使》45.2），【止奸】（選自《六反》46.5），【辨材】（選自《六反》46.9，《顯學》50.5，《八説》47.2），【法疑】（選自《八説》47.3），【虛言】（選自《八説》47.7），【權移】（選自《八説》47.9、47.10），【法約】（選自《八説》47.8），【資人用情】（選自《八經》48.2），【五患】（選自《八經》48.3），【法起五蠹】（選自《五蠹》49.2），【法燎】（選自《五蠹》49.7、49.8、49.9、49.10），【除蠹】（選自《五蠹》49.18），【儒墨顯學】（選自《顯學》50.1、50.2、50.6），【蚤備】（選自《難三》38.4.2）。

"辯言反訓"板塊選取反駁責難古人言行的辯論文，其標題及選文如下：【其一】至【其七】選自《難一》36.1、36.2、36.3、36.4、36.7、36.8、36.9，【其八】至【其十二】選自《難二》37.2、37.4、37.5、37.6、37.7，【其十三節略】至【其十五】選自《難三》38.4、38.5、38.8，【其十六】選自《難四》39.2，【其十七】選自《難勢》40.1。

"詭言伸柱"板塊選取批判當今思潮的政論文，其標題及選文如下：【論威嚴勝恩愛】（選自《六反》46.5、46.6，《五蠹》49.7，《六反》46.7、46.6、46.7，《五蠹》49.5，《飭令》53.4，《五蠹》49.5），【足民不可以爲治】（選自《六反》46.8），【仁暴皆能亡國】（選自《八説》47.6），【讓財非仁爭財非貪】（選自《五蠹》49.3），【用人不貴賢良忠信之行】（選自《五蠹》49.11，《顯學》50.8），【爲治不貴得民心】（選自《顯學》50.11），【引古誼而匡君者爲誹謗】（選自《忠孝》51.5），【論上人不可勸富貸民】（選自《顯學》50.3），【論言仁義不如言法度】（選自《顯學》50.9、50.10），【論仁義服民不若勢】（選自《五蠹》49.6、49.4），【論民不可使有爱上之心】（選自《外儲説右下》35.2.1、35.2.2）。

"徵言備引"板塊選取各種故事以備徵引，其標題及選文如下：【師曠清角】【尹鐸晉陽】（分別選自《十過》10.4、10.5），【春申君妾】（選自《姦劫弑臣》14.6），【詹何前識】（選自《解老》20.1.8），【王壽焚書】【王子期論御】（分別選自《喻老》21.9.2、21.10.2），【子圉沮孔子】【鮑叔因緩救邢】【子胥詒邊候】【鴟夷子皮説田成子】【管仲師馬隰朋師蟻】【惠子説解田駟】【衛君不信曾從子】【箕子佯言失日】【魯人失遊】【隰斯彌知微】【衛人教女】（分別選自《説林上》22.3、22.5、22.6、22.12、22.16、22.18、22.23、22.26、22.27、22.30、22.32），【蚖】【賣宅避隣】【嗇夫背行】【管鮑約相收】【樂正子春爱鼎】【子胥勸伐荆】（分別選自《説林下》23.17、23.21、23.23、23.26、23.32、23.36），【煬竈夢踐】【論莫三人而迷】【惠子論秦亡半】【去壅益壅】【卜皮論慈惠亡國】【設法止厚葬】【吹竽】【亡爪】（分別選自《内儲説上》30.1.1、30.1.3、30.1.5、30.1.8、30.2.12、30.2.13、30.4.2、30.6.1），【燕人浴矢】【衛人禱帛】【濟陽君中怨家】【衛君知令敝席】（分別選自《内儲説下》31.1.7、31.2.1、31.3.2、31.7.3），【嫁妾賣樻】【棘猴】【不死之藥】【畫狗馬難】【田仲】【虞慶】【舉燭誤書】【鄭人信度】【趙襄信王登】【李疵論中山可攻】【齊景公速駕】【論民】【韓昭侯不聽申子之謁】（分別選自《外儲説左上》32.1.2、32.2.2、32.2.5、32.2.8、32.2.9、32.2.10～11、32.3.18、32.3.19、32.4.1、32.4.4、32.5.6、32.5.8、32.5.11），【晉文公任箕鄭】【趙簡子用陽貨】【晉文公自結襪繫】【顏涿聚論季孫】【趙簡子論車席】【匡倩論儒】【西門豹治鄴】【陽貨論樹人】【子國譙子產忠君】（分別選自《外儲説左下》33.2.2、33.2.3、33.3.2、33.3.4、33.3.6、

33.3.8、33.4.2、33.5.6、33.6.2），【孔子禁子路爱民】【太公望誅狂矞華士】【衛君不用如耳】【唐易鞠論弋】【靖郭君觀寵】【堂谿公戒昭侯漏言】【宋人酒酸】【薄疑論蔡嫗】【狐偃論戰】（分別選自《外儲說右上》34.1.6、34.1.7、34.1.9、34.2.3~4、34.2.7~8、34.2.11、34.3.1、34.3.6、34.3.12），【平陽君之目】【薄疑論姦吏】【延陵卓子之馬】（分別選自《外儲說右下》35.3.9、35.5.2、35.5.5~6）。

　　從以上所列章目及選文可以看出，其選文成章時乃以某一主題爲旨歸而不囿於《韓子》原文之佈局，所以有《韓子》兩篇乃至三篇之文歸於一章者，如《守道》《用人》之文歸於"守道貴法"章，《六反》《顯學》《八説》之文歸於"辨材"章；也有《韓子》兩篇之文歸於一章而交錯者，如"反治"章將《六反》之文穿插於《詭使》之文中；又有《韓子》一節之文而分入兩章者，如《外儲說右下》傳文之第一節分別被歸入"臣奸""共患"兩章；至於《韓子》之一篇被歸入多章者則更多，如《解老》《八説》《五蠹》之類。當然，根據其文選内容來看，其所擬標題尚未盡善，如"妙言中微"板塊中的"解老禮薄"宜作"禮薄解老"，"喻老見微，又見《説林》"宜作"見微《説林》，又見《喻老》"，"觀行因任"宜作"因任觀行"，"守道貴法"宜作"貴法守道"。

　　從其所選《難言》之文作"順比滑瀉"（《迂評》本作"瀉"，影宋抄本、藏本、張鼎文本、趙本作"澤"）和"激意親近"（趙本作"意"，影宋抄本、藏本、張鼎文本、《迂評》本作"急"）即可知其選文文字乃出入於《迂評》本與趙本之間。

　　不過，其文並未嚴格地按照舊本抄録，而大多經過編纂者删改。其中有些修改值得稱道，如《孤憤》"人之所以謂齊亡者"（他本"之"作"主"），《解老》"民獨知虎兕之有爪角也"（他本"虎兕"作"兕虎"）。但是，大量的删改顯然是作者任憑己意而爲，不可與《韓子》原文一視同仁。如删去《難言》"此臣非之所以難言而重患也"之"非"，將《南面》"恣姦之行"之"恣"改爲"長"，將《大體》"故至安之世，法如朝露，純樸不散"删改爲"故至治之世，純樸不散"，將《外儲說左上》"夫新砥礪殺矢"删改爲"夫礪矢"，將《難勢》"應慎子曰""復應之曰"改爲"或曰""或又曰"，將《八説》"索人欲畏重己"删改爲"索人重己"，將《用人》"古之人曰：'其心難知，喜怒難中也。'故以表示目"删改爲"人心難知也，故以表示目"，將《難一》"襄子圍於晉陽中，出圍"删改爲"趙襄子出晉陽之圍"，將《五蠹》"令尹曰：'殺之！'以爲直於君而曲於父，報而罪之"删改爲"令尹以爲直於君而曲於父，罪而殺之"。

　　應該説，其删改基本上不影響對韓非學説的瞭解，有時反而使《韓子》之文顯得更爲精悍。現不妨再舉一例於此，"辯言反訓"其三："昔管仲勸桓公去豎刁,其言曰:'君妒而好內,豎刁自宮以治內。人情莫不愛其身,身且不愛,安能愛君?'或曰:管仲所以告桓公者,非有度之言也。曰:'不愛其身,安能愛君?'然則臣有盡死力以爲其主者,管仲將不用也。是欲去忠臣也。且以不愛其身度其不愛於君,是將以管仲之不死公子糾度其不死桓公也,是管仲亦在所去之域矣。且臣盡死力以與君市,君垂爵禄以與臣市。君臣之際,非父子之親也,計數之所出也。君有道,則臣盡力而奸不生;無道,則臣塞主明而下成私。管仲非明此度數於桓公也,使去一豎刁,一豎刁又至,非絕奸之道也。"將此文與《韓子》六百餘字之原文對照閲讀,便可體會到莊元臣大刀闊斧的删改具有凝聚精華之妙。

除了删改,其文也有訛誤之處,如"夫虎之所以能服人者"("人"當作"狗",見《二柄》),"遐其域"("遐"當作"避",見《解老》),"持法士之所能服"("持法"當作"恃怯",見《守道》),"學道立功"("功"當作"方",見《六反》),"必誅則正"("正"當作"止",見《六反》)。

總之,此書對《韓子》之删改甚爲隨意,故毫無校勘價值。但是,在人們普遍陶醉於《韓子》文辭之美的萬曆時期,莊元臣能獨闢蹊徑,擺脱傳統之評注方式,在深刻領會《韓子》精神(即其所謂"神遇")的基礎上,勇於打破《韓子》原來的分篇格局,將韓非的各種觀點羅列成章而自成系統,便於讀者較快地瞭解《韓子》中的精彩片段,這一研究範式,實爲空前之舉。時至現代,馮振的《韓非子論略》(載《國專月刊》1935年第二卷第二期、第三期)將《韓非子》之文分門別類地録入"法術""君臣""賞罰""重刑""必罰""威嚴""去仁愛""去施與""主道""刑名""參驗""功用""立法""明法""去私""任法"等條目之下,然後再加以評論,這種將《韓子》之文分別歸類的研究模式,實爲莊元臣所首創。因此,莊元臣的研究模式在《韓子》研究史上應該給予高度評價。

16. 韓非子纂二卷 〔戰國〕韓非撰 〔明〕張榜芟輯 明吳貴天啓二年(1622)翻刻萬曆三十九年(1611)張榜纂《管韓合纂》本(華東師範大學圖書館藏)

張榜,參見本章本節第12條《韓非子纂》考述。吳貴,字柔文,延陵(今江蘇丹陽西南)人,生平事迹不詳。

張榜的《韓非子纂》至少有三種翻刻本(參見本章本節第12條《韓非子纂》考述),吳貴本是其中流傳最廣、今存最多的翻刻本。該本無張榜序,首載《〈韓非子纂〉目録》(包括卷上、卷下)。其次即爲正文,正文每卷首行題"韓非子卷上""韓非子卷下"而不題"韓非子纂",第二行、第三行題"金陵張榜賓王芟輯""延陵吳貰柔文校訂"。卷上共六十三葉,卷下共六十五葉,半葉八行,每行二十字,四周單邊,白口,無上下欄,張榜本上欄之評語該本刊於書眉。

吳貰翻刻的《韓非子纂》是其所刻《群言液》叢書中的一種。國家圖書館藏有《群言液》(索書號:T00685),該書首載吳貰壬戌(1622)菊月所撰的《〈群言液〉序》,其次爲《戰國策纂》四卷、《春秋公羊穀梁合纂》二卷、《淮南鴻烈解輯略》二卷、《韓非子纂》二卷、《管子纂》二卷、《楊子法言纂》一卷、《呂覽纂》一卷。因此,《子藏》將吳貰翻刻的《韓非子纂》題爲"明刊《管韓合纂》本"並不確當,故今改題如上。

吳貰本文字與張榜本基本相同,故也可參考,但也有誤刻處,如將《難二》"必不背死君而事其讎"誤爲"必不肯死君而事其讎",將《說林》"有與悍者鄰"一節之批語刊於"晉中行文子出亡"一節之上。因此,使用張榜本,最好還是選用其初刻本。

17. 諸子彙函・韓非子二卷　〔戰國〕韓非撰　〔宋〕謝希深注　〔明〕文震孟參訂　托名歸有光輯評　明天啓五年(1625)刊本(華東師範大學圖書館藏)

文震孟(1574—1636),字文起,號湘南、湛持,長洲(今江蘇蘇州)人,文徵明曾孫。天啓二年(1622)狀元及第,授翰林院修撰,因上勤政講學疏忤魏忠賢,被廷杖八十而貶職調外,他憤而告歸故里。崇禎八年(1635)拜禮部左侍郎,兼東閣大學士。朱由崧(南明福王)在南京稱帝時追諡文肅。著有《姑蘇名賢小記》《文肅公日記》《文文起詩》等。

歸有光(1507—1571),字熙甫,號震川,蘇州府太倉州崑山縣(今江蘇崑山)人,嘉靖十九年(1540)舉人,會試八次落第,嘉靖四十四年(1565)方中進士,官至南京太僕寺丞,故又稱"歸太僕"。其散文風格樸實,感情真摯,是明代"唐宋派"代表作家,與唐順之、王慎中並稱嘉靖三大家,著有《震川先生集》《三吳水利錄》等。

《四庫全書總目・子部・雜家類・存目八》對《諸子彙函》之編者頗有疑詞,其言云:"舊本題明歸有光編。有光有《易經淵旨》,已著錄。是編以自周至明子書,每人採錄數條,多有本非子書而摘錄他書數語稱以子書者,且改易名目,詭怪不經,如屈原謂之玉虛子,宋玉謂之鹿谿子……皆荒唐鄙誕,莫可究詰,有光亦何至於是也。"今考《諸子彙函》書眉所輯《韓非子》評語,既有出自萬曆七年(1579)所刻之《韓子迂評》(題"陳子淵曰"),也有出自萬曆辛亥(1611)所刻之張榜《韓非子纂》(題"張賓王曰"),此時歸有光早已去世，由此可證此書之輯評並非出自歸有光之手。文震孟《諸子彙函序》謂"賈人""遍購先生所評閱諸子，托諸付墨，俾余得縱觀焉"，《諸子彙函凡例》謂"先哲評論子集者，具有卓識，悉捃載首末"，皆未確言歸有光輯評事。因此，《諸子彙函》雖在每卷卷目下題"崑山歸有光熙甫蒐輯""長洲文震孟文起參訂"，但所謂"歸有光蒐輯"，應是書坊假托名家以牟利之辭，故今於"歸有光輯評"上冠以"托名"二字且置於後。

該書卷十一、卷十二選錄《韓非子》之文，前有小序曰："韓非，韓諸公子也，喜刑名法術之學，而其本歸於黃老。與李斯事荀卿。見韓削弱，數以書諫王，王不用，於是著書十萬餘言。後秦攻韓，得非，因李斯之毀下獄，令自殺。至觀其書，極刻核，無誠悃，父子、夫婦俱不足相信，殺身也宜矣。"此實爲《百家類纂》中《韓非子題辭》之刪節版，可見此書之編者對《韓非子》無甚研究。該書選有《初見秦》《存韓》《難言》《愛臣》《主道》《有度》《二柄》《揚權》《八姦》《孤憤》《說難》《備內》《飾邪》《觀行》《大體》《內儲說上七術》《外儲說左上》《外儲說右下》《難一》《難勢》《八說》《八經》《五蠹》《顯學》二十四篇文字，除《內儲說上七術》《外儲說左上》《外儲說右下》三篇只選錄其經文，其他各篇均爲全選，這是其長處，但刪去《八經》之篇題而將該文分成《因情》《主道》《起亂》《立道》《參言》《聽法》《類柄》《主威》八篇，從而使其選文成爲三十一篇，則可謂亂改古書而不足稱道。還有，其書前目錄中不但有"八經"之篇目，而且又衍"亡徵""三守"，故又成三十四篇；而正文之篇名"初見秦""揚權""飾邪"，在目錄中又作"初見秦王""揚推""餙邪"。由此可見，此書之校勘甚爲粗疏。

比勘他本文字，從其第一葉《初見秦》之原文有"以逆攻順者亡"一句以及刪削之舊注作"燕北陰，魏南陽"來看，該書之底本當爲萬曆末之趙本翻刻本（參見第一章第二節第21條"萬曆末刊本"考述），但也有所校改，如於《八經》末段前加篇題"主威"，將《五蠹》"人主之於其聽說也於其臣"改爲"人主之聽說於其臣"（此皆當據《韓子迂評》補改）。但有些校改並不當，如將《五蠹》"短褐不完者"改爲"短裋不完者"並在"裋"下加注"音豎"（應改爲"裋"的是"短"而非"褐"）。此外，其正文之疏誤也不少，如將《揚權》"用一之道"誤爲"用之一道"，將《八說》"人主之公利也"誤爲"人主之公私也"，將《五蠹》"襲當塗者""盛容服"誤爲"龔當塗者""成容服"。

該本基本上保留了萬曆末刊本之舊注（即謝希深注），但稍有增刪。如於《主道》"此之謂賢主之經也"之舊注"經，常法也"下增補"正指上不窮於智、不窮於能、不窮於名也"，於《觀行》增入"佩韋""佩弦"之注，而《揚權》《孤憤》《說難》《內儲說上七術》之題注則被刪去。特別是《外儲說左上》，由於該書只選録其經文而不選其傳，爲了便於讀者理解，所以仿照《内儲説上》而取傳文補注於經文間；與此相類，其《外儲説右下》之注也多有增删改動。

以上正文及注釋之校改增删，應爲"文震孟參訂"之功，但其底本既不善，校勘又粗疏，故該書之校注參考價值不大。

該書作爲普及性讀物，其價值主要在評點。該書上欄和每篇之末刊有各家批評文字，其稱引大多使用字號而不稱其名，其書前雖然列有"諸子評林姓氏"，但未詳盡，故今人讀之，不免感到陌生。其所刊《韓非子》評語之作者有如下四十二人（今依其出現先後排列，同時加括號注其名）：趙定宇（趙用賢）、丘瓊山（丘濬）、楊升庵（楊慎）、張賓王（張榜）、陳子淵（陳深）、程篁墩（程敏政）、唐荆川（唐順之）、孫月峰（孫鑛）、王鳳洲（王世貞）、汪南溟（汪道昆）、方明齋、王守溪（王鏊）、茅鹿門（茅坤）、黃旨玄（黃道月）、李西涯（李東陽）、劉辰翁、李于鱗（李攀龍）、瞿昆湖（瞿景淳）、王陽明（王守仁）、翁青陽（翁正春）、錢鶴灘（錢福）、劉會孟（即上引之劉辰翁）、馮開之（馮夢禎）、姜鳳阿（姜寶）、何啓圖（何洛文）、羅一峰（羅倫）、王槐野（王維楨）、羅整庵（羅欽順）、蘇紫溪（蘇濬）、楊南峰（楊循吉）、余同麓（余有丁）、邵國賢（邵寶）、陳廣野（陳與郊）、陸貞山（陸粲）、林茂貞（林希元）、湯義仍（湯顯祖）、宗方城（宗臣）、歸震川（歸有光）、李崆峒（李夢陽）、吳匏庵（吳寬）、陳孟常（陳懿典）、焦弱侯（焦竑）、董思白（董其昌）。其蒐輯之富可謂空前絶後，由此可見當時人們對《韓非子》的重視，雖然其中不少評語無甚參考價值，但也有不少評語有利於讀者瞭解《韓非子》之義理及其文學成就。如《主道》之首引王陽明曰："通篇論御臣之術，絇是老氏作用。"《有度》"則其下所以爲上者薄矣"引馮開之曰："刑名，非正道也。然世主能舉而行之，而治效自見。如孝元之仁柔，不如孝宣之慘刻。御下之法，亦有可采者，毋以刑名迂之。"《八姦》引黃旨玄曰："寫姦臣醜態罪狀如見肺肝，可作一篇彈劾章疏。"《備内》引羅一峰曰："備内者，父子夫婦骨肉親近之間。辭亦懇切，但人事之變，聖賢所不道。"不過，有時由於其刊刻有誤，又使文義難通，如《主道》"臣得行義曰壅"引楊升庵曰："以行義爲重（愚按：當作"壅"），何甚慘刻。"還有，《韓子迂評》之評語出自門無子，此本一概題"陳子淵曰"，也顯然不當。至於《飾邪》之末上欄之"趙定宇曰：立賞罰以馭臣"，是將《韓子迂評》之批語誤爲趙定宇之言，顯然是因襲了萬曆末刻本之誤（參見第一章第二節第 21 條"萬曆末刊本"考述）。至於别處是否有張冠李戴之弊，尚有待覆核。因此，參考此書衆多評語，固然有助於閱讀《韓非子》，但若引用其説，則應盡力避免以訛傳訛之弊。除會評外，該書又仿照《諸子品節》之法，於入神處、精妙處、主張處、會理處、妙合處、雄放處、文采處、通達處皆以不同的圈點符號加以標示,於提綱處、緊要處、界域處、結案處、眼目處、逗句處、敍事處、用字處皆以不同的符號抹畫,此舉也有利於讀者把握文章要領、欣賞其文妙處。

此外,書前《談藪》所引方孟旋評語甚爲中肯,也值得參考,其言曰:"韓非以大用而奇,以心露而侈,以有源而富,蓋一美公子耳。身有奇器而不知藏,口有玄微而不能祕,其著爲深言刻論者,半由聰明之氣所發爲文章,非真有心計也。"

總之,該書雖然校勘不善,但其評語圈點均有益於研讀《韓非子》,故值得參考。齊魯書社 1995 年將該書收入《四庫全書存目叢書》子部第一二六册影印出版,由於縮版過甚,故其上欄之評語不如《子藏》影印本之清晰,可謂有利有弊也。

18. 諸子奇賞·韓子六卷　〔戰國〕韓非撰　〔明〕陳仁錫選評　明天啓六年(1626)武林好生館刊本(上海圖書館藏)

陳仁錫(1579—1634),字明卿,號芝臺,長洲(今江蘇蘇州)人,天啓二年(1622)進士,授翰林編修,因得罪權宦魏忠賢被罷職。崇禎初復官,官至南京國子監祭酒。南明福王時贈詹事,謚文莊。著有《無夢園集》《六經圖考》《四書語錄》《皇明世法錄》《古文奇賞》《四書備考》《經濟八編類纂》《潛確居類書》《諸子奇賞》等。

《諸子奇賞》有前、後兩集。陳仁錫丙寅(1626)所寫的《諸子奇賞前集叙》云:"學莫要乎六經,人才莫急乎經濟,文章莫貴乎雄渾博大,何以有諸子之刻?蓋欲返之於六經也。以六經收諸子,不若以諸子返六經。強其所厭,不若用其所喜。夫諸子,多救時之人也。然六經,治未病;諸子,治已病。六經,治百世之病;諸子,治一時之病。六經,藥物悉備,而不預裁一方,病夫自取焉。諸子,方太具,藥太猛,乃治己也奇,治人也拙;治一國也奇,治一世也拙。奇以方,拙亦以方。後之習諸子者,幾無疾而呻吟,類無方而操藥,又近於入虎狼之窟,採烏喙之毒,奚取焉?人皆曰:'子,才也;子,識也;子,膽也。'其實不知子……天之刑商,不在耕戰,而在告訐;其刑韓,不在名法,而在以《説難》干富貴也,貪醫也,然言與法不可泯矣。"若以此言專論《韓子》,則可曰:韓非乃"救時之人",《韓子》乃"治一時之病"之猛藥,用以"治一國也奇",故其"言與法不可泯矣"。如此認識《韓子》,可謂恰如其分,值得借鑒。現代馮振《韓非子論略·自敍》(載《國專月刊》1935 年第二卷第二期)云:"六經之言平正,諸子之言偏陂。子而無所偏則經矣,故偏不足爲諸子諱。且其所偏,或即其所長。苟知其偏,雖偏不爲害。六經,菽麥也;諸子,藥石也。無病之時，固恃菽麥以養身；及其有病，或對菽麥而不能食，或勉強食之而適足以增病，必藉藥石摧陷而廓清之，然後可徐徐復食菽麥。然若狃於藥石摧陷之功而屢服不已，未有不旋踵而死者，轉不如有病不治，或可冀其自愈也。有病不治，老子無爲之說也；摧陷廓清，韓非法術之學也；皆有菽麥而不能食、食而增病之時所或需者也。《韓子》，其藥石中之巴豆、大黃、附子、石膏乎？沈痾痼疾，非此不救；用之失當，立可殺人。雖知醫者，凜凜乎其慎之。巴豆、大黃、附子、石膏，固不能屏而不用。若但知有巴豆、大黃、附子、石膏，而不知有菽麥，又烏足以語於知醫哉？"此語與陳仁錫之言可謂一脈相承，可見陳氏之論足可借鑒。

《諸子奇賞》卷四十一至四十六爲《韓子》文選。其首載陳深《韓子序》、何犿上《韓子》之《表》（即《迂評》所載何犿序）。其次爲"諸子奇賞卷之四十一至四十六目次"，目次內首題"韓子"，其後有小序云："名非，韓之諸公子也，善刑名法律，見韓削弱，數以書干韓王，王不能用。於是作《說難》《孤憤》《五蠹》《說林》五十六（愚按：當作"五十五"）篇，說秦王存韓，李斯毀之，下獄令自殺。至於文章之妙，弇州謂其天巧極、人工錯（愚按：當作"人巧極、天工錯"）。"由此可見，其"奇賞"也兼顧文辭之品評。目次之後爲正文，前三行題"諸子奇賞卷之四十一""古吳陳仁錫明卿甫評選""韓子"，以下幾卷所題類此，只是"甫"或作"父"而已。

本書所選《韓子》之文，除了《愛臣》《三守》《問田》《心度》，其餘諸篇或全選、或節選，均有涉及。今考該本某些文字爲《迂評》本所特有，如《初見秦》"此甚大功也"之"甚"（影宋抄本、藏本、張鼎文本、趙本均作"其"），《存韓》"築城池以固守"之"固守"（影宋抄本、藏本、張鼎文本、趙本均作"守固"），《難言》"順比滑瀉"之"瀉"（影宋抄本、藏本、張鼎文本、趙本均作"澤"）；其目錄與正文均無《姦劫弒臣》之篇題，而《姦劫弒臣》之選文上的眉批"此下爲《劫姦》篇"云云也皆節錄自《韓子迂評》重修本（只是將"姦劫"誤倒爲"劫姦"）；其《說林》在正文中不分上下篇，其中"蟲有虺者"和"宮有堊"兩節又在"伯樂教二人相踶馬"一節之前，此也爲《迂評》重修本所特有。凡此皆可證該本乃以《迂評》重修本爲底本。但是，其文也有與《迂評》不同之處，如《說難》用《史記》之文，此蓋受到《諸子品節》之影響（《諸子品節》用《史記》文）；其目次中的篇目"初見秦"，在正文中作"初見秦王"，此蓋受到《諸子彙函》之影響（《諸子彙函》之正文作"初見秦"，而目錄作"初見秦王"）；其《說林》在正文中不分上下篇而在卷四十三，但在目次中卻於卷四十二列有"說林上"，在卷四十三列有"說林下"，此蓋受到趙用賢本之影響（趙本"說林上"在卷七，"說林下"在卷八）。此外，該書也有訛誤處，如目次中的篇目"八説",在正文中作"八統"。不過,無論其與《迂評》之相同與否,其正文無校勘價值則毫無疑義。

該本正文之後有附録五篇:《史記·韓非傳·太史公讚》、《李斯督責之術》、蘇軾《韓非論》、楊慎《孔明寫申韓書》、茅坤《韓子迂評後語》。此皆轉録自《迂評》而無甚可觀。

該本之注文甚少,其注有取自《迂評》者(如《有度》《外儲説左下》《八説》之文中注與《外儲説右上》之篇末注),也有少量新注,如《説難》"凡説之難非吾知之"注:"不知而説,雖忠是疑,故説難也。"又"周澤未渥也而語極知"注:"所謂交淺而言深也。"又"自知其計"於"知"下注:"音智。"由此可見其新注頗有可取處。

本書以"奇賞"爲名,又題陳仁錫"評選",則其主要價值當在評賞。該書除《喻老》之篇末評和《飾令》之篇首評轉録自《迂評》,其他爲陳仁錫所作。其品評有兩種形式,一是於文句旁加圈點,二是加眉批和旁批。有時其圈點與批語並施,如於《初見秦》"上不能故也"旁加圈,又加眉批:"審此一言,兵、食不足皆第二義。"由此可見其批語頗關注《韓子》之義理。此類批語頗有可取處,又如《主道》"臣得樹人則主失黨"旁批:"主有何黨?"《南面》眉批:"以臣備臣,非也;以法備臣,亦未見其可。"此類批語頗能發人深思。除了發揮義理,其批語也有文評,但參考價值不大,如《難勢》眉批:"矛楯二字,烟雲如積。"

總之,該書之文選可供閲讀而無校勘價值,其評注不多而稍有可取之處,故總體價值不大。

19. 子品金函·韓非子 〔戰國〕韓非撰 〔明〕陳仁錫選評 明刊《陳仁錫八函》本(國家圖書館藏)

《陳仁錫八函》書名葉右格以大字題"陳仁錫八函",左格以小字題"史品赤函四卷""子品金函四卷""賦品會函二卷""四六品函二卷""文品芾函三卷""詩品舄函四卷""書品同函二卷""逸品繹函二卷"。其中"子品金函目録"卷之三有"韓非子計三十段"。

《子品金函》卷三文選部分首題"韓非子",其下有韓非小傳,乃摘取《史記》本傳而成,無甚價值。

其次爲《韓非子》文選,無篇題,其編排順序甚爲混亂,依次涉及《難勢》《六反》《五蠹》《八説》《五蠹》《顯學》《二柄》《解老》《説林下》《喻老》《大體》《内儲説上》《外儲説左上》《外儲説左下》《外儲説右上》《外儲説右下》之文。從其文字(如所引《大體》之文"故天下無不治"等)來看,此本乃據

《迂評》本抄録。除了編排混亂，其選文也有不當處，如選了《內儲說上》之經文"其說在文子稱若獸鹿。故越王焚宮室，而吳起倚車轅，李悝斷訟以射，宋崇門以毀死。勾踐知之，故式怒蛙；昭侯知之，故藏弊袴"，卻不選其相應的傳文，於是這些文字就對讀者難以理解而毫無用處。爲了彌補這一缺陷，編著者間或將其傳文改寫後作爲眉批注於上方（如"將行去樂池""子產教游吉"二事），但由於書眉篇幅有限，故仍難免杯水車薪之憾。

其末爲總評："《韓子》書五十三篇，十餘萬言。纖者、鉅者、譎者、奇者、諧者、俳者、欷歔者、憤懟者、號呼而泣訴（愚按：當作"訴"）者，皆自其心之所欲爲而筆之，未嘗有所宗祖，故其語多奇。"此乃摘取刪改茅坤《韓子迂評後語》而成，無甚發明。

該本除了所選《外儲說左下》"上，君所與居，皆其所畏也^{言有德也}；中，君之所與居，皆其所愛也^{能敬順君故可愛也}；下，君所與居，皆其所侮也^{材輕且侮}"有三條錄自《迂評》的舊注，其餘正文均爲白文，但多圈點，而眉批甚多，故其主要參考價值在眉批。其眉批可分爲如下幾類。

一爲注釋。其中有引自《迂評》而釋義者，如"不適有方鐵銛"（《八說》）眉批："方，楯也。銛，箭鏃也。"也有新注，如"不揣痤則浸益"（《顯學》）眉批："痤，癰也。揣，滅潰之。"又如"於是日，郎中莫衣紫；其明日，國中莫衣紫；三日，境內莫衣紫也"（《外儲說左上》）眉批："按是日、明日、三日，見其化導之速。"再如"夫山居而谷汲者"一段（《五蠹》）眉批："按谷水難得，故臘節而以水相遺，少則貴也。澤居苦水，故買人工而使決竇，多則賤也。後二喻亦以多少之故而異其情。"

二爲引證。其中有引《韓非子》他篇之文來闡述此篇義理者，如"今以國位爲車，以勢爲馬"（《難勢》）眉批："國者，君之車也；勢者，君之馬也。無術以御之，身雖處勞，猶不免乱；有術以御之，身處佚樂之地，又制帝王之功也。"（引文見《外儲說右下》）又有引子書言論來闡述義理者，如"民獨知兕虎之有爪角也，而莫知萬物之盡有爪角也"（《解老》）眉批："按莊周云：'夫畏塗者，十殺一人，則父子兄弟相戒也，必盛卒徒而後敢出焉，不亦智乎？人之所取畏者，袵席之上，飲食之間，而不知爲之戒者，過也。'此即知兕虎有爪甲（愚按：當作"角"）而莫知萬物盡有爪角之意。"（引文爲《莊子·達生》所載仲尼之言）還有引史事來闡述義理者，如"以爲侵官之害甚於寒"（《二柄》）眉批："按文帝問上林尉諸禽獸簿，尉不能對。虎圈嗇夫從旁代尉對，甚悉，帝欲拜爲上林令。張釋之曰：'以嗇夫口辨而超遷之，恐天下爭爲口辨而無其實。舉錯不可不審也。'乃不拜嗇夫。此與惡侵官之意同。"（引文見《史記·張釋之馮唐列傳》）

三爲發揮義理。如"使民以法禁而不以廉止"(《六反》)眉批:"按草木子云:大君以一人之寡居深宇之中,傳盈尺之楮而風驅電行生殺廢置人於千萬里之外……以法在也,故天下視法如藩籬,守法如彊介(愚按:當作"彊界"),强者以權制,弱者以安全。"又如"夫必恃自直之箭,百世無矢;恃自圜之木,千歲無輪矣"(《顯學》)眉批:"兩喻民不自善,必以法驅之,皆憤激過當之談。又以自善爲適然,以用法爲必然之道,所以爲申、韓慘刻之學。"

四爲文評。如"寄治亂於法術,托是非於賞罰,属輕重於權衡"(《大體》)眉批:"辭既通顯,意亦醇細。"又如"故佯憎佯愛之徵見,則諛者因資而毁譽之,雖有明主,不能復收,而況於以誠借人也"(《外儲説右下》)眉批:"借佯字形出誠字現。"

總之,此本僅眉批稍有參考價值,其他均不足觀。

在此尚需説明的是,《子藏·韓非子卷》未據版面完整的國家圖書館所藏善本影印,而據中國科學院圖書館藏本影印,故其每一葉靠近版心之行末有缺字,所以其末葉(原書第五十七葉)之總評也因此而缺了"諧者"二字,甚憾。

20. 金衛公彙選名法峭書二種·韓非子纂二卷 〔戰國〕韓非撰 〔明〕張榜芟輯 金堡釋 范方評 明東壁齋刊本(中國科學院圖書館藏)

金堡(1614—1681),字衛公,又字道隱,仁和(今浙江杭州)人,崇禎十三年(1640)進士,授臨清知縣,因得罪上司而被迫去職。南明永曆二年(1648)任禮科給事中,永曆四年(1650)被黜戍清浪衛(今貴州省岑鞏縣境内),中途得瞿式耜相助留居桂林,旋因清兵破桂林而削髮爲僧,取法號性因,後投廣州雷鋒寺,名澹歸。順治十八年(1661)於韶州(今廣東韶關市)辟丹震寺,任住持,名今釋,號舵石翁。著作有《遍行堂集》《嶺海焚餘》《丹霞澹歸禪師語録》等。

范方,字介卿,長泰(今福建長泰)人,天啓元年(1621)解元,官至户部主事。崇禎十七年甲申(1644)被賊所擒,罵賊不屈而被砍死。

此本爲金堡所刻的《金衛公彙選名法峭書》二種之一,其封面題"范介卿較閲""韓非子""東壁齋藏板"。該書卷首無張榜之序,只載有武光賜《〈韓非子纂〉序》,可見該本之底本非張榜本,而是張榜本之翻刻本武光賜本。

武光賜之序頗可參考,其言曰:"諸子之言,若《旬(愚按:當作"荀")子》也者,文之俎豆也;若《管子》也者,文之俎豆戈矛雜而陳焉者也;若《韓子》也者,文之戈矛也。豈惟戈矛,掘墻發匱之利器種種焉。夫利器,不可以示人,非子而示人矣,秦王所以還用非子之利器以殺非子者也。閱非子之文,得非子之利器,不幾自賊其心乎? 曰:吾取其文而已矣,非取其術也。夫非之文,曲折千變,天下之奇也,借之以發吾奇焉,庸不可乎? 且夫主人以弓矢備盜,盜以弓矢攻主人。五兵不廢於帝世者,備也。吾觀韓子之術,而備夫天下之人。萬有一如韓(愚按:當作"韓子")者,而有以待,庸不可乎? 非之書,不可盡棄也。若其刻薄之甚者,併其複者、俚者,已在所芟矣。故芟《荀》《管》而俎豆崇,芟《韓非》而掘發之器銷,而戈矛亦爲俎豆之佐。"其所謂"若其刻薄之甚者,併其複者、俚者,已在所芟矣",無疑是承襲張榜序文所言而非武光賜之功,但他以生動形象的比喻說明《荀子》之正統、《管子》之駁雜、《韓子》之銳利,又認爲《韓子》不但將政治利器揭示於世人,而且又包含了種種卑鄙骯髒的手段,可謂一語道破《韓子》奧秘。至於用韓非之術防人而不用來攻人的說法,則與傳統之"害人之心不可有,防人之心不可無"同調,可謂君子之言。以此生發而強調《韓子》之"不可盡棄",並認爲其可爲正統學說之輔佐,也無疑值得肯定。

　　武光賜序文後爲"范介卿評韓非子目錄",其實即張榜本之目錄。此後即爲正文,其卷上前四行題"張賓王先生纂韓非子　上卷""金陵張榜賓王芟輯""西湖金堡衛公據釋""溫陵范　方介卿評次",卷下前四行題"張賓王纂韓非子　下卷""金陵張榜賓王芟輯""西湖金堡衛公彙訂""溫陵范　方介卿評次"。

　　此所謂張賓王纂或芟輯,實指其祖本而言,故其文選與張榜本相同,即不涉及《愛臣》《姦劫弒臣》《三守》《備內》《南面》《安危》《守道》《用人》《功名》《大體》《難四》《問田》《說疑》《詭使》《忠孝》《人主》《飭令》《心度》《制分》十九篇,而入選的篇章也被大加刪改。但該本也有與張榜本不同之處,其中有據張榜之校語修改處,如張榜本《難二》"非周公旦未可知也"句有眉批"當云'非周公旦亦以明矣,然其賢與不賢未可知也'",而此書則無此眉批而直接將"非周公旦未可知也"改爲"非周公旦亦以明矣,且其賢不賢未可知也";也有訛誤處,如將《外儲說左下》"臣將爲失少室周"誤爲"臣將爲少室周"。

　　其所謂范介卿評,也不盡然,因爲該本之評語大多爲張榜本所原有,而其翻刻時還有訛誤,如將《難言》末之旁批"收甚緊而不乏丰韻"誤爲"收甚緊而不老手韻",將《難二》"夫不難奪子而行天下者"之旁批"難作首"誤爲"難作肯",可見其所據底本有誤或模糊不清,因而有此類訛誤,如果出於新撰,則不當有此類文理不通之語。當然,此書也有新增評語,但不過三十餘條,可資參考者更少。可觀者如《存韓》"因內其身而勿遣"眉批:"内身勿違

（愚按：當作"遣"），豈是正大舉動？"《解老》"上禮神而衆人貳"眉批："通就衆人引起君子，是借客形主法。"《難一》"且舜救敗"眉批："救敗二字，仲尼想無此言，好事者爲之爾。"此類言語與范方之品性相合，當爲其手筆。

其所謂金堡据釋，則更與事實不符，因爲其絕大部分之注都源自張榜本，只有極少幾條注爲該書新增，如《解老》"務致其福，則事除其禍"眉批："事，事之也。"《外儲說右上》"王以賦十孺子"眉批："賦作予字。"《難勢》"勢治者則不可亂，而勢亂者則不可治也"眉批："勢治、勢乱，全不由人。"

總之，該本以張榜本之翻刻本爲底本，雖然也值得參考，但其訛誤處尚需參照他本方可理解，故在張榜本之翻刻本之中不足稱善。

第四節　清　代　選　本

1. 文選十三種·韓非子選二卷　〔戰國〕韓非撰　〔清〕張道緒節選評注　清嘉慶十六年（1811）人境軒刊本（國家圖書館藏）

張道緒，字尋源，溧水（今江蘇溧水）人，生平事迹不詳，著有《周易義傳》《文選十三種》。

《韓非子選》爲張道緒選評的《文選十三種》之卷二十一和卷二十二。其扉頁題"嘉慶辛未年鐫""韓非子選""人境軒藏板"。書首摘錄《史記·韓非列傳》，其中刪削了《說難》之文而未注明，由此即可見其編著不如《古今圖書集成》之嚴謹。其次爲《文選十三種目次》，羅列卷二十一、卷二十二所選《韓非子》篇目。再次爲正文，選錄《韓非子》中《愛臣》《孤憤》《說難》《大體》之全篇以及《主道》《有度》《二柄》《揚權》《八姦》《十過》《姦劫弑臣》《亡徵》《飾邪》《解老》《喻老》《說林上》《說林下》《觀行》《安危》《守道》《用人》《內儲說上七術》《內儲說下六微》《外儲說左上》《外儲說左下》《外儲說右上》《外儲說右下》二十三篇中的片段，其中《說難》用《史記·韓非列傳》之文。其目次及正文之每卷卷首下均題"溧水張道緒尋源評，姪熙燮曜卿、男翰藻仲卿校訂"。

該書選錄《韓非子》之原文時不但任意刪削之，而且有誤字或避諱改字者，如《愛臣》"皆縱諸侯之博大也"（"縱"當作"從"），《二柄》"夫虎之所以能伏狗者"（"伏"當作"服"），《說林下》"公孫宏斷髮而爲越王騎"（"宏"當作"弘"）。其任意刪削也使其所選《儲說》各篇之經、說不對應而不便閱讀，故其選文不足據。

該書之主要學術價值在張道緒的評注。其中有夾評，如《愛臣》開頭加旁批曰："用韻自然,沿流而下。"《有度》開頭加旁批曰："法字一篇之綱。"《八姦》於"凡此八者,人臣之所以道成姦,世主所以壅劫失其所有也,不可不察焉"加旁批曰："上病下藥,中四語是樞紐。"《二柄》於"故群臣其言大而功小者則罰"加旁批曰："兩層並列,不分輕重,但人知其一、不知其二。"《孤憤》於"智者決策於愚人,賢士程行於不肖"加旁批曰："千古同憤,何孤之有!"其中近半數的選篇還有篇末總評,如《二柄》評曰："周秦諸子,奇瓌偉儻者多矣,未有若此其奇者也。用一筆,重如山岳;鍊一字,固於金湯。腐廓者當鑄金事之。"《揚權》評曰："以心思爲元帥,以議論爲卒徒,以韻語爲鉦鼓,以文采爲旗幟,以轉折進退爲搏戰;圓地方陣,方地圓陣;無懈可擊,無隙可伺。此韓公子兵法,非直文法也。"《孤憤》末甚至有三段評語,多達四百餘字,其中也不乏精彩處,如曰："夫著書者,必窮見事情,而後爲千古不朽之言。孔明,王者之佐,而欲後主讀商君、韓子之書,豈非以其引繩墨,切事情,開人神智,有資於治道哉?若以其刑名之書爲慘礉少恩而少之,則鄙儒小拘之説,非善讀書者也。"由此可見,張道緒不但極其讚賞韓文之用韻、主腦、脈絡、鍊字、立意、結構,而且對韓非論著之深刻性、典型性及其實際政治效用都具有極爲中肯的評價,甚得韓非思想之要義。

除了評語有可觀處,該書還間有校注。其校注有正確可取處,如《揚權》末注曰："扶:鋪四指曰扶,通作'膚',《公羊傳》'膚寸而合'注:'側手曰扶,按指曰寸。'噅噅:音顔,爭貌。"《十過》末注曰："税車:'税'音'脱'。"《飾邪》"歲星非數年在西也"旁注："此'非'字宜衍。"又於篇末注曰："辟地:'辟'音闢。夫差:音扶釵。"《説林上》"公孫友自刖而尊百里"旁注："'友'疑'支'字之誤。"又於篇末注曰："睞:訖洽切,音夾,目睫動,一曰眇也。衂:農入聲,'衂'俗字,一作'衂'。"《外儲説左上》篇末注:"繇:音休,赤黑色。"但其校注也有未當處,如《孤憤》"必信於重人矣"之"信"旁注："音申。"《解老》"至天地之消散也不死不衰者謂常"旁注："'常'即道也。"《外儲説左上》篇末注:"筴:同'策',籌也,諸本訛爲'莢'。"

總之,該書選錄之文多有删削訛誤,無甚價值;其校注得失參半,可資參考;其評則承明代《韓子迂評》以來的評點之風,頗有精彩可取處,乃其主要價值之所在。

2. 怡雲堂全集・韓非子録要　〔戰國〕韓非撰　〔清〕沈保靖節録　清宣統元年(1909)刊本(國家圖書館藏)

沈保靖(1827—1903),字仲維,號品蓮,江陰(今江蘇江陰)人,咸豐八年(1858)舉人,官至福建布政使。其著作合刊成《怡雲堂全集》,包括《内集》《戊子集》《雜文》《詩集》《讀孟集說》《韓非子録要》。

據沈保靖外孫莊綸裔所撰《怡雲堂全集》之跋,可知《怡雲堂全集》編成於光緒壬寅(1902)春,沈保靖死後由其子沈叔佩負責刊行,由莊綸裔負責校勘,最終於宣統元年(1909)刊出。

《韓非子録要》之貢獻主要體現在《韓非子録要序》中,其序曰:"隆古之世,縱大權,黜刑賞科律而天下不失爲治。舜、禹罪四凶,格有苗,蓋明罰之始。然其時有禮讓而無法術。周衰,諸侯强,姑息以釀秦暴,欲以禮讓生,卒以争劫死,此韓子所謂'處多事之時,用寡事之器,非智者之備也;當大争之世,而循揖讓之軌,非聖人之治也'。夫子産治鄭,以寬爲難;諸葛亮治蜀,法尚嚴峻;卒使地小而立,國危而安。倘韓子所謂'治强生於法,弱亂生於阿'者非耶? 韓非生周之末流,熟於崩覆興盛之故,明於强弱本末之數,防患於早,處常於變,卓然思自全於險難,用以固國定天下,而不及於禮教,蓋其世變有甚難也。然其所謂法術者,類皆有禮教之意存乎! 其間是非,淺近所能識也。如曰:'明主舉實事,去無用。''法(愚按:當作"吾所以爲言勢")者,中也。中者,上不及堯、舜,而下亦不爲桀、紂;抱法處勢則治,背法去勢則亂。''使中主守法術,拙匠守規矩,則萬不失。君人者能去賢巧之所不能,守中拙之所萬不失,則人力盡而功名立也。'至其正名别分也,曰:'用一道,以名爲首,名正物定,名倚物徙。''虚名不可假人,況實事乎?'其尊君而一權也,曰:'聖人爲法者,逆於世而順於道德。''道在不可見,用在不可知。''明君見小姦於微,故民無大謀;行小誅於細,故民無大亂。''賞罰者,邦之利器,在君則制臣,在臣則勝君。'故曰:'無勢之謂輕。'其持大體、儲大用也,曰:'不使匠石極巧以敗泰山之體,不使賁、育盡威以傷萬民之性,用道全法,君子樂而大姦止;故使人無離法之罪,魚無失水之禍。'其慎慮而尊事也,曰:'小智不可使謀事,小忠不可使主法。''大費無罪而小得爲功,則人臣出大費而成小功,小功成而主亦有害。'其守道以信民也,曰:'善之生如春,惡之死如秋,民勸極力而樂盡情,謂之上下相得。'於戲! 韓子之謀可不謂摯且博乎? 夫不幸際衰薄之世,吏姦而民疲,君懦而政替,抗言古處,博甚美之名,失要柄,去重勢,此大亂之所由生,而中主失所以自全之道。然則如韓子者,瘁心思治,强主弱臣、振民馭物之謨,皆有聖人之精意,特變其名象以措之,故嚴不戾正,峻不傷性,大以制人,小亦久於不敗。當時人主不能用,且幽囚以死於非法,韓子之術窮矣,其心蓋無窮焉,乃知爲韓子之法術者,固非治法術者所能幾也。當國之大政,與以虛慕仁義而陰倍聖賢之事,不若實據刑法猶不失爲嚴正之治。豔虚名,忽實禍,坐失救時之圖,君子謂之不知務。兹録其尤切於事變者而序之如此。咸豐庚申立秋江陰沈保靖。"

由此可見，沈保靖深得韓非思想之要義，對韓非的治國之道可謂心領神會而極爲推崇。如果聯繫到咸豐庚申（1860）之前的時勢，可見當時國家正處於韓非所說的大爭多事之世，外有英、法、沙俄之南攻北擊，内有太平天國、紅錢會、小刀會、天地會在廣西、福建、上海、湖南、廣東等地起義。在這樣的時代，沈保靖"録其尤切於事變者"而編成《韓非子録要》一書，顯然是爲了讓當時的執政者汲取韓非思想之精要，明於强弱興衰之數而自全於險難，以嚴正之治固國定天下，不再不識時務而坐失救時之圖。正因爲如此，所以其選文多圍繞治國理政這一主題展開，多輯録具有普遍政治意義的論述，而對《初見秦》《存韓》《難言》等與治國理政關係不大的上書便棄而不顧，即使被歷代公認爲韓非代表作之一的《說難》也只節録了"夫事以密成，語以泄敗"一句，作者用心之良苦由此可見一斑。

當然，如果純粹從學術研究的角度來看，則該書之學術價值並不大。此書凡五十二葉，節録《愛臣》《主道》《有度》《二柄》《揚權》《八姦》《十過》《孤憤》《說難》《和氏》《姦劫弑臣》《亡徵》《備内》《南面》《飾邪》《解老》《喻老》《說林上》《說林下》《觀行》《安危》《守道》《用人》《功名》《大體》《内儲說上七術》《内儲說下六微》《外儲說左上》《外儲說左下》《外儲說右上》《外儲說右下》《難一》《難二》《難三》《難四》《難勢》《問辯》《問田》《定法》《說疑》《詭使》《六反》《八說》《八經》《五蠹》《顯學》《忠孝》《人主》《心度》四十九篇中的片段，既無句讀，也無評注，僅可供讀者瀏覽《韓非子》之語録以瞭解韓非思想之精華要點而已，略而不論亦可矣。

3. 韓非子解老喻老　〔戰國〕韓非撰　〔清〕馮秀瑩輯　清光緒十三年（1887）刊本（吉林大學圖書館藏）

馮秀瑩（1836—1897），字子哲，號蕙襟，大興（今北京大興）人，祖籍浙江慈溪，文學家馮栻從子，咸豐二年（1852）舉人，充景山教習。同治二年（1863），授雲南恩安知縣。晚年主講四川芙蓉、少城、錦官諸書院，卒於蜀。著有《蕙襟集》。

該書封面題"韓非子解喻老"而未題輯刊者姓名，故《子藏》題"清·佚名輯"。今考該書《序》末署"蕙襟題"，蕙襟即馮秀瑩之號，故今改題"馮秀瑩輯"。

馮秀瑩將《解老》《喻老》輯刊爲單行本，此乃史無前例之舉。只是其輯刊之文基本上與趙用賢本相同（稍加校勘即可明瞭），而其中有避諱改字者（如將《喻老》之"玄豹"改爲"元豹"），又有訛脱者（如《解老》"用神也躁，躁則多費"之"躁"訛誤爲"踪"，《喻老》"處小弱而重自卑謂損弱勝强也"脱爲

"處小弱而重自卑損弱勝強也"），故其原文無甚價值。尤其令人不可思議的是，其《喻老》之正文脫去了"在肌膚，鍼石之所及也；在腸胃，火齊之所及也"，然後又加眉批曰："《史記》'湯熨之所及也'下有'在肌膚，鍼石之所及也；在腸胃，火齊之所及也'二句。"這脫文與眉批令人不知其所據之《韓非子》《史記》爲何種版本。

該書之學術價值主要在馮秀瑩所撰之《序》，其文曰："書未易釋也，夏、殷年遠，雖聖不徵其禮，況它乎？五千之言，當時即盛行，北面而宗，瑰人碩士半天下，然意旨相師無明釋。其明釋，自韓非《解老》《喻老》始。非去老時不甚遠，故所得爲多，雖追幽務曲不無強合，而致密窮委，後世自謂曉人實去之懸絕。先民所云'相説以解''罕譬而喻'者，非庶幾焉。夫非，韓諸公子，而請亡韓，可爲人哉？然安肖長而悖，遷黨陵而宦，雄美新而貳，皆刑戮之民，所著書盛行，無議其後者，君子猶有取焉，獨於非廢言，涼曰不可。丁亥閏四月中浣蕙襟題。"馮秀瑩貶斥韓非不顧祖國利益的言論，以及不以人廢言的儒家立場，無疑值得肯定。他認爲《解老》《喻老》是我國訓釋《老子》的開山之作，認爲韓非距離老子時代不遠，對《老子》的解釋、喻説"所得爲多"而遠勝於後世那些自稱通曉《老子》的人，這些評論，無疑也是中肯之言。

此外，該書僅有的兩條《解老》夾注也稍有價值，一是在"鬼不祟"之下注"示部"以免讀者將"祟"字與"崇"字相混，二是在"則傷人也憯"之下注"音慘，痛也"。

總之，馮秀瑩專門推崇韓非在詮釋《老子》方面的功勞，並將《解老》《喻老》刊爲單行本，這在《韓非子》接受史上可謂別具一格。只是其所輯之文無甚價值，僅其序文值得後學參考。

4. 諸子文粹·韓非子四卷　〔戰國〕韓非撰　〔清〕李寶洤纂　民國六年（1917）上海商務印書館排印本（復旦大學圖書館藏）

李寶洤（1864—1919），字經宜（又作經畦、經彝），號漢堂，晚號荆遺，武進（今江蘇常州）人，官至湖南候補道，署湖南提學使，宣統辛亥（1911）後寓居上海斜橋愚齋圖書館，博學工詩文，著有《漢堂類稿》《諸子文粹》等。

《諸子文粹》首載李寶洤光緒二十三年（1897）正月所寫的《諸子文粹序》，則其書當完稿於此時。其序云："余既盡讀其書，有明乎其是非出入之故，於是芟其繁蕪，擷其菁英，比而録之。……上始周秦，下迄隋世，凡四十有四家，後之作者，雖有瑰麗絕特、驚天泣鬼之製，要之山不能越嶽華而自高，水不能別江海而自深者也，名之曰'諸子文粹'，都爲若干卷，用資搜討，用備遺忘,承學君子便覽觀焉。"其《凡例》曰:"選錄古人之文,由來已舊,或兼綜數代,或僅取數家。至國朝宜興儲氏、桐城姚氏、湘鄉曾氏諸選,文體尤備,無善不臻,而獨闕丙部。夫亦謂諸子者,蓋以立意爲宗,不以能文爲本,雖舍旃可也。愚謂意之所至,文亦至焉,故是編專取諸子,以備一格。……是編所錄,專主鴻篇鉅製,而零珪碎璧,亦不忍輕棄,雖取之本書僅十之三四,然精言奧旨,雖有遺焉者寡矣。"由此可見,李寳洤與時人輕視諸子之文的立場不同。他認爲諸子不只以立意爲宗,其文也同樣瑰麗,爲了彌補當時文選的缺憾,於是便擷取諸子文章之菁英而編成《諸子文粹》。從其編纂宗旨來看,實有矯枉過正之處,即其編纂時重在選取諸子文章之菁英而忽略了作爲諸子著作核心的思想内容。這一編纂偏向在《韓非子》文粹中顯得尤爲彆扭。

《韓非子》文粹爲《諸子文粹》之卷二十九至卷三十二,其文摘録《初見秦》《存韓》《難言》《愛臣》《主道》《有度》《二柄》《揚權》《八姦》《十過》(以上爲卷二十九)、《孤憤》《説難》《和氏》《姦劫弑臣》《亡徵》《三守》《備内》《飾邪》《解老》《喻老》《説林上》《説林下》(以上爲卷三十)、《觀行》《安危》《守道》《用人》《功名》《大體》《内儲説上七術》《内儲説下六微》《外儲説左上》《外儲説左下》(以上爲卷三十一)、《外儲説右上》《外儲説右下》《難一》《難二》《難三》《難勢》《問辯》《定法》《説疑》《六反》《八説》《五蠹》《顯學》《飭令》(以上爲卷三十二)四十六篇中的片段,並施以句讀、圈點,還有五條注釋和五條案語。不知什麽緣故,《子藏》只影印了後二卷,致使讀者不能覩其全貌。

從其選文來看,《十過》《説林》《儲説》所佔比例較大,這可能是其中之文章更具有故事性質的緣故,即李寳洤心目中的"鴻篇鉅製"或"零珪碎璧",但如此節選《韓非子》其實並不得當。尤其不得要領的是,《難一》《難二》《難三》等基本上只選取其中具有故事性質的片段,而捨棄了針鋒相對的辯駁責難文字,從而使《難》篇之主旨盡失。如此選文,雖然符合其編纂宗旨,但實有《外儲説左上》所説的"覽其文而忘有用""懷其文忘其直、以文害用"之弊。因此,這文粹若用來領略韓非的文學成就則未嘗不可,若想藉此瞭解韓非思想學説之大體就不能如願以償了。其實,作者也並非不瞭解韓非的思想,《諸子文粹序》在論及荀卿子、管子、公孫鞅、韓非、孫子、列禦寇、莊周、吕不韋、淮南王時説:"公孫鞅、韓非,其思沈,其才猛鷙,其用有專斷而無隱恤,然而禁姦止暴,時有不可廢,抑猶刑亂國、用重典之義歟?"但由於其編纂宗旨所限,故選文有所偏頗,這不免令人遺憾。當然,其節選之體例也不無可取之處,正如其《凡例》所云:"是編有删無改,有節無移,雖略間數語,亦提行繕録,庶不致變易古書就我胸臆。"故此書與以往那些任意删改割裂諸子文章的選本相比,無疑要嚴謹得多。

該本輯録《韓非子》原文後將舊注基本删除,但《揚權》"故上失扶寸,下得尋常"下保留了舊注"四指爲扶",《八姦》"發墳倉"下保留了舊注"積粟於倉若墳然",《孤憤》"又且習故"下保留了舊注"慣習故舊",《外儲説右》"左右以莬與虎而輟"下保留了舊注"輟而觀之","錯錣在後"下保留了舊注"錣,鍬也,以金飾之"。保留這些舊注,不但没有多少參考價值,而且自亂其例,實爲畫蛇添足之舉。

至於其所施句讀,大多可從而便於初學,但也有誤點者,如《難三》:"見其可説之有證。見其不可惡之有形。"在兩"可"字下不點斷,便易引起誤解。還有選文之旁的圈點,雖然具有提示要點的作用,但其實際意義並不大。

該本值得一提的是作者所加的五條案語。

其中兩條爲校注語,一是在《外儲説左下》"西門豹爲鄴令"章"豹自曰"之"自"下注:"寶沇案:疑'白'字。"二是在《五蠹》"終不動其脛毛不改"下注:"寶沇案:'不改'下當闕三字。"第一條可見其僅據乾道本輯録而已,若用他本校過,即可知"自"字不誤而"自"下當有"請"字。第二條乃根據"不動其脛毛"之句法而將顧廣圻"下有脱文"之按語稍作改寫而已,也無價值。

值得參考的是其評論文章内容的案語。如《外儲説左下》"齊宣王問匡倩曰"章末注:"寶沇案:《論語》記夫子'弋不射宿',聖門弟子皆鼓瑟,未聞以爲害義。韓非之學,務於尊主益上,故爲此説。'與其使民諂下'二句,即答王孫賈意。"由此可見,作者既熟悉《論語》,又通曉韓非思想,故對文中所謂儒者以爲害義而不弋、不鼓瑟之論提出了自己的獨到見解,既具有考證的味道,又有闡明韓非思想的作用。又如《定法》選文之末注:"寶沇案:此言則申、韓雖窮其嚴刻,其效亦若是而已。"此針對申不害單用術、商鞅單行法所造成的弊端而發,頗有聯繫實際的感慨。當然,作者也有誤斷之言,如《内儲説上七術》之題注:"寶沇案:以下數篇,雜採諸説,以類相從,其體不一,蓋韓非文之未治者。"其實,六篇《儲説》皆經、説相應,顯然經過精心構思,並非"未治者"。

總之,李寶沇對《韓非子》頗有研究,他對韓非思想的評價值得我們參考。其《凡例》還説:"韓非之《始見秦篇》,《戰國策》以爲張儀,蓋實出本書,宜從其朔。"由此可見,他的確做到了"盡讀其書"而"明乎其是非出入"的地步。只是由於其看重文辭的編纂傾向,纔使其選文有所偏頗,但此編作爲一種文學讀本供人瀏覽,則未嘗不可。

第五節　現　代　選　本

1. 韓非子精華　〔戰國〕韓非撰　上海中華書局編輯　民國三十年(1941)中華書局排印本(上海圖書館藏)

1915年,中華書局編輯出版了《韓非子精華》。此本爲民國三十年四版,刪除了原版之序,由於原序其實並無什麼學術價值,故刪之無妨。相對於原版來說,此本實更爲完善。此書是一種供教學自修用的選本,選錄了《十過》《和氏》《南面》《説林上》《説林下》《守道》《用人》《功名》《難二》《難三》《難四》《問辯》《定法》《説疑》《詭使》《六反》《人主》《飭令》《心度》《制分》二十篇之全文以及《外儲説左下》《外儲説右上》(愚按:該書誤題爲"外儲説右下")》兩篇中的經文。該書編纂者所做的編輯工作有如下數端。

一是對原文有所校改。該書《難三》"此宜賞譽之所及也"之"及"與《迂評》本不同而與趙用賢本、趙世楷本相同,《定法》"而醫者劑藥也"之"劑"、《説疑》"凡治之大者謂其賞罰之當也"之"謂"上無"非"字,皆與趙用賢本不同而與《迂評》本、趙世楷本相同,據此可推知其原文出自趙世楷本。至於該書《説疑》"聖王明主則不然"之"聖王明主"(乾道本、趙用賢本作"聖王明君",藏本、張鼎文本、《迂評》本作"聖主明王"),《功名》"舜之所以北面而效功也"之"效"被誤爲"收",篇題"外儲説右上"被誤爲"外儲説右下",均與趙世楷本相同而與他本不同,更可證其底本爲趙世楷本。但該書也有所校改,如《説林下》之"蟲有螝",趙世楷本作"蟲有蚘",此蓋據顧廣圻之説而改。該書排版時也有失誤,但也採取了眉批的形式作了勘誤,如《定法》"斬首者令爲醫匠"被誤刊爲"斬首令爲醫匠"後,即在其上加眉批曰:"斬首下脱一者字。"

二是給原文分了段,加上了新式標點符號,故甚便於初學。

三是在每一篇末加了【音釋】,其中摘錄了顧廣圻《韓非子識誤》中的校釋(題"顧廣圻云""顧云")和乾道本舊注(題"宋乾道本云""宋槧云")。

四是在文中加了兩條注音,即在《十過》"貪愎"下加注了"弼力切",在《説林上》"田駟"下加注了"音四"。

五是收錄了陳仁卿、孫月峰、潘文在、陳明卿、徐太生、楊升庵、劉會孟(又題"劉辰翁")、茅鹿門、張賓王、侯晉陽、唐荆川、韓退之、陳深、王鳳洲、徐文長、趙定宇、王維楨、陶乃冰、朱大復等人的評語。這些評語,大都刊爲眉批,但在每篇之末也附以一人評語作爲該篇總評。這些評語,當採自趙世楷本、陳仁錫《諸子奇賞》等評點之書。即使未題作者姓名的評語，如《難二》篇題後的評語（這是該書唯一的題解），也出於趙世楷本（其最終源頭爲《韓子迂評》）。要注意的是，該書評語上所題作者姓名不盡可靠，如所謂"陳仁卿曰"的三條眉批，皆源自《韓子迂評》，當題"門無子曰"才對，趙世楷本因《韓子迂評》爲陳深所刊而題爲"陳深曰"已經不確，現改題"陳仁卿曰"就完全錯了。又如《外儲説右上》眉批："茅鹿門曰：先列其目而後著其解，謂之連珠，則連珠已兆於韓非矣。而瓊山謂其體始於揚雄，非也。"此説實源自楊慎（見《升庵集》卷五十二《韓子連珠論》），此書轉録趙世楷本而題"茅鹿門曰"，非茅坤編書時襲取了前人之説，便是後人有張冠李戴之誤。至於其評語内容，雖然大多無甚意義，但也不乏可看處。其中有品評文章作法者，如《十過》眉批："陳仁卿曰：先有後十件事，方冠以十柱。""潘文在曰：每條貫以實事，無一虛者。後人爲之，每至苦貧。故曰：博聞乃餽貧之糧。"《説林上》篇末評："唐荆川曰：敘事如《世説》，新穎可人。"《詭使》篇末評："孫月峰曰：人情感於拂意之事，則憤懟之詞不一而足。言之重，詞之複，蓋號呼窮極以求紓其不平之氣，而不暇詮次耳。如《韓子·詭使篇》不過曰'賢者顯名而居，姦人賴賞而富'兩言足矣，乃至數千言，而又多重複不次，不如是不足以發其憤懟耳。故文字不在簡省，往複爲難，次而不次爲尤難，次而不次，惟深於文者得之。"也有揭示文章主旨者，如《南面》篇末評："侯晉陽曰：通篇皆説御臣，極其懇切。"《心度》篇末評："潘文在曰：此篇謂嚴刑主於利民，非以讐民，乃刑期無刑之意。"還有評論文章内容者，如《説林上》"以管仲之聖而隰朋之智，至其所不知，不難師於老馬與蟻"眉批："韓退之曰：聖賢之能多，蟻馬之智專。"《難三》"子産之治，不亦多事也乎"眉批："王維楨曰：子産之智甚善，而子之論又過之。"《問辯》篇末評："朱大復曰：足徵辯言害政。"《定法》篇末評："孫月峰曰：評品二子最當。"

　　據上所述，可見該書選文並不恰當，一些公認的韓非代表作如《主道》《有度》《孤憤》《説難》《五蠹》《顯學》等均未收入，雖然因爲加了標點符號而便於初學，但想通過此書去把握韓非學説則顯然不夠。該書之主要學術價值在於對前代文評的輯刊，所以可作爲一種文學性的普通讀物供人瀏覽。編纂者的工作，雖然不能説是真正的文學研究，但也反映了現代對《韓非子》文學成就的重視。該書一版再版，可見現代人們對《韓非子》的文學成就還是頗感興趣的。

　　末了要補充説明的是，《子藏》影印本中的《六反》脱去了兩頁，故尚待完善。

2. 韓非子文 〔戰國〕韓非撰　吴虞選　民國間排印本　秋士批（北京大學圖書館藏）

吴虞（1872—1949），原名永寬，字又陵（亦署幼陵），號黎明老人，新繁（今四川成都市新都區）人，光緒三十一年（1905）留學日本東京法政大學，歸國後在成都教書，一度主編《蜀報》，"五四運動"前後在《新青年》上發表了《吃人與禮教》《家族制度爲專制主義之根據論》等文章，成爲反對舊禮教和儒家學説的著名人物，1920年任北京大學、北京高等師範國文系教授，晚年任教於成都大學、四川大學。著作有《吴虞文録》《秋水集》，編選有《國文選録》《駢文選讀》。

該書封面題"韓非子"，上有手書"秋士一九三四年一月讀於西山"，故今將《子藏》所題"佚名批校"改爲"秋士批"（因其批語中無校語）。

該書次頁爲"韓非子文目録"，内容爲"難言篇　主道篇　有度篇　二柄篇　揚權篇　八姦篇　孤憤篇　説難篇　姦劫弑臣篇　亡徵篇　備内篇　解老篇　喻老篇　觀行篇　安危篇　守道篇　用人篇　功名篇　大體篇　難篇一　難篇二　難篇三　難篇四　難勢篇　定法篇　詭使篇　六反篇　八説篇　五蠹篇　顯學篇　忠孝篇　心度篇"而不標頁碼，其末題"計文三十二篇"。

以下即爲所選《韓非子》之文三十二篇，每篇頁碼各爲起始。其篇題格式基本上爲"韓非子××篇"（如"韓非子難言篇"），例外者只有如下兩篇：一是"韓非子有度篇"前另有一行，其上題"韓非子文"，其下題"吴虞"（"吴虞"之名全書僅此一見）。二是目録中之"説難篇"在正文中爲《史記·韓非列傳》，且在"史記韓非列傳"之篇題前另有一行，上題"韓非子文附録"。根據以上這些情況可以推斷，此書非成於一時，而是吴虞爲講課需要而陸續編印的活頁講義，故其每篇頁碼各爲起始。其選編的第一篇是《有度》，故其前上題"韓非子文"而下題"吴虞"。選編的第二篇是《史記·韓非列傳》，所以其上題"韓非子文附録"。其他"韓非子××篇"前無另行題"韓非子文"者，均爲以後陸續編印之文。最後纔編成目録，合訂成册，但在目録中將正文之《史記·韓非列傳》改爲"説難篇"而不置於末，以及將書名題爲"韓非子"而不題"韓非子文"，均與吴虞開始之構想不同。

該書所選文章，除了加上句讀、圈點，還分了章節，其分節之多實爲空前。這種分節，有時對閲讀頗有幫助，如《亡徵篇》將四十七個"可亡也"之段落各自獨立，顯得條理分明，使人一目了然。但總體來看，分節過多，有時甚至將複句分節，反使文章支離破碎而不利於閲讀。除了分節，其中有十三篇還分了章，且加有章目，如《主道篇》内有"主道上""主道下"，《揚權篇》

内有"揚權上""揚權下",《觀行篇》《安危篇》《守道篇》《用人篇》《功名篇》《大體篇》《八説篇》内有"第一章""第二章"等等。《難一篇》内有"第一　仲尼不知善賞案""第二　舜無術案""第三　管仲有病案""第四　仲尼不知善賞案""第五　師曠撞平公案""第六　桓公不知仁義案""第七　分謗案""第八　管仲霄略案""第九　韓宣王問於樛留案"等章目,而每章難辭前還題有"難"字。《難二篇》《難三篇》《難四篇》内也有類似《難一篇》之章目和難辭前之"難"字,而《難四篇》内的兩段難辭前分題"難"和"解"倒是其一大發明,值得參考。這種分章,除《難篇》之章目對閲讀有提示作用,其他章目只是便於在教學時稱説而已,實無多大意義。

　　該書文字,乃雜取各本而成。如《揚權篇》"説情而損精"之"損",以及《姦劫弑臣篇》"處非道之位"至"非明主弗能聽也"一段文字在"此田成之所以弑簡公也"之下,表明其所用底本爲《韓子迂評》萬曆十一年重修本,但《有度篇》"不一圖主之國"之"一"、《亡徵篇》"小民右仗者"之"右仗"又表明其不取自《韓子迂評》而取自趙用賢本。尤其應該指出的是該書誤字頗多,如《難言篇》"此臣非之所以難言而重患也"之"患"被誤爲"憂",《有度篇》"不壹至主之廷"之"廷"被誤爲"庭","故治不足而日有餘"之"日"被誤爲"法",《姦劫弑臣篇》"未至於絞頸射股也"被誤爲"未至絞頭射股也"。

　　至於秋士之批語,大多是抄撮頁中的《韓非子》語詞,僅有標舉關鍵詞的作用,參考價值不大。值得一提的是其自出機杼的十條批語。其中評論思想内容的較有參考價值,如《解老》"故諸人之所以意想者皆謂之象也"眉批:"象非相。"《難一》"惟其言而莫之違"眉批:"所謂當兵者氣順。"《定法》"則以其富彊也資人臣而已矣"眉批:"今所謂富强之國亦復如此。"《六反》"今學者之説人主也,皆去求利之心,出相愛之道"旁批:"孟子曰:'王何必曰利,亦曰仁義而已矣。'"《五蠹》"仲尼非懷其義也,服其勢也"眉批:"法家不重宗法,故以勢明尊卑,自非專制帝王所在意。"《顯學》"與貧窮地以實無資"眉批:"耕者有其田。"《忠孝》"臣事君,子事父,妻事夫"眉批:"三綱之説所自久矣。"也有評論文辭者,但多爲即興而作,參考價值不大,如《難三》"除君之惡,唯恐不堪。蒲人翟人,余何有焉?今公即位,其無蒲翟乎"眉批:"絶妙好詞。""魏宣子肘韓康子,康子踐宣子之足"眉批:"神情如畫。"《難四》"吾聞見人主者夢見日,奚爲見寡人而夢見竈乎"眉批:"好笑。"

　　總之,該書基本上將《韓非子》之重要篇章全部選入,可見編選者頗具學術見地,但其校勘不精,故作爲講義或普通讀物供人瀏覽未嘗不可,而對於研究者來説則無甚價值,僅秋士評論《韓非子》思想内容的批語稍有參考價值。

3. 評注皕子精華·韓非子　〔戰國〕韓非撰　張諤選注輯評　民國九年(1920)上海子學社石印本(上海圖書館藏)

張諤,字匋庵,江蘇無錫人,輯有《評注皕子精華》十卷。

《評注皕子精華》卷三第二十二頁至三十四頁爲《韓非子》文選,其首題"韓非子",標題下有韓非小傳。其後有文選三十五條(其中兩條非《韓非子》之文),其所選文字加了句讀,但不標篇名,編排也不按照《韓非子》原有次序,故顯得甚爲混亂。僅在每條文選之書眉標舉主題,其主題依次爲(今於括弧內注明其涉及的篇名,並據《韓非子校疏析論》標以篇節號):"明主必禁無用"(《五蠹》49.12),"明主急當務"(《五蠹》49.11),"君貴有權"(《八説》47.9~47.12),"聖人不行敗政"(《八説》47.4~47.5),"治強易爲謀"(《五蠹》49.14~49.15),"爲政當稱俗"(《五蠹》49.3),"任人在課功"(《顯學》50.5),"朋黨竊權"(《孤憤》13.3),"治貴任法"(《難勢》40.3.2),"誅罰當勉於縱衡"(《五蠹》49.14),"立法貴固"(《五蠹》49.7~49.8),"民智不足用"(《顯學》50.11),"偽學爲邦蠹"(《五蠹》49.17~49.18),"萬可以尅天下"(《初見秦》1.2),"明主不受愚誣之學"(《顯學》50.1),"仁義非所以持國"(《五蠹》49.4),"是非不可兼聽"(《顯學》50.2),"是非無定取亂亡"(《顯學》50.3~50.4),"私譽不可用"(《八説》47.1),"治不務德"(《顯學》50.5~50.8),"文學不可貴"(《八説》47.3),"以法爲吏"(《五蠹》49.12~49.14),"忠孝二道"(《五蠹》49.9),"仁義不可爲治"(《五蠹》49.5~49.6),"仁暴無分"(《八説》47.6),"明君賤德義"(《八説》47.2),"用法棄仁"(《六反》46.6),"受憎之主而後説"(《説難》12.7),"言難而患重"(《難言》3.1~3.2),"善説在知心"(《説難》12.1~12.2、12.4~12.5),"三王反本"(此爲《韓詩外傳》卷五第九章"夫五色雖明"云云一文),"誠能動物"(此爲《韓詩外傳》卷六第二十四章"勇士一呼"云云一文),"必用其所利"(《五蠹》49.10),"名實俱至"(《八經》48.5),"從衡皆不可用"(《五蠹》49.14)。

如此標舉主題,對讀者把握文章主旨無疑有益,但其概括實未盡當,如"受憎之主而後説"改爲"察愛憎之主而後説"才較得當。其文選所加句讀也大多可從,便於初學,但也有不當處,如《五蠹》"使其商工遊食之民少而名卑,以寡趣本務而趨末作"被點爲:"使其商工遊食之民少。而名卑以寡趣。本務而趨末作。"最值得詬病的是其選文很不嚴謹,甚至將《韓詩外傳》之文都錯入了《韓非子》之中。即使是《韓非子》之文,其所選文字也很隨便,如《説難》之文,前一條取自趙用賢本,而後一條則取自《史記》。其文選還多任意删改和訛誤處,如《五蠹》之"雖有田常、子罕之臣,不敢欺也,奚待於不欺之士?今貞信之士不盈於十,而境内之官以百數,必任貞信之士,則人不足官。人不足官,則治者寡而亂者衆矣。故明主之道:一法而不求智,固術而不慕信。故法不敗,而羣官無姦詐矣"被刪改爲"雖有田常子罕而臣之。無奸詐矣","多少之實異也"被刪爲"實異也","故罰薄不爲慈"被誤爲"故伐薄不爲辭","且民者固服於勢"之"民"被誤爲"明"。《八說》"不適有方鐵銛"之"適"被誤爲"識","不逮日中奏百"之"百"被誤爲"白","權其難而事成則立之"之"難"被誤爲"爲"。由此可見,其文實不足據。如果再以本書之書名"精華"來衡量,大都合格,但也有不當者,如最後一條:"從者。合衆强以攻一弱也。而衡者。事一弱以攻衆弱也。皆非所以持國也。"

此書既冠名"評注",其主要學術價值在評,編者在每條文選之後均輯録一條宋、明學者的評語,其先後涉及的評論者有袁了凡(袁黄)、陸象山(陸九淵)、唐荆川(唐順之)、王鳳洲(王世貞)、王陽明(王守仁)五家。其評語既有肯定韓非學說及讚賞其文章者,也有非韓之論。如"聖人不行敗政"條陸象山曰:"此論古人之立法,不能朝朝悉善,但後人用法,當擇其善者行之。若泥其一途,必逆而不通,真確論也。夫世道升降,人心不古,行於古而不行於今者,何限而可一切相仍爲哉?""治强易爲謀"條陸象山曰:"治强易爲謀,弱亂難爲計,此鏡治亂之機,達爲治之本,然一切欲以法禁爲治强,則又治强之所以去也。故韓子者,有文而無理者也。""言難而患重"條王陽明曰:"此《言難(愚按:當作"難言")》一篇,與《說難》一篇,語意相爲表裏,皆揣度人情事勢。此說士家之指南也。今則爲文士家之膏液也。""僞學爲邦蠹"條袁了凡曰:"世之僞學者,稱引先王之道,侈於言詞,而不當於實用。此等之人,爲王道之蠹。戰國之士,莫不皆然。此韓子親見之言也。""明主必禁無用"條袁了凡曰:"條論士風,譏切時事,如隔垣而洞五臟。此韓子有激之言,故碌碌乃爾。""明主急當務"條袁了凡曰:"尚法術而輕智信,此亂道也。凡韓非之術,大謬之甚,雖云有激之言,然使行之者,馴至於秦之暴,孰成之哉? 故存此段,以爲讀之者戒。有心經世者,其毋蹈焉。""治貴任法"條王鳳洲曰:"慶賞刑威之内,自有道德。韓子只認作勢法,是其學術之未精處。然其文自矯健超峻,居先秦之表表者。""用法棄仁"條王鳳洲曰:"言用法勝於用仁,其文字奇,而其義大舛矣。學者只取其文可也。""爲政當稱俗"條唐荆川曰:"立意以聖人爲政,在因事因地而不拘拘於循古,是固然矣。然時地即不古,而仁政何日不可因,故韓子之術,適足以殺其軀而已矣。""仁暴無分"條唐荆川曰:"仁則興,不仁則亡,古今未之或爽也。暴固亡國,仁豈亡國哉? 邪説淫詞,吾儒之所欲洗耳也。"從他們的評語中可以看出,對韓非之文,可謂衆口一詞而讚賞有加,但對韓非之學說,則有褒有貶。褒揚之語在讚賞韓非的正視現實及明於治道,貶斥之語在指責韓非尚法術而棄仁政,其批判之論實未脫古代以儒批韓之窠臼。其批韓之最大的思想局限在於不明瞭韓非學說乃爲亂世而設，在亂世，弱肉強食，奉行仁政未必不會亡國，故其批判並未得其要領。

除了輯錄宋、明學者的評語，編者也以旁批和夾注的形式對所選文章進行評注。其評注通俗易懂，大多可從，但參考價值不大。如在"今上急耕田墾草以厚產也，而以上爲酷"之"酷"下注"殘暴而不仁也"，並加旁批曰："民不可以慮始，而可以樂成，果然。"又如在"故存國者，非仁義也"加旁批曰："千言萬語，只是富強二字，末世之人，衰世之言也。"當然，其中也不乏以儒批韓之論，如"皆見愛而未必治也。雖厚愛矣，奚遽不亂"旁批："細讀此文，韓子滿腔殺機。可惡！可惡！"

總之，此書之正文不足據，值得參考的只是其評注而已，若當作一般讀本來流覽則未嘗不可，若據以研究《韓非子》則參考價值有限。

4. 周秦諸子選粹·韓非子　〔戰國〕韓非撰　劉永濟選　民國十四年（1925）上海泰東圖書局排印本（上海圖書館藏）

劉永濟（1887—1966），字弘度，號誦帚，晚年號知秋翁，室名易簡齋，晚年更名微睇室、誦帚庵，湖南新寧人。1916年畢業於清華大學語文系，歷任長沙明德中學教師、瀋陽東北大學教授、武漢大學教授兼文學院院長、中國作協武漢分會理事、《文學評論》編委等。著有《文學論》《十四朝文學要略》《文心雕龍校釋》《屈賦通箋》《唐人絕句精華》《微睇室說詞》《周秦諸子選粹》等。

《周秦諸子選粹》卷二輯錄了《韓非子》之文。其首題"韓非子"，題目後爲"附錄"。作者之學術貢獻主要體現在這"附錄"中。該"附錄"包括四個方面的內容。

一曰"事略"。其中既介紹了韓非的生平事迹（基本取用了《史記·老子韓非列傳》的材料），又謂"非生約在西曆紀元前二百七十餘年間，死於秦始皇十三四年間，約當西曆紀元前二百三十二三年間"。如此約略言其生卒年而無考證，也足見本書乃一通俗讀本而已。

二曰"學派"。其中既引述了《史記》的"喜刑名法術之學而其歸本於黃老""事荀卿"及"極慘礉少恩，皆原於道德之意"，又論曰："大抵非說本之道家，而見其深遠不切事情；又以學於荀卿，以禮樂政刑立國，乃參以法術家言，自成一說，以爲救亂世之法。其說以循名責實、信賞必罰爲主，而求歸本於道德。"如此概括韓非學說，可謂深得司馬遷之旨意，也切合韓非學說之要義。

三曰"影響"。其論曰:"韓非以黃老之説爲體,以申商之言爲用,原爲極亂之世立論,但不免於傷物傷己,失老氏之旨,故卒以致疑而殺身。其説事理極精核,後世用世之士多師之,影響甚大,可稱爲我國一大政治家也。至於清代目縣官所用治刑律之人爲刑名,則非韓非之所謂刑名也。古人刑形二字通用。非之書用刑字有兩義,一爲刑罰,一爲形實。刑名之義,乃合實與名而成,即循名責實之意也。其文章亦極精核,恰如其爲人,故後世論事理之文多從此出。"此文論韓非學説之體用,謂其文析理精核,以及辨析刑名之義,皆甚得當,但説韓非爲大政治家則未當,因爲韓非並無政治實績,所以至多是一個善於著書的政治理論家而已。

四曰"後世注釋"。其中只提及趙用賢本和王先慎《韓非子集解》,似過於簡略;又謂"今注或稱元何犿所作",更有傳訛之弊。因此,其介紹實不足觀。

"附錄"之後即爲《韓非子》選粹,首先輯録了《内儲説上七術》《五蠹》《孤憤》《説難》之全篇,然後又節録了《喻老》和《説林上》(改題爲"説林")之部分章節,並加了句讀。《史記·韓非列傳》提到的"《孤憤》《五蠹》《内外儲》《説林》《説難》",均被作爲"選粹"之對象,而所選《喻老》,恐怕也是爲了照應《史記》所説的韓非之學"歸本於黃老"及"原於道德之意",可見編者之"選粹",乃以司馬遷所述之韓非代表作及其學説爲標準。這樣的選文角度,無疑具有一定的合理性。但其原文有改動處,如《五蠹》"皆就安利如辟危窮"之"辟"被改爲"避";也有訛誤處,如《内儲説上》"西門豹爲鄴令"之"西"被誤爲"四"。而且,除了《五蠹》"皆就安利如避危窮"之"如"字下有夾注"同而",《孤憤》之篇題後有節録自《史記·韓非列傳》的文字作爲題解,他處均無注釋。因此,其文選實無甚參考價值。

總之,此書附録部分將《史記》對韓非學説的總結以現代話語進行了概括轉述,對韓非之文也作了高度評價,其評論甚爲精到,值得參考。其文選部分也以《史記》所述爲選粹標準,值得肯定,但其文僅僅加了句讀而基本上沒有注釋,故對於初學者而言則過於艱深,對於研究者而言又無參考價值,置而不論亦可也。

5. 韓非子　〔戰國〕韓非撰　唐敬杲選注　民國十五年(1926)上海商務印書館排印本(上海圖書館藏)

唐敬杲(1898—1982),字旦初,上海漕河涇鎮人。1915年考入上海商務印書館任編譯員,編有《新文化辭書》,選注《學生國學叢書》中的《韓非子》《墨子》《列子》《管子》等。1932年進《申報》館任《申報月刊》《申報年鑒》編輯，1942年後執教於輔仁中學、斯盛中學、光華大學，1947年任南京國史館協修，1952年任中國人民解放軍軍事醫學科學院翻譯，1963年退休，1971年參加編寫《辭海》。

《學生國學叢書》是商務印書館爲中學以上學生之課外閱讀而編。該館考慮到國學典籍篇幅甚巨，解釋紛繁，得失互見，由學生披沙揀金，實非時力所許，故選擇重要國學著作，删去其中無關宏旨者，只完整地輯錄體現作者思想精神和文學技術之各篇，加以分段、標點，並吸取前人較好的解釋進行注釋，同時在卷首作新序，介紹作者生平及該書概要。

本書爲《學生國學叢書》之一種，乃作者任商務印書館編譯員時所撰，故編寫時大體按照《學生國學叢書編例》進行，只選錄了作者認爲比較可信的《主道》《有度》《揚權》《孤憤》《説難》《和氏》《姦劫弑臣》《亡徵》《守道》《大體》《難勢》《問辯》《定法》《詭使》《六反》《八説》《五蠹》《顯學》《心度》十九篇進行分段、標點，對於那些雖然比較可信而内容非關宏旨者如《説林》《内外儲説》《解老》《喻老》等均摒棄不錄，其原文兼採各種版本而不拘一本，並根據前人考證有所校改，同時又參考王先慎《韓非子集解》、太田方《韓非子翼毳》等對原文作了簡明扼要的校注，在卷首則弁以作者新寫的《敘》。

其《敘》寫於民國十四年（1925）三月，共分四個部分，其中論述雖有未當，卻也有值得參考處。現分述如下。

一、韓非傳略：主要根據《史記》之記載介紹了韓非的生平事迹。其中有論述頗當且涉及他人所未及處，如認爲齊王建九年前後荀卿適楚，韓非之學於荀卿，"當在荀卿去齊適楚之後"。"惟韓非之學，兼汲申商、黃老之流，不盡出於荀子，則其在從學荀卿之後，當必別有所師事；然今不可考矣。"但其論述也有失當處，如認爲韓非死於何年已不可考，因而推測其死於"入秦後未久"，"至多亦不能過一年"。其實，《史記》的《秦始皇本紀》《六國年表》均明確記載韓非死於秦始皇十四年，並非不可考。

二、韓非子書及其注校：主要介紹《韓非子》一書的文本和注釋概況，其根據當爲王先慎《韓非子集解》卷首的"弁言"和"考證"以及太田方的《韓非子翼毳》。作者是繼孫詒讓之後較早參考日本校釋之作的《韓非子》校注者之一，他十分推崇《韓非子翼毳》，這無疑開闊了《韓非子》校注者的國際視野，值得肯定。不過，由於本書乃普及性讀本，所以引用他人之説都不加注明，如該敘文説《初見秦》《存韓》《忠孝》《人主》《飭令》爲僞作，雖然似乎有所論證，其實不過取用太田方之説而已。至於説"其真爲非之所自著者，全書中恐不及半也"，這恐怕是受到胡適《中國哲學史大綱》所謂"《韓非子》

十分之中,僅有一二分可靠"的影響而得出的結論,顯然不足取。此外,作者介紹校注之作時,涉及"盧文弨《檢補》一卷、王念孫《讀書雜誌·餘編》十四條、俞樾《平議》一卷",其後"凡例"說其注釋之根據乃《敘》中所及各家,此也恐爲虛言,因爲其所引盧文弨、王念孫、顧廣圻、王渭、俞樾、孫詒讓之說皆見於《韓非子集解》,而此文"檢補"之誤也足證其未見過《群書拾補》,故其校注恐怕只參考了《韓非子集解》《韓非子翼毳》而已。

三、韓非思想之淵源:作者認爲春秋戰國之際,宗法社會以漸傾壞,禮教不足爲經國治民之具,於是產生了管仲、申不害、商鞅、慎到、尹文之徒倡爲法治主義而成爲一有系統的學派"法家者流","韓非取商子之法,申子之術,與尹文形名之說,融會而貫通之,以成其形名、法術兼用之學"。同時,韓非不但集法家之大成,而且又是當時思想界最顯著的兩大潮流儒家、道家之綜合者。如韓非之"法"與荀子之"禮"在確立律令方面具有一致性,韓非"人性利己"之觀念實淵源於荀子的"性惡說",韓非主張"因時爲備,與重刑之足以爲治"和荀子"法後王,與刑罰治世無不重,亂世無不輕"之主張不無關係,韓非以爲"人君定法,而示臣下以所當遵守之道,己虛靜而群臣自正,國自治"實本於老子的"人君能體道而虛無恬淡,則民自正,物自化",韓非所謂"術者,人主之所執,而不可借之於群下"乃本於老子"國之利器,不可示人"之說。因此,"韓非之學,實併儒、道、法三者之學統而綜合之;先秦思想之潮流,實以韓非之學爲歸宿之淵海也。"如此看待韓非之學,顯然中其的縠。

四、學說概要:作者分五個方面展開論述。一爲"人性利己之觀念":韓非不承認人類間有"普遍之同情、類感",而認爲"人人以利害爲衡,互相殘賊爭競",所以"不得不以嚴酷之法術繩之"。二爲"因時之觀念":我國學者大抵以古代之復歸爲理想,韓非則不然,以爲人類社會之變遷不可避免,所以制度、法律也必須"應時變革"。三爲"參驗與實用之觀念":韓非之"參驗"即現代之"實驗","具有科學之精神",而他注重實際功用,實爲當時"競尚空談"的"時代精神之反抗者"。四爲"法治論":基於以上三種觀念,則其結論當然就是法治與術治。韓非所謂"法",乃爲"成文而公開之憲令,而以刑罰爲之後盾者"。"法不阿貴","人人在法律之前平等","固亦具有近代法治之精神者也"。五爲"人君之術":韓非之"術",爲"整飭百官之方法","一本於老子虛靜無爲之旨"。

其《敘》及"凡例""目次"之後即爲《韓非子》十九篇之校注。

作者校改原文較爲輕率,他常常根據盧文弨、王念孫、顧廣圻、王渭、俞樾、孫詒讓、王先謙、王先慎以及太田方等人的說法改動原文,幸好其校改體例較爲嚴謹,凡校改之處均加注明,但即使如此,也會貽誤後學。如他根據顧廣圻的説法將《定法》"故托萬乘之勁韓,七十年而不至於霸王者"之"七十年"改爲"十七年",殊不知此"七十年"並非指申不害任韓相的時間(因爲《史記·老子韓非列傳》明確地説申不害任韓相的時間爲"十五年"而非"十七年"),而是指申不害相韓至韓非寫《定法》篇的時間,如此一改,便多了一處誤文。至於其校正意見,也時有失誤,如認爲《孤憤》"安肯乘利而退其身"之"乘"當作"乖"。

其注釋不乏可取處,如《有度》"莊王之氓社稷也,而荆以亡"注:"氓社稷,謂死也。亡,謂失勢力,非滅亡之義。"《揚權》"有道之臣,不貴其家"注:"家,家臣。"《亡徵》"輕其適正"注:"'適','嫡'通。"由於是普及性讀物,所以其承襲前人之説處大多不加注明,如《五蠹》"夫婦所明知者不用"注:"夫婦,愚夫蠢婦也。──《中庸》云:'夫婦之愚,可以與知焉。'"此注完全出自太田方,但依其體例而不加注明。

應該指出的是,其採用太田方之説時還有不少訛誤,如《亡徵》"柔茹而寡斷"注:"'茹''輭'古通,謂柔懦而不能獨斷也。"太田方之説爲:"《字彙》'耎'字云:'楊升庵曰:"古篆頓硬之頓、畏懦之懦、老嫩之嫩皆作耎。"'然是'茹'字與此數字一義也。"一對照便可知其"輭"字乃"頓"字之誤。有些訛誤甚至會令人不可思議,如《亡徵》:"亡王之機,必其治亂、其强弱相踦者也。"太田方曰:"凡從'奇'之屬,有偏昂偏低之意。"該書注云:"踦,徧昂徧低,不相衡也。"將"偏"誤爲"徧",顯然會令人誤解。又如《五蠹》"而犯五官之禁"注:"五官,司徒、司馬、司空、司土、司寇。"此"司土"顯然爲"司士"之誤(《韓非子翼毳》作"司士")。

除了引用時的筆誤,其注釋也不乏錯誤不當處。如其依太田方之説將《五蠹》"鐵銛距者及乎敵"之"距"解爲"躍",認爲此句"言投鐵銛而跳躍者,則其銛及於敵也",殊不知此"距"字乃"短"字之誤,張鼎文本作"短"可證,而《道藏》本作"矩"可明其訛誤之迹,趙用賢本作"距"實不可從,現將"距"解爲"躍",再臆增"投"字作解,顯然不當。又如他依從太田方之説將《難勢》"客曰必待賢乃治"之"客"解爲"難慎子之客",而把"客曰人有鬻矛與楯者"之"客"解爲"韓子假設之客,非難慎子之客",這顯然是不顧語言的内部系統性而隨意作解,因爲自相矛盾的故事出自《難一》,所以此文之"客"都應指韓非而不是指"韓非假設之客"。再如依太田方之説將《八説》"人之不事衡石者"之"石"解爲"權",也誤。由此可見,作者取用前人之説往往不加考校,所以未必得當。有時爲了簡明扼要而將前人立説之根據删除,更給人以臆説之感,如《和氏》"厲王"注:"厲王,共王庶子,熊虔也。"《韓非子翼毳》在此注文前有"高誘曰"三字,已使人難以知其出自何書,現抄其注文而刪去"高誘曰",更令人不知其所出矣。除了採摭前人之説,其自出之注也有不當處,如將《守道》"人主甘服於玉堂之中"之"甘"解爲"緩",將"甘服"解爲"寬緩衣服",完全據"服"字進行發揮而不顧"甘"字之義,可見其作注之隨意性。

總之,該書爲普及性選注本,其選文較爲得當,凡體現韓非思想精神的主要篇章已基本選入,其校注主要採摭王先慎《韓非子集解》及太田方《韓非子翼毳》而成,雖然大體可從,但也有不少訛誤。此書可供初學者參考,對於研究者而言則參考價值不大,僅其《敘》值得一觀。

6. 諸子治要·韓子　〔戰國〕韓非撰　張文治編纂　民國十九年(1930)上海文明書局排印本(上海圖書館藏)

張文治(1898—1956),字潤之,號立齋,原籍湖南常德,生於江西南昌,十六歲考入江西省立中學,畢業後留校工作兩年,後被薦往上海中華書局編輯《國學治要》。1931年起任中華書局編輯,前後近三十年,編注《高中國文讀本》《中學國文教師手册》,編著《古書修辭例》,校點《資治通鑑》《詩詞曲語詞匯釋》等書,也是舊《辭海》的編輯者之一。

《國學治要》是張文治等人窮十年之力編撰而成的一部集中反映中國傳統文化經典的叢書,以經、史、子、集四部爲經,分爲《經傳治要》《史書治要》《諸子治要》《理學治要》《古文治要》《詩詞治要》《書目治要》七編,從《四庫全書》中精選最具代表性的名篇佳作彙集而成,故被人們稱爲"小四庫全書"。該叢書在民國期間曾被列爲大中院校學生必讀的國學入門書。

《國學治要》第三編爲《諸子治要》,《諸子治要》卷一節録諸子十七種,其中之一爲《韓子》。"韓子"之標題下有注云:"一名'韓非子',周韓非撰。非,韓之諸公子,與李斯並師荀卿,斯自以爲不如。非又博涉諸家之説,憫宗國衰弱,不得行其志,乃托憤慨於著作,大旨在《五蠹》《顯學》諸篇,爲法家特出之書。惟今本首篇,實張儀見秦王之文,而後人誤收入書中,則知其書之他篇,亦或有後人所附益者,特較少耳。"如此介紹《韓非子》,可謂得失參半:認爲韓非博涉諸説而發憤著書,可謂知音之言,然謂《初見秦》爲張儀所作,則非也,因爲張儀死於秦武王二年(公元前309年),而文中所説的穰侯治秦發生在秦昭王七年(公元前300年),秦敗魏華下、破趙長平,更分別是秦昭王三十四年(公元前273年)與四十七年(公元前260年)之事,張儀無法知曉。此論斷既誤,再由此推斷他篇亦有後人附益,則純爲臆説矣。由此可見,由少數編輯編著大規模的叢書,往往會因爲缺乏深入的研討而失之粗疏,此乃編輯編書之通病,這也從一個側面反映出由專家來著書的重要性。

該書依次選錄了《二柄》《八姦》《定法》《五蠹》《顯學》五篇文章,除了《八姦》爲節錄,其他均全篇輯入。其文僅加句讀而無注,故不便初學,僅適合有古文功底者瀏覽《韓子》之重要篇章而已。

值得一提的是,其末有對三種法家之書的述評,其言曰:"吾國古代法家之説,言法理法治之意者居半,言行政經邦之事者亦居半。近人或據其後半,以爲屬於政治,遂創言古無法家,不亦誣乎?管、商二子,事業本顯,説亦彪炳,書中間有言及身後事者,大抵爲後學所追錄附益,不能即斷其全書爲依托也。韓非述二子之志,兼涉儒道之學,著書自見,其持論綜核博辨,過於二子,其書亦少依托,乃法家之大宗,不僅李斯自以爲弗如也。"此論高屋建瓴,謂法家兼言法理與政治,《管子》《商君》間有後學追錄附益之文而不能斷其全書爲依托,韓非集法家之大成而兼涉儒道之學,《韓子》乃法家之大宗,此皆言簡意賅而公允得當,值得研究者參考。

總之,該編首末之論,對《韓非子》作了高度評價,謂其持論綜核博辨,是古代法家的代表作,這對於讀者認識《韓非子》在我國文化史上的學術地位甚有幫助。其所選篇章雖然不多,但韓非的刑名法術之學也基本能呈現於讀者面前,使人領略其精神風采,合其"治要"之義。此書雖然無注而不便初學,但在普及中國傳統文化經典的工作中無疑也是一種有益的嘗試。

7. 四部精華·韓非子精華　〔戰國〕韓非撰　陸翔輯注　民國二十三年(1934)上海世界書局石印本(上海圖書館藏)

陸翔,江蘇吳江人,生平事迹不詳,選注有《廣注四部精華》《當代名人新文精華》《當代名人新書信集》《當代名人新小説集》《新體廣注 論説文自修讀本》《新體廣注 書翰文自修讀本》《新體廣注 紀事文自修讀本》等。

《韓非子精華》爲《四部精華》子部之一種,其文輯錄了《南面》全篇、《説林上》十二則、《説林下》四則、《難二》二則、《難三》二則、《詭使》全篇、《六反》四則,以此作爲"韓非子精華",實未當。

該書文選有句讀,每篇文選之末有少量的注,其中《南面》《説林上》《説林下》《詭使》各有注三條,《難二》有注六條,《難三》有注五條,《六反》有注二條。由於是普及性讀物,故其注不注明出處。觀其注文,或抄撮前人校注而成,如《南面》"非假於忠信無以不禁"之注"謂僞爲忠信,然後不禁也",乃取用謝希深之舊注;"如是者謂之誘"之注"按誘下當有於事二字",乃取自顧廣圻《韓非子識誤》(《詭使》之三條注竟然全取自顧校)。或有參考其他資料而成者,如《説林上》"中山"注:"古國名,今直隸定縣地。"其注雖然大多可用，但也有未當處，其或濫用通假，如《説林下》"賁諸"注："賁與奮通，猶言奮起爲之。"或望文生訓，如《説林下》"沮衛蹩融"注："沮，遏止也。衛蹩融，人名，吴使者。"或肢解原詞，如《難二》將"苦陘令"之地名"苦陘"分拆而注"陘令"曰："陘邑令也。"也有過時而無參考價值者，如《説林上》"孤竹"注："古國名，今直隸朝陽一帶之地。"

總之，該書選文不當，其注少而淺陋，無甚參考價值。

8. 白話譯解韓非子二卷 〔戰國〕韓非撰　葉玉麟選譯　民國二十六年（1937）上海廣益書局排印本（上海圖書館藏）

葉玉麟（1876—1958），字浦蓀，晚號靈貶居士，安徽桐城人，受業於同縣古文名家馬其昶，爲高第弟子，精於古文，長居上海，著有《白話譯解國語》《白話譯解莊子》《白話譯解孫子兵法》《白話譯解道德經》《白話譯解荀子》《白話譯解韓非子》等，另有文集《靈貶軒文鈔》。

《白話譯解韓非子》之目次及正文卷上、卷下第一頁均題"白話譯解韓非子"，但不知何故，其版權頁卻題"選譯白話韓非子集解"。

該書首載葉玉麟之"序"，其序先據《史記·老莊申韓列傳》對韓非略作介紹，同時也表明了自己的看法，認爲韓非著書之"立意詎不善哉"？但他"雖原於道德之意，蒙以爲過矣。此其所以爲《説難》而終不能自脱也"。基於這樣的立場，作者又進一步引證宋代黄震、葉適之言以申其意，其文云："黄東發曰：'韓非盡斥堯、舜、孔子，凡先王之道以爲亂，而兼取申、商之法，而加以深刻，至謂妻子亦害己者，不可盡信，蓋自詡獨智足舞一世矣。夫以妻子之親謂不可信，且疑其害己，天下尚有可信之人乎？於人則多其猜忌，揣度百端，以防其欺己；於一己之説，則安冀以伺察窺詗，究極人情之變詐者，而欲人之信我，可得哉？且非以疏逖之臣，卒然進説，乃欲人君首去其親貴，誰能容之？觀其"白馬非馬"之辯，"棘刺猿母"之喻，"鄭人争年""趙主父施鈎梯"諸説，亦太詭譎矣。度其人，蓋天性陰鷙深險，不以誠信處人，視天下人皆鬼蜮，一切以機緘黠猾飾智以御人，而自以爲出於萬全者也，豈不謬哉？然其《解老篇》曰："仁者，謂其中心欣然愛人也。義者，君臣上下之争（愚按：當作"事"），父子貴賤之差也，知交朋友之接也，親疏内外之分也；臣事君宜，下懷上宜，子事父宜，衆敬貴宜，知交朋友之相助也宜，親者内而疏者外宜。義者，謂其宜也。禮者，所以情貌也，群義之文章也，君臣父子之交也，貴賤賢不肖之所以别也；中心懷而不喻，故疾趨卑拜以明之；實心愛而不知，故好言繁辭以信之；禮者，外節之所以喻内也，故曰禮以情貌也。凡人之爲外物動也，不知其爲身之禮也；衆人之爲禮也，以尊他人也，故時勸時衰;君子之爲禮,以爲其身也。"非之解仁義禮如此,未嘗背聖人之言也,何以知君臣上下之分,親疏貴賤遠邇之別,明乎朋友交際之道,而終以疏遠小臣思離間親近,致橫遭讒謗,見嫉宵人,卒死犴狴。何其巧於辭說而不明大道哉?'葉水心曰:'人世惟斯常理耳。君臣父子夫婦賓主之大倫也,慈孝恭敬友悌廉遜忠信之大節也,所謂豪傑卓然興起者,不待教詔而自能,不待勉強而自盡也。至於以機變爲經常,以不遜爲坦蕩,以窺測隱度爲義理,以見人隱伏爲新奇,以跌宕不可羈束爲通透,以多所疑忌爲先覺,此道德之棄材也。嗟夫!韓子不幸,殆有類是邪!史公以韓子與老、莊、申子合傳,亦甚惜其才智有過越人者,而悲其未聞大道終不脫於禍也。'"作者引此二文,可以看出作者的儒家立場以及對韓非的批判態度。不過,此類說法,還不如司馬遷所說的"引繩墨,切事情,明是非,其極慘礉少恩"更爲公允周到且言簡意賅。值得一提的是,其所引黃震之言與臺灣商務印書館1986年版《景印文淵閣四庫全書》第708冊《黃氏日抄》之文頗不同而見解更精深,可見《黃氏日抄》有不同傳本,此亦當爲《韓非子》及《黃氏日抄》之研究者所注意。其序最後說明了撰寫此書的原委:"是書以長沙王氏《集解》爲最善本,顧其爲文,旨約而蘊深,理幽而辭奧",所以其同鄉魏安裕請作者"用俚語淺釋,以飴新生",作者覺得"使向之沉滯幽邃者,一旦軒豁朗暢,理達趣昭,洵快事也",於是窮數月之力,譯注十二萬字而寫成此書。

其"序"之後爲"韓非子目次"與正文,其卷上爲《初見秦》《存韓》《難言》《愛臣》《有度》《二柄》《八姦》《十過》《孤憤》《說難》《和氏》《亡徵》《三守》《備內》《說林上》《說林下》《觀行》《守道》《功名》《大體》《內儲說上七術》《內儲說下六微》,卷下爲《外儲說左上》《外儲說左下》《難一》《難二》《難勢》《問辯》《問田》《定法》《六反》《五蠹》《顯學》《忠孝》《人主》《心度》。最後附錄了顧廣圻《韓非子識誤》中的序、跋以及對上述三十六篇的校注,其中顧廣圻的校注也依上述之分卷分爲卷上、卷下。據此附錄及其正文和譯文,可以推知其譯解《韓非子》時主要取資於浙江書局翻刻的《韓非子》(所附《韓非子識誤》之《和氏》按語"絶滅當作纔滅"是其證)和王先慎的《韓非子集解》。

此書之"白話譯解",其實只是將《韓非子》譯戎白話而已,故其書只有《韓非子》原文(文中保留了浙江書局本之舊注)和白話譯文兩部分。該書譯解之是非得失可概括爲以下數端。

一是作者常常依從顧廣圻《韓非子識誤》和王先慎《韓非子集解》中的校注進行翻譯,故其譯文與正文並不對應,由於作者未加注明,故其譯文容易被認爲是誤譯或肆意妄爲之作,其實不然。如《初見秦》"以亂攻治者亡,以邪攻正者亡"被譯爲"以亂去攻治,是要敗亡的;以邪去攻正,是要敗亡的;以逆去攻順,是要敗亡的",此乃依顧廣圻、王先慎之校譯之;"頓首"被譯爲"直伸着頸項",乃依王先慎所引盧文弨之説而以"頡首"譯之;"立社稷主,置宗廟令,此固以失霸王之道二矣"被譯爲"重立國君,設置宗廟,令魏國的勢力恢復,後來更率領著天下各國,向西面來和秦國爲難,這個已經是二次失去霸王的機會了",乃依王先慎所引俞樾之説譯之。《愛臣》"將相之管主而隆國家"被譯爲"將相熒惑人主,更使國内諸大家起内鬨",乃依王先慎所引孫詒讓之説譯之。此類譯文甚多,明其底細後雖然無可厚非,但無論如何,作者未在譯文中注明取某人之説,不免有失嚴謹。

二是其譯文大體可從,且頗有精當之處。如將《初見秦》"有功無功相事也"譯爲"有功和無功都按照著事實而定",將《和氏》"浮萌"譯爲"不守常業的人民",將《難一》"重不幸"譯爲"重罰無辜的人",均合《韓非子》之本義而值得參考。

三是爲避免讀者不解或誤解譯文,作者在譯文中還稍加括注以作補救。如《存韓》"臣斯暴身於韓之市"之譯文加注作"等到臣斯的身體已經暴露在韓國的市上(意思是被殺死)"。《有度》"今皆亡國者"之譯文加注作"現在他們之所以亡國(亡國是指國勢衰落,國中混亂,法度不行之謂,並非'滅亡'之義,可參看《孤憤》篇)","故先王立司南以端朝夕"之譯文加注作"所以先王才發明了指南車(比喻國法),使早晚知道一定的方向(比喻正邪)"。《十過》"曹君袒裼而觀之"之譯文加注作"曹君乘他赤膊沐浴時,突然進去看他的奇異肋骨(相傳晉文公的肋骨是連合爲一片的)"。

四是其譯文僅解其大意而不追求直譯,故有漏譯或任意發揮處。如未譯《初見秦》之"不至千人",將《愛臣》"是故明君之蓄其臣也,盡之以法,質之以備"譯爲"所以明君對待他的臣子,不分貴賤,同受國法的約束;防範周至,使其不生邪心"。

五是其譯文不求精確而有不當處。如《初見秦》之"固齊"被譯爲"安定齊國","賞罰不信"被譯爲"賞罰不分明","頓足徒裼"被譯爲"停住脚步,脱去衣裳"。《難言》"至言忤於耳而倒於心"被譯爲"好話是不中聽的,聽了也不受用"。《二柄》"則審合刑名者,言異事也"被譯爲"必須審察臣子的言論和行事,是否合乎法則和名實","君因兼罪典衣與典冠"被譯爲"昭侯遂罰管衣服的侍臣,殺去掌理冠帽的侍臣"。《説難》"欲内相存之言"被譯爲"想要容納對立的言論","而以前之所以見賢而後獲罪者"被譯爲"可是以前做的事,國君覺得好,後來做的事,就得罪國君"。《亡徵》"樹羈旅以爲黨"被譯爲"樹立親近的人以爲黨與"。《説林上》"今子美而我惡,以子爲我上客,千乘之君也"被譯爲"現在你比我地位高,你若做我的上客,你不過是一個千乘的國君"。其譯文之所以頗有不當處,主要原因是作者翻譯時未顧及字義或上下文義,全由自己即興而爲。如《十過》"中射士諫曰"被譯爲"楚國有個中射(官名)官諫道",這是因爲此處有王先慎所引顧廣圻、孫詒讓之説,故其不譯"中射"而加注"官名",如此譯注,顯然正確,但顧廣圻雖然在此明言"本書《説林上》《下》皆有'中射之士'",作者卻將《説林上》《説林下》之"中射之士"譯爲"中級的射手"和"中級的弓箭手",如此置前文之注而不顧,任憑其望文生訓,誤譯也就難免了。

六是其校對不甚嚴謹而有誤字、誤點。如《存韓》"以鈞利於秦"誤爲"以鈎利於秦",《初見秦》"棄甲兵弩戰竦"誤點爲"棄甲兵,弩戰竦",《愛臣》"將相之管主而隆國家"誤點爲"將相之管,主而隆國家"。

總之,該書之序雖然多引前人之説而少創見,其學術立場與行文格調亦頗異於同時代之大多數學者,但因能體現桐城派古文家對韓非學説的基本態度,反映出現代《韓非子》研究的多樣性,而其引文也客觀上爲《韓非子》研究者提供了更多的研究資料,故仍值得參考。至於其白話譯解,雖然只是選譯,其體例也未盡善,其譯文也頗有不當之處,但作者已將《韓非子》三十六篇(約佔全書三分之二)譯爲白話,且其譯文大多可取,如此大規模的白話翻譯,在《韓非子》詮釋史實屬首創,對《韓非子》之普及無疑有極大的效用,其開創之功誠不可没。由於該書爲普及性讀本,多傳承而少發明,故不爲前人所重,如陳啓天《韓非子參考書輯要》(中華書局1945年版)雖有"韓非子書目提要"一節,卻未列此書。殊不知現代人閲讀古文之能力已不強,古文今譯已成社會需求,故葉氏在這一方面的努力也應該給予充分的肯定,而不宜棄而不論也。

9. 評注諸子菁華録・韓非子　〔戰國〕韓非撰　張之純輯録評注　民國二十八年(1939)上海商務印書館排印本(上海圖書館藏)

張之純,江蘇江陰人,生平事迹不詳,擅長中國古代文學研究,編著有《中國文學史》《評注諸子菁華録》。

《評注諸子菁華録》卷十三輯録了《韓非子》之文,凡涉及二十一篇,其中《初見秦》《難言》《八姦》《孤憤》《説難》《備内》《心度》爲全選,《存韓》《二柄》《姦劫弑臣》《解老》《守道》《用人》《外儲説右上》《外儲説右下》《難一》《難二》《難勢》《詭使》《六反》《五蠹》爲節録。觀其選文,即可知其所謂"菁華",主要著眼於文學而言,或者説,作者編著此書的目的,是在爲讀者提供一部文學讀本。因此,欲憑藉該書去把握韓非思想學説之大體,則難以達到目的。在此還要説明的是,作者在正文篇題下注明"節錄"的,未必是節錄,如《初見秦》《備内》《心度》;不注明"節錄"的,一般爲全選,但也未必是全選,如《二柄》。此蓋出於其編校時之草率。

此書以文學爲關注點而冠名"評注",故甚多文評。如《初見秦》"唯大王裁其罪",作者不但在其下加注:"此上初見虚詞,以下方入正文。"而且又於其上加眉批:"發言套話止此。"

有些評語甚有提綱挈領之效。如《初見秦》眉批:"謀臣不盡其忠是全篇綱要。""全篇大旨,以解散從約成秦霸王之業爲經,以謀臣不能盡力、坐失事機爲緯,淩驚雷之硫礚,弄狂電之淫裔,是真絶代雄文。"

有些評語則有條分縷析之效。如《説難》開頭眉批:"是篇大旨,前半羅舉説人主之難,後半羅舉説人主之務,而以'凡説之難''凡説之務'爲通篇兩大眼目。"接着,作者於前半篇依次加眉批曰:"擇術於名利兩途者,其難有四。""與於人主隱情往往自危其身者,其難有七。""與人主論人,不免於啓其疑竇者,其難有四。""擇於繁簡之宜忌者,其難亦有四。""前段結束。"接着,從"凡説之務"至"此説之成也"又依次加眉批曰:"順人主之心,代爲文飾過端,成其誇世之心者,其務有四。""進善陳惡,以及代人延譽規畫,必爲人主回護過失者,其務有四。""不以失意之事折人主自負之心者,其務有三。""後段結束。"此後兩段之眉批爲:"凡説之難,不獨彼此所處之殊,抑且有前後愛憎之變。此二段爲上半篇餘波。"最後於末段加眉批曰:"以順爲正,當時以爲善術,此爲下半篇餘波。"其評語以類似的句法,將《説難》一文之結構剖析得井井有條,一下子使人領會到韓非構思之妙。

有些評語足見作者乃績學之士。如《外儲説右上》之評語,其中"凡姦者,行久而成積,積成而力多,力多而能殺,故明主早絶之"之眉批曰:"涓涓不塞,將爲江河;兩葉不翦,將用斧柯。"其中"今爲人之主而漏其群臣之語,是猶無當之玉卮也"之眉批曰:"君不密則失臣,臣不密則失身,幾事不密則害成。"作者將《六韜·守土》與《周易·繫辭上》之文信手拈來作眉批,既貼切又有文采,足見作者之博學多識與融會貫通之功力。又如《八姦》之評語,其"同牀"之眉批曰:"優施之於驪姬,張儀之於鄭袖,皆用此術。"其"在旁"之眉批曰:"商鞅因景監得志於秦,後唐李紹欽因伶人景進納貨宫掖得泰寧節度使,即用此術。"其"父兄"之眉批曰:"趙高以利害懾李斯矯詔而立胡亥;公孫宏使汲黯先發而推其後,與公卿約議,至上前,背約而順上旨;即用此術。"其"養殃"之眉批曰:"宋之賈似道,明之阮大鋮,即用此術。"其"民萌"之眉批曰:"陳氏之德,民歌舞之;王莽篡漢,頌功德者四十八萬餘人;皆用此術。"其"流行"之眉批曰:"燕子之使潘壽諷子噲讓國,即用此術。"其

"威強"之眉批曰:"趙高指鹿爲馬,陰中言鹿者以法;唐末白馬之禍;明末東林之逮;皆用此術。"其"四方"之眉批曰:"秦檜、湯思退輩利於和金,即用此術。"作者以先秦至明代的史實證韓非之文,既可見韓文所具有的普遍政治意義,又足見作者所具有的豐富歷史知識。

有些評語質疑《韓非子》之文,更令人耳目一新。如《難言》"仲尼善説而匡圍之,管夷吾實賢而魯囚之"眉批:"匡非君,魯囚夷吾乃兵敗於齊而聽命,非出本意。此等引書,不可以效法。"又"上古有湯"注:"湯亦非上古。"凡此之類,以往的評注家均不甚注意,作者一批,頗有振聾發聵之效。

除了精彩的眉批評語,注釋也是本書的重要部分。作者作注的主要依據是《韓非子集解》中王先慎、盧文弨、俞樾、王益吾(王先謙)之説(其中涉及張本、凌本和《意林》《治要》《晏子春秋》之處,也皆出自《韓非子集解》所引)。其中頗多利用舊注之處,如《初見秦》"陰燕陽魏"注:"北曰陰,南曰陽。"此顯然是據謝希深注"燕北,故曰陰;魏南,故曰陽"而改作。有時也引用《韓非子集解》之外的校注而又有自己的見解,如《初見秦》"頓首戴羽"注:"顧廣圻《識誤》云'頓字訛'非也。按此指偏裨之於將軍,頓首受命也。"

作者新注不少,如《初見秦》"悉"字下注:"詳也,盡也。"有些新注頗能解疑釋難而可取,如《初見秦》"天下固以量秦之謀臣一矣"之"以"字注:"'已'之通借。"《存韓》"陷鋭之卒勩於野戰,負任之旅罷於内攻"注:"攻,疑'供'字之誤。精鋭之師勞於外,轉餉之衆疲於内。"《詭使》"謟施順意從欲以危世者近習"注:"施,猶言'戚施',《爾雅》:'面柔也。'"有些新注疏解韓文言外之意,頗得韓文構思之妙,體現了文章家作注之特色而頗異於小學家之注,如《外儲説右上》"升概甚平,遇客甚謹,爲酒甚美,縣幟甚高"注:"升概平則貿易公,遇客謹則人情洽,爲酒美則酒人貪,縣幟高則遠方見,固絶無遺憾矣。"

當然,其注也時有不當者。如《初見秦》"以此與天下,天下不足兼而有也"注:"與者,從彼於我之稱,見《詩·旄邱》'必有與也'毛傳。與天下,謂號召天下而使之内附也。不足兼,言易爲兼并也。"不以"與"爲"舉"之借字,而以"使之從我"解"與",便與"不足兼"不合,且與下句"秦戰"不連貫,顯屬誤解。又如《守道》"扼腕"注:"腕,'脘'之借字,中脘也。扼脘,猶言椎胸。解者以爲手掫,非。"其實,"扼"非椎義,中脘也不同於胸,以濫用通假之説來非議正解,實不當。再如《姦劫弑臣》"必不幾矣"注:"幾,幸也。不幾,謂僥幸其或然而不得也。"《詭使》"損仁逐利謂之疾"注"疾"字曰:"病也。"凡此之類,皆爲隨意作解或望文生訓,其誤驟然。有時作者解説文字,頗異於小學家之注而有文章家想象之功,也未當。如《初見秦》"不憂民萌"

注:"'氓'之借字。按土著曰民,僑民曰萌。僑民如萌芽始生,本無今有,故字亦通作'萌'。"又如《備內》"或有欲其君之蚤死者"注:"蚤,早也。古文作'叉',爪中蟲也,色黑,善跳,噉人體則癢。人眠,爲蚤所苦,即晨起,故義同早,引伸字也。"

該書以評注爲功,至於其校勘,則甚多疏漏,這主要反映在以下四個方面。

一是校對不慎而有誤字。如《初見秦》"斧鑕在後"誤爲"斧鑽在後","決白馬之口"誤爲"抉白馬之口","比意甚固"誤爲"比周而固"。《難言》"捷敏辯給"誤爲"捷繁辯給"。《孤憤》"而一國爲之訟"誤爲"而一國爲之重","惑主敗法"誤爲"惑王敗法"。《備內》"以候主隙"誤爲"以伺主隙"。《六反》"是驅國而棄之也"誤爲"是騙國而棄之也"。有時連其校記都有誤字,如《外儲說右上》"則君所案"注:"原本'所'作'不','案'作'作',今從《晏子春秋》改正。"此處據顧廣圻所引《晏子春秋》"則爲人主所案據腹而有之"進行校改已屬不當,而說《韓非子》原本"案"作"作",也顯屬校對之疏誤,因爲此句《韓非子》原作"則君不安",故其校語當云:"原本'所'作'不','案'作'安'。"

二是輕易依從前人之說而改字。如《初見秦》"棄甲兵弩"之"兵",僅據王先慎之說而改爲"矣"。《存韓》"非所以亡趙之心也"之"趙",僅據顧廣圻之說而改爲"韓"。凡此之類,頗背信古闕疑之道。

三是任憑己意妄改原文。雖然其中有些臆改之處也可從,如將《說難》"不可不察愛憎之主而後說焉"改爲"不可不察主之愛憎而後說焉",但大多不當。如《難言》"詭躁人間"被改爲"詭躁時間",注云:"'時'原作'人',因其難解,疑'時'字之訛。"《八姦》"必令之有所出"被改爲"必令之有所止",注云:"原文作'出',當爲'止'字之訛。"《守道》"故能禁賁、育之所不能犯,守盜跖之所不能取"被改爲"故能禁賁、育之所犯,守盜跖之所取",注云:"二句'不能'字義不可通,當由上兩'不能'而衍,今刪。"又"惑於盜跖之貪"被改爲"域盜跖之貪",注云:"域,原本作'惑於'二字。蓋古'域'字亦作'或',又借作'惑',意古本作'或',後人加'心'作'惑',傳寫之誤也。"《難一》"易牙烝其子首而進之"被改爲"易牙蒸其子而進之",注云:"原本'子'下有'首'字,今刪。"《難勢》"是比肩隨踵而生也"被改爲"非比肩隨踵而生也",注云:"'非'字原本作'是',誤。"由此可見,作者凡遇到難解處便輕易刪改之,甚有明人好改古書之弊。

四是作者不利用前人的校勘成果而以訛傳訛。如《初見秦》之"徒裼",作者不據《韓非子集解》作"徒裼"而從浙江書局本作"徒裼",殊不知"裼"

乃"裼"之俗字(《韓非子》古本中"裼""被""褊""袀""袒""褐""袴""裸""褠""衽""袵""袖"等字的"衤"往往作"礻"),還特意加注云:"'裼'當作'跣','跣''裼'音近,因訛爲'裼',又訛偏傍之'衣'爲'示'作'裼'。"其注文不用"裼"字而用"裼"字,可見其用字之隨意,而其説也遠不如王先慎以《爾雅·釋訓》"禮裼,肉袒也"及郭注"脱衣而見體"作解爲碻。

總之,該書以"評注"冠其書名,其主要貢獻在評注,雖然其中也有未當之處,但大多可取,特别是其評語,有不少精彩獨到之處,頗值得參考。至於其選文,則偏重於文學,故所選爲《韓非子》之文章菁華而非完全爲韓非思想學説之精華,加之其校勘不甚嚴謹,故其中《韓非子》之文不宜引用,否則將以訛傳訛,貽誤後學。

10. 先秦諸子文選·韓非子 〔戰國〕韓非撰 張默生選注 民國三十七年(1948)濟東印書社排印本(上海圖書館藏)

張默生(1895—1979),原名敦訥,山東臨淄人,1924年畢業於北京高等師範學校國學系,先後任教於山東省立第一師範學校、河南淮陽師範學校、河南大學,1928年後歷任曲阜師範學校校長、濟南高級中學校長、煙臺中學校長、上海復旦大學教授、四川北碚相輝學院教授兼文史系主任、重慶大學中文系教授、四川大學中文系教授兼主任。著有《先秦諸子文選》《莊子新釋》《老子章句新釋》《義丐武訓傳》《厚黑教主傳》等。

《先秦諸子文選》之第231頁至第280頁爲《韓非子》文選,共選録了《五蠹》《顯學》《定法》《難勢》《問辯》《説難》《孤憤》七篇文章。每篇前有説明文字,介紹篇題的意義,闡明該篇的要義;次爲加有標點符號的原文;然後是簡明扼要的注釋,其中有注釋詞語的,也有串講文句的。

該書篇前的説明文字往往有畫龍點睛之筆。試看《説難》之前的説明:"此篇,歷陳諫説的種種困難,分析君主的心理變化,研究發言的方法及效率,真可説是淵淵入微了;不過與他篇稍異其致。在其他篇中,韓非以其犀利的眼光,痛陳時主的過失,直言不諱,處處表示不妥協的精神;而此篇一改其本來面目,只求如何説動當時的人主,如何才不至觸犯人主之怒,甚至卑身以進,亦所甘願。莫非是擇目的而不擇手段嗎?本來韓非是贊成君主專制的,政體既不能拿革命手段來改變,則一切國家大計,發號施令,仍須由君主獨裁。韓非處此無可奈何的當兒,不忍祖國的淪亡,想行其法治主義,也只好擇目的而不擇手段了。不過篇中歷陳人主之愛憎無常,疑慮百出,亦足見專制君主的淫威了。"

當然,其説明也有不當之處,如《難勢》的説明説韓非主張的"法"就是

"人爲之勢",這顯然混淆了"法"與"勢"的内涵;其説明還説第二段"應慎子曰"是儒家的主張,第三段"復應之曰"是韓非的主張,這種説法實難以圓滿地解釋第三段中的"客"字,於是作者便在注釋中依唐敬杲《韓非子》注將第三段"客曰必待賢乃治"之"客"解爲"難慎子之客",而把"客曰人有鬻矛與楯者"之"客"解爲"韓非假設之客",這顯然是不顧語言的内部系統性而在隨意作解。誠然,自相矛盾的故事出自《難一》,所以此文之"客"都應指韓非而不是指"韓非假設之客"。據此推論,則第二段"應慎子曰"也應該是韓非的文章。

至於原文和注釋,基本可用,但也有錯誤不當處。如《五蠹》:"共工之戰;鐵銛距者及乎敵,鎧甲不堅者傷乎體。"注云:"距,躍也。言投鐵銛而跳躍者,則其銛及於敵也。"且不説"戰"下不應該用分號,就是"距"字,乾道本、《迂評》本作"矩",乃"短"之訛誤,張鼎文本作"短"可證,而《道藏》本作"矩"可明其訛誤之迹,趙用賢本作"距"實誤,盧文弨、顧廣圻、王先慎等都改爲"短",此文卻仍據唐敬杲選注的《韓非子》作"距",並採用唐敬杲之注作解,顯然不當。又如《五蠹》之"三美加焉,而終不動,其脛毛不改"原可通,該本卻臆改爲"三美加焉,而終不動其脛毛,不改其毫髮",實有失嚴謹。再如《難勢》"賢何事焉"誤爲"賢爲事焉",也説明其校對之粗疏。

平心而論,稍有誤解、誤校乃選注本之通病。從總體上來説,瑕不掩瑜,該本還是一種較好的通俗讀本,可供初學者參考。

11. 韓非子釋義 〔戰國〕韓非撰 陶明濬述 民國間奉天文學專門學校排印本(遼寧省圖書館藏)

陶明濬(1894—1960),字犀然,號豫園,遼寧瀋陽人,本姓哈利,遠祖在清初入蒙古正藍旗,北京大學中文系畢業,曾任奉天文學專門學校教員、東北大學教授、遼寧《新亞日報》社社長、達德中學校長、河北省政府秘書、遼寧省圖書館副館長、長白師範學院教授。著有《沈南詩文初集》《詩説雜記》《豫園志異》《孟子句解》《紅樓夢別本》等。1952年被聘爲北京市文史研究館館員。

本書選釋了《韓非子》中的《初見秦》《難言》《有度》《二柄》《揚權》《八姦》《孤憤》《説難》《亡徵》《解老》《説林上(愚按:原題"説林篇")》《安危》《守道》《用人》《功名》《大體》《内儲説上七術》《外儲説左上(愚按:原題"外儲説篇")》《外儲説左(愚按:原題"外儲説篇")》《難一》《難勢》《説疑》《六反》《八説》《八經》《五蠹》《顯學》《制分》二十八篇。其體例是先將所選原文分段並加句讀,然後於每段之後加上釋義。其原文部分頂格,釋義部分縮兩格,眉目十分清楚。

　　本書之學術價值不在原文及其句讀,而在於釋義,因爲其原文雖然依據乾道本,但校勘甚爲粗疏,脱誤不少,句讀也多誤。如《初見秦》"犯白刃蹈鑪炭斷。死於前者。皆　也",句讀既有誤,脱文又任其爲空格而不加補足。又如"霸王之名不成"被誤爲"霜王之名不成","一戰不尅而無齊"被誤爲"一戰而尅而無齊","而謀臣不爲"被誤爲"而謀區不爲","令荆人得收亡國"被誤爲"會荆人得收亡國","此固以失霸王之道一矣"被誤爲"此經以失霸王之道一矣","此皆秦有也"脱爲"此皆　　也"(中空三字),"臣以爲天下之從幾不能矣"脱爲"臣以爲天下之。　幾不能矣"(中空一字),"外者天下皆比意甚固"誤爲"外者天子皆比意甚固","秦國之號令賞罰"誤爲"秦國之號。今賞罰"。凡此之類,不勝枚舉,故不再贅述。

　　本書之釋義部分雖然不乏對《韓非子》之文的評述,但更多的是在借《韓非子》之文闡述自己的思想和主張。試看《初見秦》第一大段的釋義:"戰國之時,士皆以非鉗掉闔,取時君之禄位;聯騎結駟,寵動一時,如儀、秦、鞅、斯之徒連横合縱之策。當時詫其聲勢,後世驚其才名。而其人所陳志計,不過嬰稚之巧,苟且一時,非真能立綱陳紀,導德齊禮謀子孫萬世之安也。故其言論,布在方册,伏而誦之,亦殊無可取者。此與後世決科對策之文,毫無所異。既以此問,則勉以此對。問諸本心,亦未必有經營天下之才略。不過藉此梯階,以邀榮寵。論列人主之前,抵掌華屋之下,無非簡諫揣摩,以投時君之好而已。韓非之書,雖不可以此薄之,然對問之詞,亦有迎合頌諛之處,不可不知,不可不辨也。　治亂邪正,二者不能並立。此消則彼長,彼盛則此衰。人之於人,國之於國,其存亡之故,均不外此理。　賞罰必行之説,管子言之屢矣。韓非之學,亦復相同。夫治器者必有其具,故越劍性鋭,必托槌砧,以成純銛。楚柘勁質,必資榜檠,以成弴弓。賞罰二者,即治國之具也。操之則存,舍之則亡,可不慎歟。　奮死二者,驟視之,則薄人於險。驅民以戰,似非仁人之言。然孟子亦曰效死而民弗去,則事可爲也。故諸侯死社稷,守國之義。必不可廢,每當陽九之厄,爲士民者,若無奮死之心,則容容持禄,偷生苟活,臨陣則奔北,守城則迎降,無可守之名節,無一定之是非,如馮道、褚淵、王衍、秦檜之流,師之於上,一時士民翕然效之,則國破家亡,身敗名裂,真種族之獣,非一時一人之恥也。"其每釋一義,中間空一格,段落很清楚。顯然,其第一段是對《初見秦》之大旨及其價值的評論。至於以下三段,雖然似乎是針對《韓非子》中的詞語來做文章,但其實並不是對《韓非子》文義的解釋,而只是對"治亂邪正""賞罰""奮死"等所產生的社會作用闡述自己的看法。

有時，作者的釋義甚至不按照《韓非子》之文而隨意發揮之，如《孤憤》第一段之釋義："韓非法家，故其言必重法。法術之士，正直方嚴，不營不拔，有抵冒而欺罔者，雖親貴勳戚，亦不稍縱舍。故當塗之人，權勢之家，疾之如仇讎，爭欲得而甘心。而法術之士，强毅勁直，不稍屈撓，言有規矩，行有準繩。雖乘機抵隙，亦苦於無詞可假。以故豪右斂迹，黨與解體，戢羽藏鱗，不復敢肆其凌暴之氣。然後法紀休明，律畫井然，道不拾移，夜不閉戶之風可得而冀也。在昔用法之嚴，若秦刑棄灰，周殺群飲，後漢私牛皮一寸抵死，後周匿餉五斤以上罪死，隋文時人盜一錢、及四人共盜一榱桷、三人同竊一食皆立決、宋鬻僞茶至二十斤棄市、犯私麴至十五斤極刑，其用法似乎過苛。然而刑亂國用重典，當民心矯僞之時，尊卑之節既廢，取與之度亦亂，不董以嚴刑，震以威怒，則誣上行私，殘民以逞，將益無忌憚。正不必以暖姝爲仁也。　余謂立法最難。過寬則民狎而玩，過嚴則民激而怒。法令舒闊，則奇邪之民喜。法網嚴密，則純謹之民懼。要須非重非輕，而適協其平，則庶幾也。　夫鄭子產，吏不能欺。宓子賤，民不忍欺。西門豹、韓延壽，吏不敢欺。不欺同，而所以不欺異也。余謂不忍不敢云者，對於循良知道之民而言者也。若夫刁墨之民，殺人不忌之賊。上下求利，左右趨便，何所用其不忍，何所用其不敢哉。不如明罰敕法，燭照數計，無纖毫之舛戾，使爲不善者，不能逃於法之外。雖欲售其欺，自然有所不能矣。"

作者的釋義，往往能獨出心裁。如《有度》之第一段，一般人都認爲是在强調法治，而作者則看到了人的作用，其言云："此節與中庸所謂其人存則其政舉，其人亡則其政熄，語意正復相同。故爲政在人，不獨在法，兹以齊桓、楚莊諸人爲喻，頗稱確切。然立國之道，若專恃一人以爲治亂之標準，其義亦未免過隘。彼君臣上下罔非正人，偏僻側媚，不容朝列，固善矣。即或不然，中主在位，而輔弼得賢，具臣在朝，而元首明良，亦足以互補所短，而勉强支拄焉。必若上下俱昏，晦以承晦，兩盲相扶，不墜於坎井不止。如所云群臣官吏皆務所以亂，而不務所以治者，誠致敗取亡之道也。人之云亡，邦國殄瘁。不有君子，豈能過乎。誠哉是言也。"

從該書的釋義來看，作者乃飽學深思之士，其釋義不但思想深邃，而且徵引廣博，特別是常引史事來作佐證。今不妨再舉《難言》第二段之釋義於下以明之，其言云："孔子曰，中人以上，可以語上也。中人以下，不可以語上也。故有所諍言於人，必視其人能聽受與否，不然則譊譊讙咋，適以取厭而已。如比干、梅伯之倫，謂之忠烈則可，謂之知幾則不可。彼仰首伸眉於暴人之側，而攖其逆鱗觸其所忌，本無自全之理，不過有殺身成名之義而已。古之人有善說者，談言激中，可以解紛。如晏子一言，而齊侯之刑省。穎考叔一言,而全人之母子。狄仁傑一言,而全人社稷。新城三老一言,而漢高爲義帝發喪。壺閱三老一言,而漢武爲戾太子悔過。他如一言踰於十萬師,北史魏釗之入進南城中説降也。一言勝數萬兵,王虔朗也。一言賢於十萬衆,魏徵之諭馮盎遣子入侍也。一紙書賢於十萬師,漢文帝之諭尉佗也。一紙書賢於十部從事,劉宏之丁寧守相也。魯仲連書下聊城,抱朴子謂是分毫之力過百相之衆。荀勖與孫皓書,晉帝謂使吴思順勝十萬之衆。鄭元璹抑責突厥,唐帝種其口伐可漢。以上各節,見於史册,不可枚舉。當其時而發,因其機而語,入人最深,感人最切。故一言之激,甚九鼎之重,有以也夫。"

總之,該書借《韓非子》之軀殼,多引經史之文來闡發自己的社會經驗和主張,在《韓非子》闡述方面别具一格,乃"六經注我"者也。雖然依靠此書尚難讀通《韓非子》,但讀其釋義必能大長見識,故值得參考。

第三章 《韓非子》札記考述

第一節 清代學術札記

1. 群書拾補·韓非子校正 〔清〕盧文弨撰 清乾隆五十六年(1791)抱經堂刊《抱經堂叢書》本(復旦大學圖書館藏)

盧文弨(1717—1796),初名嗣宗,十七歲入國學時改名文弨,字召弓(一作紹弓),號磯漁、檠齋,晚號弓父,其書跋又自署萬松山人、石松山人;其藏書樓名"抱經堂",人稱抱經先生;仁和(今浙江杭州)人(其先世於明代由餘姚遷居杭州)。乾隆壬申(1752)中進士一甲第三名(探花),授翰林院編修,歷任翰林院侍讀學士、廣東鄉試正考官等,乾隆三十三年(1768)在提督湖南學政任上被貶,次年辭官歸故里,先後在江浙各地書院主講經義二十餘年。他喜藏書,精校勘,所校古籍有《新書》《春秋繁露》《白虎通》《方言》《逸周書》《荀子》《西京雜記》《顏氏家訓》《獨斷》《經典釋文》等,彙刊爲《抱經堂叢書》;又苦刻板不易,合經史子集三十八種,摘字而注之,名《群書拾補》,其校注諟正揭非,使學者蓄疑渙釋。另著有《抱經堂文集》《鍾山札記》《龍城札記》《儀禮注疏詳校》《廣雅注》等。

《群書拾補初編目錄》載其所校之書共三十七種,第二十六種爲《韓非子校正》,但其内正文只標"韓非子"三字,今以其目錄所標爲書名,以便更好地揭示其内容。

其正文標題"韓非子"下有題注云:"是書有明馮舒己蒼據宋本、《道藏》本以校張鼎文本外,又有明凌瀛初本、黄策大字本。今並以校明神廟十年趙用賢二十卷全本,而以是者大書,其異同作小字注於下。此書注乃元人何犿刪舊李瓚注而爲之者,亦甚略,且鄙謬者亦未刊去。"由此可知,盧氏之校正乃以明馮舒所校張鼎文本(校語中稱"張本")、凌瀛初本(校語中稱"凌本",由於凌本折中於趙用賢本和《韓子迂評》,故盧氏出校者大多同於《迂評》本)、黄策大字本(校語中稱"黄本",即周孔教本,由於周孔教本出於趙用賢本而相異者甚少,故盧氏涉及也甚少)來校趙用賢本,其校正的《韓非子》文句以大字刊印,各本異文用小字注於下。其校正也涉及舊注,但此舊注當爲宋代謝希深之注,而非何犿删定之李瓚注。

南京圖書館藏有盧文弨手校的趙用賢本(索書號110613),盧氏有題識云:"乾隆二十一年丙子二月,盧文弨以凌瀛初本對校","乾隆四十二年丁西二月又以馮己倉所校張鼎文本校","乾隆五十三年六月以保定知府黄策大字本校","馮己蒼以此本并葉林宗《道藏》本及秦季公又玄齋本校所蓄張鼎文刻本。 丁西四月十日,盧文弨校""癸卯九月廿五日,弓父借《道藏》本校竟"。由此題識可見其校勘之詳情,即:盧氏以趙本爲底本,先於丙子年(1756)校以凌本,次於丁酉年(1777)校以張本(包括過録馮舒校語及馮校之宋本、秦本),最後於乾隆五十三年(1788)校以黄本,其間又於癸卯(1783)校以藏本。其校《韓非子》一書先後長達三十三年之久,此《群書拾補》中之《韓非子校正》乃其所校《韓非子》的最終成果,故值得珍視。

從其題識中可知,其校語中所謂宋本、秦本,乃出自馮舒校語。如《初見秦》"世有二亡"注"宋本'二'",《十過》"平公之身遂癃病"之"癃"字注"宋本作'癃'",又"戎王"注"宋本作'主',下同",均爲馮舒校記中所謂的宋本。《八經》"翳曰詭"之"翳"字注"繄,秦本'翳'",此秦本即出自馮舒校記,盧文弨據之改趙本之"繄"爲"翳",顯然可取,但其校語所涉及的秦本文字大多數都同於《迂評》本而可略而不論。

從其《難言》之"故君子難言"、《姦劫弑臣》"則可以水絶江河之難"之"水"字注"'永'訛"、《外儲説左上》"此宜卑"下注"下'虞慶曰不然'五字依藏本已移前,此處當删"來看,盧氏所用之趙本乃趙用賢之重修本。

至於其校語中之"藏本",則究竟出自馮舒校記還是出自正統《道藏》本,則不得而知。從其《初見秦》"天下可兼而有也"之"而"字注"脱,藏本有"來看,盧氏所謂藏本,當爲馮舒校記中所謂的藏本(即葉林宗所藏之《道藏》本),因爲顧廣圻轉録的馮舒校語也有"'兼'下藏本有'而'"一句(見"顧廣圻校跋並録馮舒校注及惠棟批校題識"本),而正統《道藏》本則無此"而"字。其題識又謂"癸卯九月廿五日,弓父借《道藏》本校竟",此藏本不知爲何種藏本。若以正統《道藏》本校之,則其出校的藏本文字大多相同,卻也有相異處,如《主道》"臣不得陳言而不當"之"得"字注"脱,藏本有",其實藏本無此"得"字;《十過》"不穀無與復戰矣"之"與"字注"脱,藏本有",其實藏本無"與"字;《解老》"其禮樸而不明"注"藏本、凌本俱作'具禮'",其實藏本作"其禮";《難一》"穴窬生竈"之"穴"字注"藏本'曰'",其實藏本作"曰";《八經》"是以言陳之曰"注"由,藏本'曰'",其實藏本作"曰";《顯學》"與處久而行不稱其貌"之"久"字注"藏本無",其實藏本有"久"字;又"千秋萬歲之聲聒耳"之"聒"字注"括,藏本'聒'",其實藏本作"栝"。這些所謂的藏本文字,很可能是將馮舒校記中的他本文字誤作爲藏本文字。顧廣圻在丁巳(1797)九月發現正統《道藏》本與馮舒所據之葉林宗《道藏》本大不相同,故不再過錄馮舒所校出的藏本異文,等以後見到葉林宗所藏原書時再進行校定(參見第一章第二節第10條"顧廣圻校跋並録馮舒校注及惠棟批校題識本"考述),其舉顯然較盧文弨爲謹慎。總之,盧文弨所謂之藏本文字,實不足據。王先慎《韓非子集解·考證》謂"藏本有南北之分,故顧氏與盧氏所校多不合",恐爲臆測之詞,不足信。

盧文弨校勘之粗疏,亦見於其所校張鼎文本和凌瀛初本,如《解老》"不見其事極者爲能保其身"之"能"字注"脱,張本有",其實張本無"能"字;《外儲説右上》"已與二弟争"之"已"字注"張本作'不'",其實張本作"已"而不作"不";《外儲説右下》"此必不能致我魚"之"不能"下注"下'自給'二字張本無",其實張本有"自給"二字;《難三》"此言太上之下無説也"之"下"字注"張無'民'字",其實張本"下"字下有"民"字;《難勢》"兩末之議也"之"末"字注"未,張、凌本'末'",其實張本作"未";《制分》"不用譽而得人之情"注"張本作'不用譽則無過'",其實張本作"不用譽則毋適";《存韓》"使來入見大王見因内其身而勿遣"之"大王"下注"凌本二字重",其實凌本不重"大王"二字。此外,其校語中所謂的"一本"文字,大多同於《迂評》本,但不詳明其所據,也不夠嚴謹。其校正文字還有誤刊處,如將《喻老》之"扁鵲見蔡桓公"誤爲"扁鵲見秦桓侯"。

綜上所述可知,其對校之版本如今均存,故其對校之處價值不大。然其校正文字,雖然大多爲對校,但也有本校、理校和他校。其理校不乏精彩可取處,如《六反》"則用不足而下恐上"注:"恐:疑是'怨'。"《八説》"故有挑銚而推車者"注:"推,當作'椎',下同。"盧氏之他校尤見功力,如《内儲説下》"大成牛教申不害"注:"《韓策》《史記·趙世家》《漢書·古今人表》俱作'大成午',此'牛'字訛,後同。"從其《韓非子》校語來看,先後涉及的文獻有《戰國策》及其高誘注、吳師道補注,《吕氏春秋》,《意林》,《周易》,《淮南子》,《左傳》,《史記》及其《索隱》《正義》,《禮記》,《風俗通》,《文選》注,《後漢書》注,《韓詩外傳》,《老子》王弼本及《釋文》,《新序》,《列子》,《顔氏家訓》,《荀子》及楊倞注,唐石經,李義山詩,《北齊書》,《漢書》,《吳越春秋》,《穆天子傳》及郭璞注,《太平御覽》,《孔子家語》,《詩經》,《説文》,《春秋》,《説苑》,《墨子》,《爾雅》,其學識之淵博由此可見。此外,盧氏所引他人之校正文字也多精到之處,如《揚搉》題注:"孫詒穀云:'《文選·蜀都賦》

"請爲左右揚搉而陳之"劉逵注云:"韓非有《揚搉篇》。"今本作"揚權",誤。'案,注依'權'字作解,誤,可删。"

盧氏除了校正《韓非子》原文文字外,也有注釋語。其中辨正舊注處,往往言簡意賅,一語中的,如《初見秦》"而天下得之"注:"天下得亡之形也。舊注'知二亡者得天下',謬甚。"《有度》"先王之法所簡也"注:"簡,棄也。注非。"《八姦》"必使以罰任於後"注:"任,謂保任。舊注非。"《外儲說左下》"吾父之裘獨有尾"注:"狗盜,象狗以入人家,故後有尾。注非。"至於其新注,可見其音韻、文字、文獻學之功底深厚,如《十過》"集於郎門之堨"注:"郎,'廊'同。門之堨,與《禮記·喪大記》'中屋履危'之'危'同。"又"今旦暮將拔之而嚮其利"注:"嚮,'饗'通。"《喻老》"文王見詈於王門"注:"王,古'玉'字。"《内儲説下》"齊中大夫有夷射者"注:"此即《左傳·定二年》邾莊公、夷射姑事而傳訛耳。"《外儲説左上》"旦暮罄於前"注:"案《詩·大明》'倪天之妹',《韓詩》作'磬',是'磬''倪'同義。《說文》'倪'一訓聞見,蓋'倪'從'見',是有見義。'罄''磬'本同以'倪'爲義,當爲朝夕見於前也。"又"公傷股,三日而死"注:"《春秋》:襄公之卒在次年五月。"除了獨出機杼之注釋外,其所引馮舒、趙敬夫、孫詒穀(孫志祖)、梁處素(梁玉繩)之注釋語也大多值得參考,如《外儲説左下》"故渾軒非文公"注:"梁處素云:'即渾罕,非子產者。古"軒""罕"通。《左傳》"罕虎""罕達",《公羊》並作"軒"。'"

總之,盧氏之校注雖未盡當,但的確多精到之處而具有很高的學術價值,故問世後享有盛譽,朱駿聲、翁同書、王先慎等校注《韓非子》時都大量抄錄了他的校注。如今校注《韓非子》,盧氏之校注也是不能不加參考的。

2. 韓非子校正一卷 〔清〕朱筠撰 朱錫庚批校 清朱錫庚乾隆五十五年(1790)校正朱氏椒花吟舫稿本(上海圖書館藏)

朱筠(1729—1781),字竹君,又字美叔,號笥河,原籍浙江蕭山,曾祖移居京師,遂爲大興(今北京大興)人,乾隆十九年(1754)進士,授翰林院編修,曾任日講起居注官、翰林院侍讀學士、安徽學政等。由於他的建議,乾隆三十七年(1772)開四庫全書館,校理各省所進之書以及從《永樂大典》中采輯佚書。他學識淵博,著有《笥河詩文集》;又爲乾隆時期樸學領袖,任《四庫全書》纂修官,獎掖培養了一大批學者,如戴震、邵晉涵、王念孫、汪中等被引進幕中而終以績學著名,其弟子任大椿、洪亮吉、孫星衍、江藩、章學誠、武億、吳鼐等也聞名於世。

朱錫庚,字少河,又字少白,爲朱筠次子,從學於王念孫、邵晉涵,乾隆五十三年(1788)中舉,曾任山西候補直隸州知州。他在與章學誠、阮元等著名學者的交往中開始檢討漢宋之學,逐漸從訓詁考據走向了義理追求,著有《朱少河先生雜稿》《大興朱氏家乘》。

該稿本寫在朱氏專用的稿紙上,其稿紙版心下端印有"椒花吟舫"四字,首葉鈐有"荼櫱吟舫"陽文印。椒花吟舫為朱筠及其後裔之室名,由此可知該本為朱筠手稿。其上有朱錫庚批校手迹,如在"初見秦第一"之前行間補入"卷一",於《外儲說左上》"塗濡而椽生"上加眉批曰:"《淮南·人間訓》載其事作'高陽魋',注:'或曰:高魋,宋大夫。'(卷十八弟七)"由此可見,朱錫庚之批校雖然不多,但也值得參考。朱錫庚在卷末題"庚戌七月廿二日大興朱錫庚校正",而在卷首欄外題"六月二日",可見朱錫庚曾在乾隆五十五年(1790)六、七月間對此本進行過校核。

朱筠是以"宋本"和"何本"(首條稱"何犿本",即元代何犿校本)來校趙用賢之初刻本,其體例是每條先列出趙本文句,然後出以校記,再用雙行小字注明該文句在趙本之"×頁弟×行"。當然,他也用趙用賢之重修本校過,故其中有十九條校記涉及該本,如《難言》"故君子不少也"朱校:"別本(即趙本重印)'不少'作'難言'。(十二頁弟十六行)"同時,他也應該用陳深重修之《韓子迂評》校過,如《內儲說下》"能為之諸侯乎"朱校:"一本作'能行乎'。(十二頁弟三行)"此"一本"當指陳深重修本,因為陳深重修本作"能行乎"。但朱筠所標版本並不十分嚴謹,如《內儲說下》"令之諫紂而亂其心"朱校:"別本'諫'作'間'。(十二頁弟十八行)"其實,趙用賢之重修本作"諫",只是陳深重修之《韓子迂評》作"間",朱氏既在前文注明"別本""即趙本重印",就不宜再以"別本"指稱陳深重修本。幸虧他使用"別本"僅此二處,而他處均注明"此本重印"或"重印本",故尚未誤人太多。不過,其校勘也有粗疏處,如《外儲說左上》"然而未帝者"朱校:"重印本'然而'下增'秦強'二字。(九頁弟十八行)"其實,趙用賢重印本增三字,其文作"然而秦強而未帝者"。

《韓非子》之宋刻本在清代尚有流傳,但如今僅存影宋抄本,所以朱筠出校的宋本文字無疑值得珍視。其出校的大多數文字與今傳之影宋抄本相同而可與影宋抄本相互印證,但也有與影宋抄本不同者,如《十過》"其措魏兵必矣"(當為"其措兵於魏必矣"之誤)朱校:"宋本'必矣'下有'不如予之'四字,此本重印已增入。(六頁弟二行)"今傳影宋抄本無"不如予之"四字。又"以報二君之反"朱校:"宋本下有'於襄子'三字,此本重印作細字增入。(八頁弟四行)"今影宋抄本無"於襄子"三字。《詭使》"為順辭於前者"朱校:"辭,宋本作'辞'。(十九頁弟十八行)"今影宋抄本作"乱"。由此可見,朱氏所出校之宋本文字很值得參考。但是,朱校可能也有失誤處,如《說難》"又非吾辯之能明吾意之難也"朱校:"注'萬不一',宋本'一'上有'不'字。(七頁弟二行注)"此處影宋抄本作"萬不失一",故朱校似爲"宋本'一'上有'失'字"之誤。《解老》"賤敬貴宜"朱校:"宋本'貴'作'衆'。(二頁弟二行)"此處影宋抄本作"衆敬貴宜",故朱校之"貴"字可能爲"賤"字之誤。《忠孝》"非其親者知其不孝"朱校:"何本、宋本'知其'作'謂之'。(四頁弟二行)"此處影宋抄本作"非其親者知謂不孝",《韓子迂評》作"非其親者知謂之不孝",故此校當云"何本'其'作'謂之'",其"宋本"及"知"字蓋不慎而誤入校記之中。又"不以此二者爲量"朱校:"何本、宋本'二'作'三'。(四頁弟十二行)"其中"宋本"二字也當爲不慎而誤入,因爲影宋抄本作"二"而不作"三"。

元代何犿校本是一種寫本,早已失傳(據朱筠此校,何犿校本至乾隆時尚未亡佚)。該校本曾在萬曆六年(1578)爲門無子(吳郡人,姓俞)所得,他對該本作了些訂正、評注後定名爲《韓子迂評》由陳深(字子淵)刊刻,於次年(1579)三月刻成。因此,我們可以從這《韓子迂評》初刻本中瞭解何犿校本的大致情況,但由於門無子有所訂正,所以《韓子迂評》並未能體現何犿校本之原貌。朱筠出校之"何本"文字雖然大多與《韓子迂評》相同,如《初見秦》"將西面以與秦强爲難"朱校:"秦强,何犿本作'强秦'。(一頁弟四行)"但也有不同處。如《初見秦》"踰華絳上黨"朱校:"何本作'踰羊腸絳代上黨'。(四頁弟三行)"《韓子迂評》作"踰羊腸降代上黨"。又"不戰而畢爲燕矣"朱校:"'畢'下何本有'反'字。(四頁弟七行)案上文'不戰而畢爲秦矣'(無'反'字)、'不戰而畢反爲齊矣'(有'反'字),古人用語參差繁減不齊,傳寫者亦不一也。"《韓子迂評》"畢"下無"反"字。《外儲說右下》"一曰司城子罕謂宋君曰"一節朱校:"'今令王良造父共車'至'而道不至也'二十五字,何本無。(五頁弟十一行至十三行)"《韓子迂評》則有此二十五字。這種與《韓子迂評》不同的文字,其出校者不下二十餘處,其中有些文字對校正《韓非子》之文頗有價值,如《姦劫弑臣》"猶可以而害也"朱校:"猶可以:何本作'可以毀'。(二十頁弟二行)"此句《韓子迂評》初刻本作"猶可以口害也",其重修本作"可以毀而害也",據朱校,可知陳深之修改乃源自何本。

朱筠之校正雖然又經朱錫庚覆核校正,但仍有不少疏誤,如趙本《解老》"無常操"被誤爲"無操常"(卷六之十二頁弟七行),《説林下》"固視將軍怒"被誤爲"固將視將軍怒"(卷八之六頁弟十四行),《難一》之注"若堯以舜"被誤爲"若以堯爲舜"(卷十五之三頁弟十一行)。其校記有時僅標有正文而漏寫校語,如《解老》"而常者無攸易(十三頁弟十一行)",其下當脫校語"宋本無'者'字";《喻老》"扁鵲見蔡桓公(三頁弟十二行)",其下當脫校語"何本'公'作'侯'"。其校語有時與標舉的趙本文字相同,顯然有誤,如《安危》"故臣得奪主殺天子也"朱校:"何本作'故臣得奪主殺天子也'。(十二頁弟十七行)"若據《韓子迂評》,此校當云"何本作'故臣得以成其篡弒也'"。以此類推,則《内儲說上》"人多溺"之朱校"何本'人'上有'懦'字(九頁弟十一行)"當爲"何本'人'上有'故'字(九頁弟十一行)"之誤,其"懦"字乃涉上句"水形懦"而誤;又"昭侯以察左右之臣不誠"之朱校"何本無'誠'字(十九頁弟三行)"當爲"何本作'昭侯以此察左右之誠不'(十九頁弟四行)"之誤,朱氏僅注意到何本"不"下無"誠"字,而忽略了其上有"誠"而無"臣";《外儲說右下》"公孫儀"之朱校"何本'儀'作'休'(七頁弟十一行)"當爲"何本作'公儀休'(七頁弟十一行)"之誤,朱氏僅注意到何本"儀"作"休",而忽略了其上有"儀"而無"孫"。此類筆誤,可能是朱筠將校於趙本之上的宋本、何本異文轉録於此稿本時不慎所致。至於前例之"弟四行"誤爲"弟三行"之類,雖然未可厚非,但其粗疏也可見一斑。此外,朱校也有避諱改字之處,如《内儲說下》"佯遺書而莨死"朱校:"何本、宋本'莨'下有'宏'字。(三頁弟五行)"此"宏"字影宋抄本、《韓子迂評》均作"弘",宋本、何本也應作"弘"而不作"宏",朱氏避乾隆諱而改字雖然難加苛責,但我們取資時卻也不能不加注意。

　　朱筠除了對校宋本、何本外,有時還加案語。其案語有本校者,如《初見秦》"此與天下天下可兼有也"朱校:"何本作'以此與天下天下可兼而有也'。(五頁弟十五行)案:此應上文'以此與天下,天下不足兼而有也'句。"有他校者,如《初見秦》"運罷而去"朱校:"何本'運'作'軍'(四頁弟十八行)。案:《戰國策》作'交罷'。"有理校者,如《初見秦》"且聞之曰"朱校:"'且'下何本空一字。(二頁弟十四行)案:當是'臣'字。"《主道》"函掩其迹"朱校:"何本無'掩'字,是。(十五頁弟十四行)案:'函'猶'掩'也,句法與'匿其端'對。"《喻老》"俄而與於期逐"朱校:"何本'期'上有'子'字。(六頁弟十五行)案:與'於'字重。"還有訓詁者,如《初見秦》"中使韓魏"朱校:"何本'使'作'伏'。(二頁弟十一行)案:'伏'與'服'通。"由此可見,其案語之參考價值不下於其對校。

　　總之,宋本、何本今已失傳,朱校之異文可與影宋抄本和《韓子迂評》相印證,值得珍視,特別是其校出的不同於影宋抄本的宋本文字和不同於《韓子迂評》的何本文字,更具有珍貴的校勘價值。但誠如古人所說:"校書如掃落葉,旋掃旋生。"朱筠之校正,雖經朱錫庚再次覆核校正,但仍然不乏失誤,故不可完全信賴。黃丕烈以爲"書必真本爲上,其次從真本手校乃可信,蓋手校真本止隔一層"(參見第二章第二節第5條"隆慶校刊本"考述)。其實,正因爲這隔了一層的緣故,所以即使從真本手校也不可全信,即使著名的校勘大家的校勘記也應作如是觀。必以親見真本爲上,應該是校勘者時刻牢記的座右銘。

3. 讀書雜志·餘編·韓子 〔清〕王念孫、王引之撰　清同治九年(1870)金陵書局重刊本(復旦大學圖書館藏)

王念孫之生平事迹見第一章第二節第13條"王念孫批校本"考述。

王引之(1766—1834),字伯申,號曼卿,高郵(今江蘇高郵)人,嘉慶四年(1799)進士,歷任翰林院編修、侍講、禮部左侍郎、工部尚書等職,卒謚文簡。他幼承家學,專精文字訓詁之學,與其父王念孫齊名,並稱"高郵二王",撰有《經義述聞》《經傳釋詞》等。

《讀書雜志》爲校勘訓詁學專著,是王念孫所著讀書札記的彙編,主要校正《逸周書》《戰國策》《史記》《漢書》《管子》《荀子》《晏子春秋》《墨子》《淮南子》等古籍中的文字訛誤。後王引之整理其父遺著,加入自己的讀書札記,編成《餘編》二卷,其上卷有《韓子》札記十四條,其中王念孫所著九條,王引之所著五條。

王氏父子校正《韓子》之文字訛誤,以實事求是爲宗旨,憑藉其淵博的歷史知識和文獻知識,從文字、音韻、訓詁、義理、校勘、古籍異文入手,用豐富的材料進行考辨論證,於校者之妄改、鈔者之誤寫,皆廣徵博引,一一正之,其校釋精審,多不刊之論。

如"去舊去智"條,王念孫以古音之研究成果爲武器,以《詩經·大雅》"舊"與"時""里"爲韻,《管子·牧民》"舊"與"備"爲韻證明《主道篇》"去好去惡,臣乃見素;去舊去智,臣乃自備"乃以"惡""素"爲韻、"舊""備"爲韻,故"去舊去智"當作"去智去舊",同時又指出古音"智"屬支部、"備"屬之部而絕不相通,以此來判定前人校改爲"去舊去智"之非,令人無可置疑。又如"突隙之烟"條校正《喻老篇》"千丈之堤,以螻蟻之穴潰;百尺之室,以突隙之烟焚"之"烟"爲"熛"字之誤時,王引之先從義理入手,説明突隙之烟不能焚室;又從文字學角度指明其訛誤之軌迹爲"熛"誤爲"煙","煙"又轉寫爲"烟";再從校勘入手,以《北堂書鈔》引此文作"熛"爲證據;然後又從訓詁入手,以《説文》訓"熛"爲"火飛"、《一切經音義》引《三倉》訓"熛"爲"迸火"揭示其義;最後又以語意相同的《吕氏春秋·慎小篇》"巨防容螻而漂邑殺人,突泄一熛而焚宫燒積"之"熛"今本誤爲"煙"而《一切經音義》引作"熛"、《淮南子·人間篇》"千里之隄,以螻螘之穴漏;百尋之屋,以突隙之熛焚"之"熛"今本誤爲"煙"而《太平御覽》引作"熛"來證明趙用賢本《韓非子》"突隙之烟"爲"突隙之熛"之誤。如此論證,證據鑿鑿,令人信服。其他如王念孫認爲《主道》"聞其主之忒"之"聞"爲"閒"之訛,"閒"訓"伺"(見"姦臣"條);《有度》"屬官"、《詭使》"屬下"之"屬"爲"厲"字之誤(見"屬官""屬下"條);《説林上》"荆人輒行"之"輒"當爲"輓","輓"訓"止"(見

"輒行""輒還"條);《説疑》"俟佟"之"俟"當作"佳"(見"俟佟"條)。王引之認爲《説林下》"羿執鞅持扞"之"鞅"當爲"決",指鉤弦之"韘","扞"指扞弦之"韝";"弱子扞弓"之"扞"當作"扜",扜弓即引弓(見"執鞅持扞""扜弓"條),《難二》"侵孟"之"孟"當作"盂",通"邘"(見"侵孟"條)。凡此之類,皆可取。

有些校正雖然未必正確,也可備一説。如王念孫認爲《主道》"爲姦臣"當作"爲姦匿","匿"讀爲"慝"(見"姦臣"條);《十過》"此道奚出"當作"此奚道出","道"訓"由"(見"此道奚出"條);"墨染其外"之"染"當作"漆"(見"墨染"條);《内儲説下》"輒還"當作"輟行"(見"輒行""輒還"條);《説林上》"削地"當作"列地"(見"削地"條)。

但是,其校正也有失誤處,如王引之認爲《十過》"聽楚之虚言而輕誣强秦之實禍"之"'輕'下不得有'誣'字,'誣'即'輕'之訛,《韓策》及《史記·韓世家》俱無'誣'字,是其證也"(見"輕誣强秦之實禍"條)。其實,《韓策一》及《史記·韓世家》均作"輕絶强秦之敵",無"誣"字而有"絶"字,且意義不同,不宜以彼律此。又如王引之認爲《内儲説下》"得無微"當作"得微"(見"得無微"條),王念孫認爲《外儲説左下》"糲餅"當作"糲飯"(見"糲餅"條),均可商。

總而言之,王念孫、王引之父子小學功底深厚,其校正《韓子》雖然只有十四條札記,而先後徵引的典籍則有三十多部,涉及《逸周書》《管子》《漢書》《書大傳》《荀子》《史記》《論衡》《晏子春秋》《吕氏春秋》《太平御覽》《説苑》《困學紀聞》《戰國策》《北堂書鈔》《説文》《一切經音義》《淮南子》《周易》《大戴禮記》《詩經》《周禮·繕人》《儀禮·鄉射禮》《禮記·内則》《賈子》《山海經》《莊子》《玉篇》《廣韻》《廣雅》《方言》《爾雅》《初學記》《竹書紀年》《墨子》,其學問之淵博由此可見一斑,故其校正爲後人所重,翁同書、王先慎等讀校《韓非子》時多引其説。其校正雖然不乏可商之處,但其治學之方法、功底之深厚足以令人歎爲觀止,而其具體結論也多精審而可取,此書實爲研究《韓非子》時必須參考的著作。

4. 讀書叢録·韓非子 〔清〕洪頤煊撰　清光緒十三年(1887)吴氏醉六堂重刊本(復旦大學圖書館藏)

洪頤煊(1765—1837),字旌賢,號筠軒,晚號倦舫老人,臨海(今浙江臨海)人,與兄坤煊並稱"二洪",有"大洪淵博、小洪精鋭"之譽。嘉慶六年(1801)拔貢生,爲孫星衍門生,撰《孫氏書目》及《平津館讀碑記》。後任直隸州州判、廣東新興知縣。著有《筠軒文鈔》《筠軒詩鈔》《台州札記》《倦舫書目》《讀書叢錄》《管子義證》《諸史考異》《漢志水道疏證》《孔子三廟記注》等。

《讀書叢錄》卷十四有讀《韓非子》之札記二十一條。其中不乏創見，如"扤昧"條云："《備內篇》：'此鴆毒扤昧之所以用也。'舊注：'扤昧，謂暗中絞縊也。'頤煊案：《公羊襄二十六年傳》'昧雉彼視'何休注：'昧，割也。'《釋文》：'昧，舊音刎，亡粉反。'與'刎'字同用。"古音"昧"屬明母物部，"刎"屬明母文部，物文對轉，音近相通，洪氏由音求之，正得此"昧"之義，可糾舊注望文生訓之弊而使此疑難渙然冰釋，可謂不刊之論，稍有瑕疵的是，其引文實出自《公羊傳·襄公二十七年》，今誤為"二十六年"。

其他如"金石相弊"條以漢《尚方鏡銘》"壽敝金石如侯王"為根據，將《存韓》之"金石相弊"解為"壽命之延長"；"邦叢"條從押韻的角度出發，認為《揚權》"欲為其國，必伐其聚；不伐其聚，彼將聚眾"之"國""聚"當作"邦""叢"；"名問"條將《亡徵》"名問"之"問"解為"聞"；"商蓋"條認為《說林上》"商蓋"之"蓋"為"奄"字之訛；"侵孟"條認為《難二》"侵孟"之"孟"是"盂"字之訛而為"邘"之假借字；"礥勇"條將《六反》"礥勇"之"礥"解為"厲"；"解舍"條將《五蠹》之"解舍"解為"廨舍"。凡此之類，也與他人之說大致相同而可取。不過，其論證也有不周密處，如將"解舍"解為"廨舍"時以《管子·五輔篇》"上彌殘苟而無解舍，下愈覆驁而不聽從"、《商子·墾令篇》"高其解舍"作為證據即不當，因為古代"解舍"有二義，《五蠹》之"解舍"是名詞，當讀為"廨舍"而解為"官舍"，《管子·五輔》《商子·墾令》之"解舍"當解為"免除徭役"而不應解為"廨舍"。

洪氏有些校正雖然未必正確，也可備一說。如"楚三王"條認為《和氏》之厲王、武王、文王當從《後漢書·孔融傳》注引《韓子》作武王、文王、成王，"曰衍文"條認為《喻老》"故曰白圭之行隄也"之"曰"為衍文，"有方"條認為《八說》之"有方"為"有刃"之訛。

當然，其校釋也有濫用通假或不顧上下文義而臆說之弊，如"溶若甚醉"條將《揚權》"溶若甚醉"之"溶"讀為"鎔"而解為"鎔化其心"，"以勸其心"條認為《八姦》"以勸其心"之"勸"當作"歡"，"廉而不劌"條認為《解老》"廉而不穢"之"穢"為"劌"字之訛，"屯二甲"條將《外儲說右下》"訾其里正與伍老屯二甲"之"屯"解為"邨"，"窕言"條將《難二》"窕言"之"窕"解為"空"。

由於洪氏校釋《韓非子》時不求善本而僅使用了清嘉慶九年（1804）姑蘇聚文堂所刊《十子全書》本（"不和"條引《亡徵》"狠剛而不利"是其證），故其說頗有累贅處。如"橫失"條以《史記》及其《索隱》和《韓非子》舊注來校正《說難》"又非吾敢盡失"之訛,不知此"盡"字乃《十子全書》本承襲了趙用賢初印本之誤,如果使用較早的版本(包括趙用賢之重修本)一校,就不必爲此"盡"字花費筆墨了。再如其"不和"條以《後漢書・袁紹傳》注之引文來校正《亡徵》"狠剛而不利"之"利"爲"和"字之誤,殊不知此"利"字乃姑蘇聚文堂翻刻趙用賢初印本時新增的訛誤,其校釋時若用其他善本,可免斯累。

此外,其札記只是有感而發的讀書隨筆,所以並非全爲解釋《韓非子》之疑難而作,其中也有以《韓非子》之文證他書之誤者,如"延陵生"條以《十過》之"延陵生"正《戰國策》"延陵王"、《元和姓纂》"延陵正"之誤;"以疏其諫"條以《十過》之"以疏其諫"正《史記・秦本紀》"以疏其間"之誤。

總之,洪氏讀《韓非子》之叢錄與王念孫《讀書雜志・餘編・韓子》相比,不免有遜色之處:一是其讀書不求善本,二是其引證不如王氏廣博,三是其論證不求精審而有粗疏之處,四是叢錄内容較爲駁雜而非專注於《韓非子》之釋疑解難。但其可取之處也不容小覷,特別是解"昧"爲"刎",乃發他人所未發而值得珍視。《續修四庫全書總目提要》(稿本)將王先慎《韓非子集解》漏收洪頤煊之考訂成果視爲一大瑕疵(參見第一章第三節第 5 條《韓非子集解》考述),也可見此書甚受學者重視而不乏參考價值。

5. 舒藝室隨筆・韓非子 〔清〕張文虎撰　清同治十三年(1874)金陵冶城賓館刊本(復旦大學圖書館藏)

張文虎(1808—1885),字孟彪,一字嘯山,號天目山樵,江蘇南匯(今上海浦東)人,嗜古博覽,不求聞達,於名物、訓詁、六書、音韻、樂律、中西算術皆有深造,而尤深校勘之學,館於金山錢熙祚家三十年,所校《守山閣叢書》《小萬卷樓叢書》等凡數百種,時稱善本。後受聘任金陵書局讎校主事,又參與纂修《華亭縣誌》《奉賢縣誌》《南匯縣誌》。光緒九年(1883)出任南菁書院首任院長。著作有《舒藝室隨筆》《古今樂律考》《舒藝室雜著》《周初朔望考》《索笑詞》《春秋朔閏考》《舒藝室詩存、詩續存、尺牘偶存》《史記及三家注校勘札記》等。

《舒藝室隨筆》卷六有張文虎校注《韓非子・初見秦》之札記八條,大都是據《戰國策・秦策》對校所得。其說多可取,如"世有三亡而天下得之"條云:"案'三亡'即下所云'以亂攻治者亡,以邪攻正者亡,以逆攻順者亡(今本脫此,互依《秦策》補)'三端也,'天下'二字承上'臣聞天下'云云來,謂天下之攻秦者,犯此三亡也。注乃云'知三亡者得天下',不解其所謂。"又如謂"東服於陳"之"服"當依《秦策》作"伏",謂竄伏;以此所記秦昭襄王之事證此篇非張儀説秦王文,《秦策》所記實誤;認爲"戰悚而"下當依《秦策》補"卻"字;"以代上黨不戰而畢爲秦矣"當依《秦策》删"以"字;"弱齊强燕"當依《秦策》删"强"字;"知伯之約"上當依《秦策》補"反"字;凡此之類,皆值得參考。但其説也有失當處,如認爲"潛於行而出"之"於"爲"游"字之訛(若作"游",便與"行"牴牾),認爲"齊燕不親"之"親"當依上文作"弱"(此文顯然針對上文"親齊燕"而言,而並非針對前文"東以弱齊燕"而言)。其引文也不甚嚴謹,如"戰竦"引作"戰悚"。

總之,張文虎善於從校勘入手,根據上下文義與史實立説,故其結論大多可取,但僅局限於《初見秦》而不涉及他篇,故對於研究《韓非子》來説,其參考價值難免有限。

6. 南漘楛語·讀韓非子 〔清〕蔣超伯撰 清同治十年(1871)兩罍山房刊本(復旦大學圖書館藏)

蔣超伯(1821—1875),初字夢仙,改字叔起,號通齋、榕堂,江都(今江蘇揚州)人,道光乙巳(1845)進士,授刑部主事,歷任江西道監察御史、潮州知府,攝廣州知府,署廣東按察使。著有《爽鳩要録》《南漘楛語》《通齋詩文集》等,另有未刊手稿本已由臺北聯經出版事業公司以《通齋先生未刻手稿十二種》爲名影印出版。

《南漘楛語》卷八有讀《韓非子》之札記十七條。其札記廣徵博引,發明頗多,也是清代考據訓詁學的重要收穫,值得參考。

其中有破解《韓非子》疑難之處者。如解《揚權》"噸噸"曰:"按梁鴻詩云:'競舉枉兮措直,咸先佞兮哾哾。'注:'捷疾貌。''哾'即'噸'也。"如此以音求義,實爲一大創見。又如解《内儲説上》"菫澤"與《左傳·昭公二十年》"萑蒲之澤"曰:"按《穆天子傳》云:'仲冬丁酉,天子射獸,休於深菫,得麋鷹豕鹿四百有二十、二虎九狼。'《晉書·天文志》:'蚩尤旍若植菫而長。''菫'即萑葦之類。此曰'菫',《左氏》曰'萑蒲',其義一耳。謂萑蒲澤名,非也。"如此以他書之文與《韓非子》之文互證,頗具説服力。再如解《難一》"苦窳"曰:"按枚乘《七發》云:'血脈淫濯,手足惰窳。'李善注引應劭説云:'窳,弱也。''窳''瓝'通。《説文》:'瓝,本不勝末,微弱也。'本不勝末則勞,故《一切經音義》引《爾雅》云:'窳,勞也。'《玉篇》亦云:'瓝,勞也。'然弱爲正義,弱則不堅,故上云'苦窳'而下云'器牢'。原注'苦窳,惡也'似非。"如此以古書訓詁轉相互證,從古代字義系統出發來解釋其本義和引申義,頗爲可觀。

也有以他書之文及訓詁、典故進一步疏證《韓非子》文字者。如以《管子·七臣七主》"泰則反敗"來疏證《揚權》"去甚去泰,身乃無害",以《易》"豮豕之牙"之虞翻注"劇豕稱豮"及崔憬所言"豕本剛突,劇乃性和"來疏證《十過》舊注"豮,虧勢也",以"餘桃"(當指弥子瑕之事)、"斷袖"(當指寺人披之事)之寵來解《八姦》之"愛孺子"。

也有以他書之文辨正《韓非子》之誤者。如以《左傳》所記賈舉、州綽等八人與莊公同死來證《姦劫弒臣》"賈舉射公"之誤。

當然,其說也有不可取者,如認爲《外儲說左下》"置鼓而歸"之"歸"通"饋",反而與上文"出"字不相應。又如將《難二》之"窕"訓爲"跳",以爲"窕言""窕貨"謂"越禮之言、非分之貨",甚爲牽強。

除了訓釋《韓非子》,該書還有以《韓非子》之文辨正他書與古注之誤者。如以《揚權》"腓大於股"證《詩經》"百卉具腓"之"腓"當依《玉篇》作"痱",以《五蠹》"執干戚舞"證《古文尚書》"舞干羽"之誤,以《解老》"卻走馬以糞"證《東京賦》"卻走馬以糞車"之誤,以《難言》之伊尹"七十說"指"說至七十次"證李賢注馮衍《顯志賦》時解爲"年七十"實誤。此外又有雜論古史事迹者,如認爲《喻老》所載周文王不予膠鬲玉版而惡賢者之得志,與《管子》備述湯用陰謀一樣,均爲策士之談而已;以《五蠹》"今之縣令,一日身死,子孫累世絜駕"與《莊子·外物》"飾小説以干縣令"證七國時縣令之尊崇;論《姦劫弒臣》敘崔杼之難比《韓詩外傳》所錄孫卿書爲詳,而《内儲說》敘叔孫豎牛之事較《左傳》尤簡而陋。

總之,該書以"讀《韓非子》"爲題,實爲讀《韓非子》時有感而發的雜記,在解釋校正《韓非子》時也兼論他書及史事之是非得失。作者博學多識,信手拈來,以各種古籍互證是非,頗具學術價值,可惜未爲後世校釋古籍者所用。

7. 諸子平議·韓非子　〔清〕俞樾撰　清光緒十五年(1889)刊《春在堂全書》重定本(復旦大學圖書館藏)

俞樾(1821—1907),字蔭甫,號曲園,德清(今浙江德清)人,道光庚戌(1850)進士,曾任翰林院編修。咸豐乙卯(1855)出任河南學政,兩年後被劾"試題割裂經義"而罷官,戊午(1858)春南歸,居蘇州飲馬橋,先後主講蘇州紫陽書院、杭州詁經精舍、上海求志書院等,後建居所於蘇州,名其小園曰"曲園"(取老子"曲則全"之意),名其主室曰"春在堂"(取其進士科復試時所作之詩首句"花落春仍在"演繹而來)。他潛心學術達四十餘載,治學以經學爲主,旁及諸子學、史學、訓詁學,乃至戲曲、詩詞、小說、書法等,可謂博大精深,爲清末著名學者,章太炎、吳昌碩皆出其門下。著有《群經平議》

《諸子平議》《古書疑義舉例》《曲園雜纂》《茶香室經説》等,匯刊爲《春在堂全書》。

　　《諸子平議》共三十五卷,卷二十一爲《韓非子平議》,有訓釋《韓非子》之札記一百零六條,其説多有可取者。如以爲"古書每無定字,學者當以聲求之",故謂《難言》之"辜射"即"辜磔","磔"從石聲,與"射"聲相近而得通用;又謂《存韓》"以極走"之"極"通"亟";謂《二柄》"明主之所導制其臣者"之"導"當爲"道"而訓"由";謂《內儲説下》"盡與姓名"之"與"當作"舉"而解爲紀録;謂《八經》"瞖曰詭"之"瞖"當作"翳"而解爲"蔽"。凡此之類,皆從文字音韻入手,使《韓非子》之疑難渙然冰釋。此外,他又根據古訓、句法、上下文義、古代史實、古籍異文等進行考釋,辨正誤字,如以《漢書·馮奉世傳》注引晉灼之説解《姦劫弒臣》"犀車"之"犀"爲"堅",以《爾雅·釋詁》之文解《內儲説下》"公叔相韓而有攻齊"之"攻"爲"善";以《荀子·正論篇》"由此效之"證《內儲説上》"是以效之"當作"以是效之";謂《説林下》"任腫膝"之"任"當作"在"而訓"察",謂《六反》"是故決賢不肖愚知之美"之"美"爲"筴"字之誤,以上文"樹木有曼根,有直根"爲據謂《解老》"根者書之所謂柢也"上當有"直"字;以《左傳》"托於木門"爲根據解《外儲説左上》之"仕托"爲"仕與托之兩途";以《新序》"刜邑"爲根據謂《外儲説左下》之"刜邑"爲"刜邑"之誤,以《管子》"務僞不久"爲根據謂《難一》"矜僞不長"之"矜"爲"務"字之誤,以《左傳·僖公十五年》"狐蠱"連文爲根據謂《詭使》"狐蟲"之"蟲"爲"蠱"字之誤。凡此之類,皆見其考據之精到。

　　當然,俞樾之説也多有未當者,特別是他以爲《韓非子》之文多經後人臆改,故往往輕率決斷而好改字句,誤人匪淺。如《初見秦》"令荆人得收亡國,聚散民,立社稷主,置宗廟令,率天下西面以與秦爲難。此固以失霸王之道一矣"條曰:"樾謹按:《秦策》無'稷'字、讀'廟'字絶句是也。'收亡國,聚散民,立社主,置宗廟'皆三字爲句,後人誤以'令'字上屬成四字句,遂於上句加'稷'字配之耳。'置宗廟令'義不可通,此言荆人置宗廟,非言其置令也。古宗廟亦未聞有令,足知其非矣。下文曰:'令魏氏反收亡國,聚散民,立社稷主,置宗廟令。此固以失霸王之道二矣。''稷'字亦衍文,'令'下亦當有'率天下西面以與秦爲難'十字,《秦策》闕此句,後人據以刪《韓子》,而'令'字誤屬上讀,故得僅存耳。"其實,《韓子》此文並未經後人妄改,"令"字屬上讀也不誤。古代宗廟實有令,如《漢書·昭帝紀》載孝文廟正殿失火,"太常及廟令丞郎吏皆劾大不敬";《後漢書·百官志二》太常屬官有"高廟令""世祖廟令"等,只是俞氏未聞而已。且"宗廟"當曰"築"而不當曰"置",《韓非子》中凡曰"置",皆指置人而不指置宗廟,如《揚搉》"官置一人""急置太子",《內儲說下》"置公子職",《外儲說左下》"桓公問置吏於管仲",《外儲說右上》"置夫人",《外儲說右下》"置以爲仲父",由此足見俞說之非。但由於俞樾學問淹博而爲後人所器重,故其說多爲取用,《韓非子》之通行本如王先慎之《韓非子集解》、陳啓天之《韓非子校釋》、陳奇猷之《韓非子新校注》、梁啓雄之《韓子淺解》、周勳初等《韓非子校注》都從俞說而將"令"字屬下讀,甚者乃據俞說於下文補"率天下西面以與秦爲難"十字,足見其貽誤之廣且深矣。

此外,俞氏認爲《揚搉》"溶若甚醉"之"溶"當爲"容","動之溶之"之"溶"當爲"搈",於一段文字之中濫用通假而各爲其說,也不當。又如以對文爲由,認爲《亡徵》"民信其相"當作"民不信其相"以與"下不能其上"相對,殊不知此即《愛臣》"人臣太貴,必易主位"之意而非駢文。再如《問田》"然有大傷臣之實"之"有"帶有賓語"實"而爲動詞無疑,他卻將此"有"字讀爲"又"。當然,俞說之誤,前人也有所察覺。如其以《主道》"不約而善增"之"增"爲"會"字之誤,以《姦劫弒臣》"猶可以而害也"之"以"爲衍文,認爲《解老》"不衣則不犯寒"當作"不衣則不足以犯寒",以《南面》"以事誣主"之"誣"爲"誘"字之誤,凡此之類,均已爲王先慎、王先謙所駁斥。

總而言之,俞樾承乾嘉學派考據之餘緒,以《周易》《尚書》《詩經》《周禮》《儀禮》《禮記》《左傳》《爾雅》《國語》《戰國策》《老子》《墨子》《商子》《孟子》《莊子》《列子》《管子》《晏子春秋》《文子》《吳子》《荀子》《吕氏春秋》《淮南子》《史記》《新序》《漢書》《説文》《三國志》《北齊書》以及各種古注來校釋《韓非子》,其說可取者不少,故爲後人所重而取用也在情理之中。但與王念孫等廣徵博引相比,其考據不免顯得遜色。他往往無甚證據而論斷訛誤衍脱和通假,故難免有失。然金無足赤,故亦不宜苛責之也。

8. 札迻·韓非子某氏注 〔清〕孫詒讓撰　清光緒廿年(1894)瑞安孫氏籀膏刊本(復旦大學圖書館藏)

孫詒讓(1848—1908),字仲容,晚號籀廎,瑞安(今浙江瑞安)人,同治六年(1867)舉人,曾任刑部主事,旋歸不復出,精研古學垂四十年,著有《周禮正義》《墨子閒詁》《札迻》《契文舉例》《名原》《古籀拾遺》《籀廎述林》《温州經籍志》《四庫全書簡明目録批注》《四部别録》等,有"晚清經學後殿""樸學大師"之譽。

《札迻》十二卷,是孫詒讓於光緒十九年(1893)整理三十年來閲讀周、秦、漢、魏以迄齊、梁的古籍時所作筆記而成的校讎之作,於次年刊成,又於光緒二十一年重校修改過。全書指出七十八種古籍中的訛誤衍脱千餘處,他把自己的心得與他家見解互相參證,校勘文字,詮釋疑義,訂正訛誤。其考釋精審,學者交譽。

《札迻》卷七有校釋《韓非子》之札記三十一條,作者以吳鼒所重刻的宋乾道本《韓非子》某氏注爲底本,參考了顧廣圻《韓非子識誤》、日本蒲阪圓《增讀韓非子》、盧文弨《群書拾補》、王念孫《讀書雜誌·餘編》、俞樾《諸子平議》等,依靠其深厚的古文獻和小學功底,對《韓非子》中的訛誤疑難之處以及前人(如盧文弨、顧廣圻、王渭等)的校釋進行了辨正,雖未盡當,但也多可取之處,而其考校之方法,也值得我們借鑒。

孫氏之校正,大多有所考校,如謂《初見秦》"潛於行而出"之"於"爲衍文,既以明刻本無"於"字爲據,又以記載此事之文《十過》"臣請試潛行而出"及《戰國策·秦策一》"潛行而出"爲證。如此對校、本校、他校兼施,便使其結論具有極強的可信度。

孫氏博覽群籍,而於《周禮》《墨子》等更有精深的研究,故除了多方校勘,又往往引證古籍進行校釋。如謂《愛臣》"是故不得四從,不載奇兵"之"四"與"駟"通、"從"指從車時引《史記·商君傳》"五羖大夫之相秦也,行於國中,不從車乘,不操干戈"及"君之出也,後車十數,從車載甲,多力而駢脅者爲驂乘"爲證,極其切當。又如謂《十過》之"中射士"之"射"即《周禮·夏官》之射人,"中射"即射人之給事宮内者;以《墨子·備水篇》"酋矛"今本訛作"有方"爲證,謂《八說》之"有方"當爲"酋矛"之誤;由此也可見其對《周禮》《墨子》研究成果的應用。

孫氏精通小學,而於古文字更有精深的研究,故其校釋也往往得益於此。如以"紋""納"二字篆文相近爲由謂《八經》"賕紋之政"之"紋"當作"納";謂《外儲說右上》之"茅門"即"雉門",除了引證《史記·魯世家》"築茅闕門"即《春秋·定公二年》之"雉門"以及《周禮·秋官》"朝士掌建邦外朝之法"外,又以《說文·隹部》"雉,古文作𦙫"以及"弟"與"茅"形近而誤爲據立其說。又如謂《八經》"結誅親暱"之"結"爲"詰"之同聲假借字;謂《說林下》"負其百金"之"負"猶後世言"陪",除了引證《韓詩外傳》《魏書·刑法志》《資治通鑑》注中"負""備""陪"之例,又指明"'負''陪'聲近字通,'陪'今俗作'賠'";謂《外儲說右》"操左革"之"革"通"勒",既引《詩·小雅·蓼蕭》毛傳"革,轡首也"爲證,又引《說文·革部》"勒,馬頭絡銜也"爲說。孫氏將文字音韻訓詁學與古籍書證融會貫通來校正《韓非子》,故有此類發明。

當然,孫氏之說也有毫無證據而臆斷之處,如《孤憤》"人主所以謂齊亡者"校語:"案:'主'字衍。"也有濫用形訛、通假之處,如謂《愛臣》"管主"之

"管"爲"營"之形誤,謂《主道》"函掩其迹"之"函"爲"叵"之形誤,以"終""統"二字篆文相近爲由謂《解老》"赤松得之與天地統"之"統"當作"終";以"斗""升"二字隸書形近爲由謂《外儲説右》"升石"之"升"當作"斗";以"紹""詔"二字形聲相近爲由謂《難三》"不紹葉公之明"之"紹"當作"詔"。甚至有望文生訓者,如將《忠孝》之"悗密"解爲"忘情而静謐",殊不知此"悗密"是一個雙聲聯緜詞,與"黽勉""僶俛""勉勉""密勿""密密"等相同,用來形容勤奮努力、刻苦耐勞的樣子,但由於孫詒讓的學術地位,近世校釋者如陳啓天、梁啓雄乃至《辭源》都採用了孫氏之説,可見其貽誤匪淺。孫説之所以有此類失誤,其關鍵原因在缺乏證據而任憑臆測,故不如王念孫父子之廣徵博引以證其説爲當。

總之,孫詒讓承樸學之餘緒,其説得失參半,其有證據者值得參考,無證據而臆測者則不宜盲從之。

9. 香草續校書・韓非子二卷 〔清〕于鬯撰　稿本(上海圖書館藏)

于鬯(1854—1910),字醴尊,一字東廂,號香草,江蘇南匯(今上海浦東)人。光緒二十三年(1897)登拔萃科,未仕,後任教於南匯芸香草堂,並致力於漢學,著有《香草校書》《香草續校書》《周易讀異》《尚書讀異》《儀禮讀異》《新定魯論語疏正》《戰國策注》《史記散筆》等。

于鬯的《香草校書》是校注經部著作的學術札記,《香草續校書》是校注《老子》等子部著作及史部著作《水經注》的學術札記。其手稿曾由其女婿張以誠保存,張以誠還在抗日戰争時期抄校了副本。1954年,張以誠等將于氏的全部稿本和抄本捐獻給了江蘇省人民政府和上海市人民政府,故其稿本得以完善保存。今其清稿藏上海圖書館,甚爲可貴。

于鬯《香草續校書》有《韓非子》校注二卷,共計札記一百七十一條。作者利用其豐富的文字音韻訓詁學知識和古籍所載典章史實進行校注,與盧文弨《群書拾補》、顧廣圻《韓非子識誤》、洪頤煊《讀書叢録》、張文虎《舒藝室隨筆》、俞樾《諸子平議》、孫詒讓《札迻》及其從舅姚廣文之説多所商榷,頗多發明。其校注《韓非子》之成就實可與盧文弨、顧廣圻、俞樾、孫詒讓等媲美,而其取得成就的校注方法也值得我們借鑒。

于鬯之發明,或以切實的史料爲根據。如《初見秦篇》"其頓首戴羽"條曰:"戴羽者,蓋鶡冠之制也。《續漢書・輿服志》云:'武冠,俗謂之大冠,環纓無蕤,以青系爲緄,加雙鶡尾豎左右爲鶡冠云。''鶡者,勇雉也。其鬥對,一死乃止,故趙武靈王以表武士。'劉昭注引荀綽《晉・百官表》注曰:'冠插兩鶡,鷙鳥之暴疏者也。'又引傅元賦注曰:'羽騎,騎者戴鶡。'則此正所謂戴羽矣。後代軍冠猶存此制,俗稱曰山雞毛冠,今惟優人貌武官用之。"又如《難言篇》"田明辜射"條曰:"田,戰國時齊姓也。田明,疑即齊明。以姓稱之則曰田明,以國稱之則曰齊明。齊明屢見《戰國策》。"再如《外儲説右上》"甘茂相秦惠王"條曰:"甘茂當相秦武王,非惠王。"此條雖然僅十個字而未明示其根據,其實也是持之有故而無容置疑之説。《史記·樗里子甘茂列傳》説甘茂"因張儀、樗里子而求見秦惠王。王見而説之,使將,而佐魏章略定漢中地。惠王卒,武王立。張儀、魏章去,東之魏。蜀侯煇、相壯反,秦使甘茂定蜀。還,而以甘茂爲左丞相,以樗里子爲右丞相",可見甘茂未相秦惠王而僅爲惠王之將,于鬯之説正是建立在他對史料的熟悉和準確把握之上。

于鬯除了以他書相證,還往往對《韓非子》的用語進行系統歸納,以精確地辨明詞義,如《孤憤篇》"而相室剖符"條曰:"相室本多家臣之稱,故舊注云:'相室,家臣也。'然竊謂相室有二解。在韓非,惟《説林上篇》:'其相室曰:何變之數也。'此爲家臣。若《亡徵篇》云'相室輕而典謁重',《内儲下》説云'國君好内則太子危,好外則相室危',《外儲左上》説云'相室諫曰:中大夫,晉重列也',《八經篇》云'相室約其廷臣'。凡言'相室',實即相國。《外儲》'相室',《吕氏春秋·知度覽》正作'相國',是一明證。此言'相室剖符',亦謂'相國剖符',方與上下文言'大臣''重臣'協。舊注'家臣',實止可以注《説林》而不可釋他處'相室'也。"又如《説難篇》"與之論大人,則以爲間己矣"條曰:"大人,即大臣也。此書'臣''人'通用不一。間者,離間之'間'。大臣,必君所親信者也,故與人主論大臣,則必以爲離間。舊注非。"再如《内儲説上七術篇》"一聽則愚智不分"條曰:"'不'字恐因下句而衍……《八經篇》云:'聽不一,則後悖於前;後悖於前,則愚智不分。'彼言'聽不一''則愚智不分',則此言'一聽則愚智分',尤足顯'不'之爲衍字矣。"

于鬯有時還根據古代文法辭例來論斷是非。如《飾邪篇》"趙代先得意於燕"條曰:"代爲趙屬封,故趙代連言。顧《識誤》引王渭謂當衍'代'字,似不必衍。"《六反篇》"授之以鼎俎則罷健效矣"條曰:"此因'鼎'而連言'俎',古書多此例。蓋鼎重,惟健者能舉之;'罷'之言'疲'也,疲者不能舉也。若俎,不足以比力,故知爲因物連言之例。顧《識》謂'俎'字當衍,恐不然。"這種連類而及之詞在古代很多,《韓非子》中也不乏見。于鬯之説,實可用來豐富俞樾《古書疑義舉例》卷一的"兩事連類而並稱例"和卷二的"因此以及彼例"。又如《八經篇》"外國之置諸吏者,結誅親暱重帑,則外不籍矣"條曰:"'籍'讀爲'藉',盧《拾》顧《識》並已校正。'藉'即'因'也。此言'外不藉',下言'内不因',承上'二因'而言。'因'之言'茵'也,'藉'之言'席'也。'席'亦'茵'也,故'藉'亦'因'也。變'因'言'籍',古人文異義同之例,不足爲疑。"這其實也就是俞樾《古書疑義舉例》卷一所謂的"兩句似異而實同例",由此也可見晚清學者已自覺利用文法辭例來校注古籍。

于鬯之校注,特別注重上下文義的貫通。如《說難篇》"厚者爲戮,薄者見疑"條曰:"此'厚''薄'二字但從'爲戮''見疑'上分別生說,猶之言'輕''重'耳。"《解老篇》"故欲利甚於憂"條曰:"於,當作'則'。欲利甚則憂,即上文云'欲利之心不除,其身之憂也'。"又如《八經篇》"臣有二因"條曰:"'臣'上當有'亂'字,涉上句'亂'字而脫,下文云'此亂臣之所因也'可證。"再如《難一篇》"左右請除之"條曰:"此'除'字盧《拾》、顧《識》並謂當作'塗',以《淮南子·齊俗訓》載此云:'晉平公出言而不當,師曠舉琴而撞之,跌衽宮壁,左右欲塗之,平公曰:"舍之,以此爲寡人失。"'是彼言'塗之'謂塗壁(高注云"欲塗師曠所敗壁也")。'塗'即'涂'也。但援以改此文'除之'爲'涂之',則'之'字指壁言,似承上文稍隔。且上文言'琴壞於壁',是壞者琴也,非壁也。即作'涂',亦當謂涂琴,不可謂涂壁。竊謂此'除'字但作'除去'解,亦可通。《廣雅·釋詁》云:'除,去也。'《考工·玉人記》'除慝'鄭注云:'誅惡逆也。''除之'者,'之'字即指師曠,謂去師曠也,即除師曠也。下文'以爲寡人戒',視《淮南》無此字,則語氣亦異。而《淮南》引韓子曰:'群臣失禮而弗誅,是縱過也。'與此下文或論語異,卻正言平公之不誅師曠。"

于鬯的有些校注雖然不廣徵博引而詳加論述,但也往往建立在堅實的文字音韻訓詁學的基礎上,所以具有言簡意賅、一錘定音之效,如《制分》"不令得忘"條曰:"'忘'乃'志'字之誤。"《說難篇》"則以爲多而交之"條曰:"交,讀爲'駁','駁'與'駁'通。舊注非。"《解老篇》"不以侮罷羞貪"條曰:"'罷'讀爲'疲'。"《內儲說上七術》"外則有得趙之功"條曰:"'得'讀爲'德'。舊注兩'恩'字即解'德'字也。"《外儲說左下》"非子之讎也"條曰:"'也'讀爲'邪'。"《解老》"不衣則不犯寒"條曰:"'犯'訓'勝'。《爾雅·釋詁》云:'犯,勝也。'"《人主》"當使虎豹失其爪牙"條曰:"'當使'猶言'向使''倘使'。語辭之字,無正借也。《說文》無'倘'字。趙本'當'作'而','而'恐即'向'字之誤,或'尚'字之誤,'尚'亦'倘'也。《制分》云:'禁尚有連於己者。'尚有,倘有也。"

由上述種種可知,于鬯的校注頗值得參考。但是,由於于鬯所用之《韓非子》底本爲浙江書局翻刻的吳鼐本,所以他對浙江書局翻刻時的訛誤所作的校正,就無甚價值了。如《說林下》"宋之富貴"條云:"鬯案:貴,當作'賈',刊誤。"《外儲說左下》"與先王之患臘馬也"條云:"鬯案:先王,依說當作'宣子'。"《外儲說右上》"五始經之而不可更也"條云:"邑案:五,讀爲'吾'。"凡此之類,若以其他善本爲底本或校一下他本,就不成問題,也不必花費筆墨了。還有,于邑在使用浙江書局本時稱之爲"吳刻本",也有失嚴謹(因爲浙江書局本之文字與吳鼒本差別頗多),而在校書時也有粗疏之處。如《愛臣》"萬物莫如身之至貴也,位之至尊也,主威之重,主勢之隆也。此四美者"條曰:"《解老篇》顧出'莫見其端'云:'藏本、今本端下有末字。'而吳刻亦有'末'字。"其實,顧廣圻所謂"藏本、今本端下有末字",是指吳鼒本"莫見其端,是以莫知其極"之"端"字而言,並非指其上句"則衆人莫見其端末"之"端"字而言,此下一句的"端"字下吳鼒本及于邑使用的浙江書局本均無"末"字,所謂"吳刻亦有'末'字",顯係誤校。

此外,由於于邑未收羅善本進行校勘,故尚有以訛傳訛之弊。如《外儲說右下》"伏溝中"條云:"邑案:'伏'上道藏本、趙本並有'戲'字,當依補。"其實,道藏本"伏"上無"戲"字,只是顧廣圻《韓非子識誤》"其始發也伏溝中"條云"藏本、今本'也'下有'戲'字",但此只是顧氏之誤校,實不足爲據。由此可見,于邑所言"某本作某字"處當謹慎對待而不可輕信。又如《難勢》"兩未之議也"條云:"邑案:'未'字盧《拾補》依張、凌本作'末'是也。"《制分》"不用譽則毋適"條云:"邑案:盧《拾》引張本'毋適'作'無過',蓋是。"其實,該兩處張本分別作"未""毋適"而不作"末""無過",盧校實誤而不足據,于邑不求第一手材料進行校勘而以訛傳訛,此也其"校書"之一失也。

總之,于邑對《韓非子》之校注,亦晚清之一大家,其説可取者頗多,故值得參考。至於其失誤,也校注家通病,未可苛責也。近世最爲學界所重的《韓非子》校注本如王先慎之《韓非子集解》、陳啓天之《韓非子校釋》、陳奇猷之《韓非子集釋》等均未採擷其説,雖然可能是因爲于邑之書流傳不廣所致,但總爲一大缺憾。

附:中華書局1963年排印張華民點校本《香草續校書·韓非子》(上海財經大學圖書館藏)

于邑校注《韓非子》之成就和不足,上文已有論述,故在此僅論述此排印本與稿本之異同和得失。

1963年中華書局排印的《香草續校書》,由張華民點校。據其《點校説明》,可知該書乃根據于邑女婿張以誠抄校的副本整理而成。張華民除了給原稿斷句,還校正了一些顯著的誤字,所以該排印本與稿本已有所不同。

該書與稿本的最大不同之處是在每條札記之前冠以篇題全名,然後空一格列出《韓非子》文句,再換行低一格排印于邑之案語,因而顯得眉目清晰。特別是將稿本"說林上篇"之後的簡稱"下篇"改爲"說林下篇",將稿本"內儲說上七術篇"之後的簡稱"下六微篇"改爲"內儲說下六微篇",將稿本"外儲說左上篇"之後的簡稱"左篇"改爲"外儲說左下篇",將稿本"左篇"之後的簡稱"右上篇"改爲"外儲說右上篇",將稿本"右上篇"之後的簡稱"右篇"改爲"外儲說右下篇",將稿本"難一篇"之後的簡稱"二篇""三篇""四篇"分別改爲"難二篇""難三篇""難四篇",此舉無疑更便於讀者閱讀採摭。

其次是對稿本中的文字有所訂正。如將稿本《初見秦篇》"其頓首戴羽"條的"傅元賦"改爲"傅玄賦"以消除其避諱改字之弊,除去其中"國朝"之上表示敬意的空格以合乎現代規範。又如將《存韓篇》"韓反與諸候先爲鴈行"條的"候"改正爲"侯";將《愛臣篇》"萬物莫如身之至貴也位之至尊也主威之重主勢之隆也此四美者"條的"第顧既既據乾道本作識誤"刪改爲"第顧既據乾道本作識誤";將《內儲說上七術篇》"猶之人"條的"之者,是人也"訂正爲"之人,是人也";將《六反篇》"整穀之民也"條之"穀"改正爲"穀"。凡此之類,皆使于鬯之著作更爲完善。

不過,稿本中有些錯誤,點校者尚未加以校正。如稿本將"下懷上子事父宜"一條列於《飾邪篇》之末、《解老篇》之前,此實屬顯著的失誤,點校者本應在此條上加標"解老篇",但排印本卻在其上加標了"飾邪篇"。又如稿本之篇題"問辨",排印本也未改正爲"問辯"。再如《外儲說左下篇》"子無二馬二車何也"條,點校者也未據《韓非子》原文及于鬯案語中的引文"二馬二輿"將此"車"字改正爲"輿"。《外儲說右下篇》"郎中閻遏公孫衍"條也未根據《韓非子》原文將稿本之"上文云'孫述'也"改正爲"上文云'公孫述'也"。

由於該本經過轉抄和排印,所以又有所訛誤。如《初見秦篇》"此皆秦有也以"條,排印本將稿本的"李冶敬齋黈"誤爲"李治敬齋黈",此蓋抄校者不知元代李冶著有《敬齋古今黈》所致。又如《內儲說上七術篇》"夫不使賤議貴下必坐上"條,排印本將稿本的"以彼例此,則此賤下當補得字"誤爲"以彼例此,此則賤下當補得字",此蓋抄校者未審稿本"則此"二字上的倒乙符號上又有被刪的符號所致。

此外,該書之句讀也有值得完善之處。如《初見秦篇》"其頓首戴羽"條:"武冠俗謂之大冠。環纓無蕤。以青系爲緄。加雙鶡尾豎左右。爲鶡冠。云。鶡者、勇雉也。"宜點爲"武冠、俗謂之大冠。環纓無蕤。以青系爲緄。加雙鶡尾豎左右爲鶡冠云。鶡者、勇雉也。"當然,最好施之以新式標點符號而點爲:"武冠,俗謂之大冠,環纓無蕤,以青系爲緄,加雙鶡尾豎左右爲鶡冠云。鶡者,勇雉也。"

總之,此書經過整理,比稿本明晰易讀,但尚待進一步完善。點校者如果能校核《韓非子》原文及于鬯所引各種古籍而進一步訂正之,且施之以新式標點符號,則可以無憾矣。

10. 讀諸子札記·韓非子二卷 〔清〕陶鴻慶撰　民國十九年(1930)文字同盟社排印本(復旦大學圖書館藏)

陶鴻慶(1859—1918),字癯石(一作小石),號艮齋,鹽城(今江蘇鹽城)人,光緒五年(1879)舉人,後應進士試不第,遂絕意仕途而專心治學,曾任鹽城縣教育會會長,著有《讀禮志疑》《左傳別疏》《讀通鑑札記》《讀諸子札記》等。

《讀諸子札記》中有讀《韓非子》札記三卷,共三百餘條。復旦大學圖書館所藏民國間文字同盟社排印的《讀諸子札記》僅有二卷,分別題"韓非子一""韓非子二",其下注"吳鼒校刻乾道本",是讀《初見秦篇》至《外儲說右篇》的札記,共二百十八條。作者主要利用本校之法(也不乏他校)以及文字音韻訓詁方面的知識,根據上下文義立說,與《韓非子》舊注、盧文弨《群書拾補》、顧廣圻《韓非子識誤》、王念孫《讀書雜志》、俞樾《諸子平議》、王先慎《韓非子集解》中的說法多所商榷,頗有可取之處。

陶氏之札記多校正《韓非子》原文訛誤衍脫之說。如《主道》"臣得行義,則主失明"條曰:"'明'當為'萌',本書多以'萌'為民氓字。失萌,與下文黨義正相類,'萌''黨'亦為韵。藏本、趙本'明'作'名',乃以意改之。"《備內》"今夫治之禁姦又明此"條曰:"'治'當為'法'字之誤。"《功名篇》"近者已親而遠者不結,則名不稱實者也"條曰:"'已'亦當作'不',承上'親近者不足於信'而言,下文云'近者結之以誠,遠者譽之以名',與此二句反正相承。"《外儲說左上》"明主之聽言也,美其辯;其觀人(愚按:當作"行")也,賢其遠"條曰:"此言當時人君不知聽言觀人之術,'明主'當作'人主',涉上文'明主之道'而誤也。後文說此經云'人主覽其文而忘有用',是其證。"《外儲說左上》"夫藥酒用言,明君聖主之以獨知也"條曰:"'用'乃'中'字之誤,'中''忠'古通用。'中'字古文作'🀆',與'用'相似,故'中'誤為'用'。說云'忠言拂於耳而明主聽之',是其證。"《外儲說右下》"造父因收器,輟而寄載之"條曰:"'輟'當作'叕'。《說文》:'叕,綴聯也。'叕而寄載之,謂綴聯其田器而載之車上也。下文云'今使身佚,且寄載',寄載別為一事,明指田器言也。"《八姦》"一曰在同牀"條曰:"'在'字衍文。'一曰同牀',與下文'二曰在旁''三曰父兄''四曰養殃''五曰民萌''六曰流行''七曰威强''八曰四方'文例一律。下云'此之謂同牀',無'在'字即其證。作'在'字者,涉下文'在旁'而衍也。"《喻老》"不欲自害,則邦不亡,身不死"條曰:"'欲'上疑脱'以'字。'不以欲自害',即'知足爲足'之義。"其說也有以音求義,訓釋《韓非子》疑難之處以正舊注之謬者。如《内儲説上》"挾智而問,則不智者至"條謂"衆隱皆變"之"變"讀爲"辨"。又如《存韓》"均如貴人之計"條曰:"均,讀爲'洵'。《爾雅・釋言》:'洵,均也。''均'與'洵'聲同義近,故借'均'爲'洵'。《詩・宛邱》傳:'洵,信也。'均如貴人之計,言信如其計也。舊注謂'同其計而用之',非。"凡此之類,均中肯可取。

陶鴻慶讀《韓非子》之札記,除了利用吴鼒本,還利用了王先慎的《韓非子集解》,其中涉及藏本、趙本、張本、凌本、顧校、王氏《雜志》、俞氏《平議》乃至《群書治要》等,皆出自此兩書,其資料之不足、治學之艱苦由此可見一斑。此一方面令人欽佩其矢志不渝、獻身學術之崇高精神,但其囿於所見也不免使其說有所失誤。如《南面篇》"主道者,使人臣必有言之責,又有不言之責"條曰:"張本改作'必言之責'則文不成義,王《解》從之,殊誤。"《外儲説左下》"然方公之獄治臣也"條曰:"張、趙本改'獄'爲'欲',於文不安,不可從也。"此兩處陶氏認爲張本所改不可從固然正確,但其所謂張本云云,皆源自王先慎《韓非子集解》,前一條出自王氏所引盧文弨之説,其所謂張本乃指張鼎文本(盧文弨曾校過張鼎文本),而後一條王氏明言"今依張榜本、趙本改"(王先慎只校過張榜本而未校過張鼎文本),今陶氏不明版本之異同而將張鼎文本和張榜本混爲一談,甚易貽誤後人。

陶氏主要根據上下文義或本校立説,其得當者固可謂之理校,而其失誤者卻不能不謂之臆説。如《二柄》"群臣其言小而功大者亦罰,非不説於大功也,以爲不當名也害甚於有大功,故罰"條曰:"有大功不得爲害,'害甚於有大功',義殊難通。舊注云'功大震主,亦所以爲罰',乃曲説也。今案下文云:'非不惡寒也,以爲侵官之害甚於寒。'則此文當云'非不説於大功也,以爲不當名之害甚於無大功',文義方合。今本'之'誤爲'也'、'無'誤爲'有'耳。《八姦》云:'聽大國爲救亡也,而亡亟於不聽。'語勢與此相似。"其實,舊注雖爲曲説,但原文並不誤。因爲韓非主張嚴格地按法令辦事,而功不當名就會擾亂法制,所以説它的害處比有大功還厲害。陶氏未通曉韓非思想,而以人之常情與不可類比的他篇語勢爲根據來論斷此文之正誤,故難免妄下雌黄。

此外,陶説也有得失參半者。如《説難》"直指是非以飾其身"條曰:"'飾'讀爲'飭',古通用。'飭身'對上文'役身以進,如此其汙'而言。舊注解爲'寵榮光飾',非是。"陶氏否定舊注而認爲"飾"通"飭"固然正確,而將舊注"寵榮光飾"訛爲"寵榮光飭"也可能只是排印之誤,但認爲"飭身"對上文"役身以進,如此其汙"則完全誤解了韓非之文,因爲"役身以進"之"汙"指伊尹、百里奚而言,並非指君主之"汙",而此"飾其身"乃指飭君主之身,兩者並無關聯,陶氏之引據顯然失當。

總之,陶鴻慶之札記條目甚夥,其大膽立説乃其長處,但由於證據不足也往往鑄成其錯,其中可取之説不少,但瑕瑜互見也不必爲之諱也。

北京中華書局 1959 年出版了陶鴻慶《讀諸子札記》點校本,收入其讀《韓非子》的全部札記三卷,臺北藝文印書館 1971 年也印行過此書,因其全備而更值得參閲。

11. 經籍佚文·韓非子佚文　〔清〕王仁俊輯　《玉函山房輯佚書續編》稿本(上海圖書館藏)

王仁俊(1866—1914),字捍鄭,吳縣(今江蘇蘇州)人,光緒十八年(1892)進士,授翰林院庶吉士,任吏部主事,甲午戰争時在上海創辦《實學報》,曾任湖北存古學堂教務長、京師大學堂教授等,官至學部圖書局副局長。他長於校勘輯佚,精於史學及敦煌學,撰有《玉函山房輯佚書續編》《釋名集校》《孔子集語補遺》《漢書藝文志考證校補》《補西夏藝文志》《遼史藝文志補正》《敦煌石室真迹録》等。

《玉函山房輯佚書續編》中的《經籍佚文》(上海圖書館藏有該書稿本,上海古籍出版社 1989 年出版的《玉函山房輯佚書續編三種》中之最後一種即其影印本)輯有《韓非子》佚文兩條,但實際上並非《韓非子》之佚文。

王氏所輯録的第一條佚文爲:"季子治亶父三年,而巫馬期絻衣短褐,易容貌,往觀化焉。見夜魚釋之。巫馬期問焉(一本無"焉"字),曰:'凡子所爲魚者,欲得也。今得而釋之,何也?'漁對曰:'季子不欲人取小魚也。所得者小魚,是以釋之。'巫馬期歸,以報孔子曰:'季子之德至矣。使人闇行,若有嚴刑在其側者。季子何以至於此?'孔子曰:'丘嘗問之以治,言曰:"誠於此者刑於彼。"季子必行此術也。'(《淮南子·道應訓》)"今查《淮南子》,並未言引自《韓子》。《吕氏春秋·具備》云:"宓子賤治亶父……三年,巫馬旗短褐衣弊裘,而往觀化於亶父,見夜漁者,得則舍之。巫馬旗問焉,曰:'漁爲得也。今子得而舍之,何也?'對曰:'宓子不欲人之取小魚也。所舍者小魚也。'巫馬旗歸,告孔子曰:'宓子之德至矣。使民闇行,若有嚴刑於旁。敢問宓子何以至於此?'孔子曰:'丘嘗與之言曰:"誠乎此者刑乎彼。"宓子必行此術於亶父也。'"據此,則《淮南子》之文當源自《吕氏春秋》,而非取自《韓非子》。

孫星衍所輯《平津館叢書》戊集《孔子集語》卷十《論政》引《淮南子·道應訓》此文後有按語云："薛據《集語》引此而節其文，云'見《韓非子》'，今《韓非子》無此文。"王氏蓋因此而誤。

王氏所輯錄的第二條佚文爲："子路問於孔子曰：'治國何如？'孔子曰：'在於尊賢而賤不肖。'子路曰：'范中行氏尊賢而賤不肖，其亡何也？'曰：'范中行氏尊賢而不能用也，賤不肖而不能去也；賢者知其不己用而怨之，不肖者知其賤己而讎之。賢者怨之，不肖者讎之；怨讎並前，中行氏雖欲無亡，得乎？'（薛據《集語》）"今查薛據《孔子集語》，並無此文。查考他書，知此實爲劉向《説苑·尊賢》之文，《孔子家語·賢君第十三》也用之，而並非《韓非子》之佚文。孫星衍所輯《平津館叢書》戊集《孔子集語》卷十《論政》引《説苑·尊賢》此文後並無按語，但其下一條引《説苑·指武》"哀公問於仲尼曰吾欲小則守大則攻其道若何仲尼曰若朝廷有禮上下有親民之衆皆君之畜也君將誰攻若朝廷無禮上下無親民衆皆君之讐也君將誰與守"後有按語云："按：薛據《集語》引此以爲見《韓非子》，今《韓非子》無此文。"王氏蓋因此而誤。

總之，《經籍佚文》中的《韓非子佚文》並非《韓非子》之佚文，故於研究《韓非子》毫無價值。

第二節　現代學術札記

1. 韓非子顯學篇釋義　　梁啓超撰　　上海中華書局民國二十五年（1936）排印、民國三十年（1941）再版之《飲冰室合集》本（上海財經大學圖書館藏）

梁啓超（1873—1929），字卓如，號任公，別署飲冰室主人、飲冰子等，新會（今廣東江門市新會區）人，光緒十五年（1889）中舉。後師從康有爲，又與黄遵憲一起辦《時務報》，宣傳變法，發表《變法通議》等。戊戌變法失敗後流亡日本，創辦《清議報》《新民叢報》，宣傳改良，鼓吹君主立憲。辛亥革命後一度入袁世凱政府，任司法總長；之後反對袁世凱稱帝，並加入段祺瑞政府。1917 年以後，他結束從政生涯，主要從事文化教育和學術研究活動。著有《先秦政治思想史》《中國文化史》《墨子學案》《清代學術概論》《中國歷史研究法》《國學入門書要目及其讀法》《要籍解題及其讀法》等，後由林志鈞合編爲《飲冰室合集》。

《韓非子顯學篇釋義》爲《飲冰室合集》中的《飲冰室專集》之七十九，作者根據《荀子·非十二子篇》《史記·孟子荀卿列傳》《漢書·藝文志》《莊子·天下篇》《莊子·逍遙遊篇》等論述，對《韓非子·顯學篇》中的子張、子思、顏氏、孟氏、漆雕氏、仲良氏、孫氏、樂正氏、相里氏、鄧陵氏、漆雕之議、宋榮子等進行了考釋。其中頗有發明。如云："曾子弟子有樂正子春，此文'樂正氏'，疑即傳曾子學者。孟子弟子亦有樂正子，當屬孟氏一派也。"又如解"漆雕之議"曰："曾子云：'吾嘗聞大勇於夫子矣：自反而不縮，雖褐寬博，吾不惴焉；自反而縮，雖千萬人，吾往矣。'即'行曲則違於臧獲，行直則怒於諸侯'之義。孟子稱'北宮黝不膚撓，不目逃，……不受於褐寬博，亦不受於萬乘之君。……'正與漆雕說同。黝疑即'漆雕氏之儒'。孟子又稱'孟施舍似曾子，北宮黝似子夏'，蓋儒家實有此一派，二者殆皆儒家者流也。"但梁氏也有失考者，如他推測"仲良"爲孟子所稱"陳良"之字顯然不當，因爲此文既稱"氏"，則不可能指字而言；而此文《道藏》本、張鼎文本、《韓子迂評》皆作"仲梁氏"，也可明此"良"字乃誤字而不可望文生訓。《左傳·定公五年》有仲梁懷；《禮記·檀弓上》有仲梁子，孔穎達疏謂仲梁爲魯人之姓；《詩經·定之方中》毛傳曾引"仲梁子"之言，孔穎達疏引《鄭志》謂仲梁子乃六國時魯人。顯然，以此類資料來解釋《顯學》之"仲良氏"纔合適。

總之，梁氏此文雖然篇幅不大，且有誤說，但也頗有可取處，值得參考。

2. 韓非子斠補　劉師培撰　民國二十五年(1936)寧武南氏排印《劉申叔先生遺書》本(復旦大學圖書館藏)

劉師培(1884—1919)，字申叔，號左盦，江蘇儀徵人，嘉慶至咸豐年間著名經學家劉文淇之曾孫，光緒二十八年(1902)中舉，次年在上海結識章太炎，改名光漢，撰寫《攘書》等，以示攘清復漢之心。後又參與《警鐘日報》《國粹學報》的編輯和撰稿。光緒三十三年(1907)東渡日本，結識孫中山、黃興等革命黨人，加入同盟會。宣統元年(1909)被兩江總督端方收入幕府，任兩江師範學堂教習。辛亥革命後，加入籌安會，作《君政復古論》《聯邦駁議》，爲袁世凱稱帝鼓吹。1917年，應蔡元培之聘，任北京大學中國文學門教授。1919年初參加組織《國故月刊》社，任《國故月刊》總編輯，對抗新文化運動。其家世傳漢學，所以他對經學、小學及漢魏詩文皆有精深研究，著有《中國民約精義》《黃帝紀年論》《中國中古文學史講義》《論小學與社會學之關係》《國學發微》《古書疑義舉例補》等。其著作後由寧武南桂馨等搜集整理，計七十四種，於民國二十五年(1936)刊出，名《劉申叔先生遺書》。

《韓非子斠補》在《劉申叔先生遺書》第三十六冊，是校注《韓非子》的學術札記，共一百二十八條。作者憑藉其深厚的漢學功底，對盧文弨《群書拾補》、顧廣圻《韓非子識誤》、王先慎《韓非子集解》之說多所補充，與《韓非子》舊注、張文虎《舒藝室隨筆》、王渭之說有所商榷，頗有可取之處。

劉氏或以本校、他校之法入手，如《二柄》"非失刑德而使臣用之"條曰："'非'疑'兼'之壞字。上云'人臣兼刑德用之'，此云'人主兼失刑德'，與彼相應。"《揚權》"不見其采，下故素正"條曰："'下故素正'與《主道篇》'臣乃見素'詞符，'故'即'乃'也。"《有度》"威不貸錯，制不共門"條曰："《明法篇》作'威不兩錯，政不二門'。'貸'乃'貳'訛。貳錯，即'兩錯'。"

或以其文字音韻訓詁之知識破解疑難，如《說林下》"己獨何爲密密十年難乎"條曰："'密''勉'一聲之轉。密密，猶《詩》'密勿'。《詩·小雅·十月之交》'黽勉從事'，《漢書·劉向傳》引作'密勿從事'，顏注：'猶黽勉也。'是其誼。"《三守》"而人臣有不敢忠主"條曰："此'有'字當讀如'又'，與'復'義同。"《姦劫弒臣》"則有直任布衣之士，立爲卿相之處"條曰："立爲，即'立於'也。'爲'有'於'訓，如《左傳·莊二十二年》'並於正卿'《釋文》謂'本或作"爲"'是也。"

或將文字音韻訓詁知識與本校或史料引證結合起來以證成其說，如《難勢》"而勢位足以缶賢者也"條曰："'缶'疑'御'之壞字。下文云：'夫良馬固車，使臧獲御之，則爲人笑；王良御之，則日致千里。'又云：'使堯、舜御之，則天下治；桀、紂御之，則天下亂。'彼文之'御'與此'御賢'之'御'同，言勢位足以駕馭賢人也。"《初見秦》"東服於陳"條曰："服，與'保'通。《老子》'保此道者不欲盈'，《淮南·道應訓》引作'服'，是'保''服'古通。《史記·楚世家》：'楚襄王兵散，遂不復戰，東北保於陳城。'此其證。"《外儲說右上》"令田於圃陸"條曰："'圃陸'即《左傳·僖二十七年》之'被廬'。"

凡此之類，皆可取。如《說郛》引《難勢》之文"缶"作"御"，可進一步證成其說，而《外儲說右上》之按語雖僅短短一言，但其所用史料十分貼切，從中可見其對史料的精確把握程度和由音得字的小學功底。

當然，其說也多毫無根據而輕率誤斷處，如《揚權》"故上下無爲"條曰："此'爲'字亦當作'僞'。"《八姦》"棄事而財親"條曰："'財親'當作'親財'，與'棄事'對文。"其實，"上下無爲"承"各處其宜"言，"財親"與上句"外交"對文，皆不誤。其案語甚至有據誤文而徒勞處，如《姦劫弒臣》"上不能悦主使人之明法術度數之理以避禍難之患"條曰："'悦'當作'說'。"《人主》"以擐其私"條曰："'擐'當作'環'。"今查各本，此兩處未見有作"悦"、作"擐"者，其不求善本之弊由此可見一斑。

總之，劉師培秉承家學傳統，其札記頗多創見，雖然不乏臆說，但瑕不掩瑜，故值得研究者參考。

3. 三餘札記・韓非子簡端記　劉文典撰　民國十七年(1928)上海商務印書館排印本(復旦大學圖書館藏)

劉文典(1889—1958),原名文聰,字叔雅,原籍安徽懷寧,生於合肥。1907年加入同盟會,1909年赴日本留學,1914年加入中華革命黨,並任孫中山秘書處秘書。1916年以後歷任北京大學教授、安徽大學校長、清華大學中國文學系教授兼主任。1938年至昆明,任教於西南聯大。1943年以後任雲南大學文史系教授,1956年被評爲一級教授,並被推選爲全國政協第一、二届委員。他終生從事古籍校勘及古代文學研究和教學,著有《淮南鴻烈集解》《莊子補正》《三餘札記》《説苑斠補》《杜甫年譜》等。

《韓非子簡端記》載《三餘札記》卷二,其題注云:"顧廣圻《韓非子識誤》校,盧文弨《羣書拾補》校,王先慎《韓非子集解》校、王先謙校,俞樾《韓非子平議》校。"其文共有讀《韓非子》之學術札記七十三條,主要圍繞上述五人之説,或疏證之,或批駁之,也間有糾正舊注或校正《韓非子》之文及解釋疑難者。

劉文典爲古籍校注專家,故其説多有可取處。其疏證前人之説者,如《外儲説右上》"甘茂之吏道穴聞之"條疏證顧廣圻"今本'道'作'通',誤"之説曰:"顧校是也。道者,由也。'道穴聞之'即'由穴聞之',今本作'通'者,後人不達古訓妄改之耳。('道'之訓'由',見《禮器》《中庸》注。)"其批駁前人之説者,如《内儲説上》"子必嚴子之形"條糾駁王先慎將"形"改爲"刑"之誤曰:"上文'夫火形嚴,故人鮮灼',是'嚴'者以'形'言,非以'刑'言也。乾道本作'子必嚴子之形',又'游吉不肯嚴形'是也。張、凌本既改'形'爲'刑',又改'肯'爲'忍行'二字以就其誤,實爲淺妄。王氏從之,斯爲巨謬矣。《莊子・則陽篇》:'夫楚王之爲人也,形尊而嚴;其於罪也,無赦如虎。'即此'形嚴'之義。"其糾正舊注之誤者,如《有度》"若是,則羣臣廢法而行私重輕公法矣"條曰:"重,權也。行私重,猶言行私權也。《説難篇》:'與之論細人,則以爲賣重。'《史記・韓非列傳》'賣重'作'鬻權',是其證。注謂'朋黨私相重也',增'相'字釋之,非是。"其校正《韓非子》之文及解釋疑難者,如《八經》"名號賞罰法令三隅"條曰:"'隅'疑當爲'偶',字之誤也。《爾雅・釋詁》:'偶,合也。'謂名號、賞罰、法令三者相合也。"凡此之類,皆得古訓而頓使疑難冰釋矣。

由於劉文典於《淮南子》研究甚爲精深(著有《淮南鴻烈集解》),故常以《淮南子》證《韓非子》之文,其説也頗有精到處。其疏證前人之説者,如《外儲説左上》"夫犬馬,人所知也,旦暮罄於前"條疏證盧文弨以"罄"爲"倪""見"之義曰:"《淮南子・氾論篇》作:'鬼魅不世出,而狗馬可日見也。'旦暮磬於前,即'可日見'之義,盧説近確。"又如《外儲説右下》"然而田連鼓上、成竅撒下而不能成曲"條疏證顧廣圻"撒"當作"撅"之説曰:"顧校是也。《淮南子·説林篇》'使但吹竽,使氏厭竅,雖中節而不可聽',即本此文。'厭''撅'字異義同。"其批駁前人之説者,如《姦劫弒臣》"夫取舍合而相與逆者,未嘗聞也"條曰:"王氏疑'合'爲衍文,非也。《淮南子·齊俗篇》:'故趣舍合,即言忠而益親。''趣舍'即'取舍'也。王念孫謂'趣'下不當有'舍'字,蓋不知《淮南》之'趣舍合'即本《韓非子》此文,其失與王先慎同。"又如《外儲説右下》"其弟諫曰:夫子嗜魚而不受者何也"條駁王先慎曰:"此文與《韓詩外傳》三'弟'下皆敓'子'字,當依《淮南子·道應篇》補。其弟子諫之,故稱'夫子'。若爲其弟,則不得言'夫子'矣。王校非是。"凡此之類,皆證據貼切而得其義。

其校正《韓非子》之文及解釋疑難者,如《五蠹》"割地而朝者三十有六國"條曰:"'割地而朝者'當作'陸地之朝者'。《淮南子·氾論篇》《人間篇》並作'陸地之朝者',《論衡·非韓篇》作'陸地朝者',皆其證也。"又如《守道》"人主甘服於玉堂之中,而無瞋目切齒傾取之患;人臣垂拱金城之内,而無扼腕聚脣嗟唶之禍"條曰:"'甘服'義不可通,'服'當爲'眠',形近而誤也。'甘眠'即酣眠。《淮南子·俶真篇》'甘瞑於溷澖之域',《精神篇》'甘瞑太宵之宅,而覺視於昭昭之宇'。《文選》陸士衡《答張士然》詩、嵇叔夜《養生論》李注並云'瞑,古眠字',是'甘眠'二字之見於古書者。上言'甘眠',故下言'瞋目',上言'垂拱',故下言'扼腕',與之相對成義。若作'甘服',則與下文不相對矣。"凡此之類,雖然未必正確,因爲"而"連結謂詞性結構,"割地而朝者"未必有誤,而"甘服"或爲《老子》"甘其食,美其服"之略語,但劉氏之説也可備一説。

總之,劉氏國學功底深厚,其説可取資者甚多,值得研究者參考。

4. 韓非子拾遺　楊樹達撰　民國二十八年(1939)稿本(中國科學院圖書館藏)

楊樹達(1885—1956),字遇夫,號積微,晚更號耐林翁,湖南長沙人,光緒三十一年(1905)赴日本留學,回國後曾任湖南省立第一師範學校教員、北京高等師範學校國文系教授、清華大學中文系和歷史系教授、湖南大學中文系主任、中央研究院院士等。1949年後與吳玉章等組織中國文字改革協會,任理事會副主席。後又任湖南師範學院教授、湖南省文史研究館館長等。著有《古書疑義舉例續補》《中國語法綱要》《詞詮》《高等國文法》《馬氏文通刊誤》《中國修辭學》《論語古義》《積微居小學金石論叢》《積微居金文説》《積微居小學述林》《積微居甲文説·卜辭瑣記》《耐林廎甲骨文説·卜辭求義》《漢書補注補正》《積微居讀書記》等。

此本爲稿本，作者於首行題"韓非子拾遺"，其下注"廿八年一月十九日辰谿"，可見此手稿寫於湖南省辰谿縣。作者1929年發表於《北平北海圖書館月刊》第二卷上的《積微居讀書記》中有校注《韓非子》之札記，此稿本蓋爲續其舊作而爲，故名"拾遺"。

該稿第二行"初見秦第一"下有括注"王先慎集解本"，可見此稿乃以《韓非子集解》爲基礎而進行補正，其全稿僅涉及《初見秦》《存韓》兩篇內容，共有十條讀書札記，其第十一條僅錄有原文"則合群苦弱以敵二萬乘"而無按語，可見此乃尚未完成之初稿。

楊氏之按語，多以音求義之説（十條中有六條屬此類）而能得其本字，頗能體現其語言文字學家的當行本色。如將《初見秦》"然而兵甲頓"之"頓"讀爲"鈍"，謂"大王垂拱以須之"之"須"爲"頸"之借字，謂"戰戰栗栗"之"戰"的本字爲"顫"，謂《存韓》"則以韓魏資趙假齊以固其從"之"資"假爲"齎"。有些文字，前人雖然已涉及其本字，但未指明其通假，楊氏則揭示之，如《存韓》"欲贅天下之兵"舊注："贅，綴連也。"楊氏則指出："贅假爲綴。《説文》十四篇下叕部云：'綴，合箸也。'《説苑》云：'梁王贅群臣而議其過。'《漢書·武帝紀》云：'縣鄉即賜，無贅聚。'與此文皆假贅爲綴也。"又如《初見秦》"而不憂民萌"，尹桐陽《韓子新釋》曰："萌，氓也。"楊氏則指出："萌爲氓之借字。《説文》云：'氓，民也。從民，亡聲。'《國策》作氓，即用本字。萌氓古音同，故得相通假。"

由於其僅據《韓非子集解》立説，故其按語難免在無意之中與他人之説類似。如《初見秦》"天下陰燕陽魏"條曰："自蘇秦倡合從之説，趙首信之而爲其主，此文亦據趙爲言，燕在趙之北，魏在其南，故云陰燕陽魏也。"此説與物茂卿《讀韓非子》之"案《蘇秦傳》，趙爲從長，故此不言趙，而北燕南魏，專據趙立言"類似。又如"武王將素甲三千"條曰："《左傳》宋興人譏華元云：'牛則有皮，犀兕尚多，棄甲則那？'又云：'從其有皮，丹漆若何？'是古甲染色不用素。此云素甲者，時文王初薨，武王載木主以東征，故用素甲耳。"此説與太田方《韓非子翼毳》之"韋昭《吳語》注：'素甲，白甲也。'武王在喪服，故素甲也"類似。再如《存韓》"夫趙氏聚士卒，養從徒"條曰："從徒謂合從者。"此説與津田鳳卿《韓非子解詁》之"謂蘇秦之徒，爲合從説者"類似。凡此之類，其説皆精當，美中不足的是與他人之説相重複，但這實際上只是體現了學者之共識，並不能謂之掠美。當然，楊氏若能博覽群書而見其文，則或許不作此類按語矣。

总之,杨氏之说多精当可从而值得参考。即使偶有未必精当处,也可备一说。如《初见秦》"以此与天下,天下不足兼而有也"条曰:"与,敌也,当也。《左传》云:'一与一,谁能惧我?'"若联系此文之"天下不足兼而有",则宜将此"与"字解作"举"(参见刘师培《韩非子斠补》),但杨说也通而可备一说。

5. 雙劍誃韓非子新證　于省吾撰　民國二十九年(1940)北京大業印刷局排印《雙劍誃諸子新證》本(上海圖書館藏)

于省吾(1896—1984),字思泊,號雙劍誃主人(因收藏吳王夫差劍、少虞錯金劍而名其藏書樓爲"雙劍誃")、澤螺居士、夙興叟,遼寧海城人。1919年畢業於瀋陽國立高等師範,歷任奉天萃升書院院監、輔仁大學教授、北京大學教授、燕京大學名譽教授、東北人民大學(今吉林大學)歷史系教授和古文字研究室主任、中國古文字研究會理事、中國語言學會顧問兼學術委員、國務院古籍整理出版規劃小組顧問等。著有《甲骨文字釋林》《雙劍誃殷契駢枝》《雙劍誃吉金文選》《雙劍誃吉金圖錄》《雙劍誃古器物圖錄》《商周金文錄遺》《雙劍誃諸子新證》《澤螺居詩經新證》等。

《雙劍誃韓非子新證》爲《雙劍誃諸子新證》之一種,共四卷,有學術札記一百七十條,其中除了《飾邪》"非數年在西也"和《喻老》"君人者勢重於人臣之間"兩條引用陶鴻慶之說不出於《韓非子集解》,其他所引趙用賢、盧文弨、顧廣圻、俞樾、孫詒讓、王先謙、王先慎之說以及舊注、凌本等皆出自王先慎之《韓非子集解》,其札記主要是對上述諸家之說的辨正或疏證。誠如其民國二十七年(1938)八月所撰之《雙劍誃韓非子新證序》所言:"世變方殷,善解精刊無從借參,僅就王書爲之考辨。"因此,若據内容而言,則此書題名爲"讀王先慎《韓非子集解》札記"更符其實。

此書既以讀《韓非子集解》爲基礎,故其中頗多訂正《韓非子集解》之誤字處。如《十過》"吾恐此將令其宗廟不祓除"條曰:"按'祓',影宋本、浙局本均作'祓'是也,此乃王梓之誤。"又如《安危》"雖貴欲不能行"條曰:"按'欲',各本均作'育',乃王梓之誤。"再如《八說》"大貴文學以疑法"條曰:"按'大'字各本作'夫',王梓誤。"同時,作者有不少地方指出王先慎對《韓非子》之誤改,甚至有總結性的按語。如《外儲說右上》"有十孺子皆貴於王"條曰:"王先慎云:'各本"有"上有"中"字,據《御覽》六百二十六、七百一十八引刪。'按'中'字不應據刪。王氏好以類書改本書,不可爲訓。"又如《難二》"公乎公乎胡不復遺其冠乎"條曰:"王先慎云:'各本無"其"字及上"乎公乎"三字,據《藝文類聚》《御覽》引補。《意林》"冠"上亦有"其"字。'

按作'公胡不復遺冠乎',詞本可通。竊謂古書如此等處,不必據類書以改之也。"此等説法,顯然中肯可取。

以上之例,可謂"僅就王書爲之",而本書之主要特色,則在作者利用其古文字知識進行校釋,故其文除了引用各種古書古注外,還時而引用鐘、鼎、毁、盤、劍、戈之銘文以證《韓非子》之文。如《飾邪》"與吳戰而不勝"條曰:"顧廣圻云:'今本"吾"作"吳"。按"吾""吳"二字,他書亦有相亂者。'王先慎云:'乾道本"吳"作"吾"。案下均作"吳",似應一律,今據改。'按作'吾'者是也。吳越之'吳',後世亦作'句吳',大(愚按:當作"夫")差監作'攻吳',者瀘鐘作'工獻'。金文'吾'字多假'獻'爲之。余所藏公子光戈作'攻敔',夫差劍作'攻效','效'即'敔'。'句''工''攻'與'吳''獻''敔',均一聲之轉,然則乾道本'吳'作'吾',乃古字之僅存。若本作'吳',後人不至改爲'吾'矣。"如此校釋,對於研究古書之用字,無疑頗具學術價值。

利用古文字知識進行校釋,有時的確能得其文義。如《有度》"外使諸侯"條曰:"按金文'使''事'同字,此本作'外事諸侯',下云'内耗其國,伺其危險之陂,以恐其主'。《八姦篇》:'爲人臣者,重賦斂,盡府庫,虚其國以事大國,而用其威,求誘其君,甚者舉兵以聚邊境,而制斂於内。'與此可互證。"又如《功名》"故臣主同欲而異使"條曰:"按金文'使''事'同字,此應作'事'。"再如《内儲説下》"懷左右刷則左右重"條曰:"按'懷'應讀作'餽',一聲之轉。从褱从鬼,古字通。金文'懷'字作'褱',伯戜毁'唯用妥神褱',即'用綏神鬼'。《漢書·外戚傳》'褱誠秉忠'注:'褱,古懷字。'元應《一切經音義》十八'懷孕'作'褱孕'。漢北海相景碑'驚懂傷褱','褱'即'懷'。《爾雅·釋訓》:'鬼之爲言歸也。'《詩·匪風》'懷之好音'傳:'懷,歸也。'《周語》'無所依懷'注:'懷,歸也。''歸''餽''饋'古籍尤多通用,不煩舉證。懷左右刷,謂餽左右以刷也。"

但是,若不顧上下文義或相關史實而一味以古文字學爲據,則不免有失。如《初見秦》"有功無功相事也"條曰:"'事''使'金文同字,'使'猶用也。上云'今秦出號令而行賞罰',此云'有功無功相使也',言有功爲之用,無功亦爲之用,故云'相使'也。"此説顯然不當,因爲若言有功爲之用,無功亦爲之用,則當云"有功無功皆使也",而不當云"相使",故此"事"字不當作"使"。又如《亡徵》"刑戮小民而逆其使"條曰:"'使'應作'事'。金文'使''事'同字,此言刑戮小民而違逆其所爲之事也。"其實,解爲"違逆其所爲之事"根本不能與下文"則賊生"貫通,此實指刑戮小民後又違反情理去使用他们,以致"賊生",故此"使"字不當作"事"。再如《解老》"然則爲禮者事通人之樸心者也"條曰:"按'事'應讀作'使'。金文'事''使'同字。下'事通人之樸心','事'亦應作'使'。"其實,此"事"字與"務"同義,爲從事之義,不應讀作"使"。還有《内儲説上》"因事關市以金與關吏乃捨之"條曰:"'因事關市以金與關吏'九字作一句讀。'事'本應作'使'。金文'事''使'同字。"其實,此文承上句"關市苛難之"而來,"事關市"指事奉賄賂關市,"事"顯然不當作"使"。由此可見,以金文"使""事"同字爲工具而遍解各處,未必得當。

除了以金文"使""事"同字普遍作解而致誤,其他類似之誤也不少。如《孤憤》"則修智之吏廢"條曰:"按'吏'本應作'事'。金文'吏''事'同字,'事''士'古字通,金文'卿士'作'卿事',即其證也。注云'修智之士',上文云'則修智之士不事左右、不聽請謁矣',均其證也。"此解以"吏""事""士"輾轉爲訓,殊不顧原文之"廢"字與"吏"密合而與"事""士"反不合也。又如《八説》"是無術之事也"條曰:"王先慎云:'"事"當作"士"。'按'事''士'古字通,不應改作。金文'卿事'即'卿士',是其證。"其實,此文云:"爲人見其難,因釋其業,是無術之事也。"此"事"字顯然不是指人,而是指"釋其業"這種行爲而言,所以此"事"應該解爲"爲","無術之事"等於説"無知之爲",而不應該解爲"無術之士"。由此可見,以金文"吏""事""士"同字爲據作解,也往往會致誤。

以金文"使""事""吏""士"同字作解既易致誤,將其他古文字知識作爲"靈丹妙藥"施之於訓詁,同樣也可能會致誤。如《説疑》"使諸侯淫説其主"條曰:"'諸'字本應作'者','者''諸'古同字,金文'諸'字不從言。'侯'乃'唯'字之誤,金文'唯'字亦作'隹'。上文'桀有侯侈',王念孫謂'侯'當作'隹',詳王説。使者唯淫説其主,使者即承上文'外假爲諸侯之寵使'言。'隹'誤爲'侯',後人因改'者'爲'諸'矣。"其實,此文"使諸侯"即"使於諸侯",意思是"從别國諸侯那裏出使前來",所以下文説"所爲使者,異國之主也",此"使"指出使,故不當作"使者",而"侯"也不誤。又如《定法》"七十年而不至於霸王者"條曰:"顧廣圻云:'七十有誤,或當作十七。'按:作'十七'是也。古文'十'字作✝,'七'字作╋,漢代金文猶然,故易訛也。"其實,顧廣圻是將這"七十年"看成了申不害任韓相的時間,所以認爲當作"十七年"。但是,《史記·老子韓非列傳》明確地説申不害任韓相的時間爲"十五年",《史記·韓世家》也明確地説韓昭侯"八年,申不害相韓……二十二年,申不害死",可見申不害爲韓相只有十五年,而並非"十七年",顧廣圻之説實誤而不可從。從《韓非子》中的計數法來看,《顯學》云:"殷、周七百餘歲,虞、夏二千餘歲,而不能定儒、墨之真;今乃欲審堯、舜之道於三千歲之前,意者其不可必乎!"其中"七百餘歲"顯然是指商、周之際到韓非寫《顯學》的時間,而並不是指商、周兩代的時間;"二千餘歲"顯然是指虞、夏之際到韓非寫《顯學》的時間,而並不是指虞、夏兩代的時間。由此可見,《定法》之"七十年"也不是指申不害相韓的時間,而是指申不害之時到韓非寫《定法》的時間。從本篇來看,"托萬乘之勁韓,七十年而不至於霸王"與下節"乘強秦之資,數十年而不至於帝王"相對,這"七十年"顯然應該與"數十年"相類。此"數十年"顯然不是指商君治秦的時間,而是指商君治秦至韓非寫《定法》的時間;而"乘強秦之資"的主語也顯然不是指"孝公""商君",而是指孝公以後的秦國君主。因此,這"七十年"當然也不是指申不害相韓的時間,而應該指申不害相韓至韓非寫《定法》的時間;而"托萬乘之勁韓"的主語也不應該是"韓昭侯""申不害",而應是指昭侯以後的韓國君主。考察此文提到的秦國史事,最晚的是應侯"成其汝南之封"。《史記·范雎蔡澤列傳》云:"秦封范雎以應,號爲應侯。當是時,秦昭王四十一年也。"即公元前266年。而申不害卒於韓昭侯二十二年,即公元前337年。兩者相距七十一年,正與韓非所云"七十年"相合,只不過韓非舉其成數而不甚精細而已。因此,即以本文而論,這"七十年"不但沒有訛誤,而且還可以由此推知本篇寫於公元前266年。

除了以古文字知識立説,作者也繼承了傳統的方法,其説也頗有可取者。如《主道》"不智而爲智者正"條曰:"按《詩·節南山》'覆怨其正'傳:'正,長也。'不智而爲智者長,與上句'不賢而爲賢者師'對文。"又如《外儲説右上》"組已就而效之"條曰:"《荀子·議兵》'隆禮效功'注:'效,驗也。'《廣雅·釋言》:'效,考也。''驗'與'考'義相因。"再如《八經》"亂功之所生也"條曰:"《詩·七月》'載續武功'傳:'功,事也。'此謂亂事之所生也。"作者校釋時特別注意對古文通假的揭示。如《揚權》"其門嗸嗸"條曰:"按'嗸嗸'當即'唸唸'之古文。《論語·先進》'由也唸'皇疏引王弼:'唸,剛猛也。'"又如《八説》"不逮日中奏百"條曰:"'奏'應讀作'走',走猶趨也。《詩·綿》'予曰有奔奏'《釋文》:'奏,本又作走。'《書·君奭》傳'胥附奔走'《釋文》:'走,本又作奏。'《淮南子·説林》'木者走山'注:'走,讀奏記之奏。'《吕氏春秋·期賢》'若蟬之走明火也'注:'走,趨也。'《釋名·釋姿容》:'疾趨曰走。走,奏也,促有所奏至也。'並其例證。"再如《八經》"而名實當則徑之"條曰:"'而''如'古字通。而名實當,即'如名實當'也。"

其中有些校釋雖然與前人之説類同,但未必剿襲他書,而其説固可取,故也值得重視。如《姦劫弑臣》"妾以賜死"條曰:"'以''已'古字通。"《三守》"而人臣有不敢忠主"條曰:"按'有'應讀作'又'。"《南面》"而輙小變"

條曰:"按'賑'當即'震'之異文,謂震懼也。"《難一》"是子言分謗也"條曰:"按'也'猶'邪'也。"《五蠹》"爲設詐稱"條曰:"按'爲'應讀作'僞'。'僞設'與'詐稱'對文。"《忠孝》"世之所爲烈士者"條曰:"按'爲''謂'古字通。"此上第一條與松皋圓之説同,第二條與劉師培之説同,第三、四條與尹桐陽之説同,末兩條與津田鳳卿之説同,但作者校釋時主要依據《韓非子集解》而未必參考過松皋圓、劉師培、尹桐陽、津田鳳卿之作,而其解也皆善於以音求字而頗得其義,故值得參考。

不過,其某些校釋顯然剿襲他人之説,則即使可取,也不足取。如《外儲説右上》"左右有欒子者曰陽胡潘其"條曰:"俞樾云:'欒子,即孿子也。《列子·説符篇》"宋有蘭子者"《釋文》曰:"凡人物不知生出者,謂之蘭也。"'王先慎云:'《御覽》七百五十四引"潘其"作"潘者"。'按'欒''孿'字通。《説文》:'孿,一乳兩子也。'此言欒子即陽胡與潘其也。《列子》上言'蘭子',下言'並趨並馳',疑亦就兩子言之。《御覽》不知爲兩人名,故改'其'爲'者'。"其實,王先慎《韓非子集解》除了引俞樾之説,同時又引盧文弨之説曰:"疑'欒'作'孿',下同。"而且又加按語云:"先慎曰:《説文》'欒'從䜌聲,'孿'從䜌聲,二字聲同。《釋名·釋宮室》:'欒,攣也,其體上曲,攣拳然也。'《易·中孚》'有孚攣如',一本作'孿'。是'欒''孿'二字義通,故本書假'欒'爲'孿'。《蒼頡篇》:'孿,一生兩子也。'《説文》:'孿,一乳兩子也。'其言'二欒'者,謂昆弟皆來博也,則'欒'爲'孿'假借,仍當以雙生訓之。俞以'欒'爲'蘭',失其旨矣。"《韓非子集解》爲于氏所用底本,現僅轉錄其所引俞樾之説而不引盧説、王説,以"欒""孿"之通假爲己説,顯然不當。

此外,其説雖然善於以音求字,但也頗有濫用通假之處。如《説林上》"君不如晚救之以敝晉齊實利"條認爲"'齊''資'古字通","齊實利"即"資實利,謂取實利也"。其説雖舉《晏子春秋·諫上》《史記》《易·旅·九四》《荀子·哀公》等例證來證明"齊""資"古通,又以《考工記》《易·乾·象傳》之注來證明"資"表示"取"。但是,作者只顧以通假解字,卻不顧此文"君不如晚救之以敝晉,齊實利"乃與上文"晉不敝,齊不重"相對,故"齊"應解爲齊國,而不應解爲"資""取"。又如《外儲説左上》"我聞吳王築如皇之臺"條曰:"按'如皇'當即'姑蘇'之假字。古音'如''姑'同隸魚部,'蘇'亦魚部,'皇'陽部,魚陽對轉。"若依此説,則四字互通,"姑蘇"也可稱"姑皇""如蘇"乃至"姑姑""蘇蘇"矣,其誤顯然。其實,此四字雖隸魚部或陽部,但其聲母不同,"如"屬日母,爲舌音;"姑"屬見母,爲牙音;"皇"屬匣母,爲喉音;"蘇"屬心母,爲齒音;故不可輕易斷其爲假借。再如《六反》"而世尊之曰任譽之士"條曰:"'譽'宜讀作'與'。……'任'謂任恤,'與'謂施與。上云'活賊匿姦',正與'任與'之義相符。"其實,"活賊匿姦"根本與"施與"之義不相符。此"任譽"針對"活賊匿姦"而言,"任"應解作擔保,"譽"應解作讚譽辯護,如此解釋其義才相符。

另外,該書校釋也有粗疏處。如《難一》"是子言分謗也"條將《韓非子集解》之"郤子"誤爲"卻子"。《八經》"故下肆佷觸"條曰:"按'觸'字於義不適,凌本作'狼'乃臆改。'觸'本應作'厲','厲'訛爲'屬',後人以爲不詞而改爲'觸'也。古書'屬''厲'每互訛,詳王氏《讀書雜志·餘編·有度篇》。"且不說"屬""厲"兩字易訛不足以證明"觸"爲"厲"字之訛,其所謂"觸"字凌本作"狼"亦爲疏誤,因爲《韓非子集解》於此句下引盧文弨曰:"佷,凌本作'狼'。"可見凌本"佷"作"狼"而非"觸"作"狼",此蓋作者讀《韓非子集解》時不慎而致誤。

總之,作者爲文字學家,精通古文字,小學功底深厚,善於以音韻通訓詁,故其校釋頗有所得,但《韓非子》成於戰國,以金文例之有時並不妥當,加之作者對《韓非子》之上下文及有關史實關注不夠,而主要以其文字音韻學知識去解釋《韓非子》之文,故不免有失。因此,此書值得參考,但其得失參半,不可盲從其說也。

6. 韓非子集釋删要　陳奇猷撰　民國三十六年(1947)《輔仁學誌》第十五卷一二合期抽印本(上海圖書館藏)

陳奇猷(1917—2006),廣東韶關人,1936年考入北京輔仁大學中國文學系,畢業後升入輔仁大學文史研究所深造,1942年獲碩士學位。1943年後歷任上海震旦女子文理學院、光華大學誠明文學院等院校教授。1952年院校調整後不再執教,以審稿爲業,曾任上海古籍出版社特約編審、寧夏大學兼職教授,著有《韓非子集釋》(修訂本改名《韓非子新校注》)、《吕氏春秋校釋》(修訂本改名《吕氏春秋新校注》),曾獲第四届優秀古籍整理圖書獎二等獎。

《韓非子集釋》是作者的成名作,初稿於1936年至1939年就讀於輔仁大學之時,二稿於其研究生時期,三稿於其上海執教時期,《韓非子集釋删要》便是從這第三稿中録出一百四十六條校釋而組成的論文,發表於《輔仁學誌》第十五卷。

此文前有說明,謂《韓非子》不容忽視,然盧文弨、顧廣圻校讎時所據版本拙劣而有乖謬之處,王先慎之《韓非子集解》又疏略誣妄而不能卒讀,於是重爲校勘,輯録前人校説六十餘家,復以己見評述,研討十載,稿經數易,成

《韓非子集釋》，本擬出版，因財力不允，故擇其要者録爲此文，公諸當世，以爲讀《韓子》之一助。

《韓非子集釋》已於 1958 年由中華書局上海編輯所編輯出版，後經作者進一步修訂後改名爲《韓非子新校注》，又於 2000 年由上海古籍出版社出版。如果將此文與《韓非子集釋》對勘，可知作者在後來對此文已有不少改動。依慣例，讀者應以作者修改後的定本爲準，故此文的參考價值已不大。但是，此文至少有兩點是後來出版的《韓非子集釋》所缺少而值得珍視的：一是此影印本之底本爲上海圖書館所藏之《輔仁學誌》抽印本，其上有陳奇猷先生校正排印本時留下的手迹，於此可以看出作者治學之認真態度。二是在注釋中明文引用了陳啓天的《韓非子校釋》，於此可以看出作者治學之規範程度。至於後來出版的《韓非子集釋》，則凡引用陳啓天之説一概不明題其名，甚至改爲"奇猷案"而有抄襲之嫌，如該文"臣不得越官而有功（二柄）"條曰："陳啓天校釋曰，法家分職任官之要義爲一人不兼官，一官不兼事，故越職與越官同義，申子云，治不踰官，雖知不言，踰官亦謂越職也，○奇猷案，陳説是。"在《韓非子集釋》中，以上文字被改爲："奇猷案：法家主張分職任官，一人不兼官，一官不兼事，故越職與越官同義。申子云：'治不踰官，雖知不言。'踰官亦謂越職也。"兩相比較，此文之可貴不言而喻，而後來之刪改顯然有違學術規範。

如果着眼於本文的考釋成就而言，則既有所發明，又有所傳承，也有不少錯誤。

可取的新説如釋《外儲説右下》"察手吻文"云："此文察與擦同，文與紋同，掌有紋，故曰吻文。"釋《飭令》"行都之過"云："行，巡視也。"釋《心度》"能治衆而禁不變者削"云："此文之能，即主道篇絶其能之能，能衆而禁不變者削，猶言能者衆多而不變其禁令以禁絶其能者，國必削。"釋《制分》"爲善也如是"云："善，即五蠹顯學篇所非之仁義。"

有不少解釋似乎是新説而可取，但其實與前人的説法類同，或借鑒了前人之説。如釋《初見秦》"以此與天下"曰："奇猷案，與舉通。"此與陳啓天所引《斠補》及《古書虛字集釋》之説相同。釋《八姦》"不使擅進不使擅退群臣虞其意"曰："奇猷案，此文當作不使擅進擅退，不使群臣虞其意。"此與陳啓天之説相同。釋《十過》"昔者田成子遊於海而樂之"曰："奇猷案，説苑正諫篇田成子皆作齊景公，是也，當從之。"此條乃據王先慎所引《説苑·正諫篇》作進一步考證。釋《内儲説下》"被王衣"曰："奇猷案，王衣即秦王之衣，楚策云，公孫郝之於秦王親也，少與之同衣，長與之同車，被王衣以聽事，既云少與之同衣，則被王衣當即指秦王之衣，俞樾《平議》改王爲玉，劉文典

《三餘札記》以王衣爲王所賜之衣,皆未得。"此與陳啓天之説類同。釋《外儲説右下》"錯鍜在後"曰:"奇猷案,《事類賦》二十一引鍜作綴,誤也,《淮南氾論篇》是猶無鑣銜策錣而御駻馬也,高注,錣,楚端箴也。"此乃據王先慎所引《事類賦》和陳啓天所引《纂聞》作疏證。釋《問田》"而關於州部"曰:"奇猷案:關,措置也。"此與陳啓天之説相同。釋《顯學》"發齒吻,形容"曰:"奇猷案,此言相馬事,疑吻下脱相字。"此與陳啓天之校説相同。釋《飭令》"其能勝其害"曰:"奇猷案,此下至使人不同功故莫争共五十二字,與用人篇同,且與此篇文義不相屬,當係用人篇錯簡於此。"此與陳啓天所引《翼毳》之説同。總之,其可取之説大多有所傳承,特別是借鑒陳啓天《韓非子校釋》之處甚多,但又不説明之,而一概冠以"奇猷案",此乃該文缺點之一。

該文另一個缺點是解釋時多牽強附會之弊。如釋《初見秦》"弃甲兵弩,戰竦而卻"曰:"奇猷案,趙本兵作負,是也。《史記·司馬相如傳》,拜相如爲中郎將,至蜀,蜀太守以下郊迎,縣令負弩矢先驅,又魏公子傳,魏公子進兵擊秦軍,秦軍解去,遂救邯鄲存趙,趙王及平原君自迎公子於界,平原君負韣矢爲公子先引,《集解》引吕忱曰,韣,盛弩矢,據此,負弩矢負韣矢,皆示和平不戰之意,此云負弩,亦猶負弩矢負韣矢也,淺人不知負弩之義,又以甲弩皆兵器,遂改負爲兵,義不可通矣。"其所引《史記》之例,僅可證"負弩矢""負韣矢"爲迎人之禮,而此文之"弃甲兵弩"乃形容敗北之狀,根本不是"示和平不戰之意",以《史記》之例作類比,顯然不當。又如釋《亡徵》"群臣爲學,門子好辯,商賈外積,小民右仗者,可亡也"曰:"右仗,猶言尚依賴也,《姦劫弑臣篇》,夫施與貧困者,此世之所謂仁義,夫有施與貧困則無功者得賞,國有無功得賞者,則民不外務當敵斬首,内不急力田疾作,皆欲行貨財,事富貴,爲私善,立名譽,以取尊官厚俸,故姦私之臣愈衆,不亡何待。《顯學篇》,今世之學士語治者,多曰與貧窮地以實無資,今夫無饑饉疾疢禍罪之殃獨以貧窮者,非侈即墮也,而欲索民之疾作而節用,不可得也,由此觀之,韓非極反對仁義施與,去人民依賴之心,故曰小民右仗者可亡也。"其實,"行貨財,事富貴,爲私善,立名譽"以及"非侈即墮"根本不能稱之爲"依賴",此條所反對的,實與《五蠹》相似:"群臣爲學,門子好辯"與"儒以文亂法"相類,"商賈外積"與"商工之民""聚弗靡之財"相似,"小民右仗"與"俠以武犯禁"相同,所以應是指平民百姓崇尚弄枪舞剑("仗"指兵器)。

當然,此文不少誤説在後來出版的《韓非子集釋》中已被改正,如該文以《存韓》之"詔以韓客之所上書書言韓子之未可舉下臣斯甚以爲不然"爲編書者之語,認爲《守道》"惑於盜跖之貪"之"惑"當作"感"而解爲感化,認爲《八説》"不能辟草生粟而勸貸施賞賜"之"勸"當在"不能"之下,將《八經》

"失過誅"之"失"讀爲"逸",等等。這也從另一個方面說明此文之不成熟。

總而言之,此文對《韓非子》的具體解釋因爲有了《韓非子集釋》和《韓非子新校注》的出版而失去了價值,其唯一的價值是通過此文可以窺見作者的《韓非子》研究歷程。

7. 韓非子校勘記 田醖可撰 稿本(多寶齋藏)

田醖可之生平事迹及《韓非子校勘記》之成書情況可參見第四章第二節第 14 條"韓非子考證"考述。

該書卷首弁言首先介紹《韓非子》之編集及今本概況,其文大多襲用《四庫提要》與《韓非子集解·弁言》等説法,無甚新意。其次説明孫詒讓《札迻》、顧廣圻《韓非子識誤》、盧文弨《群書拾補》、王念孫《讀書雜志·餘編》、俞樾《諸子平議》、王先慎《韓非子集解》雖訂補闕訛而多所匡益,仍不免有舛漏之處,於是校以吳鼒翻印乾道本、商務館影印黄蕘圃手校宋鈔本、《道藏》本、趙用賢原刊本、門無子《迂評》本(愚按:其所用《迂評》本當爲萬曆十一年後影印之重修本,其《姦劫弑臣》"妾以賜死,若復幸於左右"條案語謂"門本無此十字"可證),對《韓非子集解》多所補正而成此一卷。

弁言之後即爲校注《韓非子》之學術札記三百餘條。

其校注頗有可取者。如《初見秦》"且聞之曰"條曰:"明刻門無子《迂評》本'且'下有'臣'字,當據補。"《有度》"離俗隱居而以作非上"條曰:"案門本'以'下無'作'字,'上'作'主',疑'作'字與'非'形近而誤衍,當據删。"又如《揚權》"聽言之道,溶若甚醉"條曰:"《説文》:'溶,水盛也。'揚雄《甘泉賦》'溶方皇於西清'注:'溶然,閒暇之貌,一曰盛貌。'顧廣圻謂舊注訓'溶'爲'閒'不知所出,蓋失之考耳。案'甚'當作'湛',與'沈'同,湛醉猶沈醉也。《淮南子·覽冥訓》:'故通於太和者,惛若純醉。''純'係'醇'之借字,溶若甚醉,與'惛若純醉'句義相似,皆取心和神全,内明外昧之義,俞樾解爲容有似乎醉,非是。"此條雖然僅在疏證舊注,但無疑可正顧、俞之不解或誤解。再如《十過》"紂爲黎丘之蒐而戎狄叛之"條曰:"顧廣圻曰:'"蒐"下當依《左傳》《史記》補"而東夷叛之,幽王爲太室之盟"二句,此上下兩事各脱其半也。'按顧説是,《竹書紀年》:'帝辛四年,大蒐於黎。'《左傳》杜注:'黎,東夷國名。'"如此疏證顧説,頗爲得當。

除了上述這種進一步疏證前人之説,作者之校注也頗有發明而值得重視。

如《十過》"狎徐君"條曰:"案徐君即徐子,《左傳》云:'吳出也,以爲貳焉,故執諸申。'疑'狎'當作'柙',檻也,與《管子·中匡》'生縛管仲而柙以予齊'之'柙'義同,并與《左傳》'執諸申'之義相合。舊注訓'狎'為'輕侮',是注所見之本即誤。"其所引《管子》之文雖然不很嚴謹(當引自《管子·小匡》,其文為"遂生束縛而柙以予齊"),但無大礙,而又以《左傳》證其說,頗有說服力。

又如《十過》"居未期年"條曰:"案'期'當讀為'紀','期'從月其聲,'紀'從糸己聲,《詩·檜風》'彼其之子',《左襄二十七年傳》引《詩》作'彼己之子',《禮·表記》引《詩》作'彼記之子'。又漢淳于長夏承碑:'於穆皇祖,天挺應期,佐時理物,紹從先軌。''期'叶巨椅切,可證其、己、記、期、紀五字,古同聲通用。此'期'當為'紀'之借字。《國語·周語》:'幽王二年,西周三川皆震,伯陽父曰:"周將亡矣。"又曰:"若國亡不出十年,數之紀也。夫天之所棄,不過其紀。"'韋注:'數起於一,終於十,十則更,故曰紀也。'又《國語·晉語》:'吾聞以亂得聚者,非禮不終十年。'注:'非有禮法,不能終其十年,齊懿公商人是也。賈、虞云"十年而數終"。'案楚靈王合諸侯於申在《左》昭四年六月丙午,死於乾溪在《左》昭十三年夏五月癸亥,相距九年,蓋靈王合諸侯無禮,故不能終其十年。此云'居未期年',言未滿一紀也,與《左傳》云'不過十年'意同。顧廣圻疑句有誤,蓋失之考。"此文引證雖然有誤,如《左傳·襄公二十七年》所引之詩出於《鄭風·羔裘》,《禮記·表記》所引之詩出於《曹風·候人》,皆非出於《檜風》(此蓋抄襲《經傳釋詞》而未校核原著所致),然以"期"為"紀"之借字而解為"十年",既有古音通假之證,又有古訓根據,且亦合乎《左傳》所載之史實,若能再舉古文有"紀年"之例以證,則其說無瑕可擊矣。

再如《主道》"故明君無偷賞,無赦罰。賞偷,則功臣墮其業;赦罰,則姦臣易為非"條曰:"案藏本、門本'赦罰,則姦臣易為非','罰'字作'罪','臣'作'人'。疑'無赦罰'之'罰'字,亦當作'罪'。又'無偷賞''賞偷'兩'偷'字,皆'踰'字之訛。'踰賞''赦罪'相對為文,本書《八姦篇》:'軍旅之功無踰賞,邑鬬之勇無赦罪。'《漢書·班超傳》:'詔曰:司馬法曰"賞不踰月",欲人速覩為善之利也。'此即踰賞之義。"其實,"踰賞"與"赦罪"相對,未必為"賞不踰月"之義,而其引書也有張冠李戴之誤(當引自《後漢書·班超傳》),但其利用對校、本校之法,謂"罰"字當作"罪"、"偷"字為"踰"之訛,無疑可備一說。

當然,其說也頗有不當處。如《初見秦》"今秦出號令而行賞罰,有功無功相事也"條曰:"本書《外儲說右下》'令五苑之蓏蔬棗栗足以活民,是使民有功與無功互爭取也。'疑此'相事'當作'相爭',猶言'互爭'也。"此雖使用了本校之法,然於文義未安,顯然不當。又如《揚權》"因而任之,使自事之"條曰:"'事'叶疏語切,與下文'予''舉'爲均。顧廣圻謂句失韻有誤,王先慎謂'事'當作'定',皆非。"利用過時之叶音說來强解,顯然不如顧廣圻之説爲當。再如《揚權》"主上不知,虎將爲狗"條引《爾雅·釋獸》及其注疏爲證,將"狗"解爲"虎子",也不當,因爲《韓非子》中之"狗",均不表示虎子。

有時其校勘雖然旁徵博引,其結論也可從,但引證未必得當。如《初見秦》"以亂攻治者亡,以邪攻正者亡"條曰:"案《後漢書·鄭太傳》、張璠《漢紀》,鄭泰説董卓三亡有'以逆攻順者亡'句,明此脱。"此處所引材料爲他人所未引過而頗能開人眼界,其結論也正確,但若細加推敲,便覺其不當,因鄭太説董卓"三亡"時有"以逆攻順者亡"一句,或源自《戰國策》而未必出自《韓非子》,故以此證《韓非子》之脱文,不如顧廣圻直接引《戰國策》之文爲證,且《迂評》本也有此句,作者既然用《迂評》本校過,卻不以《迂評》本爲説,而援引與《韓非子》無關之書證之,殊爲失當。又如《初見秦》"立社稷主,置宗廟令"條曰:"《禮記·曾子問》:'曾子問曰:"古者師行無遷主,則何主?"孔子曰:"主命。"問曰:"何謂邪?"孔子曰:"天子諸侯將出,必以幣帛皮圭告於祖禰,遂奉以出,載於齊車以行。每舍奠焉而後就舍。反必告,設奠卒,斂幣玉藏諸兩階之間乃出。蓋貴命也。"'《禮運》:'命降於社之謂殽地,降於祖廟之謂仁義。'《國語·晉語》:'乃發令於太廟,召軍吏而戒樂正。'又曰:'受命於廟。'《管子·霸形篇》:'桓公曰:"寡人聞仲父之言此三者,聞命矣,不敢擅也,將薦之先君。"於是令百官有司削方墨筆。明日,皆朝於太廟之門,朝定令於百吏。'是古宗廟有令之證。顧廣圻、俞樾皆謂'稷'字衍文,以'廟'字句絶,'令'字屬下讀,非是。此當四字爲句,各本不誤。"其否定顧説、俞説而以四字爲句雖然正確,但將"令"字理解爲命令則誤(此"令"乃《漢書·昭帝紀》"太常及廟令丞郎吏"、《續漢書·百官志二》"高廟令""世祖廟令"之"令",指主管祭祀之官),故其所引例證皆不當。

此外,其校也有粗疏處。如《姦劫弑臣》"人主所有術數以御之也"條曰:"案趙本、門本'所'字作'非',當據改。"其實趙本作"所"而不作"非"。又"夫施貧困者"條曰:"案'施'下當據趙本、門本補'與'字。"其實趙本並無"與"字。

總之,作者不求名利,花十餘年心血撰成此卷,其精神令人欽佩。其校注引證雖多未當之處,然亦時有發明而頗見作者漢學功底,與其上卷《韓非子考證》相比,此卷顯然具有更高的參考價值,惜其未曾出版,故無甚影響。今《子藏》影印之,使這一成果得以公之於世,此舉既有益於讀者,又可使作者無憾矣。

第四章　《韓非子》研究著作考述

第一節　清代雜著

1. 繹史·韓非刑名之學　〔清〕馬驌撰　清康熙九年(1670)刊本(上海圖書館藏)

馬驌(1621—1673),字宛斯,一字驄御,鄒平(今山東鄒平)人,順治己亥(1659)進士,選授淮安府(今江蘇淮安)推官,以廉能改任靈璧(今安徽靈璧)知縣。博學好古,精研經史,尤致力於《左氏春秋》,因專治上古史,時稱"馬三代",著有《左傳事緯》《繹史》等。

《繹史》共一百六十卷,爲傳說時代至秦朝末年之史書,分太古(三皇五帝)、三代(夏、商、西周)、春秋、戰國、外錄(記天官地志名物制度等)五部分,書後還列有世系圖表與正文配合(或置於書首),既具有記事本末特色,又糅合編年體和紀傳體的長處,創造了集記人、記事、圖表、書表於一書的綜合史書體裁。該書博採群籍,考訂精詳,紀事紀人詳其始終,各代興替之迹、治亂之道、典章制度以及諸子百家學說了然具備。

《韓非刑名之學》載於《繹史》卷一百四十七(戰國第四十七)。其編纂目的是讓讀者瞭解韓非及其學說,其編纂方式是彙集各種古籍中有關韓非及其學說的原始資料而綴連成篇。其結構內容如下:在"韓非刑名之學"之標題下,其文先以 史記 爲目,錄《史記》本傳開頭部分關於韓非生平事迹的記述及本傳所引《說難》之文,並以《漢書》所載"法家《韓子》五十五篇"爲注,使讀者先從整體上瞭解韓非的生平事迹及著述概況。然後以 韓非子 爲目,選錄《孤憤》《五蠹》《八姦》《飾邪》《亡徵》《有度》《揚權》《主道》《八經》《說疑》《詭使》《定法》《顯學》《難勢》《備內》《南面》《說林》《內儲說上七術》《內儲說下六微》《外儲說左上》《外儲說左下》《外儲說右上》《外儲說右下》《守道》《用人》《功名》《大體》《六反》《八說》之文,或選全篇,或節選,以使讀者瞭解韓非學說之主要內容。接著又以 史記 爲目,錄《史記》本傳

"人或傳其書至秦"至"韓王始不用非,及急,迺遣非使秦"作爲過渡。然後又以 韓非子 爲目,選錄《初見秦》《存韓》之文。再以 戰國策 爲目,引錄《戰國策·秦策五》"四國爲一"至"乃復使姚賈而誅韓非"作爲鋪墊。最後又以 史記 爲目,錄《史記》本傳"秦王説之,未信用,李斯、姚賈害之"至"而老子深遠矣"之文作結,並以《法言》"或問韓非作《説難》之書而卒死乎説難"一段作爲該文之注。

由上述内容可以看出,作者不囿於原始資料的固有結構及篇章順序,將《史記》本傳一分爲三,將《韓非子》之篇章及《戰國策》之史料穿插其中,使讀者閲讀該書時,從瞭解韓非生平事迹開始,進而瀏覽其著作,再觀其出使秦國及其所上秦王之書,最後受讒至死,同時又看到揚雄對其死因的分析。如此精心的安排,可謂順理成章,其史才足可令人讚歎。但是,作者以"韓非刑名之學"爲題來揭示韓非學説之核心内容,實未善,如果取《史記》本傳之"刑名法術之學"來概括韓非學説,則要周全得多,因爲《韓非子》之大部分篇章都論及法術。

除上述基本内容外,作者在《揚權》《詭使》《定法》《顯學》《外儲説右下》之末所附之簡評也值得參考,如以"如箴如銘,美言盈簡"評《揚權》,頗能揭示該篇特色;以"申、商不死,亦當服膺斯言"評《定法》,足可體現該篇之説服力;以"摘辭亹亹,由其持論定,故暢言之而不竭"評《顯學》,説明思想内容對行文具有決定性作用,也便於讀者借鑒。

該書所引資料爲白文,無注,但作者有三條篇末注。《内儲説上》注:"諸事已見別卷者不錄,下同。"《初見秦》注:"《戰國策》以此爲張儀初見秦王。"《存韓》注:"非既入秦,李斯忌而間之,並載斯語,然不宜在韓非書中。"由此可見作者對原始資料也頗有剪裁之功,而對古代著作之歸屬也頗關注。

總之,作者以史家眼光來介紹韓非生平事迹及其著述,有頭有尾,條理井然,覽此一卷,便可由人及文,對韓非及其學説有一大致的瞭解,故可供一般瞭解歷史者瀏覽之用。對於研究《韓非子》者而言,此書無甚參考價值,尤其是其文以"韓非刑名之學"來概括韓非學説,不免失之偏狹。至於其選文無注而不便理解,乃史籍固有之特點,不可苛責於史家也。

2. 古今圖書集成·理學彙編·經籍典·韓子部 〔清〕陳夢雷、蔣廷錫輯　清雍正四年(1726)内府銅活字刊本(國家圖書館藏)

陳夢雷(1650—1741),字則震,號省齋,又號天一道人,晚號松鶴老人,侯官(今福建福州)人,康熙九年(1670)進士,選庶吉士,授翰林院編修。康熙二十一年(1682),謫戍奉天(今遼寧省)。康熙三十七年(1698),康熙巡視盛京(今遼寧瀋陽),陳夢雷獻詩稱旨,被召回京師。次年侍奉胤祉(康熙第三子)讀書。康熙四十年(1701)受命主編大型類書《古今圖書集成》,於康熙四十五年(1706)編成。康熙六十一年(1722)雍正即位後因其與胤祉有牽連而被流放到黑龍江,最終卒於戍所。著有《周易淺述》《盛京通志》《承德縣誌》《松鶴山房集》等。

雍正即位後,陳夢雷被流放,雍正下令戶部尚書蔣廷錫重新編校《古今圖書集成》。

蔣廷錫(1669—1732),字揚孫,號南沙、西谷,又號青桐居士,常熟(今江蘇常熟)人,康熙四十二年(1703)進士,雍正時曾任禮部侍郎、戶部尚書、文華殿大學士、太子太傅等職,卒諡文肅。他博學精敏,尤善詩畫,曾任《明史》總裁及《佩文韻府》《康熙字典》《古今圖書集成》等總纂官,著有《尚書地理今釋》等。

《古今圖書集成》(初名《古今圖書彙編》)是我國現存最大、搜集最博的大型類書,雍正四年(1726)用銅活字排印,四周雙欄,半葉九行,行二十字,白口,於雍正六年(1728)印製完成。全書正文一萬卷,目錄四十卷,按天、地、人、物、事次序展開,分六彙編(曆象彙編、方輿彙編、明倫彙編、博物彙編、理學彙編、經濟彙編),每編再分若干典,每典再分若干部,每部先彙考,次總論,再根據情況編有圖、表、列傳、藝文、選句、紀事、雜錄、外編等項目。所錄多爲整段、整篇之古籍原文,且注明出處,便於查核,然引文有删改,校勘不精,使用時不可盲從。因其採集廣博,內容豐富,舉凡天文地理、人倫規範、文史哲學、自然藝術、經濟政治、教育科舉、農桑漁牧、醫藥良方、百家考工等無所不包,故被稱爲"康熙百科全書"。

《古今圖書集成》中的《韓子部》載於《理學彙編·經籍典》第四百四十二卷,分爲彙考、總論、藝文、紀事、雜錄五類,大致內容如下。

《韓子部彙考》部分被細分爲三,各主題之下以時間爲序彙集文獻,以稽考《韓子》源流始末,其引文前均加上小標題,因而將《韓子》的流傳脈絡交待得清清楚楚。其中《韓子部彙考一》記述《韓子》成書、流傳及其對後世的影響,所引史料有《史記·韓非傳》《漢書·武帝本紀》《北魏書·公孫表傳》《宋史·哲宗本紀》《呂公著傳》,分別用來説明"周王之時韓非著《韓子》二十卷","漢武帝建元元年冬十月詔罷韓非之言","北魏道武帝登國 年公孫表上韓非書","宋哲宗元祐二年詔舉子不得以申、韓書爲學"。《韓子部彙考二》著錄明張鼎文《校刻韓非子》二十卷及張榜《韓非子纂》二卷,並引錄張鼎文及張榜之自序。《韓子部彙考三》從文獻學角度引錄歷代書志對《韓子》的著錄,所引文獻有《漢書·藝文志》、《隋書·經籍志》、《唐書·藝文志》、《宋史·藝文志》、宋鄭樵《通志》、王應麟《〈漢書·藝文志〉考證》、馬端臨《文獻通考》（内容有晁公武《郡齋讀書志》和高似孫《子略》的評論）、明焦竑《經籍志》。

《韓子部總論》，收錄歷代對《韓子》的評述，以古籍中"純正可行"的論述爲准，主要收錄議論得當的子集之文，故所收多爲以儒批韓的文章，包括《孔叢子·答問篇》片斷、王充《論衡·非韓篇》、《蘇軾文集·韓非論》、《黄震文集·韓非論》、《朱子語類》節選。

《韓子部藝文》，收錄有關《韓子》的文學作品，其收錄原則爲"隋唐以前從詳"，但僅錄入陶潛《韓非》詩一首。

《韓子部紀事》，按時代順序，專錄瑣細而有可傳之處者以補充"彙考"之不足，節錄了《史記·韓長孺傳》《漢書·地理志》《後漢書·劉陶傳、酷吏傳》《魏書·公孫表傳、李先傳、劉昞傳》《宋史·高若訥傳、范鎮傳、孫永傳》之文。

《韓子部雜錄》，乃補充"彙考""總論""藝文"之文。凡古籍中論某事而涉及《韓子》者，或考究欠妥難入"彙考"者，或議論偏駁難入"總論"者，或文藻未工難入"藝文"者，統收於此。其所錄之文包括宋代龔頤正的《芥隱筆記》、明代楊慎的《丹鉛總錄》、弇州山人的《藝苑巵言》《宛委餘編》。其中考據不當者如王世貞將《韓子》之子罕與《左傳》之子罕混爲一談，但也收入。

總之，《古今圖書集成》之《韓子部》將散見於歷代文獻中的《韓非子》研究資料彙集在一卷之中，甚利於《韓非子》研究，如《彙考二》使讀者能方便地見到兩篇流傳不廣、難以見到的序文。其體例也多所創新，如其《彙考一》儼然已具研究《韓非子》接受史之雛形。其所收《韓非子》研究資料雖未完備，但其豐富程度遠遠超過了以往各《韓非子》刻本（如《迂評》本、趙用賢本）之所錄，其中有些參考資料（如《後漢書·酷吏傳》、弇州山人《藝苑巵言》等）連後代的《韓非子》研究資料彙編者也漏收了，故至今仍有較高的參考價值而可用來豐富當今的《韓非子》研究資料庫。

當然，該書也有不少缺憾。由於其初創而搜羅資料尚未完備固然無可厚非，其概述之疏誤卻不能不加指出。如其《彙考一》説"周王之時，韓非著《韓子》二十卷"，如此概述，顯然失之粗疏，因爲周朝末代君主周赧王卒於公元前256年，此前韓非即使已有著述，恐怕也未爲完帙，而韓非之書至班固寫《漢書·藝文志》之時還僅分篇而未編爲卷，故此概述宜改爲"戰國之時，韓非著《韓子》五十五篇"方爲妥當。特別值得指出的是，該書引文多有删改，校勘也不謹慎。如《彙考二》所錄張鼎文《校刻韓非子序》，將"五不勝之勢,瀝肝膽矣"誤爲"曰五不勝之勢,歷肝膽矣",將"《和氏》以管仲之治齊、商君之強秦爲使天下必爲己視聽之道"改爲"曰《和氏》,以和氏之刖,喻吴起之支解,商君之車裂也。曰《姦劫弑臣》,以管仲之治齊,商君之強秦,爲使天下必爲己視聽之道也",將"《安危》,自屬也"改爲"曰《安危》,自勵也",將"《外儲説》四:《左上》,以先王仁義不能正國,比諸嬰兒之塵飯塗羹"誤爲"曰《外儲説》四:一曰《左上》,以先王仁義不能正國,皆諸嬰兒之塵飯塗羹",將"《右下》,五節。責成立功,善馭臣也。因事之理,善事君也"删改爲"四曰《右下》,五節,責成立功,善馭臣也",將"《難勢》,治天下賢不如勢"誤爲"曰《難勢》,天下賢不如勢",將"帶劍私鬥末作之弊"誤爲"帶劍私門末作之弊",將"亦其時之瀇波也"誤爲"亦其時之遺波也",將"《制分》,刑賞分白也"誤爲"曰《制分》,刑賞分別也",將"夫非之學專於刑名"誤爲"夫非之學止於刑名",將"古今學官列於諸子"誤爲"古今學士列於諸子"。至於所録之張榜《韓非子序》亦如此,如將"是故士有才而務張之也,毋如其謹閟之也"誤爲"是故士有才而張之也,毋寧其謹閟之也",將"且吾能聽子之言而毋泄"誤爲"且吾能從子之言而毋泄",將"懼悉芟之而不成一體"誤爲"懼其芟之而不成一體",將"金陵張榜賓王甫淨"誤爲"金陵張榜賓王甫題"。此類訛誤,均爲陳啓天《韓非子參考書輯要》《增訂韓非子校釋》、陳奇猷《韓非子集釋》《韓非子新校注》之附録所承襲,由於二陳之書在現代影響甚大,故以訛傳訛,誤人匪淺,其始作俑者即爲是編。此外如其《紀事》中之《劉陶傳、酷吏傳》,不題明《後漢書》而緊接於《漢書》之下,凡此之類,讀者均應有足够的警惕性以免爲其所誤。

3. 先秦韵讀·韓非子 〔清〕江有誥撰 清嘉慶道光間刊《江氏音學十書》本(國家圖書館藏)

江有誥(?—1851),字晉三,號古愚,歙縣(今安徽歙縣)人,二十二歲補博士弟子,不治舉業,壹志古學,成爲著名音韻學家。他以等韻爲輔助手段,從先秦韻文押韻、諧聲偏旁和一字兩讀等三個方面全面、系統地研究古韻,著有《詩經韵讀》《群經韵讀》《楚辭韵讀》《先秦韵讀》《漢魏韵讀》《廿一部韵譜》《諧聲表》《入聲表》《四聲韵譜》《唐韵四聲正》,總名《音學十書》。晚年深研六書,著《説文六書録》《説文分韵譜》《説文質疑》《説文繫傳訂訛》《經典正字》《隸書糾繆》等。

對於古韵的研究,自明代陳第否定宋代叶音之説,後經顧炎武、江永、戴震、段玉裁、孔廣森等人努力,至清代乾嘉之時漸趨成熟,而至王念孫、江有誥分古韵爲二十一部,幾成定局。

江有誥既致力於考古,又精於審音,他所分古韻二十一部依次爲:之、幽、宵、侯、魚、歌、支、脂、祭、元、文、真、耕、陽、東、中、蒸、侵、談、葉、緝。與王念孫之二十一部相較,江氏之脂部包括了王氏之脂部和至部,而王氏之東部包括了江氏之東部和中部,可謂各有千秋,兩人之細分處皆爲後人所取。

江有誥《先秦韻讀》中的《韓非子》部分,列出《愛臣》《主道》《有度》《揚權》《解老》《大體》《外儲説左上》《外儲説右上》《八説》《五蠹》等十篇中的韻語,於其韻腳處一一加圈標出,並注明其古韻屬於哪一部,有時還注明該韻腳讀平聲或上聲、去聲、入聲等。據江氏的歸納,《韓非子》中的韻腳涉及其二十一部中的十九部,即:之部、幽部、宵部、侯部、魚部、歌部、支部、脂部、祭部、元部、文部、真部、耕部、陽部、東部、中部、蒸部、侵部、葉部。至於其押韻的方式:從韻腳所在的韻部來看,大多爲同部押韻,但也有鄰部通韻的,如"侯魚通韻""歌支通韻""真耕通韻""陽東通韻""東中通韻"。從韻腳在句中的位置來看,則多句尾韻,但以語氣詞(如"也")或代詞(如"之")收尾的句子,則韻腳往往在語氣詞或代詞之前。從韻腳的距離來看,有句句押韻的,也有隔句押韻的,還有句內押韻的(如"名正物定"之"正""定"押韻)。從一段文字中的押韻變化來看,有一韻到底的,但大多是換韻的。這樣的押韻方式,與《詩經》等韻文的韻例大體相同,只是在有些文句中,其押韻類似於後代的文賦而不甚嚴整,這充分顯示了古代散文的用韻特點。

前人對《韓非子》中的押韻情況,雖已有所評點,如明代《韓子迂評》於《主道》篇首評曰:"篇内用韻,俱古體。"於《揚權》篇首評曰:"二篇皆用韻,乃四言古體。"但像江有誥這樣大規模地系統整理《韓非子》中的韻語,實爲空前之舉,其功甚偉。

從《揚權》"凡人之患"之文來看,江氏所用的《韓非子》爲趙用賢本,但他除了標明《韓非子》中的韻腳,有時也根據其押韻情況來校正《韓非子》之文,如將《主道》"去舊去智"改爲"去智去舊",並加注云:"原作'去舊去智',今按韻當如此。"此校正與王念孫《讀書雜志·餘編》之説同,由此可見兩人都將上古音之研究與校勘結合了起來。當然,由於江氏此書是全面歸納《韓非子》用韻之作,故其中將上古音之研究應用於校正《韓非子》者要多於王氏,如將《愛臣》"是以姦臣蓄息,主道衰亡"改爲"是以主道衰亡,姦臣蓄息",以"息"字與上文"備""側""國"均屬之部而押韻,並於"是以主道衰亡"下加注云:"原本此句在下,今接(愚按:當作"按")韻當如此。"又如於《揚權》"因而任之,使自事之"之"任"字下注"當作'仕'",認爲"仕""事"同屬之部而押韻;又將"與時生死"改爲"與時死生",認爲"生"與上下文

"形""生""盛""寧""命""情"同屬耕部而押韻;又於"内索出圉,必身自執其度量"下注"當作量度",認爲"度"與"圉"同屬魚部而押韻。凡此之類,皆發人所未發而值得校正《韓非子》者參考。當然,其校正也有未盡處,如於《揚權》"主將壅圍"下注"魚脂借韻",以屬脂部的"圍"與上下文屬魚部的"疏""間""虛""拒""處"押韻。其實,顧廣圻《韓非子識誤》早就指出:"'圍'當作'圉','圉'與下文'拒''處'韻。"江氏未明此字之訛誤,而以"借韻"之名目將不相鄰之韻部强爲牽合,甚誤而不可從。

江氏精於審音,所以有時還注明韻腳之上古讀音,如《主道》:"去其智,絶其能,下不能意。"他不但注明"能""意"同屬之部而押韻,而且於"能"字下注"奴吏反",以與《廣韻》之"奴登切"相區别。又如《揚權》,他於"患"字下注"音懸",以與《廣韻》之"胡慣切"相區别;於"禱"字下注"多叟反",以與《廣韻》之"都晧切"相區别;於"法"字下注"方涉反",以與《廣韻》之"方乏切"相區别;於"罰"字下注"呋入聲",以與《廣韻》之"房越切"相區别;於"披"字下注"音坡",以與《廣韻》之"敷羈切"相區别;於"雷"字下注"音纍",以與《廣韻》之"魯回切"相區别。再如《大體》,他於"澤"字下注"音度",以與《廣韻》之"場伯切"相區别;於"幢"字下注"宅工反",以與《廣韻》之"宅江切"相區别。凡此之類,皆可見其研究之精到。當然,其審音也有不當處,如於《揚權》之"解"字下注"音冀"即欠當,因爲"解"屬支部而"冀"屬脂部,"解"與"冀"在上古並不同音。

尤其不得當的是,他仍然採用前人已經否定過的叶音説。如《主道》:"是故去智而有明,去賢而有功,去勇而有强。群臣守職,百官有常;因能而使之,是謂習常。"江氏既指明"功"與上下文"明""强""常""常"爲"陽東通韻",又在"功"字下注"叶音光"。又如《揚權》"彼自離之,吾因以知之",江氏既指明"離"與"知"爲"歌支通韻",又在"離"字下注"叶音黎";又"咫尺已具,皆之其處",江氏既指明"具"與"處"爲"侯魚通韻",又在"具"字下注"叶音懼";又"若天若地,是謂累解",江氏既指明"地"與"解"爲"歌支通韻",又在"地"字下注"叶音褅"。再如《外儲說右上》"慎而言也,人且知女;慎而行也,人且隨女",江氏既指明"隨"與"知"爲"歌支通韻",又在"隨"字下注"叶徐規反"。凡此之類,皆不免爲蛇足。

此外,該書對《韓非子》用韻現象的總結尚有疏漏,未能將《韓非子》中所有押韻文字標出。如《主道》:"道在不可見,用在不可知。虛静無事,以闇見疵;見而不見,聞而不聞,知而不知。知其言以往,勿變勿更,以參合閲焉。官有一人,勿令通言,則萬物皆盡。"其中"知""疵""知"押韻(屬支部),"往""更"押韻(屬陽部),"人""盡"押韻(屬真部)。又如《八姦》所取

"八姦"之名"同牀""在旁""父兄""養殃""民萌""流行""威強""四方"的後一字押韻（屬陽部）。再如《喻老》"有鳥止南方之阜，三年不翅，不飛不鳴，嘿然無聲，此爲何名"之"鳴""聲""名"押韻（屬耕部），"三年不翅，將以長羽翼；不飛不鳴，將以觀民則。雖無飛，飛必冲天；雖無鳴，鳴必驚人"之"翼""則"押韻（屬職部，即江氏之之部）、"天""人"押韻（屬真部）。《内儲説上》"夫火形嚴，故人鮮灼；水形懦，故人多溺"之"灼""溺"押韻（今人歸藥部，即江氏之宵部）。凡此之類，江氏均失收，故研究先秦韻讀或研究《韓非子》文學成就時皆應注意補充之。

總之，此書的主要價值在上古音研究，所以可供研究上古音者參考，但由於後代之古韻分部愈加精細，如其之部、幽部、宵部、侯部、魚部之入聲字今人分列爲職部、覺部、藥部、屋部、鐸部，故其參考價值有限。當然，如果從文學研究的角度來看，則其對《韓非子》用韻的總結，無疑拓展了《韓非子》文學研究的視野，使人們對《韓非子》的文采有更加豐富的感受，但這一點已非該書之主旨了。

4. 百子辨正·讀韓非子 〔清〕楊琪光撰 清光緒十一年（1885）刊本（上海圖書館藏）

楊琪光，字仲琳，武陵（今湖南常德）人，官江蘇候補道，著有《枉川別集》（含《經義尋中》《百子辨正》《博約堂文鈔》《瑞芝室家傳志銘》《讀史臆説》《帶星草堂詩鈔》等六種）、《史漢求是》、《望雲寄廬讀史記臆説》等。

《百子辨正》卷一有《讀韓非子》一文，其文曰："士君子修身盡誠敬感結主知，奚有所謂逞辯給又暗忖而求精其術以投一好？俾不聞距而納哉？則務機略辯數者，爲正士碩夫所深訾哂矣。韓非學荀卿，不思精悉師所訓言，而乃傚儀、秦等之爲著《説難篇》，蓋欲以揣測馳鶩，謂可奸世主，乃驅秦而賊殺於李斯，腐遷悲其能説而不免難。夫非，特抽緒逞藻者耳，烏識世情哉？當其與斯共學時，舞智争辯，斯或不逮。逮斯柄威柄，非以遐遠定夫仰之，不啻雷震之可畏駭，尚懼諛順之不能容，乃初進足奏廷，竟欲攘其肘而反所爲，且明暴其劣迹，欲奪威勢而受制於己。即使謙收自下，人喜賢崇德，猶有所難容，況皆争訏勢權，安有不奪刃先發居勝、甘聽令而不爲忌哉？諒非亦或能察及此，殆謂彼所能吾能伏之，不知時勢相侔，説辯足以傾軋，己有所藉，欲以昔斯況，又以昔非敵今斯，幾何不爲犬之投虎立見其噬斃也哉？今觀其書，半屬刑禁，祖申、商慘礉之説，又斥堯、舜、禹、湯、孔子治世保民之良法美言，不意荀子之門而盡屬恢詭叛道之奸賊。子瞻曾以是爲荀子咎，吾亦不解以孔子遺言設教,竟不能去其近利判(愚按:當作"叛")道之心,而敢以己見攻其師說也,何哉?吁!授教者不可不擇也。若於其來輒接引之,鮮不爲所累矣。"

楊琪光站在儒家的立場上對韓非及其學說進行了批判,這顯然是未聯繫韓非時代的歷史狀況而作出的誤判,未脫王充《論衡·非韓篇》之窠臼。明代趙用賢《韓非子書序》云:"非子書,大抵薄仁義,屬刑禁,盡斥堯、舜、禹、湯、孔子,而兼取申、商慘刻之說。其言恢詭叛道,無足多取。然其意則悲廉直不容於邪枉,一切欲反浮淫之蠹而核之功罪之當,要亦有足采者。嗟乎!三代而後,申、韓之說常勝。世之言治者,操其術而恒諱其迹。余以爲彼其盡絀聖賢之旨,而獨能以其說擊排詆訾,歷千百年而不廢,蓋必有所以爲《韓非子》者在矣,惡可忽哉!惡可忽哉!"一對照即可明瞭,楊氏之說實本於趙用賢,但趙用賢還肯定了韓非學說的政治功能,楊氏則全盤否定之,顯然有失偏頗。

至於楊氏說韓非不思荀卿訓言而傚張儀、蘇秦等著《說難篇》,實爲誤斷。《荀子·非相篇》云:"凡說之難:以至高遇至卑,以至治接至亂,未可直至也。遠舉則病繆,近世則病傭。善者於是閒也,亦必遠舉而不繆,近世而不傭;與時遷徙,與世偃仰;緩急、嬴絀,府然若渠匽、檃栝之於己也;曲得所謂焉,然而不折傷。"由此可見,韓非著《說難》,實本於師說而發揮之,非傚張儀、蘇秦縱橫之說也。

至於說韓非不過是一個善於著書而不識世情之人,倒是切中肯綮之言。韓非在理論的建樹上是個天才,但他僅僅是個搖搖筆桿的理論家而已,在複雜的政治鬥爭中,他根本不是李斯的對手,故被讒殺實不足爲奇。不過,楊氏此說實也源自趙用賢,趙氏《韓非子書序》云:"夫非子,固嘗與李斯師事荀卿,斯自視以爲不如非矣。及斯已柄秦……方以遏黨與、絕異趣,而非則曰獨任之過,將乘賢而劫其君……是皆斯之所醞釀鬱積以基亡秦之禍,而非乃以疏遠,一旦斥而言之,宜乎犯斯之所甚忌而死不旋踵也。……非徒知振暴其短,可以傾斯說而奪之柄,而不知斯以干寵忌前之心挾狠戾無親之主,乃欲自奮於說,而投其必聽之會,不亦難哉?太史公蓋悲非之爲《說難》而卒不能以自免。余以爲非之持說者甚工,而其所以用術者則甚悖,是其所以死也。"

總之,楊琪光此文雖題《讀韓非子》,但從其文章中看不出作者曾經研讀過《韓非子》之痕迹,他似乎只讀了趙用賢的《韓非子書序》而撰成此文。不過,此文雖無多創見,只是熔鑄前人之說而成,但也可使讀者瞭解前人治學之法,窺見如何會通前人之說來做文章之門徑。

第二節　現 代 論 著

1. 韓非子法意　夏忠道著　民國十六年(1927)上海青年協會書局排印本(上海圖書館藏)

夏忠道,四川眉山人,生平事迹不詳,著有《韓非子法意》以及小説《少女書簡》《柳絮飛》等。

《韓非子法意》爲《世界學會國學叢書》之一種,主要論述"韓子法治主義之大意"(第八章"結論"中語)。除了書首之"自序",全書共分八章,現分述如下。

其"自序"寫於民國五年(1916),作者認爲:"政教設施之方略,恆視乎學術思想之隆替。"但是,"文化潛梏,蒙昧難啓。際斯國運過渡時期,而欲倡言學術以圖補救,亦云難矣!""沉潛膏肓,救藥難能。於是先達之士,已知株守儒者一家之言,非惟不際世界潮流,其於治績,實多紕繆。遂乃東渡西涉,務以獵新爲事者;亦實繁有徒。風起雲湧,大有經緯一世之慨。又有士林俊彥,漸知中國學術思想,實佔有世界之位置。整理發揚,呼聲日激。凡九流百家,深屬淺揭者,固大有人在。……然而法治之學,每殿諸子。附贅縣疣,未嘗著之專籍。或問有援引以資證驗者,率皆語焉而不詳。……職是之故,整理尉勘,自是當今急務。所謂整理云者,乃將一種學術思想,條别部居,不支不蔓,用客觀之眼光,俾得不相雜廁而盡道其詳焉耳。法家諸哲,韓非獨步。殫精竭慮,蔚然大觀。故當急務整理,既可以表現國故之精英,復可以作究研法治主義者之參證。"這些文字,不但將當時的國情和學術潮流作了概括,而且説明了本書的寫作動機和目標。嚴復於一九一五年三月卅一日《與熊純如書》中云:"是故居今而言救亡,學惟申、韓,庶幾可用。除卻綜名核實,豈有他途可行?賢者試觀歷史,無論中外古今,其稍獲强效,何一非任法者耶?"作者欲以學術救國而研究《韓非子》之法治思想,其旨意實與嚴復相同,於此也可見當時有識之士之共識。至於述及儒家學説之多紕繆,反映了當時人們對儒家的批評精神,也有助於我們瞭解五四新文化運動的背景。作者用客觀的眼光整理一種學術思想的研究態度,值得稱道。至於説韓非學説乃國故之精英,也爲不刊之論。

第一章爲"縣論",也即緒論,是從總體上論述韓非之學説。作者首先指出:"一派學説之成立,猶須具有'創作''改造''發揮'之三種新精神;其勢力之影響,始足以轉世化時,移風易俗。"如果"其論平蕪,其議爲常人所共見",就不可能引起反響。"故此三種新精神,爲倡明學術以救世者所不可缺一之要素。然后可以引導社會,暗示人生,而理想中所希望之適美的環境,方可冀其實現。"其次,作在又認爲:"學說者,時代之產兒也。"由這兩種基本理論出發,作者既揭示了韓非所處亂世對其思想形成的影響,又指出了韓非"集儒法道三家思想之大成"的"改造"精神,論證了韓非法治學說的合理性。作者認爲,仁義惠愛用於治世無妨,但在戰國之亂世,孟軻專談仁義、性善,實"用非其時"。韓非主張"以法治國,譬猶操利刃以剸癰疽之毒也","安有至毒之癰疽在體,而猶隱忍顧惜,第用參苓以紓其痛苦者哉?是以法治主義之可適用於亂極之世,不成問題"。作者特別指出:韓非"持刑名法術之說,皆由時勢之趨向有以使之然","韓子之法治主義,非仁非暴,乃仁暴而外之另一境域",所以絶不可"指責其爲不近人情之險狠刻薄"。至於韓非學說之大要,作者概括如下:"韓子深悉事物之繁亂,皆由於變動及不均衡之所致。故其學說之標準,咸歸納於'一之以靜'之唯一方法。其歸本於'道德',即此意事。又因'法令'雖立,而擾攘顛蹶之態度,所在常有。欲除此弊,則當先正之以'形名',使之參同而不得淆亂。然后斷之以'賞罰',參之以'權勢',則'法省而民簡訟',爲君者得正位於上,而臣民咸得服節於下矣。"此章之種種論述表明,作者具有較高的理論修養,故對韓非學說的把握較爲得當。

　　第二章爲"道德",論述韓非法治學說之基礎"道德"。作者認爲,"老氏創道德之說","韓子之學,亦歸本老子"。"韓子之推崇道德,乃趨向於實際上應用之一方面,而爲其法治主義之所根據","可謂道德學說中之實驗派"。"夫道則就宇宙事物全體言之,而德乃專就人事以論者也。""韓子解老,誠能得老氏之真諦。"但是,"老氏所謂道,乃天下之母;(宇宙觀)韓子則謂爲有國之母。(國家觀)其標準範圍,竟傾向於所以治國。"所以,韓非"原於道德之意,非異其理";"乃因稽而命",移於實用而落實於"以法治國"。"道尚清静,德主無爲。準清静無爲之標準以治民,則民心不亂"。因爲"凡罪惡之動機,本非發自其良心之深處。不過一時偶爲食色氣慾所蒙蔽,而引起其爲種種之不合法的血性衝動,遂不暇顧及利害是非之得失,而依一己之性欲以行,卒以構成其罪惡。"如果實行法治,則人民不犯法亂禁,君主也不用刑殘殺,也就能各處其宜而上下無爲。此章所論,無疑是對司馬遷所說的韓非學說"原於道德之意"的闡發,作者對韓、老道德學說之異同的辨析,說韓非爲"道德學說中之實驗派",皆頗有見地,值得參考。

　　第三章爲"形名",主要闡述韓非的"形名"學說。作者認爲:"韓子形名之目的,務在使事物形體之名分,各不得攙奪而相踰越。而法治主義重要之焦點,即在'形名參同'。"此章論述,雖然徵引《荀子·正名篇》《尹文子》等論述,但並未透徹地將韓非的形名學說說清楚。

第四章爲"法理",主要論述韓非的法治觀念。作者認爲:"法家學理之根本觀念,乃在'一之以靜'之唯一目的,要以社會人群不相紛擾爲其法治主義之準則耳!"對於韓非"法不阿貴……刑過不避大臣,賞善不遺匹夫"之論,作者倍加讚賞,認爲如此可使芸芸衆生"皆得立足於同一之水平綫上","賢智者守法而知自愛,而愚不肖者亦畏法而知有所戒懼也。動無非法,則上下和調"。法治既使"姦暴盡除,而民衆公共幸福之安寧,至是乃能完全實現"。至於韓子主張"變法","乃在求得所以'正治'之一種方法","何種時代之生民,即治理以何種時代之法度"。作者在此上引《商君書·更法》,下引《淮南子·氾論訓》,頗能揭示變法思想之歷史軌迹。

第五章爲"賞罰"。作者從韓非的論述中得出的結論是:賞罰不可不用,"其利害關係之所在,與法度禁令實相與表裏爲用,誠足以繫國家之安危"。至於"刑賞之標準,恆視乎功過之大小輕重"。"刑罰之設,非爲所欲有意加罪常人也"。韓非之"刑盜",與《墨子》"殺盜非殺人"同義,"盜"固非"人",所以"刑罰之輕重,與人道主義並無衝突"。"綜察韓子之意,不外兩途,即'以刑治''以賞戰'耳!"如此概括韓非的賞罰主張,頗得其要義。

第六章爲"權勢"。作者認爲:"權爲法令刑賞所依托之樞機,而勢則使此樞機發動行使之能力也。"韓非之論權勢,以爲"權勢爲法治所憑藉之資","法令刑賞之所得以施行,皆由於權勢之力爲之發動耳"。"爲治之權衡,以賞罰之力爲最著。此種權勢,唯人主乃得操持",絕不可以假人。"法家之特別推崇權勢,其主要觀念皆在使臣下不得行私而服從於法令也。"《揚權》所謂"要在中央","即所謂中央集權之制也"。"權集中央,則四方紛繁之萬事萬物,始有統系而齊一以遵效。"作者特別指出:《難勢》不贊同"釋賢任勢",可見韓子"對於法家之學術,絕非盲從傅會,而純出於研究之態度。合則留之,否則舍去,故彼所持之法理,究竟高人一籌"。此可謂知音之言。

第七章爲"君民"。作者從《荀子·君道篇》"君者何也?曰,能群也"出發,認爲:"人類固不能離群居而生活,即使有獨立生活之可能,亦不能達到所當生活之目的。""是則君主之支配衆生,本所以得有憑藉以達到群衆生活之目的者耳!""民衆擁戴其君,已冀君主善設政教而使治績日趨以臻於善。故君有材德,則民衆歸往,近者悅服,而遠者懷之。""君主民主之名號,乃隨時勢潮流而改易。雖其組織權位有不同,而所欲達到'能群'之目的則一。""韓子爲實用主義起見,故其所期望之君主,不必如荀氏所理想中的後王之拘執","中材之主""能守法度"即可。"韓子所取臣民之標準,乃在於循法從令,以農耕爲要務,以力戰爲天職者也。""由斯以言,則首當闢除文學辯智之士,而獎勸耕戰之民。"可見韓子之法治主義,"處處皆以'功利'爲實現其治國之原則"。此章所論,多雜有作者自己的觀念,並非全是韓子之學説。

第八章爲"結論"。作者將韓非的法治主義總結爲:"以法術定治亂,以形名稽名實,以賞罰衡功過,而以權勢行使法度律令而操縱一切。刑賞既均,名分自正;令行禁止,則君上能達到其'能群'之目的,民萌衆庶皆得齊一和同而享有安寧幸福之資利。故曰:'一之以靜,'蓋原於道德之本意也。"韓子法治主義之最高目的,是"以刑去刑""清静無爲""利民萌便衆庶"。

由上述種種可見,作者所論之韓非法治主義,實涵蓋了韓非政治學説之大部,其中也包括與法治相關的術治、勢治學説,只不過其所論術治只涉及與賞罰相關的形名術而未及其餘而已。本書之論述,雖將韓非法治學説"條別而部居之",也時有獨特之見而值得參考,但行文雜遝,讀者欲藉此把握韓非之法治學説,尚有一定難度。其文校對也多不慎,如將《功名》"夫有材而無勢"誤爲"夫有權而無勢",尤其是將《揚權》"執一以静"誤爲"一之以静",並用它來概括韓非"學説之標準",則甚爲無當。

2. 韓非的法治思想　張陳卿著　1930年北平文化學社排印本(上海圖書館藏)

張陳卿,河北無極人,他與李時、張希賢等開辦文化學社,曾任河北省教育廳督學、保定第二師範學校校長、邢臺師範學校校長、湖南省第七師範學校校長,著有《鍾嶸詩品之研究》《青年教育通論》《韓非的法治思想》等。

《韓非的法治思想》一書,《子藏》題"民國二十九年(1940)北平文化學社排印本",誤,因爲其版權頁所印的版次爲"一九三零年二月初版"。該書共有五章,現分述如下。

第一章爲"緒言"。文章首先説明了自己的研究動機,即由於《韓非子》"辯論好""文筆好""法理好"而愛上了它,於是深加研究而居然寫成了此書。其次交代了其材料根據,由於没有人證明《韓非子》一書全僞,僅有人認爲《初見秦》《存韓》《有度》《飭令》可疑,所以他就將其他篇章作爲研究其法治思想的材料。最後介紹了周秦法家與韓非,其論述頗有見地。作者認爲,周秦時代的法家"不但可説空前,簡直也算絶後!因爲韓非以後二千餘年來,中國主張法治的,而且法治思想可以與他們抗衡的真是寥寥無聞!"當然,子産、管仲只是政治家,申不害是"術治主義者",公孫鞅是個"重法的政治家",慎到是個"勢治主義者",尹文子以名家著稱,都不配稱爲法治思想家。只有韓非,"不但對於法治上有極端的信仰,有原理的根據,有系統的見解,有一貫的主張;而且他毫無政治家的氣味,毫無偏'術'重'勢'的錯誤;而且他是酌情酌理,依時準制,擷'術治'的精英,取'勢治'的神髓,以造出來的一個集法家大成的法治思想家!"如此評述先秦法家的歷史地位和法家者流的歷史貢獻,無疑是得當的。

　　第二章爲"韓非法治思想的原因",論述韓非法治思想的成因。作者認爲,韓非極力主張法治的原因有五:一是受道家無爲思想的影響,二是要使危弱的韓國富強起來,三是考慮到中等才能的君主只重權勢而輕視法治具有危險性,四是君主只重術治而輕視法治也具有危險性,五是相信法治之效力最大。其中第一個原因不免有所牽強,因爲韓非的虛静無爲雖然源自道家,但其實是一種"術",而不可謂之"法"。當然,作者之論述也有閃光點,如論"勢"時,謂韓非的學説是"法>勢",君主須以法作標準;慎到的學説是"勢>法","法"只是附屬品。

　　第三章爲"法治的障礙",論述推行法治的阻力。作者將法治的障礙歸納爲如下數端:一是儒家、墨家、楊朱等的學説,二是儒家提倡的仁義,三是"不爲名勸,不爲利往"的"清高",四是不顧實際的"文學",五是"賢人政治"。作者之論述也時有獨到之見,如論"清高"時針對《説疑》中"若夫許由……當今之世,將安用之"云:"'當今之世'一句話,最爲重要!他所以反對清高的,是因當那大併小,強兼弱的時候,非使全國人民一致努力奮鬥,不足以圖存。要想使一般的人都肯奮鬥,非懸賞於前,以誘進;置罰於後,以懲退不可。這種清高的人,不但不受賞罰的支配;反足以影響一般人心,豈不是法治的障礙?"又如論"賢人政治"時説:"因爲操天平的人,無論怎樣有經驗,怎樣有把握,去了天平,用手所衡的輕重,總不如天平可靠。而且中國的天平,不如西洋的天平更爲可靠,因爲中國天平尚有幾許的手術存在!以此推至尺丈的量長短,規矩的畫方圓,和法令的施賞罰,莫不皆然。賢人的智巧,無論怎樣巧妙,還能比法更公平,更能服人嗎?"

　　第四章爲"韓非的法治主張",文章分三部分來論述。(一)主張法治的理由:一是國無法必亂,二是馭臣要靠法,三是使民要有法,四是法治乃萬全之道。(二)韓非主張的法治:一是不用舊法,因爲社會的經濟基礎一定會變動,所以上層的政治、法律、道德也要隨之變動。二是不用申、商之法,因爲其有缺點。三是法並非君主的金口玉言,而是著之圖籍、設之於官府而布之於百姓的法律。作者在此對《定法》《難三》中關於"法"的定義極其讚賞,其言云:"在二千多年以前,歐美尚未開化,何所謂政治法律?而中國的法治思想家居然有這樣精確嚴密的定義,我想不能不算中國民族文化史上一件很光榮的事情了!"四是制定的法必須嚴密,使君主不至濫用威權而失民心；必須易守，使人民不至因苛起怨，因怨生變。總之，對於立法，須使人易於遵守，要斟酌當時的情形；對於執法，不許在法以外有賞罰，賞罰不許存喜怒。（三）賞罰的分析：爲了勸善除暴，所以要用賞罰，而且要厚賞重罰。賞罰甚至關係到君主的生死、國家的存亡，所以至關重要。當然，設立賞罰要"因人情"，"立可爲之賞，設可避之罰"；執行賞罰要嚴格根據功過。賞罰得當，則人無犯法；亂用賞罰，則有亡國的危險。

　　第五章爲"結論"，文章也分三部分。（一）"韓非法治思想的系統"："強國→勢→術→法（賞罰）"，就是說，韓非爲了使國家能夠獨立，想到祇有君主才可擔負此大任；要使君主勝任愉快，則應當有駕馭臣民的方法；而智力的方法靠不住，就想到靠標準的法治。（二）"韓非法治的一貫方法"：把全國之人分成兩種階級：一爲治人的君主，用賞罰使人進退；一爲被治的官吏（奴隸頭目）和人民（奴隸），其生存全爲供君主的驅策，只有極端服從，決不許有絲毫的反抗和非議。（三）"韓非法治思想的批評"：歷代的非議者說他"棄義廢仁"，"違背詩書"，"慘核少恩"，"牛羊用人"，"敗壞風俗"，"招徠邪佞"，詛他"應當被殺"，"秦國因以滅亡"。歷代的好評者說他"賤虛名，貴實用，明賞罰，破浮淫，極法術之變"，"理極精密"，"有益治道"，"詭而不失爲正"，"宋儒之吹毛求疵，不足爲據"。既完全又公允的批評意見，說他"并取申、商，兼任法術"，"明法尚功"，"賤虛名，貴實用，破浮淫，督耕戰，明賞罰，營富強"，"責功用賞，任刑用誅"，"細苛刺深"，"賢無益於國，不加賞；不肖無害於治，不施罰"。"法之所止，雖有聖智不用也；術之所操，雖有父子不信也！""視天下無一可信之人"，"其伎倆於富強而已！"雖"辨職分，輔禮教，有益於治"，實在不過是一個"極端狹義的功利主義者！"然而在法家總算"登峰造極，罔與比倫"了！不過，這雖然是對韓非法治思想完全、公允的批評，但"他的系統的思想，一貫的方法，沒有人整理出來，他主張術士定法，是否有背輿情？君主枉法，無法裁制，是否算作缺點？沒有人指摘出來：不能不算千餘年來批評者的遺憾了"。由此可見，作者的著述，的確有所創見，在前人研究的基礎上向前推進了一步，但其總結也尚未全面。

　　總之，該書條理清晰，在論述時多引用《韓非子》之文作證，觀點與材料相輔相成，對韓非的法治思想作了初步總結，值得研究韓非法治思想者參考。不過，其引文不很嚴謹，如第二章將"辭辯而不法"云云的出處標爲《和氏篇》（應該出自《亡徵》），將"夫妻者，非有骨肉之恩也"云云的出處也標爲《和氏篇》（應該出自《備內》），將《飾邪》"威行四隣。及法慢妄予"誤爲"威行鄰。及法漫妄予四"；第三章將"舉士而求賢智"云云的出處標爲《難一篇》（應該出自《顯學》）。因此，其引文不盡可靠，若轉引之，則必將自誤而又誤人矣。

3. 中國古代政治哲學批判・先秦時代的社會變革與其哲學思潮・韓非

李麥麥著　民國廿二年(1933)新生命書局排印本(上海圖書館藏)

李麥麥,原名劉胤,復旦大學教師,歷史哲學家,抗戰中期英年早逝於重慶。他立足中國歷史實際,發表了《評郭沫若底中國古代社會研究》(《讀書雜誌》1932 年第 2 卷第 6 期)等論文,反對以"原始社會—奴隸社會—封建社會—資本主義社會"這一綫性公式硬套中國史,認爲西周是典型的封建社會,而不是郭沫若《中國古代社會研究》所說的奴隸社會,西周末年以後中國社會的變革是封建制度的崩潰。他反駁郭沫若"秦始皇是中國社會史上完成了封建的元勳"之論斷,指出秦始皇完成的是"專制王權"的建立,秦至清的社會形態不能以"封建社會"名之,而應該稱爲專制主義社會。由於其所論游離於當時社會主潮之外,所以影響力有限。其著作有《中國古代政治哲學批判》(上海新生命書局民國廿二年六月初版)、《中國文化問題導言》(上海辛墾書店民國二十五年九月初版)。

《中國古代政治哲學批判》是當時中國社會史論戰的産物。其内容除嚴靈峰、李麥麥的序言外,包括五篇論文:一,評中國古代社會研究;二,中國封建制度之崩潰與專制君主制之完成;三,再論春秋戰國的階級鬥爭;四,先秦時代的社會變革與其哲學思潮(包括"西周的封建制度""東周的商業發展""先秦時代的階級鬥爭""孔子、孟子""老子、許行""莊子、陳仲子""商鞅、管子""墨子""韓非"九章);五,詩經時代的女性生活。這些論文是作者於 1931 年至 1932 年末抱病寫成的。作者 1933 年 6 月 7 日寫於上海吳淞醫院的書序稱,其中《先秦時代的社會變革與其哲學思潮》下篇(寫於 1932 年末)是研究先秦哲學鬥爭的,其他是研究先秦階級鬥爭的,而這些研究先秦階級鬥爭的篇章,又可當作先秦哲學産生之背景來讀。

作者在序言中説:"正統的馬克思主義者,在研究實際事實關係上,不是步步墨守馬克思的言論,而是在正確地應用馬克思的方法。"因此,本書除了闡明"先秦中國歷史之發展及其因果律"與"先秦時代的階級鬥爭和國家之關係",在先秦哲學篇,既"説明了先秦哲學之階級内容","又説清楚了思維與存在的關係"。作者認爲:"人的意識這東西,是決定於他的物質生活、他的階級關係和其社會生産的。""在思想史上,我們常見在同一時代而生出完全相異相反的思想之花,我們對這相異相反的思想之花,如果不從階級對抗上去了解,我們是會爲這些爭論所暈眩、欺騙的。過去的歷史,既然在階級對抗發展中成立的,過去的哲學實是階級鬥爭的工具。"所以,作者力圖"用馬克思主義的觀點來研究先秦哲學並批判胡適"。作者所寫的"韓非"一章,其主旨也無非如此。

首先,作者從總體上論定了韓非的階級屬性,認爲"法家的思想之發展完全與商品經濟得到吻合","法是保護有産階級的經濟利益的"。"韓非的思想是純粹的有産階級式的,不帶任何封建的宗法的意味。""秦始皇是有産階級的政治代表,韓非是其理論代表,後者更做了前者的導師。""如果說,秦始皇是有産階級的列寧,那末,韓非實可以說,是有産階級的馬克思。"

其次,作者評價了韓非的歷史觀、社會觀和專制主張。作者認爲,凡偉大的思想家,必有豐富的歷史知識,"韓非是被稱爲偉大的思想家的,他有極好的歷史理論,並且是唯物的。韓非和商鞅一樣,也是把歷史分作上古、中古、近古三個時期,而且他們都能按着社會形式發展的階段來劃,却不是按着絕對的時間。"孔、孟等以堯、舜之讓天下爲高不可及,韓非則"把讓天子認爲因利害所在,無足歌頌的行爲",這是完全正確的,因爲"近代古史學證明,初期的統治地位,完全不是幸福和利益的",而"是一種義務"。"歷史是階級鬥爭這句話不是因馬克思説過才是真理,而是人類歷史從有階級時候起實在是這樣。韓非的歷史理論是有顯明的階級內容的"。"有産階級需要打倒封建的宗法的禮治而主張法治,所以韓非的歷史論是進步的革命的歷史論"。"他的歷史論認政治道德都是隨經濟變動而變動。因此,經濟應當是社會的基礎","社會是利益的結合"。"孔、孟把當時的混亂認爲是'人心不古'的結果,反之,韓非認爲完全是利益矛盾的必然。他并且説,這種利益鬥爭,其結果必走到政治鬥爭,走上奪政權。""韓非這種社會論確是實際的闡發。但這種實際的闡發衹有在'宗教的熱忱、義俠的血性、兒女的深情,早已在利害計較的冰水中淹死了'的有産階級社會中才能産生。"韓非的理論符合實際,"對於中國的統一和第一次集中政權的建立起過偉大的作用"。不過,"有産階級所需要的政治制度應當是自由平等的民主政治,爲甚韓非主張專制政治呢? 這種形而上學式的問話,是用形式邏輯代替了辯證法。我們要知道,韓非時代正是有産階級與封建勢力之決鬥時代。當時不僅對於封建勢力的消滅需要集中統一的專制政權,就是對於一部利益要求與歷史發展背道而馳的有産階級也非用專政不可。""韓非是一個天才的理論家","是一個有歷史遠見的大政治家。他爲了要使有産階級的利益與歷史要求相符合,他不能不採取這種決然政策","韓非主張的專政是進步的革命的專政","是革命的商業有産階級的專政"。

再次,作者評論了韓非的法治主張。作者認爲,"在那種階級利益矛盾使時代變爲'爭於氣力'的當日,爲了保全新社會的發展,自然有主張嚴格的法治之必要"。"孔、孟是在'以不忍人之心,行不忍人之政',而韓非恰恰要用'相忍'之法,'而棄仁義之相憐也'。""韓非的法治思想可以分以下數點説明之：一，法可以反對一切封建貴族、權臣、財閥；二，法可以推行功利主義和刑賞主義；三，法爲政治之根本工具。"要討論的是，韓非主張獎勵"耕戰之士"（自耕農、佃農、貧農）而貶斥"商工之民"，並非"重農賤商"，因爲韓非所說的"'商工之民'決不是指一般小商和工人，而是一般富商大賈奴隸作坊的主人。一般的小商工人是不能'盡貨賂而用重人謁，退汗馬之勞'，'待時而侔農夫之利''而致尊過耕戰之士'的"。"韓非這種關懷農民、討厭資本家的態度對於有產階級的歷史任務之完成是必要的。"

最後，作者高度評價了韓非的批判精神。作者認爲："哲學的批判時代總是在政治革命時代之前。""五四之所以成爲五卅的準備時代，全在牠是一個批判的時代。牠掃去封建思想和宗法思想，牠爲以後的自由主義、革命主義、社會主義開闢了一條大道。韓非是一個革命的思想家，他對於他以前的種種舊思想不能不批判。他並且從批判中來建立他的思想體系。""韓非對於孔、孟的思想作了一個面面俱到的批評。他的批評都是十分中肯。他是根據歷史，根據社會實情來反對孔、孟思想。換句話，他是完全站在不同的時代觀點、階級觀點來批判的。在我們看了這位兩千多年前的非孔運動健將的思想之後，我們再來看兩千多年後'五四'運動時代一般非孔運動者的言論和思想，我們便感覺他們的理論的平凡性。""韓非的歷史理論比自謂有'歷史癖'的胡適真高明到萬倍，而且他的批判工作更不像胡適那樣自限，祇弄弄'白話文'，他是文化的，又是政治的。如果我們拿韓非的天才來比胡適，那真是'鳳凰之於飛鳥；泰山之於丘垤；河海之於行潦類也'。""韓非的非孔思想實是後來秦始皇焚書坑儒的說明啊。我們實可以說，秦始皇的事業，是革命事業。既然是革命事業，焉有不屠殺反動派和禁止反宣傳的道理。因此，那焚書坑儒也就不是甚麼愚民政策的表現，牠不過是階級鬥爭之不可調和的結果。"

由上述種種可見，此文是較早以馬克思主義階級鬥爭、存在決定意識的觀點來闡發韓非學說的成果，開闢了韓非研究的新視野。文中充斥着革命的詞語，也不乏獨到之見，如對韓非歷史觀、社會觀、批判精神的評論均頗有創見和深度。但其中也有牽強之說，如認爲法家思想是商品經濟的產物，他們的法是用來保護有產階級的經濟利益的，韓非是革命的商業有產階級的理論代表等等，這些說法都不免將古人的學說現代化了，是不符合事實的。

4. 韓非子書考　陳千鈞撰　民國二十四年（1935）上海世界書局排印《諸子集成》本（上海圖書館藏）

陳千鈞（1904—1997），廣西北流人，華南師範大學歷史系教授，著有

《論〈資治通鑑〉——與聶崇岐、王崇武兩先生商榷》《論范曄〈後漢書〉的巨大成就及其對後世的影響》《中國古代史學家的優良傳統》《韓非子書考》《韓非新傳》等。

《韓非子書考》一文原載《學術世界》第一卷第一期（1935年6月）。文章包括"《韓非子》名稱考""《韓子》之篇數考""《韓子》之編次考""結論"四部分。前三大部分爲主體，最後的簡短結論爲其主旨。

關於《韓非子》之名稱，作者據《漢書·藝文志》《隋書·經籍志》《舊唐書·經籍志》《新唐書·藝文志》《宋史·藝文志》及《史記》三家注、《淮南子·齊俗訓》、劉向《校定荀卿書敘》、《論衡·非韓篇》得出結論：自漢至宋，韓非之書均名"韓子"。自宋晁公武《郡齋讀書志》始稱"韓非子"。宋明以後之文多以"韓子"稱韓愈（如蘇洵《上歐陽内翰書》、王安石《上人書》、宋濂《文原》），學者恐韓非之《韓子》與之相亂，故別而稱之曰"韓非子"。

關於《韓非子》之篇數，《漢書·藝文志》所載五十五篇爲是，《史記索隱》之"三十餘篇"當爲"五十餘篇"之闕體，王應麟《漢藝文志考證》所謂今本五十六篇乃多了一篇范雎書。其書幾經散佚，後經學者補訂，成今本五十五篇之觀。此後，作者又引錄了王先慎《韓非子集解》所輯佚文，謂古人引書不無删削，不能遂以據爲《韓子》之原文，並舉例説明王先慎所輯佚文未必是佚文。

至於"《韓子》之編次考"一節，包括僞作考辨和著作時期考述兩部分内容。首先，作者認爲《韓子》爲其弟子所編定，故書中有非韓子之文。其中《存韓》中李斯的駁議和上書決非韓子之文。至於可疑之文有兩類：一爲見於他書而不能決其孰是孰非者。此類之文，作者認爲《飭令》爲商君之文；《姦劫弒臣》末段乃荀子之文，韓子以其文亦言姦劫弒臣，故附之於後。二爲疑之而實非者，即《初見秦》和《有度》。因爲《初見秦》之言"亡韓"與《存韓》之言"舉韓"同，只是爲了避秦始皇之疑；其中所記史事在張儀死後，故不可能爲張儀之詞；破趙於長平之時范雎正用事而爲謀主，不可能痛斥己之非計，故也非范雎之書。至於《有度》所謂"亡"，指國亂弱，並非如胡適所謂之滅亡。因此，此二篇乃韓子之文。其次，作者論述了《韓子》之著作時期。作者認爲，《初見秦》至《愛臣》四篇屬遊説類，爲説秦之作，作於秦，爲其徒所收録，其中《難言》作於"欲自陳，不得見"之時，故與《初見秦》一樣稱"大王"，《愛臣》必指李斯、姚賈而言。《主道》至《飾邪》屬上書類，大多爲諫韓王之作；《解老》《喻老》屬老學類，《説林上》《説林下》屬記事類，《觀行》至《外儲説右下》屬君術類，《難一》至《難勢》屬辨難類；凡此皆韓子平日之作，多經韓非手定。《問辯》《問田》《定法》屬問答類，爲韓子之徒所記問答之詞。《説疑》至《顯學》屬通論類,其中除《八經》外,皆痛斥時病而力尚功利;《忠孝》至《制分》屬補輯類;此十二篇皆爲韓子之徒所收録。

文章最後之"結論"云:"《韓子》一書,其首四篇及其末五篇,皆其徒所手定而附入之者,其中間則韓子所手定,雖其中不無散佚,而其大旨亦可得而論也。"

從總體上看,作者對《韓非子》名稱及篇數的考述基本正確而可取。至於"《韓子》之編次考"及"結論",其中確認《存韓》中李斯之文非韓非所作以及《初見秦》《有度》爲韓非之文的見解可取,對《問辯》《問田》《定法》的説法也值得參考,其他説法就不過是一家之説,可供參考而未必可取。其所以不可取,實因爲作者尚缺乏深入的考證。如其對《韓子》著作時期的論述,考者少而述者多,其文不過是將《韓子》各篇略加分類,然後再臆斷其爲韓子所手定或其徒所手定而已。作者之"考",有時甚至不可謂之"考",如其據王先謙《韓非子集解序》所云"《初見秦》諸篇則後來附入者"一語而推論云:"由此以觀,則《韓子》全書之成乃其徒所手定無疑矣。"其考證之疏可見一斑,因爲王先謙所謂"後來附入",未必是其徒附入。即以《存韓》而論,其中李斯的駁議、李斯向韓王的上書以及記載此事前後的説明性文字,實際上是一種歷史檔案,韓非弟子何從見得?即使見得,恐怕也不會編入書中以貶損其師。在我們看來,這應該是秦朝主管圖書檔案的御史所附入,所以《韓子》全書應該是秦滅韓後至李斯被殺前(即公元前230年至公元前208年之間)由秦朝主管圖書檔案的御史所編定(參見《韓非子考論》第二章第一節)。作者謂《韓子》全書乃韓非之徒所手定,實難信從。總之,此文得失參半,其説值得參考,然不宜盲從。

5. 韓非新傳　陳千鈞撰　民國二十四年(1935)上海世界書局排印《諸子集成》本(上海圖書館藏)

《韓非新傳》一文原載《學術世界》第一卷第二期(1935年7月),爲作者有感於《史記·老子韓非列傳》對韓非事迹記載過於簡略而作。在作者看來,韓非作爲"晚周大政治家,影響於秦漢以後之政治至鉅",值得研究,所以便根據《史記》《戰國策》《論衡》《潛夫論》等書中的材料寫成此文。文章分爲兩部分,均頗有獨到之見,現分述如下。

(甲)韓非事迹考

其文首先考定韓氏出於晉,韓非當爲韓釐王或韓桓惠王之子。

至於其求學,"韓非生長韓國,必先習聞申不害刑名法術之學",然後又在楚考烈王八年(公元前255)荀卿適楚爲蘭陵令之後至秦莊襄王三年(公元前247)李斯入秦之前這八九年間曾與李斯同學於荀卿。不過,"其書中言及荀卿者甚少"。"大抵韓非之學術,不可謂不受其師之影響,而終與其師之道相左,揚其師說固有所不能,而攻其師說亦有所不願,然而與孔門師徒雍雍談道者異矣。"

韓非之著書,一是因爲其口吃、不善辭令而藉著書以見意,二是爲了斥時弊。其中《主道》至《飾邪》十五篇多爲諫韓桓惠王和韓王安之作;《解老》《喻老》爲韓非思想之根據;《説林》至《外儲説右下》十四篇爲韓非法術之論,成書當最早;五篇《難》及《説疑》至《顯學》七篇爲疾世閥俗之論,成書較晚;以上皆平日在韓之作。《初見秦》至《愛臣》四篇爲説秦之作,必作於韓王安六年。至於《存韓》所附李斯之駁議及説韓之書,《問辯》《問田》《定法》三篇,以及《忠孝》至《制分》五篇,皆爲其徒所附、所記、所補輯,由此可知《韓子》全書必爲其徒所編定。

韓非數以書諫韓王,韓王曾與韓非謀弱秦,可見韓非曾小用於韓而參與國事。韓非於韓王安六年使秦,因李斯之忌妒與秦臣之傾軋而死於雲陽(在今陝西省淳化縣西北)。

關於韓非之人格,作者認爲,韓非是愛國者,有救世之志和犧牲精神。

最後,作者認爲古今論韓非者多不得其平,唯王充之説可謂篤論,即《論衡·書解篇》所云:"韓蚤信公子非,國不傾危。……假令非不死,秦未可知。故才人能令其行可尊,不能使人必法己;能令其言可行,不能使人必采取之。"

由上述種種可知,作者對韓非事迹之考述,較《史記·老子韓非列傳》爲詳;對於韓非就學於荀卿之時間,所論至確;對於韓非人格之評價,也得其平。唯對韓非著書之論述則頗可商榷,作者已有《韓非子書考》一文發表而在此不加詳論固未可厚非,然謂《存韓》中李斯之文爲韓非之徒所附則不合情理,由此再推斷其全書爲其徒所編定當然也誤,因爲李斯的駁議、李斯向韓王的上書以及記載此事前後的説明性文字,實際上是一種歷史檔案,韓非弟子何從見得?即使見得,恐怕也不會編入書中以貶損其師。

(乙)韓非年表

作者在年表之前撰有説明,考定了韓非的生卒年,其言云:"按《六國表》,秦始皇十四年,韓非使秦,秦殺之(《始皇本紀》同)。惟生於何年不可考;兹據本書《問田篇》記堂谿公與韓子問答之言,則堂谿公與韓非同時無疑;又按《外儲説右上》言昭侯聞堂谿公之言而獨寝,則堂谿公又與韓昭侯同時;大約堂谿公在昭侯時年尚輕,不過二三十歲;及與韓非談論時已九十餘歲,則其時韓非不過二十餘歲;大約韓非之年較長於李斯,其被殺時已六十餘歲,約生於韓釐王初年、秦武王(愚按:"武王"當作"昭王")十餘年之間。兹假定韓非生於韓釐王元年,即公元前二九五年;其死爲韓王安六年,即公元前二三三年,共六十三歲。列爲年表,當時天下國家情勢,於此見焉。"

關於韓非生年,現在最流行的説法爲錢穆《先秦諸子繫年》所考定的公元前280年,相較而言,還是陳千鈞此説較爲合理(參見本書《前言》),值得信從。

作者所作《韓非年表》,記韓非事迹者極少,而記天下大事者居多,特別是與韓國、韓非無關之事也多載入,甚有本末倒置、比例失調之弊,然其爲韓非製作年表之創意則值得肯定,嗣後容肇祖《韓非子考證》、陳啓天《韓非的生平》(載《國論》復刊1940年第1卷第7號,後收入《韓非子參考書輯要》)、陳奇猷《韓非子集釋》皆有韓非年表之製作,其影響可見一斑。

總之,陳千鈞此文雖然篇幅不大,但頗有創見,是《韓非子》研究者必須參考的重要成果。

6. 韓非子考證　容肇祖著　民國二十五年(1936)上海商務印書館排印本(復旦大學圖書館藏)

容肇祖(1897—1994),字元胎,廣東東莞人,1926年畢業於北京大學哲學系,後任教於廈門大學、中山大學、嶺南大學、輔仁大學、北京大學、西南聯合大學等,1956年起在中國科學院哲學研究所工作,先後擔任過中國社會科學院哲學研究所學術委員會委員、中國民俗學會副理事長、國務院古籍整理出版規劃小組顧問等職,著有《中國文學史大綱》《魏晉的自然主義》《韓非子考證》《李卓吾評傳》《明代思想史》《李贄年譜》《王安石老子注輯本》等。

胡適在1919年出版的《中國哲學史大綱·卷上》中指出,現在流傳的《韓非子》五十五篇中,只有七篇可靠,其餘的都是僞作。他雖然宣稱其結論"大都以學説内容爲根據",但其書中未有翔實的考證,僅舉例説:"如《初見秦》篇乃是張儀説秦王的話,所以勸秦王攻韓。韓非是韓國的王族,豈有如此不愛國的道理?況且第二篇是《存韓》,既勸秦王攻韓,又勸他存韓,是決無之事。第六篇《有度》,説荆、齊、燕、魏四國之亡。韓非死時,六國都不曾亡。齊亡最後,那時韓非已死十二年了。可見《韓非子》決非原本,其中定多後人加入的東西。"這種没有表現出"小心求證"精神的"大膽假設",是容易失誤的。因爲《初見秦》中所説的穰侯治秦發生在秦昭王七年(公元前300),秦敗魏華下、破趙長平,更分别是秦昭王三十四年(公元前273)與四十七年(公元前260)的事,此時張儀早就死了(張儀死於秦武王二年,即公元前309），所以此文不可能是張儀説秦王的話。至於《有度》所説的"亡"，並不是指其國家被秦國吞併，而只是指君主的大權被臣下操縱，即《孤憤》所説的："人主所以謂齊亡者，非地與城亡也，呂氏弗制而田氏用之也。"以其誤解來斷定其僞，顯然不當。

為了使胡適的説法取信於人，容肇祖便承其衣鉢進行了較為詳細的考證，寫成了《韓非的著作考》一文，於1927年發表在《國立中山大學語言歷史學研究所週刊》第一集第四期上，這引起了學者的辯論（參見羅根澤編著《古史辨》第四冊）。此後，其有些看法有所改變，於是將其文增改後易名為《韓非子考證》，作為"國立中央研究院歷史語言研究所單刊乙種之三"於1936年由商務印書館出版。

該書之結論在其目錄中一覽無餘，故不妨將其目錄列於下：

敍

第一　確為韓非所作者——《五蠹》《顯學》

第二　思想與韓非合而又有旁證足證為韓非所作者——《難》四篇《孤憤》

第三　從學説上推證為韓非所作者——《難勢》《問辯》《詭使》《六反》《八説》《忠孝》《人主》《心度》《定法》

第四　與韓非有關係的記載因而附入《韓非子》書中者——《存韓》《問田》

第五　可證為韓非所作而後段攙雜他人之文者——《姦劫弒臣》

第六　《史記・韓非傳》全錄其文而似可疑者——《説難》

第七　司馬遷舉其篇名而尚可疑者——《内儲説上七術》《下六微》《外儲説左上》《左下》《右上》《右下》《説林上》《下》

第八　黃老或道家言混入於《韓非子》書中者——《解老》《喻老》《主道》《揚權》

第九　他家言法可確定為不是韓非所作者——《有度》

第十　文著非名似尚可疑者——《難言》

第十一　遊説家言並見於《國策》而非韓非所作者——《初見秦》

第十二　並見於《商君書》而未知誰作者——《飭令》

第十三　未定為誰作的篇章而姑俟續考者——《愛臣》《二柄》《八姦》《十過》《和氏》《亡徵》《三守》《備内》《南面》《飾邪》《觀行》《安危》《守道》《用人》《功名》《大體》《説疑》《八經》《制分》

附錄　韓非子年表

作者1935年7月10日所寫的敍言概括地説明了其考證的思路和方法，其論述已明顯地暴露出其考證之致命缺陷——根據成見去組合材料。

例如,同樣是《史記》中的記載,其取捨完全取決於其主觀意向。他質疑《史記·老子韓非列傳》之"歸本於黃老"云:"韓非與李斯俱學於荀卿。何以忽歸本於黃老?"其實,"韓非與李斯俱學於荀卿"和"歸本於黃老"均出於《史記》,若以爲後者可疑,何以前者又可信?再說,人的思想雖然會受到老師影響,但未必都承其衣鉢、死守師說,韓非是個力倡變革的思想家而非腐儒,他何以不能改弦易轍?更何況"忽"字也不見於《史記》,據《史記》之言,則韓非從"學於荀卿"至"歸本於黃老"應該經過了一段時間,現將"忽"字强加給《史記》,然後質疑之,如此考證,顯然不當。

作者完全秉承了胡適"以學說內容爲根據"的辨僞之法,其言云:"我覺得司馬遷所舉的篇名,思想內容互有衝突,胡先生所疑是狠對的,梁啓超遂以司馬遷所舉的篇名,爲其他各篇的衡量,未免太急遽了。"這是不相信《史記》的記載。但是,他又據《史記·韓長孺列傳》的《韓子》雜家說"推闡說:"《韓子》一書,這時已和雜家說相混。"隨後又舉《史記·李斯列傳》中李斯徵引《五蠹》《顯學》之語爲例,論證說:"李斯和韓非是同學,所引斷斷是沒有錯的,這是美滿的證據。"於是其考證就"從這不可疑的兩篇爲起點","衡量的結果,便是證實了《韓子》和雜家說混合,而《韓非子》一書是適宜於用《韓長孺列傳》所說的'《韓子》雜家說'五字爲標題。"其實,司馬遷所舉的篇名見於《史記》,"《韓子》雜家說"以及李斯徵引《五蠹》《顯學》之語也見於《史記》,它們都出自司馬遷之手,如果後者是"美滿的證據"而"不可疑",則同樣是司馬遷所說的"故作《孤憤》《五蠹》《內外儲》《說林》《說難》十餘萬言"也就不容置疑了,何需再多加考證?如果說,《史記》的記載有疏誤,但在考證《史記》疏誤之前而任意取捨其中所記載的材料,顯然不當。

作者也明知這樣的考證方法具有局限性,故云:"我由《五蠹》《顯學》以證其餘的各篇,由內容意義的部分相同,以求其同出於一手的韓非的著品。這種方法,似乎是太狹隘了,或者有些篇章同出於一手,而內容完全各異的,我們便會失掉了。然而我們本求真的目的,與其失之寬,無寧失之嚴。……或者又以爲這種方法,於考證學上不盡可徵,然而我以爲這種方法在考證別書時或不盡可用,而在《韓非子》一書上,則於最可靠的篇章中,明顯的給我們以最大的根據。"這種方法,既然在考證學上不具有普遍意義,何以單單適用於《韓非子》?由此足見其考證方法具有主觀性。其實,內容相同,也有可能爲他人模仿的僞作;內容不同,也有可能爲一人之作。一個人的思想總有個發展過程,隨着時間的推移與閱歷的豐富,思想觀點有所變化是十分正常的現象。這《韓非子考證》與作者八年前所作的《韓非的著作考》有許多不同(當時他認爲只有《五蠹》《顯學》《難勢》《問辯》《詭使》《六反》《心度》

《難一》爲韓非所作)而同爲一人之作,便是明證。《韓非子》各篇的著述年代現在雖然不能一一考定,但它們的成稿必定是有先後的。如果將各篇所反映出來的思想觀點的變化作爲考證其著述年代的旁證之一,那是無可非議的;但把各篇所反映出來的思想差異作爲判定僞作的標準,那就不科學了,它必然會導致錯誤的結論。更何況韓非的思想不但有一個逐步發展變化的過程,而且由於他生當戰國末期,對諸子百家的學說都有所揚棄,因而他的思想極其複雜。《漢書·藝文志》把他歸入"法家",雖被一般人所認可,但若細加推敲,我們就會發現,拿純粹的法家思想去衡量韓非,也未免太簡單化了。對於思想複雜而又有變化的韓非之作,拿其中的兩篇作爲標準來裁斷其餘作品的真僞,那就難免會把他的大部分著作都視爲僞作了。應該説,無論是"失之寬",還是"失之嚴",都是失誤,都不可能達到"求真的目的"。

除其敘言所暴露出的總體思路和考證方法有誤,其正文的具體考證也頗多可商之處。

如其言云:"《姦劫弑臣》的末段,'諺曰:厲憐王'以下,亦見於《戰國策·楚策》,和《韓詩外傳》卷四,俱作爲孫子(荀卿)與春申君書。則這段必非韓非本文,而是從他書羼入。"其實,此段文字見於《戰國策·楚策四》和《韓詩外傳》卷四,兩書都把它當作荀卿與春申君書。這種情況有兩種可能性:一種可能是韓非引用師説以進一步闡明自己的觀點,就像《説難》取用《荀子·非相篇》之旨意一樣;另一種可能是它原本就是韓非的文章,只是漢朝人把它錯誤地編入了《戰國策》和《韓詩外傳》,誠如清人汪中《舊學蓄疑》所説:"《姦劫弑臣篇》'厲憐王'以下與荀子與春申君書略同,此韓非之文,因篇內有'莊王之弟春申君'云云而誤作荀子與春申君書,是《國策》之謬也。"今本《荀子》無此段文字,而《韓非子》之各種版本均有此文,也可爲汪説之佐證。容氏既未考慮到韓非著書的複雜情況,又無視前人之説,即斷定其"必非"韓非之文,如此考證,顯然過於簡單化了。

又如作者引盧文弨所説的"《內儲》《外儲》等篇,猶今經生家所謂策目",又以韓非主張"無書策之文,以法爲教"來證明《儲説》之可疑。其實,盧文弨的説法只是個比喻,《儲説》實非"今"之"策目",當然更非韓非所説的"書簡之文"(容氏爲了與所引盧文弨之説相合而改成了"書策之文",也可見其考證之不嚴謹)。韓非所謂的"書簡之文",是指儒家經典,並非指他自己寫在書簡上的文章。如果將韓非的"無書簡之文"誤解爲不容許留存文章(包括韓非的文章),並以此作爲辨僞的根據,則韓非的文章就都成了後人僞造之作,如此考證,顯然不合理。

再如作者認爲《內儲説上》之"殷之法"爲"商君之法"之誤,而這種演變,"大概經過一箇長時間","因此又有子貢問仲尼的傳説了",於是認爲此篇"出於漢初的法家,因爲仲尼的權威,在漢初最盛"。其實,即使孔子之權威在漢初最盛,也當爲儒家所推崇而未必爲當時法家所取用,此篇又何以必出於漢初法家? 即使"殷之法"爲"商君之法"之誤,但單憑這一句來證明其全篇非韓非所作,也顯然缺乏説服力。至於作者以《內儲説下》所引《老子》"國之利器"之"國"字《喻老》作"邦"爲證據,認爲這"國"字不衹是一個漢朝人避諱改字的問題,而是因爲此篇編成於漢初的緣故。以一個字來推斷一篇爲僞作,顯然過了頭。

還有,作者有不少所謂疑點實際上並不可疑。如他認爲:"堂谿公見昭侯時,而能得昭侯信任,年必在三十以上。而韓非見堂谿公時,已成立他的法術度數的學説,年必在二十五以上。如此,則堂谿公見韓非時必爲八十餘老翁,而韓非之死又必七十餘歲。這是不免可疑的。"其實,人活七八十歲並非不可能,其懷疑顯然是多餘的。又如他認爲《解老》論"道"與《淮南子·原道訓》論"道"頗有相合之處,便推測它出於漢初道家之手。其實,韓非之學歸本於黄老而深受先秦道家之影響,漢初道家也取資於先秦道家,兩者何以不能相合? 更何況道家並非始於《淮南子》,《解老》與《淮南子》相合處,也有可能是《淮南子》繼承了《解老》,其論"道"之言何以只能由漢初道家説出?

就像其敘言一樣,作者在具體考證時,也有根據其成見來取捨材料之弊。如他欲證明《解老》爲黄老或道家言而並非韓非所作,就引其中的"治大國而數變法,則民苦之。是以有道之君貴虚静而重變法"(其引文有誤)與《五蠹》之"聖人不期修古,不法常可,論世之事,因爲之備"相對照,證明《解老》"和《五蠹》的思想內容根本上不能一致",所以不是韓非所作。其實,《解老》主張"貴静"而反對"數變法",是指法令要保持相對穩定,與《五蠹》所説的"法莫如一而固,使民知之"的用意相同,與改革社會政治制度的"論世之事,因爲之備"之"變法"完全是兩回事;社會政治制度要變革,但變革後的具體法令不能沒有一定的穩定性,這兩者根本不矛盾。容氏爲了顯示《解老》與《五蠹》的思想不一致,便只引《五蠹》中的變法論而有意捨棄其中的"法莫如一而固",如此取其有利而棄其不利的材料選用之法顯然有違實事求是的考證原則。又如他欲證明《有度》不是韓非所作,便引其中稱述"先王"之言:"此數物者,險世之説也,而先王之法所簡也";"先王以三者爲不足,故舍己能而因法數、審賞罰";"故先王立司南以端朝夕";"上智捷擧中事,必以先王之法爲比";"上尊而不侵,則主強而守要,故先王貴之而傳之";以此與《顯學》(容氏誤爲《五蠹》)之"明據先王,必定堯舜者,非愚則誣也"相對,說明其思想與韓非不合。誠然,《顯學》反對"明據先王",不過是反對以古律今,反對稱道先王的仁治;而他稱道"先王"之處,都不過是借先王的名義來宣揚法治,與他的基本思想並不矛盾。因此,就是容氏認可的《五蠹》也曾稱說"先王勝其法,不聽其泣"。但是,爲了維護其成見,他就有意捨棄了《五蠹》此言。

當然,其考證也稍有可取之處,如以史實證明《初見秦》不是張儀所作,從而糾正了胡適的誤斷。但其考證也有盲從胡適而不求甚解之處,如他引胡適所說的"《有度》說荆、齊、燕、魏四國之亡。韓非死時,六國都不曾亡。齊亡最後,那時韓非已死十二年了"來證明《有度》不是韓非所作,還稱道胡適之言是"狠好的證據",殊不知胡適的說法純屬誤解(參見上文)。如此不加辨析而全盤接受胡說,可見其沉迷之深。

總之,由於容氏之說以考證的面目出現,所以很能迷惑不知底細的人,因而影響極大。其實,其考證乃以《五蠹》《顯學》兩篇的思想內容去衡量其他篇章的真偽,這基本立足點就錯了,再加上他爲了維護其成見而隨意取捨《史記》和《韓非子》中的材料,甚至對《韓非子》又有所誤解,故其考證大多是無是生非、製造混亂之說而不足掛齒。我們應該看到,韓非的著作既有一個因寫作時間的先後、作者處境的不同而造成的差異,又有一個與先秦各家學說互相滲透的狀況。帶着成見,將韓非的思想簡單化,以此去考證《韓非子》的真偽,便會誤入歧途而難以獲得正確的結論。

7. 韓非子研究　王世琯著　民國二十五年(1936)上海商務印書館排印本(上海財經大學圖書館藏)

王世琯(1907—1981),曾名少游,浙江奉化人,1929年畢業於上海美術專科學校,先後任教於上海私立稗文女子中學、奉化剡東小學、奉化簡易師範及奉化中學。1952年任余姚中學副主委,曾被選爲余姚縣人民代表、縣二屆政協常委及四屆政協委員。

《韓非子研究》爲商務印書館出版的《國學小叢書》之一種,全書共有四章,現分述如下。

第一章爲"韓非子傳略",主要據《史記·老子韓非列傳》之材料進行通俗化的敘述。其中雖稍有獨到之見,如說韓非"是沈靜而有深思的政治家",但由於作者對歷史瞭解甚少,故頗有誤斷。

即以作者認爲比較"確實"的論斷而言,就有不少錯誤。如作者說:"韓非子從學於荀子之時,大約荀子正在齊。那時荀子一定很得意,他的弟子似乎也多。而其時韓非子和李斯都是很年輕的。當在紀元前二七〇年稍前。"誠然,《史記·李斯列傳》明明說:"李斯者,楚上蔡人也。……乃從荀卿學帝王之術。學已成,度楚王不足事,而六國皆弱,無可為建功者,欲西入秦。"可見韓非與李斯從學於荀卿必在荀卿入楚之後,而非在齊。《史記·春申君列傳》云:"考烈王元年,以黃歇為相,封為春申君……春申君相楚八年,為楚北伐滅魯,以荀卿為蘭陵令。"可見荀卿適楚為蘭陵令在楚考烈王八年(公元前255),則韓非與李斯從學於荀卿當在公元前二五五年之後。《史記·老子韓非列傳》云:"韓非者……與李斯俱事荀卿。……人或傳其書至秦。秦王見《孤憤》《五蠹》之書……李斯曰:'此韓非之所著書也。'"李斯因與韓非同學而知《孤憤》《五蠹》為韓非所著,則其同學於荀卿時《五蠹》當已寫成,而《五蠹》所述"周去秦為從,期年而舉;衛離魏為衡,半歲而亡"分別指周赧王五十九年(公元前256)西周與諸侯約從攻秦而為秦所敗和衛懷君三十一年(公元前253)魏因殺衛懷君而使衛國成為附庸之事,可見《五蠹》作於公元前二五三年以後。據此,則韓非與李斯同學於荀卿也必在公元前二五三年之後,而不在"紀元前二七〇年稍前"。

又如作者說:"荀子適楚而廢,家於蘭陵之時,李斯已仕秦,而韓非子則已死。當在紀元前二三〇年以後。"其實,《史記·孟子荀卿列傳》明明說:"齊人或讒荀卿,荀卿乃適楚,而春申君以為蘭陵令。春申君死而荀卿廢,因家蘭陵。"《史記·六國年表》載:楚考烈王二十五年"李園殺春申君"。由此可見,荀子廢而家於蘭陵之時為楚考烈王二十五年,即公元前二三八年,而不在"紀元前二三〇年以後"。楚考烈王二十五年即韓王安元年,當時韓非尚未出使秦國,怎麼會"已死"呢?

第二章為"韓非子思想的淵源",其說雖有失當處,如認為韓非與荀子一樣,"徹頭徹尾的説人性惡",但其論述大多公允,值得參考。如謂韓非思想有一個特點:"他採取了各家的主張,也詆斥各家的立論。他雖然採取了各家的主張,不過是藉以証明自己學說的可能性;而他雖詆斥各家,可是他的學說,多少帶上了各家的要點。"然後,文章論述了韓非子與儒家、道家、墨家、法家、伊尹、太公的思想聯繫。作者指出,韓非引證孔子的言行往往不出於《論語》,其所引孔子關於重刑、尊君等言論其實均合乎自己的學說;其文不提荀子,而其人性利己的觀念和荀子暗合。韓非雖然並不處處根據老子,但借老子的學說發展了自己的立論,如將老子無為的"靜""虛"發揮成了他的"術"。墨子提倡兼愛,與韓非主張嚴刑相反,所以他對墨家只有反對,而不引證。韓非的主張什九因襲法家,他兼取申不害的用術,商鞅的君權集中主義、重刑罰和尚信,慎到的用勢,而遠緒管仲,但他雖然採用,又不滿於申子單用術、商子單用法、慎子單言勢而放棄了賢智，還批判管仲"無度"。此外，韓非還擷取了楊子、惠子、子產、吳起、李悝等有關法術的言行。韓非除了集春秋戰國諸子之大成，還繼承了殷商哲學，引證了伊尹、太公的法術言行。總之，韓非立論以法術爲主，與他思想一致的就採取，否則就排斥，經過去取，再參合自己的意見，遂成了所謂的"韓學"。

第三章爲"韓非子書考證"。由於作者史學、文獻學功底不深，所以其考證的出發點即有誤。作者認爲，《史記》所記未必準確，而秦始皇焚書坑儒時《韓非子》被焚，靠秦以後的口傳再爲重行抄錄，加之歷代帝皇雖也有崇儒的，但把真的文學多爲抹煞，所以考證其書很困難，結果"祇不過得到些概念而已"，而且還有"幾處武斷地研究"。作者把《韓非子》的流傳與儒家之書同樣看待，說"秦王讀過韓非子的《五蠹》《顯學》，則韓書之被焚，更是意中事"，此斷言顯屬謬誤。秦始皇讀韓非書後十分讚賞，怎麼會焚燒其書呢？作者基於如此的虛無眼光來考證《韓非子》書，當然難免武斷甚至誤斷了。

此章主要論述了四個問題。（一）關於《韓非子》的篇數，作者據王先慎《韓非子集解》和《漢書·藝文志》以來的記載確認爲五十五篇。（二）關於《韓非子》的真偽。作者認爲，《初見秦》與《存韓》意見相反，均爲僞作。最可靠的是《孤憤》《難勢》《問辯》《定法》《詭使》《六反》《五蠹》《顯學》，從中可以看出韓非的全部思想，其證據不過是"文勢""文意"而已。至於其他篇章，或經後人補綴、刪減，但不失韓非之本意，故亦無關大要。（三）關於韓非著書的前後。作者"憑着臆測"認爲：韓非前期的著作依次爲《大體》《人主》《有度》《五蠹》《顯學》《備內》《南面》《揚權》《姦劫弑臣》《定法》，這些著作"不過是很興奮的發揮他的主張"。中期的著作是其前期著作未得韓王信用後所作，依次爲《說難》《內儲說》《外儲說》《說林》《孤憤》《難勢》《飾邪》《愛臣》《六反》。後期的著作是不受韓王信用後進行更詳細地分析，依次爲《難》四篇和《說疑》《詭使》《亡徵》。至於《解老》《喻老》爲隨時所記，其他篇章就"很難說定"了。（四）關於韓非書與後學。作者看到自漢以來，儒、道兩家，研究者代有其人，但把一生光陰費在研究《韓非子》上的差不多一個人也沒有。歷代間有論及的，有《蜀志》載先主敕、劉勰《文心雕龍》、晁公武《讀書志》、高似孫《子略》、王世貞《韓非子書序》及宋《黃氏日抄》。近代有王先慎校注的《韓非子集解》，引證了顧廣圻等校注。近來日本研究者也很多，如渡邊秀方，而太田方的《韓非子翼毳》多有特見。

此章所謂"考證"，根本沒有舉出多少證據而多爲"臆測"，連作者自己也認爲："其實把韓非書分爲三個時期，原也是很勉強的事。"因此，此章參考價值不大。

第四章爲"韓非子學說"。作者首先指出，韓非的學說不外乎法、術兩項，他主張參驗與實用，以現代爲立足點，把國土和人民視爲人君的私產，不主張以仁義來感動籠絡人，而主張用法術來制止利己的人性。接著，作者便圍繞這些要點，從五個方面來論述韓非的學說。其中雖然有誤解韓非之處，如引《定法》"人不食十日則死，大寒之隆，不衣亦死，謂之衣食孰急於人，是則不可一無也，皆養生之具也"，用來說明韓非的觀點是："人民對於法，乃是像人和衣食一樣。人不能缺衣食，人民就不能缺法。""法，就是使人民安心樂業的衣食。"但其論述大多值得參考。現分述如下。

一是"法治論"。作者概括的要點是：韓非所說的法由官吏規定，然後布告之，並以刑罰爲後盾，立法必須多多採習民間的習慣。法的效用是防止姦惡，建設富強的能力。對於法的施行，韓非主張重罰輕賞，但可重賞時應當重賞，賞罰不可不得當。國家之強弱，就視法令之能否實行。

二是"君術論"。韓非主張官吏以法治民，而人君則以術來治官吏，即依靠相當的權勢，採納老子虛靜之旨，使用譎巧小智以御臣下。人君至尊，有姦臣暴民想侵奪君位，有官吏百姓想違背法令，人君若不藉術以制御，必不能安於位，所以非用術不可。人君對於臣子，不可太親近，太信任，不可使其太貴，而應該無偷賞，無赦罰；又不可用賢智之臣，因爲賢臣會亂國，如田氏、戴氏、湯、武之類，當然也不可用愚人。人君不可洩露自己的計劃，不可和大臣計議大事。人君應該用法術之士，根據功勞和才能選拔人。君臣之權勢互爲消長，人君必須擁有權勢，使群臣懾伏而不敢私蓄異志，所以要早絕其姦萌。

三是"參驗實用論"。韓非排斥空談，注重實際，即使是臣民也應當切實地工作。

四是"現代的觀念"。韓非認爲，時代不同了，治國就不應當再用老法子。嚴刑必罰，不以爲戾，因爲這是時代的需要。

五是"人性利己觀念"。人性何以多利己？原因是物質供給不足，風俗淫侈。韓非主張人性利己，一部分是承襲了荀卿的性惡論而來，另一部分則是他觀察當時環境而得到的。但韓非認爲人性利己並非是絕對的，假如有利可圖，人就可以不避困難而向前。當然，韓非是想把人性導向善良，嚴刑峻法實是一時權宜之計。

此章之結論是：韓非的學說雖未見諸實行，但確實有不可磨滅的真理在。他供認了其殘忍，但也供認這殘忍是出於不得已。現代不比古代，人是怎樣的自私自利、陰險詭詐，不用殘忍的心情來治理現時代而仍用仁義，誰還來信服你？所以非用法術來治理不可。但人君在這樣的時代還不知道用嚴刑峻法來挽救，還用仁義來欺人欺己。於是他提醒著，狂喊著，但不能驚醒人君，其學說也只成了歷史上的理論文章。韓非的學說理由充足，見解深奧，方式切實，但其主張或能生效於當時，卻不能使國家永遠平安，因爲戰國以後的時代已和戰國時代不一樣。春秋戰國諸子的學說，除孔孟外，都是治標的學說，韓非的學說也如此。韓非僅以現時代的和人性利己的理由駁斥孔、孟的仁義，殊不知仁義的效用自有牠的微妙。因此，千百年之後，孔、孟的學說仍有人在倡導，韓非子卻幾乎被大衆遺忘。不過，對於韓非説理的透徹，窺測時代的眼光鋭敏，他的天才，還是應當表示相當的欽佩。

總之，作者缺乏史學、文獻學知識，故其所謂考證大多膚淺甚至謬誤而無甚參考價值。至於對韓非學説及其思想淵源的研究，雖然概括不全，也少有深刻的剖析，但大多公允，尚未玷污"國學小叢書"之名，值得初學者參考。

8. 偽書通考·韓子　　張心澂撰　　民國二十八年（1939）商務印書館排印本（復旦大學圖書館藏）

張心澂（1887—1973），字仲倩，號冷然，廣西永福人，宣統二年（1910）畢業於京師大學堂。民國後歷任北洋政府及國民政府交通部路政局會計科科長、交通部會計長等。1933年參加中國計政學會，當選爲常務理事，因"不能化耿直孤僻素性，不善因應"而調任國民政府交通部參事，實則卸職閒居，回上海寓所潛心著書立説。不久恢復公職，並擔任廣西省國民政府會計長。1945年任西南商業專科學校（1949年更名法商學院，1950年併入廣西大學）會計科主任。1949年到廣西大學經濟系任專職教授。1963年任廣西壯族自治區第三屆政協委員。他是中式會計改革的主要參與者，又是史學家和辨僞學家。著有《交通會計》《鐵路會計》《周禮財計制度》《中國現代交通史》《偽書通考》等。

《偽書通考》是一本集古今考辨僞書之大成的帶有工具性色彩的辨僞學著作，是使作者成爲與梁啟超齊名的辨僞學家的扛鼎之作，它展示了作者淵博的歷史知識和紮實的國學功底。該書的編著，最初是受了顧頡剛《古史辨》第一册的啟迪，而其體例則受到胡適《論辨僞叢刊體例書》的啟迪和影響。它對每一部被考辨的古書都按時代的順序列舉歷代學者的考辨之説，並注明引文出處，同時加上編者的按語，以表明自己的觀點。

關於《韓子》之真偽，《偽書通考》先於子部法家類列其目："韓子　二十卷　疑有偽。　　周韓韓非撰。"其後則依次節錄或概述了如下著作中的資料或意見：司馬遷《史記·老子韓非列傳》、《重刻姚氏本戰國策札記》（其中涉及姚寬《戰國策後序》、王應麟《困學紀聞》、吳師道《戰國策補注》、盧文弨《群書拾補》及黄丕烈案語）、王應麟《漢書藝文志考證》、《四庫提要》、胡適

《中國哲學史大綱》、容肇祖《韓非的著作考》、鄧思善《讀容肇祖先生〈韓非的著作考〉志疑》、劉汝霖《周秦諸子考》、高亨《〈韓非子·初見秦篇〉作於韓非考》、梁啓超《古書真僞及其年代》和《〈史記〉中所述諸子及諸子書最錄考釋》。最後爲張心澂之按語。

作者在按語中對王應麟《漢藝文志考證》所引程氏之説以及胡適、梁啓超、容肇祖等人的説法提出了不同意見,其結論有三:一,"《初見秦》所敘之事在張儀死後,其所指責者有關范雎,而蔡澤爲雎所薦,可證明非儀作,非雎作,亦非澤作,而爲非書之首篇,當爲非作。"至於該篇與《存韓》之説不同,是因爲"進言有其相當之時"。二,"古之法家由道家蜕化而來,以法源於道也。……故《解老》《喻老》《主道》《揚摧》等篇,不能遽定其爲非作。"三,"戰國時遊説之風盛……非爲人口吃而善著書,其研究所得遊説之難,筆之於書,曰《説難》,《内外儲説》六篇爲其隨時記録以備用,固未見其必爲縱横或遊説家之言混入書中也。"

校核此三條按語,可知其主要針對容肇祖《韓非的著作考》之結論而發,而其按語無一言懷疑《韓子》有僞作,可見他對前人之懷疑和所謂的考證基本持否定態度。應該說,他對容肇祖的否定是中肯而正確的(參見第100條容肇祖《韓非子考證》考述),而對《韓子》真僞的基本看法也是可取的。只是由於作者乃"通考"古書者,而非研究《韓子》之專家,故未能對其所録資料中提出的所有疑點進行考辨而發表自己的意見,然學術有專攻,此固不可用來苛求於作者。

此外,其所輯資料尚有信息缺失,如其輯録黄丕烈《重刻剡川姚氏本戰國策札記》時僅標"重刻姚氏本戰國策札記"而未標"黄丕烈"之名,因而與其上下之引文體例不一,此可能因其引書時未見該書作者之名所致,但既名"通考",則當儘量考明其資料之所出而不宜闕疑。還有,容肇祖之《韓非子考證》已對其《韓非的著作考》有所修改,輯録其説也當以後出者爲準,作者編著此書時可能尚未見到《韓非子考證》,所以仍舊輯録了其舊著,而出版時又未用《韓非子考證》進行更新,此則不免留下缺憾。至於其標目以《韓子》爲"周韓韓非撰",也有失粗疏,因爲周朝末代帝王周赧王卒於公元前256年,此前韓非即使已有著述,恐怕也未爲完帙,故不如改爲"戰國韓非撰"更確當,然此乃前人通説,作者因襲之,也不能求之太苛。

9. 韓非及其政治學　陳啓天著　民國二十九年(1940)獨立出版社排印本(上海圖書館藏)

陳啓天生平事迹見第一章第四節第2條《韓非子校釋》考述。

該書爲作者 1938 年在大學講授《韓非子》時所編,首載作者民國二十七年八月寫於武昌的《自敘》,其第一節云:"一個時代的大轉變,必定有一種政治思想家,提出一種政治學,以爲時代的指導原則。我國歷史上的戰國時代,是一個大轉變的時代,是由封建政治轉變爲君主政治的時代。在這個時代的政治思想家,可以韓非做代表;韓非所提出的政治學,就是韓非子書。韓非子書所提示的政治學原則,改變了戰國時代的歷史,支配着戰國以後兩千餘年的中國歷史。我們要了解戰國以及戰國以後的歷史,必須了解韓非及其政治學。本書就是要簡略敘述韓非及其政治學,以便幫助我們了解中國歷史。"這便是作者編撰本書之大旨。

該書共分十節,其節目及大致内容如下:

一,韓非的時代:作者將中國歷史分爲四大時代,一爲原始國家時代(黄帝至商紂,即公元前 2697 年到公元前 1122 年),是"元后"(盟主)與"群后"(各部落長)統治時期;二爲封建國家時代(周武王至春秋,即公元前 1122 年到公元前 403 年),是實行宗法世襲制的周天子及其所封諸侯所形成的貴族統治時期;三爲君主國家時代(戰國至鴉片戰爭,即公元前 403 年到公元 1842 年),是君主專制時期;四爲新民族國家時代(鴉片戰爭以後),是内求統一、外求獨立的時期。由此可見,韓非所處的時代正當七個分立的君主國家變爲一統的秦帝國之前夕,是國際競爭最烈的時代。這種時代產生了韓非的學說,而其學說又促進了這個時代。

二,韓非的祖國:當時的韓國,内政混亂,國際處境也十分艱難。

三,韓非的生平:作者以《史記》《韓非子》之文及錢穆《先秦諸子繫年考辨》爲依據,對韓非爲韓國宗室公子,生於公元前 280 年,卒於公元前 233 年,以及與李斯同學於荀卿,上書韓王,發憤著述,最後出使秦國而爲李斯所害等事迹略作述説。最後取陳千鈞《韓非年表》等材料新擬了《韓非年表》。

四,韓非政治學的淵源:作者認爲韓非學説的主要淵源爲管仲、子產、李悝、吴起、商鞅、申不害、慎到等法家,次要淵源爲兵家、道家、儒家、名家、墨家,與陰陽家、縱横家則無淵源關係。

五,韓非政治學中的哲學論:作者認爲韓非持進化的歷史哲學,因而主張變法;持講求實力的社會哲學,因而主張富國强兵、强調公利高於私利而反對仁義辯智。

第六節至第十節依次爲韓非政治學中的勢論、法論、術論、富强論、法術之士論,分別論述了韓非關於君主必須牢牢掌握賞罰大權、實行厚賞重罰、信賞必罰的任勢學説,以適合時勢、易知易行的成文法、公佈法、平等法來治國的法治理論,以無爲術、形名術、參伍術、聽言術、用人術等來統治臣下的術治方法,注重内政、獎勵耕戰以求國家富強的政治策略,以及法術之士"遠見而明察"、"強毅而勁直"、講法術、圖富強的政治品性。

總之,該書以政治學的眼光,簡略地介紹了韓非所處的時代、生活環境和生平事迹,概要地評述了韓非的政治學説,對於瞭解韓非及其學説的概況甚有好處,可供研究韓非學説及古代政治學説者參考。但其論述也有不當之處,如在論述韓非的社會哲學時認爲"韓非彷彿也認定人性是惡的",則顯然是基於荀卿的性惡論而作出的錯誤推導,因爲韓非雖然繼承了荀子關於人性"好利惡害"(《荀子·榮辱》)的觀念,但他並不認爲這是邪惡的,而認爲這是應該加以肯定的人之常情,政治家應該在法治的框架内有效地去利用這種人之常情。

10. 韓非的政治哲學　　洪嘉仁編著　　民國三十年(1941)上海正中書局排印本(上海圖書館藏)

洪嘉仁,生平事迹不詳。

本書共分六節,其節目及大致内容如下:

一,緒論:其文開頭說:"自古以來,一切偉大哲人的思想和主張,皆淵源於其時代社會生活的需要,且其思想方式的展開,亦無不具有承前啓後的特徵。"本節即從這一基本觀點展開論述,認爲先秦諸子的思想,除了辯者外,儒家、道家、墨家、法家、兵家等無不以政治問題爲中心。韓非的學説,歸本於黃老,又集申不害、商鞅、慎子之大成,使法家的思想達到了最完美的境界,產生了繼往開來的作用。遺憾的是,法家命運短促,韓非以後無人繼續他的奮鬥精神去創造,但道德和法律是政教的陰陽面,儒家的禮治與法家的法治是相輔而行、不可偏廢的。

二,韓非的生平及社會背景:其文先據《史記》的記載略述了韓非的生平事迹,接著論述其社會背景爲農業、手工業、商業的發達,於是斷言韓非"提倡法治,即基因於商業社會的必需。他的學説思想,完全是商業社會時代的寫真"。

三,韓非在歷史上的貢獻:一是集先秦諸子各學派之大成,繼承了法家的法治、術治、耕戰、疑古、性惡等思想,道家的無爲思想,儒家的"正名""定分"主張,墨家的"唯實""尚同"主張。二是促成了秦的統一,影響至今未已。作者又指出,韓非是一個善用科學方法的學者,他注重客觀事實和根據,應用"參驗"之法去獲求新的概念和結論,又站在"動的觀點"去研究歷史,認爲歷史之所以有變動和鬥爭,完全基因於人的慾望的發展及求其慾望的滿足所致,歷史的發展和進化都是隨着社會環境爲轉移的,所以要"論世之事,因爲之備"。

四,韓非政治哲學思想的出發點:作者指出,"在政治哲學上,韓非是一個改良主義的君主政治論者。他的研究每著重於人事和倫理方面",其政治哲學思想的出發點是荀子的性惡論,所以他要用"法"來矯正人的爲惡,使歸於治。

五,韓非的政治哲學:一是法治主義,即根據公佈成文的法律,用賞罰的手段使社會歸於安定。其原則是公佈、平等、必行、周詳、固定、適時、適當、重刑、去私、輔以毀譽。二是術治主義,其原則是任法而無爲,其條件是君主擁有勢位和權力,其具體方法是獨擅權力、分任專職、循名責實、使用陰謀等。三是一些其他的政治觀念和政策,如韓非擁護君權,主張國爲君主所有,不主張民治、民有,但韓非有民享的政治觀念,即其政治目標是爲了"利民",爲人民謀幸福,同時又有理想公民的政治觀念,即守法、力作的是良民。此外,韓非的教育政策是以法爲教,經濟政策是重農輕商,軍事外交政策是以武力相競而認爲外交不足依恃。

六,結論:韓非的政治哲學相當於馬基雅維利的社會思想。他所處的古代學說昌盛的戰國時代也與馬基雅維利所生的十五世紀意大利文藝復興時代相似。他們的思想學說雖或不免偏激,但都是由他們的經歷和考察歷史事實歸納而得出的。他們注重於分析"陰謀社會"而純持客觀的研究態度。韓非注重實踐和國家利益,反對保守主義與習俗勢力,其法治的目的不勸人爲善而禁人爲非,他的"法"是規範人類行爲的一種定律,他的學說是中國古代法律思想界的一盞明燈。當然,韓非學說也有錯誤,如國家無監督機關,君主可隨意非法;不知以禮治輔助政治;過於限制人民,致人民個性爲君主吞盡。我們應該取其長處,厲行法治,促成統一,建立"革命的權力"。最後,作者指出,"法治"與"人治"之爭在中國已有數千年的歷史,而兩者其實是相輔而行的,法賴人而執行,人非持法亦不能治人,選賢能以輔法治也是必要的。

綜觀全書,作者既大量引用了《韓非子》中的論述,又引用了蘇格拉底、富蘭克林、黑格爾、邊沁、馬基雅維利、盧梭、霍布斯、詹姆士、杜威、施拉、歌德等人的話或學說以及現代的某些理論,以此來論述韓非的學說,顯得富有現代意識,而對韓非學說的論述也較爲全面公允,故可資參考。不過,有些論述(如說韓非思想是商業社會的產物)顯然是用現代理論去硬套古人思想,有些論述(如說韓非爲性惡論者)也失之粗疏,參閱時應加甄別。

11. 韓非子參考書輯要 陳啓天編 民國三十四年(1945)上海中華書局排印本(上海圖書館藏)

陳啓天生平事迹見第一章第四節第 2 條《韓非子校釋》考述。

作者在撰述《韓非子校釋》時曾搜集了不少資料,本書就是在其所輯資料的基礎上再增附部分文章編輯而成的。全書內容分如下六類。

一、書目：計文三篇，其中第二篇《近人韓非子論文簡目》和第三篇《韓非子束籍簡目》爲論文索引和書目索引，分別羅列民國元年至二十六年間國內各雜誌刊登的二十二篇論文題目和日本之書目三十種、短論八種。較能體現作者著述之功的是其中的第一篇《韓非子書目提要》，這是作者對《韓非子》版本及校釋著作的簡要介紹和評論，既具有資料性，又具有學術性。其中關於版本的有宋乾道本《韓子》、明《道藏》本《韓子》、明趙本《韓非子》、明陳本《韓子迂評》；關於校釋的有北魏劉昞《韓子注》、唐尹知章《韓子注》、宋前某氏《韓子注》、元初或元前李瓚《韓子注》、元何犿校注《韓子》、明張鼎文校刻《韓非子》、明門無子《韓子迂評》、明趙用賢校《韓子》、明凌瀛初校《韓非子》、明趙如源王道焜合校《韓子》、明馮舒校張鼎文本《韓非子》、清盧文弨《韓非子拾補》、清顧廣圻《韓非子識誤》、清王念孫《讀書雜志》、清洪頤煊《讀書叢錄》、清張文虎《舒藝室隨筆》、清俞樾《韓非子平議》、清孫詒讓《札迻》、清王先慎《韓非子集解》、清吳汝綸《韓非子點勘》、陶鴻慶《讀諸子札記》、劉師培《韓非子斠補》、尹桐陽《韓子新釋》、高亨《韓非子補箋》、孫楷第《讀韓非子札記》、孫人和《韓非子舉正》、唐敬杲《韓非子選注》、陳啓天《韓非子校釋》；關於考訂批評及研究的有《史記》、《戰國策》、《漢書》、《鹽鐵論》、揚子《法言》、王充《非韓篇》、《孔叢子》、劉陶《反韓非》、《諸葛亮集》、葛洪《抱朴子》、劉勰《新論》、劉勰《文心雕龍》、《北史·公孫表傳》、《北史·李先傳》、《北史·蘇綽傳》、魏徵《群書治要》、馬總《意林》、《李翱集》、歐陽修《論申韓》、蘇軾《韓非論》、蘇轍《韓非論》、《宋史·呂公著傳》、鄭樵《通志》、晁公武《郡齋讀書志》、《朱子語類》、陳振孫《直齋書錄解題》、高似孫《子略》、黃震《黃氏日抄》、王應麟《漢書藝文志考證》、何犿《校韓子序》、楊慎《孔明寫申韓書》、張鼎文《校刻韓非子序》、張居正《張太岳全集》、趙用賢《韓非子書序》、門無子《韓子迂評序》、王道焜《重刻韓子序》、胡應麟《筆叢》、陳祖范《讀韓非子》、盧文弨《韓非子拾補序》及《書韓非子後》、《四庫全書總目·韓子提要》、吳鼐《重刻韓子序》及顧廣圻《韓非子識誤序》、梅曾亮《書韓非傳後》、陳澧《東塾讀書記》、俞樾《申韓論》、吳汝綸《讀韓非子》、王先謙《韓非子集解序》、嚴復《論救亡學》、章炳麟《原道》、梁啓超《先秦政治思想史》、謝無量《韓非》、蔡元培《中國倫理學史》、胡適《中國古代哲學史》、劉咸炘《子疏》、陳柱《子二十六論》及《諸子概論》、馮友蘭《中國哲學史》、張陳卿《韓非的法治思想》、陳烈《法家政治哲學》、周靜九《韓非法學之研究》、馮振《韓非子論略》及《韓非子各篇提要》、劉汝霖《周秦諸子考》、孫祖基《中國歷代法家著述考》、夏忠道《韓非子法意》、容肇祖《韓非子考證》、王世琯《韓非子研究》、錢穆《先秦諸子繫年考》、陳千鈞《韓非子研究》、陳啓天《中國法家概論》、陳啓天《韓非及其政治學》。於以上所列書目已足見其收羅之富，它無疑爲後人研究《韓非子》提供了很好的綫索。當然，其論述也有失誤處，如說張古餘家藏有乾道本原書，說商務印書館影印之《道藏》爲萬曆刻本，說《韓子迂評》初刻於萬曆六年而未完工，將周孔教本與黃策本視爲兩種版本，說張鼎文本篇章完備，說凌瀛初本"不過就趙本、陳本二者間以意定之，實不得謂之校注"，說趙如源、王道焜合校之《韓子》"版既不佳，校亦不精"，說尹桐陽《韓子新釋》"於文義之校釋則甚疏"，說夏忠道《韓非子法意》爲"上海青年會協會書局出版"。凡此之類，皆爲未加深究而導致的誤說（欲明其誤，可參見相關書目之考述）。

二、學述：計文一篇，即作者的《韓非及其政治學》（其内容可參見上一篇考述）。

三、紀載：共五篇，分别爲《史記·韓非傳》、《史記·韓世家》（節録）、《史記·始皇本紀》（節録）、《李斯督責之術》（節録《史記·李斯傳》）、《姚賈譖殺韓非》（録自《戰國策》），可供研究韓非生平事迹者取資。

四、序例：共二十五篇，即《韓子乾道本序》、何犿《校韓子序》、張鼎文《校刻韓非子序》、趙用賢《韓非子書序》、趙用賢《韓子凡例》、王世貞《合刻管子韓非子序》、陳深《韓子迂評序》、門無子《刻韓子迂評序》、門無子《刻韓子迂評跋》、《重校韓子迂評引》、門無子《重校韓子迂評凡例》、茅坤《韓子迂評後語》、張榜《韓非子序》、凌瀛初《韓非子凡例》、王道焜《重刻韓非子序》、趙世楷《重訂韓子凡例》、盧文弨《韓非子拾補序》、盧文弨《書韓非子後》、吳鼐《重刻韓非子序》、顧廣圻《韓非子識誤序》、顧廣圻《韓非子識誤跋》、黄丕烈《影宋鈔本韓非子跋》、王先謙《韓非子集解序》、王先慎《韓非子集解弁言》、高亨《韓非子補箋序》。一看這些題目，即可見其有誤，如乾道本原題"韓非子"而被誤題爲"韓子"，《重校韓子迂評凡例》爲陳深所作而被誤題爲"門無子"。尤爲甚者，其中張鼎文《校刻韓非子序》一文之誤字、衍文、脱文、誤倒者達百餘處，如將"無非鉤箝決摘之術"誤爲"非無鉤箝決摘之術"，將"《初見秦》，干秦也"誤爲"曰《初見秦》"，將"五不勝之勢，瀝肝膽矣"誤爲"曰五不勝之勢，歷肝膽矣"，將"《和氏》以管仲之治齊、商君之强秦爲使天下必爲己視聽之道"誤爲"曰《和氏》，以和氏之刖，喻吳起之支解，商君之車裂。曰《姦劫弒臣》，以管仲之治齊，商君之强秦，爲使天下必爲己視聽之道也"，將"《安危》，自屬也"誤爲"曰《安危》，自勵也"，將"《用人》，立可爲之賞，設可避之罰"誤爲"曰《用人》，立可爲之賞，説可避之罰"，將"《外儲説》四：《左上》，以先王仁義不能正國，比諸嬰兒之塵飯塗羹"誤爲"曰《外儲說》四：一曰《左上》，以先王仁義不能正國，皆諸嬰兒之塵飯塗羹"，將"《右下》，五節。責成立功，善馭臣也。因事之理，善事君也"誤爲"四曰《右下》，五節責成立功，善馭臣也"，將"《難勢》，治天下賢不如勢"誤爲"曰《難勢》，天下賢不如勢"，將"父之令行於子也十母"誤爲"父之令行於下也十母"，將"慈不如嚴也"誤爲"慈不勝嚴也"，將"《八說》《八經》，文之變也，頗不類非作"誤爲"曰《八說》，曰《八經》，文之變也，頗不類非之作"，將"帶劍私門末作之弊"誤爲"帶劍私門末作之弊"，將"亦其時之瀆波也"誤爲"亦其時之遺波也"，將"《制分》，刑賞分白也"誤爲"曰《制分》，刑賞分別也"，將"夫非之學專於刑名"誤爲"夫非之學止於刑名"，將"古今學官列於諸子"誤爲"古今學士列於諸子"。這些訛誤又爲陳奇猷《韓非子集釋》《韓非子新校注》之附錄所承襲。今觀其《韓非子書目提要》謂"今南京國學圖書館或藏有"張鼎文本，又謂"本篇資料，乃經十餘友人，分在各處搜集或查抄"，可見陳啓天並未見到張鼎文本，這便是其致誤之根本原因。今考諸他籍，可知此序乃轉錄自《古今圖書集成·理學彙編·經籍典·第四百四十二卷·韓子部彙考二》所載之張鼎文序。《古今圖書集成》所載張鼎文之序已被編者改寫，而陳啓天之友人抄錄時而又增其訛誤，如此以訛傳訛。至於該書所錄之張榜《韓非子序》，亦如此。

五、考證：輯錄晁公武《郡齋讀書志》、高似孫《子略》、黃震《黃氏日抄》、王應麟《漢書藝文志考證》、《四庫總目·韓子提要》、《四庫存目·韓子迂評提要》、孫星衍《廉石居藏書記》、胡適《韓非與韓非子》（節錄《中國哲學史大綱》）、容肇祖《韓非子考證序》，凡九篇。

六、評論：輯錄劉安《淮南子》、王充《非韓篇》、《孔叢子·韓非非聖人辨》、葛洪《抱朴子》、蘇軾《韓非論》、蘇轍《韓非論》、朱熹《朱子語類》、王應麟《困學紀聞》、楊慎《孔明寫申韓書》、胡應麟《筆叢》、陳祖范《讀韓非子》、梅曾亮《書韓非傳後》、俞樾《申韓論》、王棻《書韓非子後》、吳汝綸《讀韓非子》、章炳麟《原道》，凡十六篇。

總之，該書所收《韓非子》研究資料的豐富程度遠遠超過了以往的著作，其收羅之功甚偉，但由於未能用第一手材料認真校對，故不免有訛誤處。若作爲一般參考資料來觀覽，從中獲取《韓非子》研究資料之綫索，則未嘗不可；若作爲研究資料來引用，則必須校核原著，否則難免會以訛傳訛而貽誤後學。

12. 韓非法治論 曹謙編著 民國三十七年（1948）上海中華書局排印本（上海圖書館藏）

曹謙，生平事迹不詳。

本書分爲三編，另有附錄，其大致内容如下。

第一編"緒論"，論述韓非法治學説的價值和基礎，分五章。第一章"法家與現代中國"，以秦始皇、漢宣帝、諸葛亮、王猛、王安石、張居正採用法家學説而取得成效爲例，説明法家學説的歷史功用和現實意義。第二章"韓非與法家"，簡略介紹管仲、子産、鄧析、李悝、吴起、商鞅、申不害、慎到、韓非的事迹和學説。第三章"韓非的時代"，介紹韓非所處的時代背景。第四章"韓非學説的淵源"，論述韓非集先秦政治學説之大成，以及與以往道家、儒家、墨家、法家等學説的異同，説明韓非的"道""無爲""因應""絶學""不尚賢"等取自老子而有深淺廣狹之分，他的"變"本於莊子，其"正名""定分""通權"採自孔子、荀子而有同有異，其統制、人性自利之説近似於墨子的"尚同""功利"，而法家如太公、管仲、子産、商鞅、申不害、慎到的思想學説更爲韓非多所引用。第五章"韓非思想的觀點"，論述韓非的基本觀點：進化是時代的趨勢，利己是人類的天性，經濟是政治的基礎。作者認爲："法家學説，在先秦諸子中，最切合實際。韓非捨短取長，針對當時政治狀況立論，更爲切實。思想細密，目光鋭利。每論一事，往往能看出癥結所在，盡情抉發，不留餘地。有些言論，尖利刻薄，使人讀而憎惡畏懼，然人情事狀，原是如此，無可諱言。至於立論精確，見解透澈之處，則又使人拍案贊嘆，許爲知言。"此可謂深明韓非學説的知音之論。

第二編"本論"，論述韓非的政治思想，分三章。第一章"韓非的國家主義"，首先論述韓非以國家利益和君主爲至高無上，實違反了《管子·任法》《尹文子·上義》所説的置法於君主之上的法治精神。其次論述韓非以農戰促富强的策略及國家的安危之道。第二章"韓非的道德觀念"，論述韓非以人性利己爲出發點、以國家君主爲本位而否定君"仁"臣"忠"的道德論，認爲韓非認同的傳統道德只有"敬"和"信"。第三章"韓非的法治理論"，論述韓非着眼於治理常人的法治思想，即用"必然之道"而"不隨適然之善"，貴"近功"而不期"遠效"，務"易行"而不貴"難能"，重"實利"而不驁"虚名"，任"法"而不任"人"，用"一國"而不用"一人"。至於韓非提倡的法，是成文的、公佈的、强制的、利大害小的、適合時勢的、順應人情的。其法治的目的，是爲了"救群生之亂"。接着，作者又論述了韓非學説中的"道""術""勢""刑賞""形名""賢智之士""權貴"及其與"法"的關係。

第三編"餘論"，分兩章。第一章"韓非抨擊當時各家學説"，論述韓非對當時儒家、墨家、道家、名家、縱橫家以及法家商鞅、申不害之學説的抨擊。第二章"對於韓非的幾種批評"，節録了王充《論衡·非韓篇》、章炳麟《國故論衡·原道下》、馮友蘭《中國哲學史》第十三章、陳啓天《韓非子參考書輯要·自序》對韓非的評論。

最後之附錄"韓非傳略及韓非子參考書目",簡略介紹韓非的生平事迹及《韓非子》篇目,然後列出參考書目二十三種(除了郭沫若的兩篇文章,其他論著均見於陳啓天的《韓非子參考書輯要》)。

總之,該書引證繁富,條理清晰,内容平實,深入淺出,可供學習研究韓非思想者參考。

13. 韓非子考證　田醞可撰　稿本(多寶齋藏)

田醞可,生平事迹不詳。其一九七九年三月所撰之《韓非子考證》弁言云:"余年二十,肄業四川大學,曾就非書,參考他籍,寫《韓非子考證》一卷,作畢業論文,得學士學位。繼以明、清諸刻本逐字讎校,訂補闕訛,歷十餘寒暑,得若干則,又寫《韓非子校勘》一卷。三十年來,因忙於醫務,遂將此稿置之高閣。一九七八年秋,見大專院校語文試題有譯《韓非子》'曾子之妻之市'一則,始將此稿清出,然已朽蠹不堪。嗟乎,韓非之學不傳也久矣,余年亦衰老,良師益友,零落殆盡,若不及時抄出,將共誰切磋乎!於是不揣譾陋,略加修改,寫成上下兩卷,題曰《韓非子考校》。博達諸君,其正之焉。"其一九七九年元月所撰之《韓非子校勘記》弁言署"崇慶田醞可"。據此推測,可知田醞可乃四川崇慶(今四川崇州市)人,約生於一九一七年,一九三七年前後就學於四川大學時撰《韓非子考證》一卷,並以此作爲畢業論文而獲學士學位,又於一九四九年撰成《韓非子校勘記》(從其稿本之修改可以看出,其初稿原題"韓非子匡謬"或"韓非子刊誤",謄清後再改題爲"韓非子校勘"或"韓非子校勘記"),此後以行醫爲生。一九七九年初,作者將其舊稿略加修改後謄清,總名《韓非子考校》,上卷爲《韓非子考證》,下卷爲《韓非子校勘記》(參見第三章第二節第 7 條考述)。

《韓非子考證》除了卷首弁言外,分爲三個部分,現分述如下。

一、《史記·韓非傳補》

這一部分乃擴採群籍之材料來補充《史記·韓非傳》之闕略,並加按語、注釋進行疏證。

其依次徵引的典籍有:《韓非子》、《史記》及三家注、《管子》、《尹文子》、宋濂《諸子辨》、門無子《韓子迂評》、《淮南子》、蘇轍《漢書》、司馬貞《補史記序》、晁公武《郡齋讀書志》、黄震《黄氏日抄》、程子、王世貞《韓非子書序》、陳澧、曾某、蔡元培、謝某、章太炎《國故論衡》《檢論》、吳又陵《荀子講録》、《春秋繁露》、《白虎通德論》、《内經》、《靈樞》、《九鍼十二原》、《素問》、《説文》、《孟子》、章學誠《文史通義》、《列子》、章太炎《諸子略説》、《商君書》、《鹽鐵論》、劉光漢《讀書劄記》、《經典敘録》、日本木村鷹太郎、劉光漢《讀書隨筆》、《隋書》、《舊唐書》、《宋史》、陳振孫《直齋書録解題》、王應麟《漢書藝文志考證》、《四庫全書總目》、《潛夫論》、梁玉繩、《孔子家語》、《後漢書》及其注、《荀子》、高似孫《子略》、朱熹、孫鑛、《揚子法言》、陶淵明《讀史述》、《文選》、《論衡》、《意林》、《戰國策》及吴師道補注、顧廣圻、黄丕烈、顧實。

其補綴之文，有簡約可取者。如於《史記·韓非傳》"韓非者，韓之諸公子也"之下補"蓋生於周赧王時"，其依據是韓非"嘗欺赧王有主名而無實"（據《備内篇》），又目睹周之滅亡（據《五蠹篇》，並證之以《史記》之記載）。又如於"而其歸本於黄老"之下補"並旁通陰陽、五行、蓍龜、天文、神仙、醫經、文字諸學，大絀一切災異虚僞之言"（據《韓非子》之《揚榷》《解老》《飾邪》《備内》《喻老》《安危》《六反》《八經》《顯學》《五蠹》，並證之以《春秋繁露》《白虎通德論》《漢書》《内經》《靈樞》《九鍼十二原》《素問》《説文》之論述）。

然其補綴也頗有枝蔓之弊或不當之處。

如將"非爲人口吃，不能道説，而善著書。與李斯俱事荀卿，斯自以爲不如非。非見韓之削弱，數以書諫韓王，韓王不能用"補綴爲："斯時也，孔丘、墨翟、楊朱及縱横之學盈於天下，與法家言治相反，故皆不免非之攻訐。非爲人口吃，不能道説，而善著書。齊王建十年，齊人或讒荀卿，荀卿乃適楚，而春申君以爲蘭陵令。非與李斯、包邱子俱事荀卿，包邱子受《詩》，非受《左氏春秋》，斯學帝王之術。然荀卿言性惡，重刑罰，法後王，不期而近法治，故非與斯皆爲法家焉。斯自以爲不如非，學已成，度楚王不足事，而六國皆弱，無可爲建功者，遂辭荀卿，西説秦王。至秦，會莊襄王卒，李斯乃求爲秦相文信侯吕不韋舍人。不韋賢之，任以爲郎。非學成，復歸國。韓桓惠王二十四年，秦拔韓城皋、滎陽。二十六年，秦悉拔韓上黨。二十九年，秦拔韓十三城。三十四年，桓惠王卒，子王安立。非見韓之削弱，數以書諫韓王，韓王不能用。"其中補入齊王建十年荀卿適楚以明韓非事荀卿之時間尚可取，其他則未免繁冗，而謂韓非受《左氏春秋》亦嫌片面，將諫韓王事置於韓王安之時亦爲誤從《史記索隱》之説而頗不當。

又如於"故作《孤憤》《五蠹》《内外儲》《説林》《説難》十餘萬言"與"然韓非知説之難"之間補入"當時鮮有難之者，惟堂谿公謂韓子曰"云云（全録《韓非子·問田》堂谿公與韓子之對話），又於"爲《説難》書甚具，終死於秦，不能自脱"下補"洵堂谿公所謂捨全遂之道而肆危殆之行也"，殊不知司馬遷以"《説難》十餘萬言"與"然韓非知説之難，爲《説難》書甚具，終死於秦，不能自脱"相連自有其構思之妙,今將其一氣呵成之詞妄加割裂而插入《問田》之文,顯然不妥,再加"洶堂谿公所謂捨全遂之道而肆危殆之行也"一句則更爲謬誤,因爲堂谿公所謂韓非捨全遂之道而肆危殆之行是指韓非"立法術,設度數"而不"服礼辭讓""修行退智",但韓非終死於秦而不能自脱之原因並非是"立法術,設度數",而是由於李斯、姚賈之讒害。

再如於"韓王始不用非,及急,迺遣非使秦。秦王悦之,未信用"下補入"非上書曰"云云(全録《初見秦》之文),接着再補入"書上,秦王不見。是時,秦貴臣之計,舉兵將伐韓,非復上書勸秦存韓曰"云云(此下全録《存韓》中韓非與李斯之文),最後又於"使人赦之,非已死矣"下補入"一曰:非伏劍死雲陽。是歲,韓王安請爲臣。一曰:秦王封姚賈千户"云云(此下全録《戰國策·秦策》之文)。作者將稍涉韓非之文悉加輯入,甚違史家剪裁之道,而將《初見秦》當作上秦始皇之書,也顯然不當。

至於其考證部分之注釋,也廣徵博引,且頗有發明。如前人曾道及韓非《説難》乃據《荀子·非相篇》"凡説之難"云云發揮而成,田醖可則引孔丘曰:"諫有五,吾從諷之諫。"(其下以《白虎通德論》《家語》之文證之)又引子夏曰:"信而後諫,未信,則以爲謗己也。"(其下引《後漢書·杜欒劉李劉謝列傳·論》及其注所引《論語》證之)然後再引《荀子·非相篇》之文,以證明"韓非《説難》,蓋本孔丘、子夏及其師荀卿之説而爲之也"。這一結論揭示了韓非取資之廣,有利於讀者以更爲廣闊的視野來審視韓非集先秦學説大成之奥妙。不過,作者之引文也頗有訛誤。如其引《白虎通德論·諫諍篇》時將"陷諫"誤爲"伯諫",引《荀子·非相篇》時將"以至高遇至卑"誤爲"以至卑遇至高",又在"遠舉則病繆"之上誤加"凡説之難"四字。

二、《韓非子通論》

這一部分乃作者有感於韓非"立論偏激,蒙世大詬",因而"博采諸書",將韓非"殁後遺事、評論,次第先後,加以平議","俾學者知非立身應世,學有本末,不宜輕相排斥"。

作者採摭之文獻,除了上文已述之外,又有《三國志》《人物志》《日知録》《中論》等。

其所述遺事有:韓非卒後二十年,李斯爲相,荀卿爲之不食,覩其罹不測之禍也;浮邱伯在秦授《詩》;秦坑儒而荀卿醜之;李斯被腰斬;李斯與秦始皇治國多行韓非之説,與二世問答曾引韓非之言;李斯之學傳於吴公,吴公傳賈誼;賈誼、晁錯明韓非之學;武帝建元元年罷韓非之言;田蚡、董仲舒黜百家之説,東方朔上書引韓非之語而終不見用,惟韓安國受韓非之學,此後韓非之學遂絶。

其所述評論有：《漢書》列韓非爲中上等，方荀卿不足，比李斯有餘；又列之於法家且有所評論；《淮南子》《鹽鐵論》《論衡》皆非其學說；後漢酷吏樊曄等好韓非之法術；三國時杜恕又非韓非之法術。

其平議曰：韓非之學，苟能取其所長而棄其所短，亦足以治國，孔明用以治蜀，孟孝裕欲以其權略濟仁恕，漢宣帝、蜀先主、唐太宗皆略知法意而獲強效。

由上述種種可知，其所謂通論，主要在闡述韓非思想之接受史。其採摭評論能兼收並蓄，其平議也較爲允當，但所述遺事則不免枝蔓。至於據《鹽鐵論·毀學》及《三國志·高堂隆傳》"詔曰：荀卿醜秦時之坑儒"而將荀子之事列入韓非遺事，已屬多餘，而用來說明韓非卒後二十年、二十一年（公元前212）荀卿尚存，恐怕也不當。

三、《韓非子年表》

這一部分先據《史記》所載韓非與李斯同事荀卿而推測其年長於李斯數歲，當生於周赧王三十年以後，卒於秦始皇十四年，從而將此五十三年間周、韓、秦、魏、趙、楚、燕、齊之史事按年列入表中，並於其下另列"韓非時事"一行，摘取《韓非子》之《初見秦》《存韓》《有度》《難三》《顯學》《五蠹》《飾邪》及《史記·韓非傳》中所見史事列入其中。此雖名"韓非子年表"，實則除《史記》所載韓非與李斯俱事荀卿及韓非使秦被害之外，所臚列之史事與韓非生平事迹無甚相關，故此表於《韓非子》研究無甚價值。

綜上所述，本書作者以旁徵博引見長，且有所發明，頗能擴展讀者視野，但其引證不甚規範，或僅標注文獻名，或僅標注作者姓氏，又未列參考文獻目錄，其中引文還不乏訛誤，似雜抄各書而得，故不甚可靠。其所補《史記·韓非傳》及所撰《韓非子年表》，間有可取，然大多枝蔓而參考價值不大。至於其通論，則立論公允而猶未免枝蔓之弊也。

參 考 文 獻

【説明】

　　本書所考述之百餘種文獻,已在目錄及正文條目中詳列其書名、作者、版本及館藏,故在此不再贅録,以省篇幅。今將本書所引用的其他文獻列於下,供讀者參考。

1. 《詩經》,據中華書局1980年影印阮元校刻本《十三經注疏》。
2. 《禮記》,據《十三經注疏》,版本同上。
3. 《左傳》及杜預注,據《十三經注疏》,版本同上。
4. 《論語》,據《十三經注疏》,版本同上。
5. 《孟子》,據《十三經注疏》,版本同上。
6. 《國語》及韋昭注,據上海古籍出版社1978年版《國語》。
7. 《管子》,上海古籍出版社1989年影印浙江書局本。
8. 《莊子》,據中華書局1961年版《莊子集釋》。
9. 馬王堆漢墓帛書《戰國縱橫家書》,文物出版社1976年版。
10. 《戰國策》,據江蘇古籍出版社1985年版《戰國策集注彙考》。
11. 《荀子》及楊倞注,據中華書局1988年版《荀子集解》。
12. 《孔叢子》,上海商務印書館1936年《四部叢刊》縮印本。
13. 劉安等《淮南子》,據中華書局1989年版《淮南鴻烈集解》。
14. 韓嬰《韓詩外傳》,據中華書局1980年版《韓詩外傳集釋》。
15. 司馬遷《史記》及唐司馬貞《索隱》,據世界書局1935年影印本《四史》。
16. 桓寬《鹽鐵論》,據中華書局1992年版《鹽鐵論校注》。
17. 揚雄《法言》,據中華書局1987年版《法言義疏》。
18. 王充《論衡》,據中華書局1979年版《論衡注釋》。
19. 班固《白虎通》,據中華書局1994年版《白虎通疏證》。
20. 班固《漢書》,中華書局1962年排印本。
21. 陳壽《三國志》及裴松之注,據中華書局1997年版《前四史》。

22. 范曄《後漢書》,據中華書局 1997 年版《前四史》。
23. 劉勰《文心雕龍》,據人民文學出版社 1981 年版《文心雕龍注釋》。
24. 魏收《魏書》,中華書局 1974 年版。
25. 歐陽詢等《藝文類聚》,上海古籍出版社 1982 年新 1 版。
26. 房玄齡等《晉書》,中華書局 1974 年版。
27. 魏徵等《隋書》,中華書局 1973 年版。
28. 徐堅等編《初學記》,中華書局 1962 年版。
29. 李翱《李文公集》,上海商務印書館 1936 年《四部叢刊》縮印本。
30. 劉昫等《舊唐書》,中華書局 1975 年版。
31. 李昉等編《太平御覽》,中華書局 1960 年影印本。
32. 蘇軾《蘇軾文集》,據中華書局 1986 年版。
33. 黎靖德編《朱子語類》,據中華書局 1986 年版。
34. 王應麟《漢藝文志考證》,據臺灣商務印書館 1986 年版《景印文淵閣四庫全書》第 675 冊。
35. 黃震《黃氏日抄》,據臺灣商務印書館 1986 年版《景印文淵閣四庫全書》第 708 冊。
36. 宋濂《宋文憲公全集》,嘉慶十五年(1810)金華府刊本。
37. 楊慎《升庵集》,據臺灣商務印書館 1986 年版《景印文淵閣四庫全書》第 1270 冊。
38. 高儒《百川書志》,據上海古籍出版社 2002 年版《續修四庫全書》第 919 冊。
39. 謝榛《詩家直說》,據上海古籍出版社 2002 年版《續修四庫全書》第 1695 冊。
40. 王世貞《合刻〈管子〉〈韓非子〉序》,據趙用賢萬曆十年(1582)刻《管韓合刻》四十四卷。
41. 趙用賢《〈韓非子〉書序》,據趙用賢萬曆十年(1582)刻《管韓合刻》四十四卷。
42. 盧文弨《抱經堂文集》,北京直隸書局民國十二年(1923)影印《抱經堂叢書》本。
43. 王鳴盛《十七史商榷》,據上海古籍出版社 2002 年版《續修四庫全書》第 452 冊。
44. 永瑢等《四庫全書總目》,中華書局 1965 年影印浙江本。
45. 汪中《舊學蓄疑》,光緒辛卯(1891)李氏木犀軒刊《木犀軒叢書》第三十九冊。

46. 孫星衍《平津館叢書》,光緒乙酉(1885)吳縣朱氏槐廬家塾藏板。
47. 王引之《經義述聞》,江蘇古籍出版社1985年影印道光七年(1827年)重刊本。
48. 王引之《經傳釋詞》,嶽麓書社1985年版。
49. 《玉函山房輯佚書續編三種》,上海古籍出版社1989年版。
50. 俞樾《賓萌集》,據光緒二十五年(1899)所刊《春在堂全書》第三十六冊。
51. 俞樾《古書疑義舉例》,據中華書局1956年版《古書疑義舉例五種》。
52. 嚴復《與熊純如書》,據王栻主編《嚴復集》第三冊,中華書局1986年版。
53. 章炳麟《國故論衡》,上海古籍出版社2003年版。
54. 謝無量《韓非》,據中國人民大學出版社2011年版《謝無量文集》第一卷。
55. 胡適《中國哲學史大綱》卷上,商務印書館1987年影印本。
56. 郭沫若《十批判書》,據人民出版社1982年版《郭沫若全集》歷史編第二卷。
57. 錢穆《先秦諸子繫年》,商務印書館2001年版。
58. 馮振《韓非子論略》,載《國專月刊》1935年第二卷第二期。
59. 羅根澤編《古史辨》第四冊,上海古籍出版社1982年版。
60. 高亨《諸子新箋》,齊魯書社1980年8月新1版。
61. 孫楷第《滄州後集》附錄《王先慎韓非子集解補正》,中華書局1985年版。
62. 陳奇猷《韓非子集釋》,中華書局1958年版。
63. 上海圖書館編《中國叢書綜錄》(一),上海古籍出版社1986年版。
64. 梁啓雄《韓子淺解》,中華書局1960年版。
65. 陳國符《道藏源流考》,中華書局1963年版。
66. 王重民《中國善本書提要》,上海古籍出版社1983年版。
67. 陳啓天《增訂韓非子校釋》,臺灣商務印書館1969年版。
68. 王煥鑣《韓非子選》,上海人民出版社1974年版。
69. 嚴靈峰編輯《無求備齋韓非子集成》,臺北成文出版社1980年版。
70. 周勳初《韓非子札記》,江蘇人民出版社1980年版。
71. 周勳初等校注《韓非子校注》,江蘇人民出版社1982年版。
72. 邵增樺《韓非子今注今譯》,臺灣商務印書館1982年版。
73. 朱守亮《韓非子釋評》,五南圖書出版有限公司1992年版。
74. 《四庫全書存目叢書》編纂委員會編《四庫全書存目叢書》,齊魯書社1995年版。

75. 中國科學院圖書館整理《續修四庫全書總目提要》(稿本),齊魯書社1996年影印本。
76. 陳奇猷《韓非子新校注》,上海古籍出版社2000年版。
77. 翁連溪編校《中國古籍善本總目》,綫裝書局2005年版。
78. 瞿冕良《中國古籍版刻辭典》(增訂本),蘇州大學出版社2009年版。
79. 張覺《韓非子校疏》,上海古籍出版社2010年版。
80. 張覺《韓非子考論》,知識産權出版社2013年版。
81. 張覺《韓非子校疏析論》,知識産權出版社2018年第3版。
82. 方勇總纂《子藏·韓非子卷》,國家圖書館出版社2014年版。
83. 物茂卿《讀韓非子》,上海圖書館藏抄本。
84. 蒲阪圓《增讀韓非子》,脩文齋享和二年(1802)刊。
85. 太田方《韓非子翼毳》,臺灣新文豐出版股份有限公司1978年影印《漢文大系》本。
86. 松皋圓《定本韓非子纂聞》,日本昭和三年至八年(1928—1933)東京崇文院排印本(《崇文叢書》第二輯)。
87. 津田鳳卿《韓非子解詁》,半千塾文化十四年(1817)刊。

後　　記

　　自2015年以來，我們憑藉對學術研究的一份堅守，在没有經費資助的情況下，堅持三年多寫完了此書，其中甘苦一言難盡，種種困難始料未及。如文獻閱讀量極大而耗時費日，文獻作者之生平事迹、學術源流的考證需要查閱大量資料，各種文獻資料相對不足而難以貫通韓學史研究，版本信息不全而難以論斷各刻本之源流，舊版有損壞而需要查閱多家圖書館藏書始能得其全貌，批注者所引前人之説往往不加注明（如朱駿聲之批注）而需要查證方能明瞭其出於原創還是剿襲他人，批注者誤解誤題（如吴廣霈之批注）而需要甄別始不爲其所誤，批注者字迹潦草、頁面不清而不易辨認，奇文俗字不少而在電腦寫作時需要造字，如此等等。因此，書稿寫完後如釋重負。有幸的是，2018年9月本書獲准立爲國家社科基金後期資助項目，於是其修改完善和順利出版得到了有力的保障。此後，我們去各圖書館查核資料，得到了國家圖書館、上海圖書館、復旦大學圖書館等工作人員的熱情幫助，進一步提高了本書的質量。應該説，我們已經達到了預定的研究目標，完成了國家社科基金後期資助項目的預期研究計畫。

　　要説明的是，本書撰寫時，承蒙華東師範大學先秦諸子研究中心方勇教授熱情提供相關研究資料；繼而得以立爲國家社科基金項目，又離不開上海古籍出版社之鄭重推薦與匿名評審專家之充分肯定；至於書稿之修改完善與項目之結項，則仰賴匿名評審專家之賜教與支持；本書之出版，又得到上海古籍出版社的幫助。同時，全國哲學社會科學工作辦公室的工作人員與上海古籍出版社陳麗娟女士也付出了不少心血。可以説，除了我們的辛勤付出，本書之問世也依靠了各方面的鼎力支持，在此我們一併表示衷心的感謝。

　　在我們看來，對《韓非子》相關文獻的整理和研究大致可分爲三類：一爲淺表式的整理，即彙編影印以往的《韓非子》相關文獻；二爲整理和研究並舉，即利用《韓非子》相關文獻進行彙校集注集評與補正；三爲專門的研究，即對以往的《韓非子》相關文獻進行考述。第一類編纂工作雖然也很重要，但其實只是給人提供了研究資料而離真正的研究尚遠,正因爲其編纂時缺乏深入的研究,所以其著録往往會有失誤而有待進一步研究後加以補正。我們對《子藏·韓非子卷》的補正,就建立在這種基礎上。但是,我們的研究其實還是相當有限而不全面的。因此,我們在2018年7月看到2018年度國家社會科學基金重大項目招標選題中有"韓學文獻整理與研究"之後,便由張覺教授帶頭投了標,擬在本書以及《韓非子校疏》(古委會項目,上海古籍出版社2010年版)、《韓非子校疏析論》(國家社科基金項目,知識產權出版社2018年第3版)的基礎上對《韓非子》相關文獻進行全面系統的整理與研究,即全面搜羅韓學文獻進行考述,全面彙校清代以前的各種版本,全面彙輯以往韓學文獻(包括日本漢文著作)中的注釋評論和相關研究資料,爲學術界提供一部採自第一手材料而集以往研究之大成、可靠地反映《韓非子》各善本異同以及前賢注評和最新研究成果的《韓非子彙考集注會評》,爲傳承中華傳統文化成果作出更爲重大的貢獻。但是,我們没有中標。既然國家社會科學基金重大項目"韓學文獻整理與研究"已由別人承擔,我們再進一步去從事韓學文獻的考述必將成爲毫無必要的重複勞動,所以我們的《韓非子》文獻研究理應至此告一段落。如果以國家社科基金項目評審專家的眼光來看,則讀者如果想研究《韓非子》,除了參考《韓非子校疏析論》(2004年度國家社科基金一般項目)和本書(2018年國家社科基金後期資助項目),更應該去參考2018年度國家社會科學基金重大項目的最終成果。應該説,資助強度越大,就能收集到越多的第一手研究資料,其研究將更全面更系統更扎實更深入,取得的成果也就更有創見。如果國家社會科學基金重大項目"韓學文獻整理與研究"的最終成果出版後,讀者在參考與比較後尚未把本書淘汰,我們也就對得起項目評審專家對我們的肯定以及國家社會科學基金對我們的資助,並以此問心無愧了。當然,學術乃天下之公器,真正的學術成果要經得起歷史的考驗,真正的學術評判也要經得起歷史的檢驗。本書之優劣,乃至評審專家之是非,最終還得由廣大讀者説了算。我們懇切地希望得到讀者的批評意見,以便再版時修正,使本書爲《韓非子》研究乃至中國傳統典籍的研究發揮更好的作用。

作　者

2020年3月26日

圖書在版編目（CIP）數據

韓非子文獻考述／龔敏，張覺，尤婷婷著．—上海：
上海古籍出版社，2022.11
　ISBN 978-7-5732-0465-3

Ⅰ．①韓…　Ⅱ．①龔…②張…③尤…　Ⅲ．①法家②
《韓非子》—研究　Ⅳ．①B226.55

中國版本圖書館 CIP 數據核字（2022）第 188894 號

國家社科基金後期資助項目
韓非子文獻考述
龔　敏　張　覺　尤婷婷　著
上海古籍出版社出版發行
（上海市閔行區號景路 159 弄 1－5 號 A 座 5F　郵政編碼 201101）
　（1）網址：www.guji.com.cn
　（2）E-mail: guji1@guji.com.cn
　（3）易文網網址：www.ewen.co
商務印書館上海印刷有限公司印刷
開本 700×1000　1/16　印張 19.25　插頁 2　字數 336,000
2022 年 11 月第 1 版　2022 年 11 月第 1 次印刷
ISBN 978-7-5732-0465-3
K·3277　定價：98.00 元
如有質量問題，請與承印公司聯繫